U0905700

考拉看看
KOALA CAN

记录历史

经世济民

刘诗白

刘方健　张小军／著
考拉看看／策划

四川人民出版社

图书在版编目（CIP）数据

经世济民 ：刘诗白 / 刘方健，张小军著．-- 成都 ：
四川人民出版社，2020.6
ISBN 978-7-220-11869-2
Ⅰ．①经… Ⅱ．①刘… ②张… Ⅲ．①刘诗白－传记
Ⅳ．①K825.31

中国版本图书馆 CIP 数据核字（2020）第 078225 号

JINGSHI JIMIN：LIUSHIBAI
经世济民：刘诗白

刘方健　张小军　著

策　　划	考拉看看
特约编辑	考拉看看·孙晓雪
责任编辑	何朝霞　张东升
装帧设计	云何视觉·汪智昊
责任校对	舒晓利
责任印制	王　俊
出版发行	四川人民出版社（成都市槐树街 2 号）
网　　址	http://www.scpph.com
E-mail	scrmcbs@sina.com
新浪微博	@四川人民出版社
微信公众号	四川人民出版社
发行部业务电话	（028）86259624 86259453
防盗版举报电话	（028）86259624
印　　刷	成都东江印务有限公司
成品尺寸	170mm×240mm
印　　张	32.25
插　　页	14
字　　数	355 千
版　　次	2020 年 6 月第 1 版
印　　次	2020 年 6 月第 1 次印刷
书　　号	ISBN 978-7-220-11869-2
定　　价	98.00 元

1946 年在成都奎星楼街 10 号

1946 年武汉大学毕业，受聘于四川大学经济系任助教

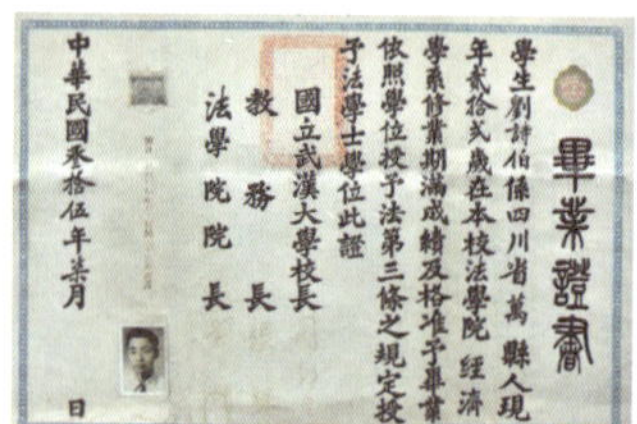

畢業證書

學生劉詩伯係四川省萬縣人現年貳拾弍歲在本校法學院经济學系修業期滿成績及格准予畢業依照學位授予法第三條之規定授予法學士學位此證

國立武漢大學校長

教務長

法學院院長

中華民國叁拾伍年柒月 日

大学毕业证书

1947 年在成都与朋友合影，右为刘诗白

1948 年家庭合影，前排左为母亲李久芸，右为父亲刘明扬

1948 年在成都与家人合影，后排左为刘诗白

1957 年在成都与家人合影，后排右为刘诗白

1960 年在成都与家人合影，右二为刘诗白

1957 年在成都与家人合影

1959 年在成都与家人合影

1973 年在杭州

1981 年在青城山与家人合影

1984 年在美国与刘国恩、肖丹合影，右为刘诗白

1987 年为汇通银行揭牌，右为刘诗白

1987 年学校领导班子合影，左四为刘诗白

1988 年会见在西财任教的外籍老师，左三为刘诗白

1988 年在美国与校友王小川博士合影，右为刘诗白

1988 年与西财首届博士论文答辩委员合影，左二为刘诗白

1988 年会见美国马瑞塔学院院长和陈文蔚教授夫妇，左五为刘诗白

1988 年向西财首届博士生颁发证书，右为刘诗白

1989 年与中国人民银行副行长白文庆在一起，左二为刘诗白

1989 年与彭迪先、陶大镛合影，左为刘诗白

1989 年与聂荣贵、王叔云在一起，右为刘诗白

1990 年与时任四川省省长张皓若在一起，左为刘诗白

1990 年与四川省副省长韩邦彦亲切交谈，右为刘诗白

1991 年向刘诗白基金获奖者颁奖，右为刘诗白

1991 年会见美国麻省理工学院教授，右为刘诗白

1992 年参加学术会议，右一为刘诗白

1992 年与张爱萍同志合影，左为刘诗白

1992 年，中共四川省委书记谢世杰在刘诗白家中，右为刘诗白

1992 年出席全国人大七届五次会议

1994 年与台湾学者交流，中为刘诗白

1994 年与国家社科评审组经济学科专家合影，左二为刘诗白

1994年与四川省省长肖秧同志亲切交谈，右为刘诗白

1994年与四川省副省长蒲海清同志在会议中，中为刘诗白

摄于家中

1995年与陈岱孙、胡代光在一起，中为刘诗白

1997年主持学术会议，左为刘诗白

1986 年摄于家中书房

1997 年和西南财大校领导合影，前排右四为刘诗白

1997 在西南财经大学校庆大会上，左一为刘诗白

1997 年与中国人民银行行长戴相龙（中）在一起，左为刘诗白

1999 年出版《刘诗白文集》

《刘诗白文集》首发式

1999 年会见诺贝尔经济学奖得主福格尔教授，左为刘诗白

2001 年与汪道涵先生（左二）合影，右二为刘诗白

2001 年与中国社会科学院院长李铁映（中）合影，右为刘诗白

2002 年同杨汝岱在一起，左为刘诗白

2002 年指导硕士研究生，中为刘诗白

2004 年会见波兰前副总理罗德克，左一为刘诗白

2005 年与于光远在一起，左为刘诗白

2006 年与原国家体改委主任高尚全同志亲切交谈，左为刘诗白

2006 年为本科生上课，左四为刘诗白

2007 年在学校做学术报告，左为刘诗白

2007 年和校友在一起，中为刘诗白

2008 年与学校领导在一起，前排左二为刘诗白

2008 年当选“影响四川·改革开放 30 年 10 大最具标志性风云人物”，左四为刘诗白

2008 年在家整理资料

2008 年与谭崇台夫妇合影，右为刘诗白

2009 年与四川省人大常委会代理主任、党组书记席义方同志在会议中，左为刘诗白

2011 年与黄达亲切交谈，左为刘诗白

刘诗白发起创办的学术期刊《经济学家》/ 与《经济学家》杂志全体编辑合影，前排中为刘诗白

2011 年会见教育部社会科学委员会经济学专家，左五为刘诗白

2011 年和西南财经大学青年教师在一起，前排中为刘诗白

2011 年同国防经济学博士生在家中合影

2010 年全家合影，前排左三为刘诗白

1999 年在家习字

2007 年举办书法作品展，左为刘诗白

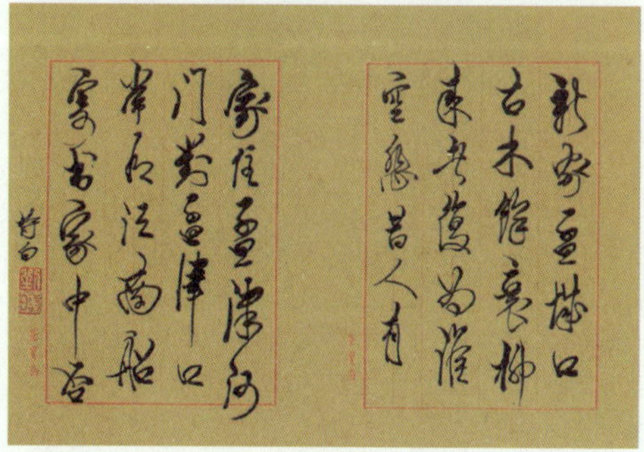

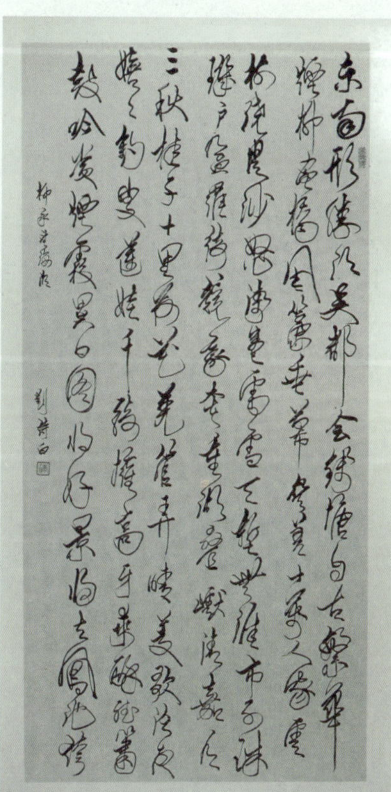

刘诗白书法作品

目 录

序一

记录挚友和老学长刘诗白教授人生经历，展现其70余年之研究成果的《经世济民：刘诗白》出版问世，这是我国哲学社会科学界的一件大喜事。有幸应邀，欣然为之序。

习近平总书记在哲学社会科学座谈会上指出：当代中国正经历着我国历史上最为广泛而深刻的社会变革，也正在进行着人类历史上最为宏大而独特的实践创新。这一伟大实践，给理论创造、学术繁荣提供了强大动力和广阔空间。

回顾过去，改革开放获得巨大成功的根本原因就在于中国共产党坚持把马克思主义基本原理与中国实践相结合，始终立足中国国情，创造性地走出了中国特色社会主义道路。在中国特色社会主义经济道路的探索中，中国的经济学家在这场波澜壮阔的伟大变革中厥功至伟，他们敢立时代之潮头、发思想之先声，穷尽智慧，为探求真理、为学术使命而跋涉，扎根中国大地，用中国自己的语言逻辑和概念体系，实践着经邦济世、载德立言的崇高理想。刘诗白教授无疑是此中代表者和佼佼者。

我与刘诗白教授已相识相交40载。1978—1979年，刘诗白教授从四川财经学院借调至中国社科院经济研究所，参与时任中国社科院副院长的许涤新同志为主编的我国第一部《政治经济学辞典》的编撰工作。当时我是经济研究所的研究人员，与刘诗白教授在同一层楼办公，我们因此而相识并从此成为好朋友。20世纪80年代中后期和90年代初，我们还都是国家社会科学基金应用经济学评议组成员，每年评审课题都要相聚一次。在我担任《经济研究》编辑部编辑和主任期间，也多次编辑过他的来稿，其独到深邃的学术见地和飘逸潇洒的笔触给我留下了非常深刻的印象。

其后，在我担任中国社会科学院经济研究所所长和《经济研究》主编期间，每逢重要学术活动，刘诗白教授每请必到，对经济研究所和《经济研究》的工作给予了大力支持。

2001年，在海峡两岸关系协会会长汪道涵的大力倡议下，在刘诗白教授的策划下，中国一所知名的民间研究机构——新知研究院正式成立。研究院由汪道涵同志任名誉院长，刘诗白教授任院长，我、黄范章、赵人伟、袁恩桢同志任副院长。大家以研究院为平台，一起工作，从事重大课题研究，并先后多次召开了资深学者研讨会，出版了几本研究成果专辑，在国内学术界产生了一定影响，起到了促进中国重大现实经济问题研究的有益作用。我还记得2001年9月在上海召开的新知研究院第一届学术研讨会的情景。当时国内知名经济学家刘国光、刘诗白、桂世镛、赵人伟、黄范章和我等30余人参加了研讨会。我们围绕社会主义的劳动和劳动价值问题展开了讨论。刘诗白教授提出：商业劳动、服务劳动和高科技劳动具有价值创造的功能，我也认为科技劳动、经营管理劳动和一般第三产业劳动参与了价值创造的过程。我们在很多理论领域的见解是一致的。

作为我国著名的经济学家，刘诗白教授的学术研究轨迹——从政治经济学的研究对象到研究方法，从社会主义初级阶段到社会主义所有制多元论，从社会主义市场经济到社会主义主体产权理论，从宏观层面的体制转型到微观层面的国有企业改革，从科技创新到现代财富等的研究来看——应该说，他成功地构建起了一套对中国改革实践富有解释力的严谨理论体系，他的研究成果和学术思想对中国社会主义市场经济体制的构建和完善起到了有益影响，也对中国社会主义经济学理论发展做出了突出贡献。也正是由于他的学术贡献和影响，2013年，他入选了由钱伟长先生任总主编，我、厉以宁、吴敬琏任主编的《20世纪中国知名科学家学术成就概览——经济学卷》。

2017年，92岁高龄的刘诗白教授由于在70多年的经济学研究和教学中做出了突出的贡献，荣获第六届吴玉章人文社会科学终身成就奖，可谓实至名归。还有，由于刘诗白教授在经济学界具有崇高声望，西南财经大学特地设立了刘诗白经济学奖，每两年评选一次，迄今已评了三届。

2018年，为纪念改革开放40年、迎接中华人民共和国成立70周年，广东经济出版社拟出版一套《改革开放进程中的经济学家学术自传》丛书（张卓元、高培勇主编），旨在为我国改革开放伟大进程留下珍贵的第一手资料，彰显中国经济学家的历史功绩，继续为全面深化改革贡献力量，同时，帮助国人走近中国经济学家，了解他们的治学历程、学术见解和成功经验，领略他们的丰富人生和理想情怀。经过编委会提名、投票和遴选，刘诗白教授再次以卓越的贡献和卓著的声望入选“改革开放进程中的中国经济学家”。而《经世济民：刘诗白》的问世，恰是对他人生经历、学术贡献和影响的最好注脚，可谓正逢其时。在此，再次向我的老朋友老学长表示热烈的祝贺并致以诚挚的敬意！

是为序。

张卓元

序二

我们眼中的刘诗白

伟大时代造就杰出人物。中国40年波澜壮阔的改革开放大业，宏大而独特的经济实践，为中国人文社会科学工作者提供了一个施展抱负与才华的深厚沃土和广阔空间。刘诗白教授在中华民族历史上这个最为辉煌的时期，锐意创新、奋发有为、硕果累累，成为当今中国卓越的经济学家和坚持党的领导，加强马克思主义理论学科建设、教学、研究，办社会主义大学的教育家。他不仅为中国特色社会主义经济理论建设做出重要贡献，也为中国高等财经教育事业发展做出杰出建树，受到经济理论界和教育界的尊敬，受到党和国家的充分肯定，1991年至今为西南财经大学终身名誉校长，2017年荣获国家第六届人文社会科学最高奖——“吴玉章人文社会科学终身成就奖”。

刘诗白教授出生于重庆万县，旧中国的社会现实，使他萌生了救国兴邦的强烈愿望。他早年开始阅读马克思主义哲学、政治经济学方面的著作，1942 年考入武汉大学经济系，受教于马克思主义经济学家彭迪先教授，1946 年毕业，受聘于四川大学经济系从事经济学理论教学与研究。1952 年四川财经学院成立之时，他任政治经济学教研室主任。1959 年学校在政治经济学教研室的基础上组建政治经济学本科专业。1960 年建系，他是重要的奠基人。1962 年全国高级职称评审解冻，他被评为副教授。1978 年他被借调到中国社会科学院经济研究所协助许涤新编写我国第一部《政治经济学辞典》，任《中国大百科全书》社会主义经济学卷副主编。1978 年复校后任四川财经学院政治经济学系教授、系主任。1983 年任四川财经学院副院长，分管学校科学研究工作。1985—1990 年任西南财经大学校长、博士生导师。1991 年迄今任西南财经大学名誉校长。他长期致力于政治经济学教学与研究工作，为学校经济理论学科建设做出了突出贡献。

20 世纪 80 年代初期，改革开放与经济建设热潮给高等财经院校带来了前所未有的发展机遇，刚刚复校不久的各个财经院校普遍存在学科水平较弱、办学经费短缺、物质条件简陋、高层次人才匮乏、管理制度亟待重建等一系列共同性难题。时任西南财经大学校长的刘诗白紧紧依靠学校党委，树立起了为改革开放发展服务的办学理念，开拓进取，充分发挥每个校领导和各位教授的积极性，团结全校师生员工，抢抓发展机遇，励精图强、攻坚克难，短短几年时间，显著提升了学校的学科实力和社会影响，这为学校后来跻身教育部重点高校之列，步入大发展的快车道，奠定了坚实的基础。

刘诗白教授具有当代学术大师和教育家的独特风范与魅力。他马克思主义理论信仰坚定，衷心拥护改革开放大业，紧跟国家改革开放步伐和世界经济科技发展潮流，学识渊博而又与时俱进、勇于学术创新。做事，高瞻远瞩，崇尚务实，大气从容；治学，胸怀激情，勤奋严谨，精益求精；待人，诚信谦和，虚怀若谷，温文儒雅。

刘诗白是西南财经大学面向国内经济学界全方位打开校门的首位校长。他基于自身的卓越学识，与经济学界众多专家有许多交往和深厚情谊，先后亲自出马聘请了一大批声誉卓著的经济学家、金融家和管理学家，如陈代荪、胡代光、宋涛、张培刚、谭崇台、徐禾、黄达、曾启贤等来校做学术报告，担任兼职教授，开设讲座，参加学术会议及主持博士学位论文答辩等。老一辈大师们严谨求实的治学风范，结合改革最新实践内容精湛丰富的系列演讲，极大地开阔了西南财经大学师生的学术视野，学界众多专家也进一步认识了西南财经大学。由此初步建立了西南财经大学与国内重点高校之间、专业间的合作交流关系，这为西南财经大学提升人才培养档次和学术水平，尤其为推进西南财经大学一批青年教师快速成长打下良好基础。

刘诗白也是西南财经大学积极与国外学术界开展合作交流的首位校长。他利用出国讲学、带团队出国以及其他渠道，与欧美一批知名高校签署了合作交流协议，先后特邀了美国哈佛大学经济学教授诺贝尔奖提名者杜森贝里、日本东京帝国大学副校长小宫隆太郎来校开设专题讲座，几十名西方金融、保险、企业管理的资深教授和高校校长来西南财经大学任教或访问。1988 年出访美国哈佛大学，他用英语讲授《中国经济体制改革》，打开了学校面向世界学术界开放的大门，构筑了对外学术交流合作的基本格局。与此同时，他积极争取原国家教委和人民银行总行支持，选派了一批青年教师在国内强化外语再到国外高校研修及攻读学位；积极引进了一批国内有发展潜力的青年学者来校任教。如今，当年出国留学和国内引进的这批青年教师早已成长为相关学科的带头人和教学科研骨干。

刘诗白教授邀请全国一批一流专家学者，于 1988 年创办了《经济学家》杂志。他高瞻远瞩地将杂志定位为面向国内经济学界，刊载一流精品成果。30 年来，《经济学家》早已成为经济学界公认的高层次学术园地，并获"首届全国优秀社会科学评奖获奖刊物"，使《经济学家》驰名中外。他还通过设立刘诗白奖励基金等系列举措，为扩大学校影响，促进学术发展做出突出贡献。

刘诗白是西南财经大学明确提出以人才培养为中心，教学与科研并重的首位校长。他认为有的院校可以是以教学为重点，而对于要想培养一流人才，提高为国家和社会服务的能力的西南财大来说，必须高度重视科研，坚持教学与科研并重的原则。他身体力行，多次亲自带领中青年教师到四川和全国改革开放前沿地区，深入工厂、农村、商场和政府部门调查，聚焦改革实践中的重大问题，开展研究。他说：教师如果不重视研究现实问题，特别是指导研究生的教师没有经济管理实践，难以教好课。

最令人敬佩的是刘诗白校长在繁忙而紧张的学校行政工作以及全国人大、全国政协，四川省政协、省民盟、省社科联领导工作之余，几乎利用了他全部的休息时间和节假日，以超乎常人的毅力和争分夺秒的勤奋，倾注激情而又潜心静气地从事学术研究，研究我国经济体制改革中重大理论与实践问题，多领域、大批量、高质量地产出了一系列研究成果，述学立论、建言献策，为国家和四川改革开放事业做出重要贡献。在刘诗白校长等一批资深教授心无旁骛、热心改革、潜心治学的精神感召引领下，学校一大批积极投身经济实践研究的中青年教师迅速成长，教师整体科研水平显著提升，学校整体学科实力居全国财经院校前茅，为学校20世纪90年代进入国家“211”工程建设，提供了重要的基础条件。

刘诗白校长上任之初即创办了学校出版社。他深知，建立学校出版社对于提高学校科研水平、服务社会具有重要意义。1985年秋季成立的西南财经大学出版社，成为全国财经院校建立出版社的先驱。

刘诗白校长基于对经济学的认识，坚持以马克思主义中国化理论为指导，深入实践研究问题，办社会主义大学；坚持共产党领导，坚持社会主义，决不能偏离这个根本方向，同时也要借鉴西方经济学的有益成分，努力吸收国外优秀学术成果，创立中国特色社会主义市场经济理论体系。这种认识确实独具慧眼，对于我们今天构建以马克思主义为指导，具有中国特色、中国风格、中国气派的经济学管理学学科体系和教材体系无疑具有积极的启示意义。

刘诗白校长紧跟经济改革和发展步伐，重视为改革开放服务的各个新专业，20世纪80年代中期起，学校陆续增设了经济信息管理、法学、国际贸易、保险、审计学、市场营销、企业管理、思想政治教育等一批新专业，引进一批新专业教师，显著改善了西南财经大学学科结构。他从学校领导体制、社会需求及学科发展前景出发，科学地谋划了以金融为重点，以理论经济学为基础，以工商管理为支柱的学科格局。实践证明，这完全体现了西南财经大学办学特色与发展实际，直接为学校日后“211”工程建设，以及现今双一流学科建设提供了指导性思路。

刘诗白是全神贯注抓教学质量的校长。他经常思考提升教学质量的措施，一再强调，高等财经教育的发展，绝不只是招生和专业数量的增加，更重要的是提高办学质量。他明确提出，学校的目标是培养德、智、体兼备的社会主义新人，培养社会主义事业的可靠接班人，培养复合应用型人才，要以本科为重点，以课堂教学为中心进行教学改革。他多次亲自主持召开了各种类型、各门主干课程的教学改革研讨会以及各系、教研室负责人的教学经验座谈会。亲自组织全校教学计划和课程大纲的修订，强化学生的理论基础，加强政治经济学、英语、计算机等一批公共课建设。他要求对政治经济学专业本科生和研究生必须开设足量的《资本论》原著课程；加强全校各专业英语培训力度；尽力支持各个应用型专业学生深入经济实践调查实习。他明确提出：课程应当区分为“讲授式、讨论式、指导式”三类，如果条件不成熟，可以先缓一下，但是方向必须明确。

刘诗白校长历来强调从严治校、依法治校、依规治校。他对学生学业要求严格，要求教师既要教书又要育人，课堂教学不能“发水”。他建立了校系领导听课制度、教研室活动的考核制度及教学督导等一系列制度，全校教学质量稳步提高。当时的毕业生至今还以毕业证书是刘诗白校长的签章而感到自豪。

刘诗白校长亲自抓教学质量，改善办学条件和师生生活条件。例如，他多次了解英语课教学用的收录机能否做到每个教师一台，收录机质量如何；怎样利用从世界银行贷款引进的4381计算机为学生建电脑机房；图书馆开放时间如何改革；等等。他总是心系学校师生，十分关心改善“黄楼”教师的居住条件；他心系居住高层楼房的学生和教师用水困难问题，要求尽快提出解决办法；他担心食堂拥挤影响学生用餐；他要求尽力设法让学生都能出来做早操；等等。为提高教学质量、改善办学条件、提高学校声誉，他可谓呕心沥血、费神费力。

刘诗白校长十分尊重学校党委领导。在任期间，他与学校党委王永锡书记配合默契，长期愉快地合作共事，重要问题会前沟通、充分商议，协力促进学校各项事业发展。他认真实践民主集中制，充分尊重校领导班子成员的意见，认真听取相关处系负责人的建议，为后任几届校领导班子树立了榜样。

刘诗白校长对我国高等财经院校科学研究和人民银行行属教育事业发展也做出了重要贡献。在刘诗白教授的积极倡导发起下，1983年西南财经大学成立了全国财经院校“《资本论》研究会”和“社会主义政治经济学研究会”，刘诗白教授长期担任两个研究会会长。近40年来，召开了20次以上的年会，研究会对于提高各财经院校《资本论》及现实经济问题的研究水平，培养中青年骨干教师，起到了积极的促进作用。

1991年刘诗白教授66岁，他两次向中国人民银行总行领导表达卸任校长的愿望，总行党组在批准了他卸任的同时授予他“西南财经大学终身名誉校长”这一特殊的荣誉，充分肯定了他为西南财大和行属教育发展做出的特殊贡献。

中国改革开放蓬勃兴起的初期，西南财大有幸由刘诗白校长和王永锡书记为首的领导班子率领。他们以教育家特有的素养和气质，坚持党的教育方针和正确的政治方向，以果敢的魄力抓住了改革进程的每个发展机遇，在相当困难的条件下，踏实苦干，不断提升学校自身的办学实力和社会影响力，形成了宝贵的治学理念和感人肺腑的创业精神。刘诗白校长后来总结凝练并亲笔题写了西南财大精神——“经世济民，孜孜以求”。这是西南财大的理念之魂，更是刘诗白教授自身的座右铭，必将为代代师生潜心传承与弘扬！

西南财大的办学历程表明，刘诗白教授是传承发扬彭迪先等学校先驱者开拓精神的模范，是学校当今众多老一辈杰出专家教授的典范，是改革开放以来学校从艰辛创业而今迈向腾飞发展的卓越旗手，是至今指导我们为人为学的导师和楷模。

需要特别指出的是，尽管刘诗白教授如今早已到耄耋之年，但仍然“博学而笃志，切问而近思，仁在其中矣”（《论语》）。他心系国家和民族，高度关注国内外经济、社会和科技发展，笔耕不辍。面对当今纷繁复杂的多元化社会思潮，2018 年有 10 余万字“自然哲学笔记”完成。刘诗白教授以睿智和深刻的思辨哲理，坚定信仰中国特色社会主义，热忱拥护以习近平同志为核心的党中央所开创的中国迈向全民富裕的新征程。

习近平总书记告诫我们，构建中国特色哲学社会科学对学生的世界观、人生观、价值观形成影响很大。总的说来，要按照立足中国、借鉴国外，挖掘历史、关怀人类，面向未来的思路，体现继承性、民族性、原创性、时代性、系统性、专业性。在学科体系、学术体系和话语体系方面体现中国特色、中国风格、中国气派。

西南财经大学在马克思主义经济学的研究领域有着中国早期马克思主义经济学家陈豹隐、彭迪先、汤象龙、王叔云、刘洪康等人奠定的坚实基础，并由刘诗白发扬光大，因而得以成为国内马克思主义经济学研究的重镇。1979 年西南财经大学政治经济学学科获批成为国内首批硕士点，1984 年获批成为国内首批博士点，2002 年获批国内重点学科建设。尤其是 2010 年正式挂牌成立的西南财经大学马克思主义经济学研究院，是我国高校和研究机构中率先采取首席专家＋学术团队进行马克思主义经济学研究的专业机构。该机构充分依托西南财经大学政治经济学学科创新研究平台和国内外马克思主义经济学家的支持，以大力推进马克思主义经济学中国化、时代化和大众化发展为宗旨，在学术界已产生重大社会影响。

刘诗白教授既是我国知名的经济学家，又是声名卓著的教育家，他身上那些缱绻的报国理想、超拔的人格魅力、璀璨的学术智慧和丰富的教育思想，以其汪洋之姿咸集一身，又以其波澜之姿影响深远，它无疑正在成为西南财大绚丽的瑰宝。

“凤翱翔于千仞，非梧不栖。”高人俊杰、社会贤达慕西财而聚合，使学校的开篇史上就呈现出“北斗导向，群星夺目”的耀眼局面。以陈豹隐、汤象龙、彭迪先、刘诗白等为代表的大师群落，为来自五湖四海如饥似渴的学子传道授业，他们联袂缔造并延伸了西财精神，凝练并雕琢了大学传统，大师们呕心沥血的多声部合唱，奏响了学校在高校之林的强音，也由此铸就了西南财大引以为傲的办学财富。

大师文化对后继者的感召和激励，犹如一条光彩照人的河流，不断滋养着后学。刘诗白校长的教诲无时不长鸣耳畔，我们不敢有丝毫懈怠。值得欣慰的是，今天，我们更多的有志者，正在承接先贤，循着“经世济民”的路径，朝夕奋蹄，孜孜以求。

在深入学习贯彻落实习近平总书记有关马克思主义政治经济学的讲话精神与纪念中国改革开放40周年之际，在中共四川省委宣传部直接领导、指导和关怀下，出版500多万字的《刘诗白选集》；在2020年，西南财经大学建校95周年之际，内容机构考拉看看和四川人民出版社出版《经世济民：刘诗白》，本书不仅全面介绍刘诗白教授丰富的人生经历，亦有以其毕生精力所取得的学术研究成果、开创的教育理念与翔实的实践经验。我们将以《刘诗白选集》和《经世济民：刘诗白》的出版为契机，薪火传承，为我国马克思主义经济学和中国特色社会主义理论体系的大发展、大繁荣和大创新做出理论贡献，努力将西南财经大学马克思主义经济学研究院打造成为中国马克思主义经济学的理论创新基地与改革决策智库，努力促进西南财经大学“双一流”建设。

赵德武　卓志

写在前面

关于这部作品

首先谈谈这部作品的由来，为什么会写这本书？我们一直以来就有一个愿望，希望从记录角度来写一本关于诗白校长的书，这本书要更多讲故事，更多介绍他的人生经历。诗白校长在众多角色中转变，他是经济学家、教育家，他还是书法家，最近几年他还写哲学笔记，我们也拜读过，也在协助整理这些笔记，说他是一位哲学家，也是合适的。

他的人生有很多面，而且每一面都很精彩，他究竟是如何做到的？大师文化启后昆，我们想写的这本书和过去关于他的书不同，是为记录，亦为传承。

因缘际会，时至2016年，专门从事内容创作与运作的团队“考拉看看”筹备做一个“杰出学人书系”，计划是在2018年正式出版。这个时点恰逢中国改革开放40周年。“考拉看看”的团队一直在做记录历史的事情，希望在重大时间节点有所表达。我们沟通以后，决定就从经济领域开始。

谈论当今中国变化，过去40年最为直观的是经济发展，人民的生活水平显著提高。聚焦经济领域，当然是要关注经济学家，而以“杰出”论，至少有三个维度：一是必须是某一领域的公认大师；二是有关键理论推动中国发展；三是持续发光发热，理论经得起时间检验。

从这几个维度来看中国的经济学家，诗白校长堪称“杰出”。他长期从事经济学理论研究，重视将马克思主义理论与当代中国实践相结合，致力于新时期政治经济学理论的创新，是中国较早提出社会主义所有制多元性的学者之一，是中国社会主义市场经济理论的先驱研究者；他发表了大量有关社会主义产权制度的论文和专著，以其独到的见解自成一体，被称为中国三大产权理论流派之一。1985年他在第七次全国人民代表大会上提出建立货币委员会和1990年提出“缓解市场疲软十策”等提案，均引起决策部门的高度重视并采纳。他在1988年提出银行企业化改革的设想，也已成为中国金融体制改革的现实。由他任主编之一的《评当代西方学者对马克思（资本论）的研究》获1990年孙冶方经济学奖和1992年吴玉章奖。专著《社会主义商品生产若干问题研究》《社会主义所有制研究》《产权新论》《现代财富论》曾分别获四川省1984年、1986年、1994年、2005年哲学社会科学优秀成果一等奖。论文《改变中国命运的伟大战略决策——论中国构建社会主义市场经济的改革》获中央纪念党的十一届三中全会30周年论文奖。他的研究成果和学术思想对中国社会主义市场经济体制的构建和完善起到了有益影响，也对中国社会主义经济学理论发展做出了突出贡献。

可以说，诗白校长是中国知名经济学家，又是声名卓著的教育家，他咸集报国理想和远见卓识，在经济学和国家建设上，经世济民数十载，一直滋养后学。

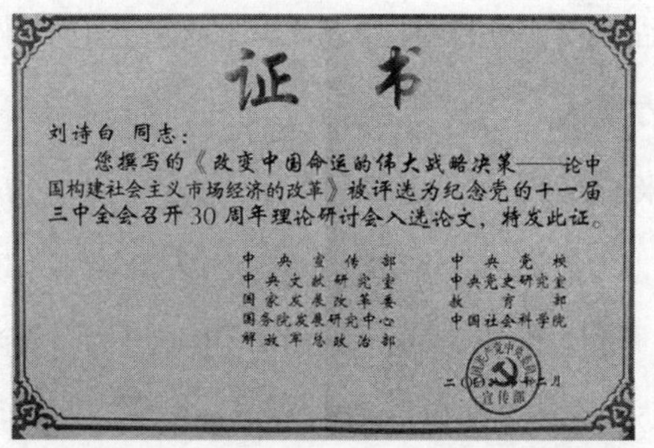
证　书

刘诗白 同志：

您撰写的《改变中国命运的伟大战略决策——论中国构建社会主义市场经济的改革》被评选为纪念党的十一届三中全会召开30周年理论研讨会入选论文，特发此证。

中央宣传部　中央党校
中央文献研究室　中央党史研究室
国家发展改革委　教育部
国务院发展研究中心　中国社会科学院
解放军总政治部

《改变中国命运的伟大战略决策——论中国构建社会主义市场经济的改革》入选证书

“考拉看看”内容委员会决定将他作为“杰出学人书系”的首位经济学家，后来多次和诗白校长沟通，他最终同意由我们来创作这本书，这部作品遂进入执行阶段。

第二是如何写好这本书？“考拉看看·杰出学人书系”的定位是人物深度记录作品，既要全面反映人物的生平经历，也要深入介绍学者的研究著述。

获奖证书

刘诗白同志：

您撰写的《现代财富论》（专著），在四川省第十二次哲学社会科学优秀成果评奖中荣获一等奖。

《现代财富论》获奖证书

这是迄今我们写作最难的一本书，人物深度作品的创作本身就很难，尤其是记录性作品，它是典型的非虚构写作，需要深度采访和调研，尤其是前期准备，周期一般都很长，而这本书具体的工作推动远比计划复杂、周期也更长。为了确保本书的质量，我们成立了一个专门的工作小组，所有的工作从梳理资料开始。

这几年，我们一直用心于

人物传记写作，而每开始一部作品，我们从未因过去累积的经验而感到轻松，反而是愈加谨慎和感到压力很大。写作于我们是爱好，而写一部关于诗白校长的作品，这对我们来说是挑战，也是冒险。他是中国最为知名的经济学家之一，著作等身，桃李满天下，我们该如何去探索、如何去记录？我们感到极大的压力、责任和使命感。压力来自如何写，能写好吗；责任和使命感则来自我辈对大师文化的记录和传承。

布瓦洛说："你心里想得透彻，你的话自然明白，表达意思的词语自然会信手拈来。"可究竟何为透彻呢？我们越是追求透彻，越是容易感到迷茫，仅仅是去看浩瀚的资料，你就会发现，历史越往里探索，越是感觉无边无际。

历史学家托·卡莱尔说："优秀的传记像优美的人生一样罕见。"此次，我们只能说尽力而为，就好的方面来说，我们得到了众多帮助，掌握众多材料，又有亲身采访，过去还有一些写作功底；再说，这部作品是我们联合完成的，而且事先经过深入沟通，我们践行了托尔斯泰磨炼文本的方法：写了又写。好些内容，我们甚至写了数稿，我们自认已是十分尽力，绝非应景之作。

我们坚信，"文采是来自思想而不是来自辞藻"，所以这本书在描述的时候采取了更为直白的表达方式。这部作品质量如何，还是交给读者和时间吧。

第三是这本书的具体内容。仰望历史星空，繁星浩瀚，大师们丰富的个人经历促成历史的复杂与多维，而任何宏大叙事拆解来看，都是细枝末节的累积，什么时间、什么地点、什么人、做什么事情，有什么样的结果，诸多看起来不可动摇的事情似乎谁来写都一样。但"相由心生"，每一件事情究竟因何而成，蕴含何等意义，更可能是千人千面。

我们写作这本书的具体路径和内容，基于我们的采访和研究，主要是按照时间线在推进，这并非一个创新的写作路线，而是出于对内容的专业判断和帮助读者更好理解诗白校长的人生。

我们的内容从他出身书香门第开始，然后着笔他的经济学研究，首度全面披露这位经济学家的跌宕经历。除了详述诗白校长的生平经历，同时穿插自述以全面展示他的学术研究历程和成果，无论对于大众读者，还是专业读者，我们的写作提供了一种新的体例。

综合来说，这本书试图用讲故事的方式来完成刘诗白波澜壮阔的人生记录。关于这一点，我们是否做到了，欢迎读者们提意见。不过，也请允许我们用赫兹里特的话做一个辩护，“唯一没有瑕疵的作家是那些从不写作的人。”

第四是这本书的出版。从写诗白校长的这本书开始，整整已经过去四年，其间我们已协助完成《刘诗白学术自传》和《刘诗白选集》（全 17 册）的出版，而这部原计划 2018 年出版的作品，直到现在才得以和读者见面。

四年前，我们刚开始写作这部作品，我们加入了另外一个关于诗白校长的出版大工程中，即协助出版《刘诗白选集》，所幸我们前期做了扎实的资料收集工作，加上后期四川人民出版社又十分重视，组织精兵强强联合工作，在 2018 年年底，《刘诗白选集》正式出版。

在做《刘诗白选集》时，我们暂停了这部《经世济民：刘诗白》的创作，全力投入到协助出版《刘诗白选集》的工作，而这套巨著即将交付的时候，《改革开放进程中的经济学家学术自传》丛书编委会通知我们，诗白校长入选了，需要抓紧推出《刘诗白学术自传》，我们又开始协助学术自传的准备。

《经世济民：刘诗白》的准备工作是一边采访一边整理诗白校长的所有研究成果，这个工作量很大，诗白校长的著述，除了已经正式出版的外，还有大量没有出版的成果，其中还有大量手稿，而且诗白校长对同一个问题的研究，跟踪的周期很长，不断有新的理论迭代，对这些理论的整理和梳理也需要有相当的功底，我们的内容梳理持续了很长的时间。

按照最早的计划，《经世济民：刘诗白》《刘诗白学术自传》和《刘诗白选集》是准备同时出版的，但是随着《经世济民：刘诗白》的采访和调研工作量加大，按照原计划出版是来不及了，此后我们建立共识：以内容准备充分为准，《经世济民：刘诗白》的成稿时间往后调整，而《刘诗白学术自传》的书稿在交付以后，因为种种原因，直到2020年3月才出版。

时至2020年年初，新冠疫情暴发，我们则在近段时间里全力推进这部作品的收尾创作，如今终于完成并交付出版。

能与诗白校长多次接触，我们倍感荣幸。四年弹指一挥间，在文字和现实中穿行，我们想到莎士比亚的名言："凡是过去，皆为序章。"希望我们这次的创作能有益于人！

是为序。

刘方健　张小军

2020年5月

成都考拉看看图书馆

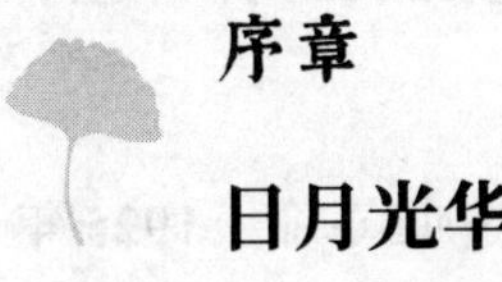

序章

日月光华

闷热的初夏比往年来得略晚了一些。

公共租界里，阴郁的天空下，太阳几乎要靠近中午了才冒出头来，天气乍暖还寒。路边的梧桐树郁郁葱葱，挨挨挤挤，层层叠叠，庞大的树冠搭起遮天蔽日的墙，好像随时就要压下来。筑路的工人正忙着埋头筑路，他们清楚这已经越界了，但却不敢怒，也不敢言。路上的人行色匆匆，弓腰曲背，不时有身材魁梧、脚蹬皮靴、全副武装的巡捕来回走动，压抑、不安、恐怖的气氛在空气中弥漫。然而，在租界中高端的社交俱乐部——英国总会、德国总会、法国总会，则完全是另一番景象，台球房、阅览室、酒吧、烤肉餐厅、赌场、舞场，以及一个巨大的游泳池，不时传出嬉笑声，仿佛门外的一切混乱、焦虑和冲突都和这里无关。

这是 1925 年 5 月的上海，群众运动在春天就已经蓬勃起来，工人已经数次罢工，规模越来越大，一场巨大的风暴即将来临。

5 月 15 日，为抗议日商纱厂撕毁与中国工人达成的协议，顾正红带领工人冲进工厂交涉，而日商开枪击中顾正红，中枪后顾正红用自己仅剩的力气，挥手高呼："工友们，团结起来！"

顾正红因伤势过重，抢救无效而牺牲，此事激起上海工人、学生和市民的愤怒。5 月 30 日，上海发生"五卅惨案"[①]。

德国历史学家于尔根·奥斯特哈默在他的著作《中国革命：1925 年 5 月 30 日，上海》中表示，1925 年 5 月 30 日将成为远东历史上一个伟大的日子，犹如欧洲的巴士底狱事件一般。这一天，中国革命从无序的泄愤转入了有目标、有组织之行动的阶段。

1925 年既是中国革命的关键时点，也是中国教育史上重要的节点。

1925 年 5 月，清华学校大学部和国学研究院国学门正式宣告成立，开始招生。国学研究院国学门招生 30 人，"新制"普通科一年级招收学生 123 人，实际报到 93 人，这一批学生被称为清华大学第一级生。1925 年 9 月，清华大学具有历史转折意义的新学年开始，清华园凭空生出过渡时期的国学研究院，连同王国维、梁启超等几位大名鼎鼎的导师，首次集体进入清华大学师生的视野。[②]

在清华大学之外，还有一所在未来颇具声名的大学在 1925 年的上

---

① 1925 年 5 月 30 日上午，上海学生、市民两千余人集合在英租界南京路巡捕房门前，高呼口号，要求释放被捕者。英国巡捕悍然开枪射击，当场打死十三人，重伤数十人，逮捕一百五十余人，这就是震惊中外的"五卅惨案"。

② 岳南．大学与大师：清华校长梅贻琦传 [M]. 北京：中国文史出版社 .2017.

海建立，即光华大学。这所大学在成立 12 年之后内迁成都，建立分部，它以成都西郊草堂寺以西的五十亩田地作校基，1938 年 8 月破土动工，1939 年 1 月落成。

现在这一片土地依然沿用那时的称呼——光华村，而如今在这里的西南财经大学（光华校区）正是从当年的光华大学发展而来，薪火相传，2020 年，它即将迎来 95 周年校庆。

回到光华大学的建立上来，时间追溯到 1879 年，美国圣公会传教士施约瑟在上海创办了最早的教会大学——圣约翰书院。“五卅惨案”发生后，全国震动，全国各大都市的学生们纷纷进行罢课，风起云涌，民意沸腾。

1925 年 6 月，一批爱国师生员工集体脱离圣约翰大学，创办光华大学。脱离圣约翰大学的爱国师生集会商议自行设校事宜，6 月 4 日圣约翰大、中两学离校学生善后委员会成立（1926 年 6 月 3 日改组为“六三约翰离校同志会”）。新校筹备委员会于 6 月 12 日召开第一次大会，选举张寿镛为筹备会会长。学校筹备会决定将大学定名为光华大学，取古诗《卿云歌》中“日月光华，旦复旦兮”的词句，取日月光华之义，寓“光我中华”之意。以“培养高尚人格，激发国家观念”为办学宗旨；以日月卿云为校旗；以红白为校色，代表日月光华之意；以“知行合一”为校训；以“光华之成败，实关中国之荣誉”为己任。抱着“弃旧从新，为国育才”的理念，光华大学创办者和支持者众志成城、同心协力，光华大学发展迅速。当时美国著名大学，如耶鲁大学、哈佛大学、芝加哥大学、麻省理工学院、普林斯顿大学等校特准光华大学毕业生，免考进修这些学校，可见光华大学的国际影响力。① 复旦、光华象征着复兴中华，反抗帝国主义宰割和奴役的革命精神。②

著名国学家钱基博说："光华大学之成立，厥为国民自觉之曙光，亦曰国耻纪念之实录！"③ 光华大学的诞生，在中国教育史上、在中国反帝斗争史上都书写了光辉灿烂的一页。

20 世纪 20 年代，随着民众民族意识的增强，向教会学校收回教育权的呼声日益高涨。"收回教育权运动"成为中国民族主义运动的主要表现，支持该运动的人士一致认为教会学校设立的目的和立足的基础与中国教育的独立、统一相违背，提出"教育须归本国人自办"的主张，产生了很大的影响。④

光华大学即是在这样的背景下创办的，为了追求教育自主而独立建校，虽经战乱流徙，依然秉持教育报国的信念。⑤

历史总有惊人的传奇，刘诗白与光华大学同岁，他在 1925 年 5 月出生，这所大学未来的命运与刘诗白的人生紧紧融合在一起。

——历史在静默中逐渐展开画卷！

---

① 严廷昌，等．光华的足迹——光华大学建校七十周年纪念集 [M]. 上海：华东师范大学出版社，1995.

② 莫健．抗战时期内迁西南的高等院校 [M]. 贵阳：贵州民族出版社，1988.

③ 私立光华大学成立记 [M]. 上海市档案馆，Y8-1-214.

④ 曹义孙，胡晓进．三十年中国法学教育大事记 1919—1949[M]. 北京：中国政法大学出版社，2010.

⑤ 西南财经大学．西财力量 [M]. 成都：西南财经大学出版社，2015.

第一部分

风里来的人

（1925—1942）

第一章　早慧少年

川东之子

刘诗白的一生与风有缘，湿润凉爽的江风，激荡身心的暴风，席卷一切的狂风，寒彻透骨的朔风，除陈迎新的春风，和煦舒畅的微风……风起，他迎风而立，乘风远行有时，被风吹落有时，宿眠风中亦有时。风落，他掸落一身风尘，收整行装，独自静候人生的下一场风。

正应了他名字里的一个“白”字，刘诗白从来淡然如雪。他从不刻意抗拒什么，也不愿强求什么。在他看来，生命中许多看来大起大落的时刻不过是历史在自己这儿投注下的斑驳光影而已。每个人的一生，轰轰烈烈也好平平凡凡也罢，终不过是他所生活时代的一个小小缩影。

晚年回忆旧事，老先生亦不禁感慨是时代在相当大程度上塑造了现在的自己，“在这样的大背景下，我也成为历史潮流中的一分子，别无选择。”

刘诗白出生在五月，春末夏初，正是万物飞长的时节，这个季节的万县城漫山遍野，油桐花开胜雪。听着长江的哗哗水流，吹着老万县的缕缕江风，他和天地万物一起自由自在地生长着。

山城沉稳厚重，江城灵动秀气。一座兼具二者之质的城市，可以想见，它从来不会缺少传奇和故事，历史上的万县就是这么一座背山面江的小城。

1923 年，一位学成归来的青年恰巧赶上了家乡这场热烈而短暂的繁华。他就是刘诗白的父亲刘明扬。当时年仅 25 岁的刘明扬①毕业于北京大学史学系，在接任省立第四师范学校②校长一职前，他已先后在成都省立一中、成都公学、四川法政专门学校、重庆联合县立中学任教，并创办重庆公学，年纪轻轻就已积累下了丰富的办学教学经验，在四川教育圈内开始小有名气。

刘明扬自幼聪慧过人，读书天分颇高。民国时期，北京大学实行自主招生制度，全国各地前来报考的学子络绎不绝，每年的录取比例大概是 90 比 1，非常难考。然而，这所大学当时一片乌烟瘴气，社会风评极

---

① 刘明扬（1898—1973），原名声溢，又名刘敌。万县长滩乡茶坪村人，著名爱国民主人士。少时在万县县立中学读书，民国六年（1917）考入北京大学文学院史学系，积极投身新文化运动和五四运动。民国九年（1920）学成返川，先后在成都、重庆、万县等地任教。民国十二年（1923），他接任省立第四师范学校校长。曾任四川省政法专门学校校长、四川省教育厅厅长和中央立法委员，采取过一些明智之举。1947 年 11 月，刘明扬返回万县，从此不再参政。新中国成立后，刘明扬曾任四川省文史馆馆员和省政协委员。1973 年在成都病故，终年 75 岁。

② 四川省立第四师范学校：民国三年（1914）3 月万县地区建立的第一所省立中等师范学校，是四川开办最早的四所省立师范学校之一，即今四川省万县师范学校，由留日学生钟正懋任第一任校长。

差，全然不是象牙塔的模样。教授无心教学，靠旧讲义糊弄打发学生过日子。学生中的前清遗少、纨绔子弟更是整日“探艳”、开“赌窟”、写“浮艳剧评”、游街遛鸟……这种学风败坏的状况一直持续到1916年年底。当年12月21日，《中华新报》北京专电："蔡孑民（蔡元培）先生于21日抵北京，大风雪中，来此学界泰斗，如晦雾之时，忽睹一颗明星也。"

1917年，拖着一众行李，刘明扬风尘仆仆地赶到了景山西侧的一片前清宫殿建筑群前，这里旧日曾是乾隆女儿和嘉公主大婚的府邸。整个北大校园坐北朝南，嘉木森森、群殿规整。终于考进自己向往已久的北大了，刘明扬走近校门，但见门头高悬的匾额上书“大学堂”三个大字，门口赫然蹲守着两只威严的石狮。凝视着一派皇家风貌的国立北京大学，刘明扬当下暗自忖度：这一片暮气沉沉中果真孕育着新知吗？

刘明扬幸运地赶上了北大历史上那场著名的变革。在校长蔡元培大刀阔斧的改革之下，北大风气为之一新。昔日渐丧斯文之地，在短时间内随即成为全国的文化新中心。此后，新文化运动和五四运动在这里接连开展。

那时，校园内各种理论思潮自由通行，持不同论见的教授学生各不相让，辩论激烈。北大师生们沐浴在自由民主的学风里，读书论辩、办报办杂志、开社团、组织学生运动，一时人才辈出、学术兴盛。

在北大读书期间，刘明扬结识了许多志同道合的朋友，其中一个就是他的四川老乡——郭有守。[①] 刘明扬亲昵地称呼比他小几岁的郭有守

① 郭有守（1901—1978），字子杰，四川资中人。与大画家张大千是表亲关系。18岁考入北京大学，受到校长蔡元培的赏识。北大毕业后留学法国巴黎，获经济学（一说文学）博士学位。学贯中西、酷爱美术，精通英、法、德等多国语言。

为小老弟，两人在北大期间往来密切交契深厚。毕业回川后，二人相继投身教育事业，后来同时成为民国时期四川教育界的风云人物。1945年，刘明扬接替老友担任国民政府四川省教育厅厅长一职。二人在任职期间顶住了国民党当局的重重施压，毅然坚守自由民主的教育理念。

刘郭二人缘分匪浅，一度延续到了身边的亲人。刘明扬的二女儿刘诗敏无师自通作画，尤擅绘竹，后拜在国画大师张大千门下学习丹青，而张大千正是郭有守的表哥。

当新文化运动和五四运动的风暴铺天盖地席卷扫荡之际，身处两场风暴最核心地带的刘明扬对此还心情激动。狂风骤雨最能荡涤身心，沐着风浴着雨，他如大树般茁壮挺拔。在各类声势浩大的论战和学运里，刘明扬不仅接触到新兴的左派思潮，还充分见识了学生运动的强大斗争力量。1918年，他与部分同学发起组织“诚学会”，任第一任会长。五四运动期间，他发起组织四川留京学生救国会，被推选为会长。这位在京的蜀地游子十分关心家乡，曾选派代表回川，推动四川的学生运动发展。

经历过五四狂潮和新文化运动洗礼的刘明扬踌躇满志，希望给当时略显封闭落后的万县教育带来一丝全新的气象。思想开明的他信奉北大校长蔡元培提出的“思想自由，兼收并蓄”的办学理念，主张改革教育。为此，他积极吸纳具有新思想的教师来他所任职的第四师范学校任教。

1923年春，中共早期革命活动家萧楚女应刘明扬之邀，由渝来万担任国文教员一职。任教期间，萧楚女组织“读书会”“学生励进社”等进步组织，传播马列思想，并发展了一些中国社会主义青年团团员。

在萧楚女的宣传下，社会主义思想在万县得到传播，留下了革命的星星之火。不仅如此，这位爱国青年还发动学生抵制日货，迫使政府封闭专卖日货的“万申祥”百货商店。同年夏，刘明扬又邀请了中共早期青年运动领导人恽代英到校作了题为“中国向何处去”的演讲。

正当这位慧眼独具的校长肆意挥洒办学激情时，1925年5月，他的大儿子刘诗白降生在了灵山秀水的万县。在这里，刘诗白度过了人生最初的一段欢畅时光。刘明扬夫妇对于家里第一个男孩的到来欣喜不已，为他取名刘诗伯，后改为刘诗白。刘诗白在家排行老三，他的上面是两个姐姐：刘诗秀和刘诗敏，下面还有两个弟弟：刘诗俊和刘诗彦。

1925年5月30日，长江下游的上海爆发了一场声势浩大的群众性反帝爱国运动。当天下午，万余名愤怒的群众聚集在老闸捕房门口，他们高呼着“上海是中国人的上海”“打倒帝国主义”“收回外国租界”等口号，要求租界当局立即释放爱国学生。然而，英国捕头竟调集巡捕公然用枪射杀这些手无寸铁的群众，一手制造了打死十三人、重伤数十人的惨剧。6月1日，在共产党的领导下，上海全市工人罢工、学生罢课、商人罢市，抗议帝国主义的屠杀暴行。很快，这股汹涌的革命浪潮蔓延到了全国很多城市。6月中旬，当北京、南京、汉口、广州、天津、青岛等地的民众成群结队依次走上街头，振臂怒吼着“打倒帝国主义”“废除不平等条约”时，万县小城还处于一片混沌之中。

20世纪20年代的蜀中交通闭塞，信息更新异常滞后。1925年底，一位应邀入蜀的人曾感叹：川东地区消息是最灵通的，《新蜀报》的消息竟比上海的报纸晚了十几天。[①]当刘明扬终于从报纸上读到这则消息时，五卅运动还在如火如荼地继续进行中。看着一旁在妻子怀里香梦正酣睡脸可人的儿子，他内心一阵凄然之情涌动：国之不幸啊，谁知下次又将波及何处？

刘明扬的担忧很快得到了现实的回应，就在小诗白出生一年多以后，万县城发生了震惊中外的“万县惨案”。没有尊严的繁荣背后是无尽的屈辱，和历史上所有被迫开放的港口一样，万县港也见证了中华民族那段任人宰割充满血泪的斗争史。

1926 年 9 月 5 日，英帝国主义军舰炮轰万县县城。据民国《万县志》记载，“万县惨案”波及的受害地点多达三十三处，死亡人口六百零四人。

生于一个动荡不安的烽火年代，生于万县这座传奇的川东小城，时间为经，地点作纬，刘诗白的起点坐标冥冥中透露了他不平凡人生之旅的开启。还没来得及过多和家乡接触，幼年的刘诗白就跟随父母来到了省会成都，之后又到上海。期间，刘诗白转过好几所学校，在不停地更换地点和与周围重新建立起联系的过程中，他变得比一般的孩子更加内敛多思。

“七七”事变后，东部工商业内迁使得万县城又维持了一段时间的繁荣。在中华民族生死存亡的关键时刻，万县港发挥了物流中转站的重要作用。无数川军和给养物资从万县港驶离，顺江而下，奔赴前线抗日杀敌。无数工厂、政府机关、学校、难民和伤兵逆江而上，在万县港平安着陆，带着伤痛开始新生。

---

① 舒新城．蜀游心影 [M]. 上海：中华书局，1939（2）：53.

在那些劫后余生的沦陷区难民中，就有刘诗白和他的家人。这位久别回乡的川东游子在万县母亲温暖的臂弯里获得了短暂的庇佑。晚年的刘诗白曾感叹，如果不是“八一三”事变前五天逃离了上海，世界上也许就没有刘诗白这个人了。

从 1937 年 9 月到 1938 年 2 月，刘诗白在万县县中学念了半年书。此后，刘诗白又辗转重庆、乐山、成都等地，几乎很少再回故乡。

抗战结束后，随着工商业回迁、海关关闭、国民党的搜刮，万县这座小城很快就没落下去了。

随着老万县的凋敝，刘诗白对家乡的记忆因无迹可寻变得愈加模糊。由于过早离开故乡，刘诗白说话并不带万县口音。如今的万州焕然一新，家乡彻底成了他再也回不去的一个所在，自然圆不了他“乡音无改鬓毛衰”的返乡之旅了。

没有人能走出他的时代，没有人能抛离他的原点。看似羁绊不深，但“万县”这两个字实则已深深刻入了这位川东之子的灵魂深处。

乱国缩影：边缘的四川

刘诗白是在漫天战火中成长起来的一代人，他晚年回忆说，自己记事以来有印象的第一场战争就是“二刘争川”[①]。

① 二刘争川：开始于 1932 年冬，结束于 1933 年夏。在民国时期，四川军阀三百余次大小规模的混战中的最后一次，也是规模最大的一次。刘湘、刘文辉当时都希望统一四川，叔侄二人经过泸州战役、老太君等战役后，最终以刘湘的胜利而告终。

蜀中地势险固、易守难攻，历来是兵家必争之地。司马迁认为，古今之成大事业者，必先取关中或巴蜀作为根据地。“天下未乱蜀先乱，天下已治蜀后治”，四川自古战乱频繁，民国时期更是成为军阀混战的温床。“一般认为，四川从1912年的‘成都兵变’到1935年蒋介石中央势力入川为止，大小战乱在470次以上。”[①] 在这些混战中，规模影响最大的要数“二刘争川”。

20世纪30年代初，随着老牌军阀刘存厚、杨森等丧失了争夺四川霸权的实力，刘文辉和刘湘叔侄二人成为最强大的两股势力。两人都有做“四川王”的野心，一山不容二虎，两人长久积聚的矛盾终于在1932年冬彻底爆发了，从明争暗斗的小动作上升为真枪实弹的战争。

1925年8月后，刘文辉、田颂尧、邓锡侯三人同驻成都。此后，随着刘文辉势力的增长，田邓二人为求自保在二刘混战中加入了刘湘的阵营。

1932年11月16日，刘文辉部向田颂尧驻城内部分大举进攻，刘、田成都巷战爆发。[②]两军在四川大学所在地皇城后的煤山[③]一处争夺尤为激烈。混战从17日下午一直持续到23日，刘、田两军不分昼夜地激烈对峙厮杀，一时机枪大炮轰鸣，瓦砾煤渣乱飞。两军还组织“敢死队”，反复向煤山冲杀抢夺。附近的民房全被炸成了瓦砾，双方官兵伤亡200余人。

当时，刘诗白已随父母来到了成都，居住在奎星楼街10号院内，

---

① 周勇．西南抗战史[M]．重庆：重庆出版社，2013：8.

② 成都市地方志编纂委员会．成都市志·军事志[M]．成都：成都出版社，1997.

③ 煤山：位于皇城后面，在曾经的成都展览馆附近，为煤渣堆积而成，高10余米，战后为市民铲除，是当时成都市区内的制高点。

离战争的中心地带非常近，他一直清楚地记得 7 岁时经历的这场战乱。

在刘诗白的记忆里，那几个战乱的夜特别的黑特别的长。每当夜幕降临，他和家人们就挤挨在一起，平躺在几张餐桌底下的空地上，一起屏住呼吸，紧张地感知着周遭发生的一切。每张餐桌上都罩着几床厚厚的棉被，暂时将外面战火纷飞的世界隔绝开来。感触着身边亲人传来的体温，小诗白贴着冰冷地面的脊背渐渐暖和起来，他不再害怕，只是闭上眼睛默默在心中祈求着：白天快点来，白天快点来……就在那几个夜晚，刘诗白人生中第一次对“战争”这两个字有了懵懵懂懂的概念，只是年幼的他还不知道，这两个字还将伴随着他度过更加漫长的一段岁月。

当时的四川各地防区割据关卡林立，俨然一个个独立王国。巴蜀大地黄赌毒之风肆行，军阀土匪不时惊扰乡邻，工商业发展落后，人民生活在一片水深火热之中。1927 年，刘伯承发动顺（庆）泸（州）起义，他曾在通电中感叹：“四川僻处西陲，思想落后，反动分子，较为嚣张。内讧连年，糜烂甲于全国；敲骨吸髓，剥削不遗耕氓。”常年的内讧使得四川在全国的形象一落千丈，还落了个“川耗子”（窝里斗）的诨名。远在天津的《大公报》更是直接把四川冠以“魔窟”之名。时值中国内忧外患，对于这场自己人打自己人的“二刘争川”，举国上下骂声一片。[①] 受军阀之苦良久的川内民众更是怨声载道，“自鼎革于现今十有四

① 顺泸起义：（1926 年 7 月到 1927 年）是在国共合作的形势下，中共重庆地委根据中央指示，有计划有组织发动的一次武装斗争。这是中国共产党第一次独立领导的武装起义，目的是打击反动派，牵制四川军阀东下危害武汉国民政府。1926 年 12 月 5 日首先在顺庆（今南充市）起义，然后以顺庆为基地，向绥定（今达县）进击，消灭军阀刘存厚后，与北伐军会师武汉。

载矣……被其（军阀政客）毒者，无省不然，而尤以吾川为最甚”[①]。

连年的军阀混战使得四川民力大损、社会凋敝，昔日的天府之国一片衰败景象。用一句最时髦的话来说："四川是中国社会最尖端的描写。"[②] 生逢乱世，而且是乱中最乱的四川，刘诗白虽然从小没有过衣不蔽体食不果腹的苦日子，但也耳闻目睹了不少底层百姓悲惨的生活际遇。为什么千百年来人民的生活还是如此贫困痛苦？这个常萦绕脑际的问题，深深影响了他的人生抉择。

1936 年，当刘诗白尚在上海念书之际，四川各地发生了百年一遇的水旱、地震、冰雹等自然灾害。这些灾害使得防区割据给四川百姓带来的苦难更加深重。果无防区制之毒害，果无四百七十余战之摧毁，果无苛捐杂税之横征，果无八九十年粮税之暴敛……则虽有天灾，亦能预为应付而无吞泥粉、嚼草根、啮树皮、人食人之惨象，故今日四川之一切灾象，统谓之为前此不良政治之暴露，亦无不可。[③]

刘诗白怎么也没想到就是这样破败落后的家乡，却在短短一年时间后成了中华民族复兴的根据地。历史从不发虚妄之言，草蛇灰线自伏脉千里。

早在 1933 年，蒋介石就在日记里写道："大战未起之前，如何掩护准备，使敌不加注意，其惟经营西北与四川乎？""九一八"事变之

① 半觉．鼠典拾遗 [J]. 川事评论（创刊号），1932：22.

② 张孟休．红军扰川前的二刘之战 [J]. 北京大学四川同乡会会刊，1934：39.

③ 张孟休．红军扰川前的二刘之战 [J]. 北京大学四川同乡会会刊，1934：39.

后，随着国难日深，国民政府渐趋意识到四川的重要战略地位。1934年11月，刘湘亲赴南京请求蒋介石入川"剿"共。趁此机会，蒋介石于1935年统一川政。国民政府通过不许军人参政、培训县区长、培训地方保甲及财税人员、改革财政、整编川军、筹划国防交通等一系列措施，全方位变革川政。

1935年，蒋介石在成都出席国民党四川省党部扩大纪念讲演时曾说"四川天时地利人文各方面，实在不愧为我们中国的首省，天然是复兴民族最好的基地"。同年，蒋又在峨眉山军官训练团上说"辛亥革命发端于四川，四川既为革命的发祥地，就应该做革命永久的根据地。革命之花，既由四川而放，亦要由四川来收革命最后成功之果"。四川人敢为天下先，血管里涌动着革命的热情。

与此同时，蒋介石的一系列改革也惹得四川军阀们大为光火，中央与地方实力派的矛盾日趋激化，即使是与蒋关系亲厚的刘湘也在暗地筹划防区军备建设。尽管阻碍重重，四川毕竟已经实现了统一，这就为后来川军出川抗战和国民政府迁都重庆创造了必要的条件。而在国省两级政府暗潮汹涌的战略竞赛中，四川作为抗战大后方的雏形悄然形成。1937年，就在刘诗白一家紧急回归家乡之际，偏居西南的四川被历史推到了舞台中央。

然而，当时的国民党内部对于四川作为战时大后方还存有诸多疑虑。这一切可以从1946年蒋介石在成都作的《告别四川同胞演讲》中看出端倪，"本人民国二十四年（1935）初到四川的时候，目击四川当时的情形，同来的人皆觉得距离我们的理想太远，大失所望。"

蜀风韵长

自文翁创办中国首个官办学堂“文翁石室”以来，蜀中便学风大盛。同时蜀地又因其独特的区域特性，逐渐形成了颇具地方特色的蜀学。

刘诗白的幼年及青少年时代正值近代蜀学空前发达的时期，当时巴蜀大地国学氛围浓厚且人才辈出。

四川这个地方，一方面，外面的人不晓得四川的学者有多大能耐；另一方面，四川的有些学者看不起外面的人，拿研究旧学来说，四川的学者在群经诸子这些朴学方面很有实力。[①]“八一三”事变后，国学大师程千帆[②]逃入川内，他对当时蜀地学风及川中一众硕学鸿儒都印象很深。

1943 年 8 月到 1944 年 7 月，程千帆到国立四川大学工作。当时蒙文通先生也还在川大，他也很有意思。他是四川人，又是廖季平（又名廖平）的学生。所以他和学校闹翻了，学校不聘他，他还照样去上课。他说你不聘我是你四川大学的事情，我是四川人，我不能不教四川子弟。学生照样去上课，学校拿他没有办法[③]。

这位很有脾气的蒙文通[④]就是当时蜀学的代表人物之一。蒙文通的

---

① 程千帆，张伯伟 . 桑榆忆往 [M]. 北京：北京大学出版社，2015：9.

② 程千帆（1913—2000），原名逢会，字伯昊，别号闲堂。1936 年毕业于金陵大学中文系，中国著名古代文史专家、教育家，是公认的国学大师，在校雠学、历史学、古代文学、古代文学批评领域均有杰出成就。

③ 程千帆，张伯伟 . 桑榆忆往 [M]. 北京：北京大学出版社，2015：9.

④ 蒙文通（1894—1968），原名尔达，字文通，四川省盐亭县石牛村人，中国现代杰出历史学家，近代蜀学的代表人物之一。

老师廖平[1]，一位有着复兴蜀学宏愿的经学家更是近代蜀学的标杆性人物。廖平、蒙文通师徒间的学术传承和发展是在民初的四川国学院附设国学学校（清季四川存古学堂嬗递者）中开始的。[2]

1907年7月，为保留国粹，湖广总督张之洞在湖北创办存古学堂。随后，该校被纳入各省"筹备立宪"的办学规则。至辛亥革命前，湖北、安徽、江苏、陕西、广东、四川、甘肃、湖南等省相继正式开办了存古学堂。然而，官方这一"新教育"的实验举措在其他地方均被冷落，唯在四川地区受到了各方民众尤其是士绅阶层的积极支持。

1910年3月初，经督理四川提学使赵启霖详文呈请，时任川督赵尔巽奏请筹设存古学堂获准。学堂一经创办，四川各州县的士绅纷纷提请"仿办"或"分立"。当时学堂招生名额有限，不少考生甚至提出了"入堂旁听""自备学资，附住贵校"的恳请，足见川中子弟对存古学堂的热切向往。四川存古学堂遵循"救时局，存书种并行不悖"的办学方针，但学堂未设西学，不如湖北学堂那样趋新，而是更注重对理学、经学、史学、辞章的旧学教育。这一举措使得四川存古学堂的"存古"之风较别地更甚。

此后，四川存古学堂不负众望，不仅培养了蒙文通、曾宇康[3]、陆香

① 廖平（1852—1932），四川省井研县人，清末民初著名经学大师。廖平一生研治经学，做出了超越前人的学术贡献。在经学研究中，廖平学术多变，自称一生凡六变，在中国近代学术界占有极其重要的地位。

② 刘复，徐亮工，王东杰，等．近代蜀学的兴起与演变 [M]. 成都：四川大学出版社，2017：3.

③ 曾宇康，成都人，师从廖平。民国蜀中文教界名流，1925年受唐迪风之邀，执教"敬业专修学社"（后改为"敬业学校"），后又在四川大学任教多年，著有《春秋繁露义证补》一书。

初[①]、杨叔明[②]、彭云生[③]等川中名士，更是成为保留和传承近代蜀学风尚和血脉的重要渠道之一。

民国六年（1917），存古学堂被教育部禁办，四川士绅们继续支持学堂开办。后经一路变体，存古学堂延续到了之后的国立四川大学，这在全国的存古学堂里面都是独一份的。

刘诗白的家族里虽然没有人直接到存古学堂求学，但是他父母朋友圈里的一众文人雅士都和这个著名的存古学堂有着千丝万缕的联系。

刘诗白的母亲李久芸和蜀中才女杨励昭[④]同好诗词，遂“以文字订心交”。杨励昭的祖父杨光圻是晚清蜀中著名书法家，其伯父杨永清是光绪拔贡、尊经书院高才生，留世有《蜀秀集》，其叔父杨叔明时有“诗书画三绝”之誉。从小在这样的家庭氛围熏陶下，加之个人的天赋和努力，杨励昭善诗词、工书画，小小年纪便展现出了较高的国学造诣。

宣统三年（1911），杨励昭的叔父杨叔明、哥哥杨正芳[⑤]同时考取四

---

① 陆香初（1882—1953），名海，原名德馨，在国学院求学期间名蓍那，字香初，四川三台人。宣统二年考入四川存古学堂首班。民国元年以后以存古旧班学生身份服务于四川国学院国学讲演会，任该会“干事”。师从廖平专习《周礼》，也问学于吴之英、刘师培。1949年后，历任川北大学（南充）教授、川北博物馆负责人、四川省文史研究馆研究员。

② 杨叔明（1894—1962），名永浚，号菽庵，祖籍四川崇庆（今成都崇州），生长于成都，有《菽庵诗书画存》传世。

③ 彭云生（1887—1966），古典文学研究专家。名举，字云生，出生于四川省崇庆县。1913年考入四川国学院附设国学学校。他精通宋明理学，有“蜀中大儒”之誉。彭举毕生从事教育事业。

④ 杨励昭（约1896—？），名正萱，出身名门，是清代爱国名将杨遇春的六代孙女，祖籍四川崇庆，生长于成都。她后来曾长期担任成都成公中学、建本小学、四川大学附中语文和国画教员。与丈夫萧参合著有《松萱遗墨》诗集。

⑤ 杨正芳：生卒年不详，名润六，祖籍四川崇庆，生长于成都，清代爱国名将杨遇春的六代孙子。民国著名画家，曾出版《自牧道人别传》，深受学界重视。

川存古学堂，与蒙文通、彭云生等人同班。杨叔明与蒙、彭二人同列廖平门下，交契深厚。

廖平的井研同乡萧参[①]很是敬仰他的学识，曾私淑[②]廖平先生。这位萧参也是位传奇人物。光绪三十一年萧参赴资州（今资中）应童生试，时年 20 岁的他初次出门，与诸考生相识后，萧参借阅了《革命军》《猛回头》等革命书籍。当读到章太炎《狱中赠邹容》“……英雄一入狱，天地亦悲秋，临命须掺手，乾坤只两头”的诗句时，他立志寻求革命道路，转成都考入警官学校，后经友人介绍加入同盟会。萧参早年投身革命，在辛亥革命后弃政从教。萧参治学受县人廖平影响，不墨守一家之言，与廖平门人蒙文通论学多相契[③]。

1910 年，萧参赋成七绝《秋感》九首流行传抄于成都文学界，一时洛阳纸贵，和者至数十家，其中就有名门淑女杨励昭。萧参读梦蘐和诗后深为赞赏，谓“梦蘐所和秋感诗，清远幽邃，如湘女鼓五十弦瑟，中清咸应，弦外有音，凄神动识，不知哀乐之何从，因再叠韵和之，欲籍疏狂以抒其抑郁耳”。二人当时所作的首尾并和诗一首如下：

魂魄从来好梦游，满城风雨又穷秋。

---

① 萧参（1885—1961），字中仑，号诛仙、隐惰，四川井研县人，老同盟会会员，著名道学学者，中医学家，书法家，诗人。曾任四川大学教授、四川省文史研究馆馆员，有《诛仙遗墨》传世。

② 私淑：此词源自“予未得为孔子徒也，予私淑诸人也”。指没有得到某人的亲身教授，而又敬仰他的学识并尊之为师、受其影响。

③ 四川省崇庆县新县志编纂委员会 . 崇庆县志：1911—1985[M]. 成都：四川人民出版社，2015：12.

蒹葭芦苇清江上，定有逍遥不系舟。

（萧参诗）

梦向天涯作壮游，江山浑似故国秋。

无端隔水菱歌苦，惊起栖乌月满舟。

（杨正萱和）

三年不到故山游，羁客心情易感秋。

漂泊而今何所似，满天风雨一孤舟。

（萧参再和）

如此几番诗句的你来我往后，二人情愫暗生，后遂结为夫妇。蜀中学界一时传为佳话，杨励昭兄杨润六谓之“殆可方仲姬之与松雪，易安之与明诚矣”[①]。

这桩蜀学姻缘把廖平、萧参、杨励昭、蒙文通、杨叔明、杨润六、彭云生等人之间错综复杂的关系网络交织缠绕了起来，刘诗白父母通过杨氏兄妹也和这个圈子产生了或多或少的交集。从刘诗白母亲李久芸所作的一阕《西江月·曲会即事》中我们可以想象，当时这一众蜀中名士聚在一起谈笑取乐该是多么的风流雅致！“帘外丝丝细雨，樽前嫋嫋歌声。一时佳会尽豪英，更有词仙诗圣。　　腕底横枝欹玉，坐中谈笑忘情，疏狂一任世人惊！乘与莫辞酩酊。”[②]

① 引自《玉露词》杨润六所作序言。

② 引自《玉露词》中李久芸著《西江月·曲会即事》。

刘诗白从小跟在父母身边，看着他们与萧参、杨励昭、杨润六等人私交往来，在蜀地大气候和家庭小氛围里，耳濡目染，在幼年的心田间深深种下了传统文化的种子。

诗书之家

作为一名经济学家，刘诗白几乎一辈子都在和数据、方程式以及理论模型打交道。然而，抛开严谨细致的经济学家这一身份，刘诗白身上还存有中国旧时文人的情怀与风雅。他是经济学家，是作家，还是书法家，刘诗白在这三种身份之间自由转换来去自如，这在一位经济学家身上是少见的。

从牙牙学语开始，刘诗白就跟着母亲李久芸学习传统国学。在孙女刘莎的印象中，李久芸是一位“美丽文雅又有文化”的大家闺秀。从四川省立第一女高校毕业后，李久芸虽然选择回归家庭。然而，在刘诗白看来，母亲从来都不是普通的家庭妇女。料理家事之余，李久芸用心经营自己的一方精神花园。读诗写词、学曲会友、游山拜月、铺纸蘸墨……这位极富生活情趣和审美品位的女性，让书香墨香浸润到了刘诗白的生命里。

从《古文观止》开始，刘诗白就在母亲指引下开始在中国古典文化的艺术圣殿里蹒跚漫步。《大学》《论语》《孟子》《左传》《史记》……“四书五经不是全读，但要看、要钻研，像《左传》那些还要背诵。”刘诗白回忆道。

幼年的刘诗白不仅涉猎了这些大部头的国学经典，受热爱诗词歌赋的母亲影响，刘诗白同样醉心于诵读诗词。《唐诗三百首》自不必言，刘诗白如痴如醉地沉浸在诗词营造的大千世界里无法自拔，一路从李杜读到了韦庄、苏辛，以至后来的纳兰性德、郁达夫。

刘诗白的父亲刘明扬同样是爱书之人，这位史学系高才生的阅读范围极其宽广。读史论政之余，刘明扬喜欢钻研各类学科，他对法学、文学、经济、哲学等学科均有不同程度的涉猎研究，特别是思想哲学领域。在北大就已经接触到左派思想的刘明扬对这一新思潮很感兴趣，把市面上能买到的关于共产主义左派思潮的书几乎收全了。

刘诗白至今还记得父亲专注阅读米丁[①]《唯物辩证法》[②]一书的情景。他说："《唯物辩证法》这个书起码有个两三百页，父亲看了之后他要写评论，那本书上好多页他是评满了的，他把这些理论部分看完之后，他有自己的看法。"

不仅钻研新思潮，刘明扬在讨论各种问题时也显示出自身厚实的国学底子。当时，国民党教育部曾找刘明扬去研究民生问题，刘明扬另辟蹊径，联系中国传统文化给一众官员解释了中国文化如何以人为本，表达了自己对民生主义的独到见解。

好友杨润六对刘明扬的书法赞不绝口，"考法书碑帖，能穷厥源委；

① 米丁：苏联哲学家、社会活动家。

② 米丁．辩证唯物论与历史唯物论教程大纲 [M]. 上海：解放社，1950.

书法尤瘦硬入神。”[①]刘诗白记得，父亲最喜欢临《兰亭集序》，“他王字写得很好。”1946年11月，时任四川教育厅厅长的刘明扬大力促成了故宫书画在蓉展出这一桩艺术盛事。据《中国博物馆年鉴》记载：“这次书画展是应四川省要求，精选西迁文物中书画百件，在成都举办的告别展览。”母亲李久芸则写曹全碑体，两人同爱诗书，感情甚笃。

据1947年8月9日湖南《大公报》报道，父亲节当天，成都妇女界成立了母亲会，顺便庆祝父亲节。她们选出了心目中的标准父亲，其中一个就是刘明扬。

如果说母亲给幼年诗白的影响主要来自言传，那么父亲则主要来自身教。在父母双亲影响下，刘诗白从小就对书有一种天然的亲近感，较早显现出学者的天资与气质。

对幼年的刘诗白来说，奎星楼街10号小院这个地方不仅是家的所在，更是图书馆的所在。奎星又称魁星，自古被视为主管人间文运之神。中国各地均有修建魁星楼的习俗，楼里专门供奉着凶神恶煞手持朱笔脚踩大鳌鱼的魁星佬，以便追求功名的读书人瞻仰膜拜。刘诗白一家所住的这条街正是由西头一座魁星阁而得名，清代又名魁星胡同，民国时更名为奎星楼街。这条藏于繁华闹市的小街文风浓郁，当时刘诗白家附近的13号院还住着著名的数学家魏时珍[②]。“奎星楼街在清代建有一座

① 引自《玉露词》中李久芸著《醉花阴·甲申春暮为外子寿》。

② 魏时珍（1895—1992），名嗣銮，字时珍，四川蓬安人。德国哥廷根大学数学、物理学博士，四川大学教授。主要从事数理方程、偏微分方程等数学教育工作。他是最早向国内介绍爱因斯坦相对论的学者之一，曾长期居住在成都奎星楼街13号自己设计修建的寓所中。

牌坊叫里仁坊，上面有‘里有仁风，探花及第’八个大字，应当是表彰这条胡同出过一位探花（科举考试中殿试的第三名）。”[①] 在这条文墨飘香的小街上，刘诗白开始了人生最初的一段阅读时光。

在一般孩童最爱探险玩乐的年纪，家里的客堂就成了刘诗白最好的游乐场。刘诗白家客堂的书架上摆满了成摞成摞新旧不一的书籍，书柜里装满像《二十四史》《水经注疏》之类的大部头，那是他父亲喜欢钻研的东西。幼年的刘诗白喜欢独自一人在这一片书香墨海里穿梭漫步，他常常是随意地取下一册来，临窗执书而立，读至合乎心意处微微含笑，读至困惑不解处锁眉深思，含英咀华唇齿生香间时光轻弹。

在经年累月的阅读里，刘诗白时而聆听先贤圣哲讲经论道，时而随诗人词家把酒当歌，时而与左派文人讥讽时事。正是在这种漫无目的阅读里，刘诗白慢慢成长起来。得益于大量的阅读，刘诗白小小年纪就铺展开了宽广的知识网，这些都为他日后所要从事的事业打下了坚实的基础。

除了阅读，家庭教育带给刘诗白的另一个好处是练就了平和达观的心境。刘明扬李久芸夫妇二人感情深厚，“明扬执教蓉渝，服官京沪，久芸无不与偕”。[②] 他们一共养育了六个子女，其中一个不幸早夭。为了这个孩子，刘明扬还一度自学医术。1944 年暮春，李久芸曾为刘明扬写下祝寿词一首，“乳燕穿帘春书永，丽日明槐影。对酒且持觞；蕉绿樱红，玉貌添辉映。　　风流文采无人省，未许豪情骋。漫白写乌丝；

① 袁庭栋．成都街巷志 [M]. 成都：四川文艺出版社 ,2018：6.

② 引自李久芸著《玉露词》杨润六所作序言。

都把高怀，付与霜毫劲”。从这些词句间，可以感受到夫妇二人相知相守的真挚情感。

父母感情深厚是家庭和谐的基石，在这样和睦的家庭里长大，刘诗白温润如玉，他说起话来总是轻言细语，做事也不急不躁。尽管生于风雨激荡的乱世，安稳幸福的小家庭却给刘诗白描上平和淡然的性格底色。

子多类母，母亲李久芸淡定从容的个性或许能解释刘诗白性格的养成。诗书养人不假，不管世事如何，李久芸总是在自己的精神后花园里自在辛勤地耕耘着。“纫佩芳悰，属云懋赏；咀宫含征，一发乎词。”[①]1949 年 1 月，在丈夫刘明扬的鼓励和支持下，李久芸在成都青石桥北街的播文印书局印刷了自己多年的作品集——《玉露词》。世事变迁，当年的一众好友都各怀心事、意兴阑珊，无复写诗作词的闲情雅致。“独久芸能从容艺苑，乐以忘忧，格益工，境益邃。此稿殆骎骎欲步漱玉[②]后尘。”对于李久芸来说，寄情诗书并非一时的兴致之举，而是一种极天然的表达欲望释放。一个人只要活着就会有表达的欲望，有的人透过声音，有的人透过动作，李久芸选择了诗书，这是她与生命与时代对话的凭借。不管处于人生的何种境遇，李久芸从未放弃用诗书来记录自己的生命与生活，直到离世。在此后的岁月里，母亲的这一做法深深影响了刘诗白，使得他能够在不同人生境遇下泰然处之，保有一份超

① 袁庭栋 . 成都街巷志：下卷 [M]. 成都：四川文艺出版社，2017：629.

② 漱玉：漱玉泉位于山东济南李清照故居内，相传李清照早年曾在漱玉泉边洗漱，后人有《漱玉词》辑本。

然的心境。

上海过往

1933年，因成都时局混乱加之刘明扬官场上的一些变动，刘诗白一家人搬到了摩登大都会上海。彼时，有着“东方巴黎”之称的上海城正处于一段黄金发展时期，繁荣异常。

对此，木心先生曾有过以下一番精彩描述："尚须回顾抗战前的那几年。中国江南得天时之美，庄稼及农副业收成普遍富饶，而上海确凿在工业生产和市场消费的有机关系上，已形成系统颇见气候，加之各地涌来数以百万计的人口中，不乏挟巨资以争长雄的俊杰，中产者也横心泼胆，狠求发展，小产、无产的活动分子，个个咬牙切齿四处拼搏，有不可窃尽之精力——新的工厂、商店、旅馆、酒家、游乐场、大厦、公寓、小洋房，这边破土动工，那边落成剪彩，愈造愈摩登漂亮。"①

而刘诗白一家当年的居住地——沁园邨（现静安区新闸路1124弄沁园村），恰好就是老上海这段“不义而富且贵”岁月的产物及见证。根据《静安建筑集锦》记载，沁园村曾是国民党政权四大家族之一孔家孔祥熙的房产。“其产权情况和孔祥熙在沪所置的其他房地产（如静安别墅、巨鹿路852—878沿街花园住宅等）一样，由晚清大吏盛宣怀的子女化名重英堂、溢中地产公司盛丰澄、盛重颐、盛关颐等名义出面，申请房地产

① 木心．哥伦比亚的倒影[M]．桂林：广西师范大学出版社，2006：1.

前排从左自右：刘诗白母亲、二嬢（1962 年，摄于多子巷 8 号寓所）

登记掩人耳目，购置的时日多数在抗日战争初期，法币已经开始贬值，尚未出现恶性通货膨胀时期。此时孔任财政部部长，兼发行法币的中央银行总裁，得以运用央行拨款单的信用，大量收购租界内的房地产（如淮海中路的培文公寓、南京公寓的嘉陵大楼，都是这一时期为孔所购得）。本市解放后，盛丰澄、盛重颐、盛关颐等离沪，沁园村房地产因涉有孔祥熙所有的重大嫌疑，在 1950 年经过上海人民法院刑字 1670 号裁定扣押代管。”①1932 年刚竣工时，整个沁园共有 60 多幢房子。1933 年，刘诗白一家六口搬进了其间的 22 号寓所。与他们同年搬进沁园邨的邻居中，有当时红遍上海滩的电影皇后——阮玲玉。据说，她位于沁园 9 号的居所是茶叶大王唐季珊花十根金条子换得。令人唏嘘喟叹的是，仅一年多以后，一代佳人因不堪流言蜚语，在此香消玉殒。而这，亦成为沁园邨众多历史影像中最为世人所津津乐道者。

事实上，刘诗白一家曾居住过的 22 号寓所同样颇具传奇色彩。汪伪政府统治时期，这里一度成为中共地下组织的活动点，是“晓钟剧团”

① 刘莉芳 .81 年前的 3 月 8 日，老上海最有名的那个女人自尽于此 [EB/OL].[2016-03-08].https：//chuansongme.com/n/2623433.

和秘密电台的聚集地。1944年，在生命的最后时刻，邹韬奋还曾短暂隐居于此。

在这栋典型西式风格的三层小洋楼里，刘诗白度过了人生中相当珍贵的四年时光。从一张姐弟四人初来沁园不久的合照中，可以看到，八岁的刘诗白身着剪裁合体的西装，胸前笔直端正地系着领带，脚蹬皮鞋，俨然一位打扮入时的沪上小绅士。

总体说来，上海时期的前半段，刘诗白一家生活得轻松闲适。那时，母亲李久芸经常带着姐弟四人到上海附近各地旅行游玩。一路所经，这位才女均用诗词记录下自己的所思所感。关于在上海生活的这一段，晚年的刘诗白已经不大想得起来了。至于那些零散珍贵的记忆碎片，它们中的大部分都镌刻有“育才”的字样。

母亲李久芸（1936年，摄于上海）

自上海开埠后，西学东渐进程加快。作为感知欧风美雨的前沿阵

刘诗白母亲李久芸作品《玉露词》

地，上海孕育出了中国最早的一批近代教育学堂。得益于此，居沪期间，刘诗白接受了比较先进的新式教育。在辗转念过的一所小学和两所中学中，他印象最深的是上海工部局育才公学（The Ellis Kadoorie Public School for Chinese）。

1901 年，英籍犹太人埃丽斯·嘉道理（Ellis Kadoorie）在上海白克路（今凤阳路）创办育才书社。学校开办的初衷是造就中英文口译、笔译人才，为英国人开办的商行、工厂、公司及工部局各个部门服务。1912 年，该校迁至山海关路 445 号地新校舍，正式交由英租界工部局管理。自此，育才公学开启了一段光辉灿烂的办学历程。

育才公学借鉴了英国伊顿公学的教学模式，坚持“中英并包，汉英兼采”，教学质量很高，一时誉满沪上。许多名商巨贾、精英知识分子都以把子弟送入该校接受教育为荣。1916 年至 1923 年，国学大师王国维在上海居留，经过一番仔细考察，他把三个儿子都送进了育才公学。此外，杜月笙的儿子、李鸿章后人、被蒋介石视为子侄的宣铁吾、上海颜料大王贝润生的外甥沈和堂也都是该校学生。

据 1932 年的《育才公学通知》，学校在招收新生时，除要求报考学生必须是具备一定中文程度的适龄儿童外，还要求其家长或监护人必须居住在公共租界内，在入学之时必须一次性缴足每学期 40 元的学费。

而当时上海一个普通苦力的工资每个月只有20元。[①] 作为一名教育工作者，刘明扬自然非常重视子女的教育问题。尽管要价不菲，刘明扬仍坚持把刘诗白转入了育才公学。

八岁的刘诗白（1933年，摄于上海）

与高昂学费相对应的是一流的校园设施。在当时的育才公学内，图书馆、实验室、音乐教室、大礼堂、风雨操场、足球场、网球场等教学设施一应俱全。据校友王乐天回忆，“学生的桌椅也是从英伦运来的木头桌椅，架子则是铁制的，寒冬腊月学生喝的是冰凉的过滤水，不过教室内有火炉取暖”。

与姐弟在上海沁园村22寓号所（1933年）

每个上学日的清晨，穿过校门后一条幽深的走廊后，刘诗白就背着书包走进了那栋他再熟悉不过的三层洋楼内。洋楼虽小，却是一个承载着少年诗白对于世界全部幻想的迷人世

① 赵富伟.上海育才公学之研究[D].华东师范大学，2012.

界。那里的老师同学是亲切友善的，那里的知识是新鲜有趣的，那里的学习生活使刘诗白感到充实又快乐。

这所名校最值得称道的还是它独树一帜的英文教学。育才学子的英语水平在上海无出其右。[①] 早在 1923 年，该校就总结出了一套“教中国人英语”的方法：通过眼睛和舌头来教英语、营造语言环境、阅读英文原版书、重视学生理解和口头表达能力的培养。在育才的图书馆内，珍藏有上百册英文原版图书。学校还订有英文杂志，选用由英国教育部批准和香港大学指定的英文教材。除少数社会科学外，其余诸如数学等学科均使用英文教材。莎士比亚原著、《圣经》、英语字典等都是学生的教材。1933 年，初中年级的英文课程共开 8 科，包括读本、默书、文法、作文、习字、文学等。学校大部分教师是从英国的大学毕业的英国人，香港大学毕业和留学归来的华人，甚至有博士在育才任教。[②] 育才公学不仅中外老师同校任教，还兼收中外学子。当时，整个育才校园内 please sir、thank you、pardon me 等声不绝于耳，俨然置身英伦国度。纯正的语言环境使得育才学子能够用英文顺畅无碍地和外国人交流，英文的听说读写能力很强。

在育才的这段学习经历虽然短暂，却为刘诗白打下了深厚的英文底子。20 世纪 80 年代末，刘诗白第一次走出国门到美国高校讲学，考虑到翻译不一定能准确表达自己的经济学专业内容，他自己全程用英文完

① 许祖馨 , 于传璋 , 陈叔骐 . 上海老学堂 [M]. 上海：文汇出版社 ,2010：5.

② 童永歙 . 与世纪同行：育才中学百年档案资料编研 [M]. 上海：百家出版社 ,2001：9

成了演讲。后来到加拿大讲学时也是如此。据刘诗白小女儿刘莎回忆，那时的父亲已经很久没接触过英文了。

不同于成都的闭塞落后，上海时髦开放而又奇幻复杂。八岁到十二岁，这是一个人从儿童逐渐成长为少年的重要阶段。在这座旧中国最发达、各方矛盾最为尖锐的城市生活了四年，少年刘诗白对整个世界和时代的印象、理解逐渐清晰深刻起来。

而在此期间，这座光怪陆离的大都市在无比慷慨地向他呈现出其万花筒般浮世盛景的同时，也毫不避讳这一切背后的种种残酷争斗和畸形罪恶。

第二章　陪都风云

西逃万县

1935年，日寇在华北地区策划实施了一系列事变，妄图采用“渐进蚕食”的方式逐步侵吞中国。一时间，华北局势告急。随着社会气氛的日趋紧张，心思敏感纤细的李久芸隐隐感到不安与担忧，在游历金陵时发出了“浓雾阴霾翳碧空，新魂旧鬼哭西风；中原战乱一重重。人海彷徨何计是，离怀黯淡夕阳中；安排今晚醉千钟”的感叹。

1936年10月19日，鲁迅的去世让上海城更添一抹浓重阴影。三天后，在胡风、巴金、黄源、鹿地亘、黎烈文、孟十还、靳以、张天翼、吴朗西、陈白尘、萧乾、聂绀弩、欧阳山、周文、曹白、萧军这16位社会名流的护送下，鲁迅灵柩被抬往虹桥万国公墓安葬。下葬当天，闻讯自发赶来的人们将出殡队伍沿途所经道路挤得水泄不通。行列之中，有人手执写有标语的横幅、旗帜，有人低声唱起流行的抗敌歌曲，有人眼含热泪悲痛不已……

据鲁迅好友内山完造在《鲁迅先生》一文中回忆，“谁也没有下过命令，没有做过邀请，也没有预先约好，而送葬的行列，却有六千人光景的大众，而且差不多全是青年男女和少年”。当天，在密不透风的送葬人群之中，十一岁的刘诗白亲眼见证了鲁迅出殡这一出历史事件。这一幕为民族斗士送行的震撼画面，也是他晚年能够回想起来的为数不多的上海时期的记忆之一。

1937 年 6 月，吟着“我华胄破浪乘风，万里南游，启土生聚，我辈溯来由；环山抱水，灵气所钟，伟哉育才，文物炳千秋；济济一堂，教泽深长，成德达材遍一洲；德智体美群，人人要力求”的铿锵校歌，刘诗白挥别育才。

人生是由一程程路途连缀起来的未知。从育才启程后，刘诗白继续埋头行路，不觉已抵达坎坷凶险的下一程。时间很快来到了那个改变整个中华民族和刘诗白命运的关键节点。

1937 年 7 月 7 日，卢沟桥事变爆发，中华民族的全面抗日战争一触即发。7 月 26 日，廊坊沦陷。7 月 29 日，北平沦陷。7 月 30 日，天津沦陷。7月 31 日，平津完全落入日寇敌手。平津沦陷后，日军大举入侵华北，华东局势危急。当时，日本侵略军沿着平汉（北平到汉口）、津浦（天津至上海）铁路一路向南侵犯，并向西侵入山西。上海方面的形势愈加危急，日寇海陆军随时可能向上海发动大规模进攻。

8 月初，面对越来越紧张的时局，刘诗白的父母亲当机立断，做出了一个明智的决定：马上离开上海回老家万县。1935 年，整个长江上游的几十家分散的中国轮船公司，终于以民生公司为中心联合起来了，结成了一个整体。[①] 刘明扬与这家当时几乎垄断了长江航运业的民生公司创办人卢作孚 [②] 是旧相识，他很幸运地拿到了返川的船票。“八一三”事变前五天，刘诗白一家匆匆挤上了返回家乡万县的一艘小轮船，幸运地逃离了上海这座即将处于风暴中心的城市。

黑云压城城欲摧，“八一三”事变前夜，日军从佐世保调来载有大批军火和陆战队的军舰，30 余艘各类兵舰在上海附近海面集结。次日，日寇海陆军队突然登陆，向上海闸北区发动猛烈进攻，驻守上海的张治中部队奋起抵抗，淞沪会战正式打响。没有任何准备，上海这个昔日红灯绿酒歌舞升平的花花世界顿时笼罩在一片枪林弹雨中。杨树浦、闸北、沪西、南市等地相继落入敌手，每一秒都有新的杀戮和惨案发生，战争的阴霾笼罩每个城市居民。大量难民涌入尚且安全的租界，只有 10 平方英里的租界里挤满了 400 万人口。

当日寇在上海烧杀抢掠之时，一望无际的长江之上，一艘返回万县的小轮船正夹杂在各种西逃的大小船只之间颠簸漂流着。时值汛期，水流湍急，深浅不一的漩涡密布其间。不时，岸边零星飞来的一两颗流弹几乎将小船翻倒过来。航行途中，全船旅客皆是神经紧绷、惊惧不已。哪怕稍稍一丝的倾斜晃动，都会即刻引来他们好一阵惊呼。

---

① 卢国纪 . 我的父亲卢作孚 [M]. 北京：人民出版社 ,2014：462.

② 卢作孚（1893—1952），重庆市合川人。中国著名的爱国实业家、教育家、社会活动家、农村社会工作先驱，中国航运业先驱，一生致力于“革命救国”“教育救国”“实业救国”。

虽然很幸运地逃过一劫，没有直接置身在腥风血雨的战争中心，然而在逃行过程中，刘诗白一家在船上一路看到的都是从战区流亡出来的难民们。他们扶老携幼往大后方日夜逃离，脸上面无表情，只是机械地移动脚步随着人流匆匆赶路，谁也不知道日军什么时候会打过来，谁也不清楚自己还能不能看到明天的太阳。生处乱世，每个人的命运大抵都如水上浮萍，风中落叶一般。在难民深藏惊恐的眼神里，刘诗白第一次真正体会到战争给人带来的毁灭性灾难。

战争的乌云一路从岸边笼罩到轮船上。小船上密密麻麻地挤满了几百号人，床上坐满了人，地上也站满了人。在躁动不安的人流里，十二岁的刘诗白感到了一种深深的无助感。入夜，刘诗白一家在轮船的甲板边上找到了一处空地，草草打下地铺后，一家人相对无言，只得早早休息。听着江水呜咽的哀鸣声，随着小船的颠簸晃动，刘诗白沉沉地进入梦乡。不见星月的暗夜里，小船载着几百人的命运继续逆长江水流而上。

命运眷顾刘诗白一家人，航船最终顺利抵达了万县港口。平安回到阔别已久的故土，刘诗白感慨万千。途中流亡难民的悲惨身影不时浮现在他的眼前，前方不时传来上海保卫战的最新战况。那段时间，刘诗白常常在想：战争区的老百姓该是何种处境？中国到底会走向何处呢？十二岁的少年刘诗白就对祖国的前途担忧，他过早地成熟。不久，刘诗白在《万县日报》上发表了一首呼吁全民参加抗战的诗歌。那是他人生中的第一首诗歌，也是他的第一份登报作品。

从 1937 年 9 月到 1938 年 2 月，刘诗白一直在万县县中学习。伴随着“七七事变”的噩耗，萧楚女、恽代英在这所学校留下的革命星火蔓延燃烧成为抗日救亡的熊熊烈火。早在"七七"事变前，万县县中的学生们就通过中共组织的"重庆学生界救国联合会"（简称"学救"）投身于各类抗日救亡活动中。大战未开，国民党当局把民间抗日救亡组织列为非法。"学救"是"重庆抗日救国会"的下设组织，该组织利用各校的公开合法组织吸收进步和中间状态的学生参与抗日救亡运动，当时重庆全市20多所学校都设有"学救"组织。

那段时间，刘诗白和老师同学们都密切关注着战争局势，他们下课讨论的话题全是关于抗战的。每逢万县赶场的日子，刘诗白还会和同学们一起组织抗日宣传活动。当时个子尚不高的刘诗白就在街上搭一个小板凳，站在凳子上面扯着嗓子给来往过路的老百姓讲演。民族危难当前，每个人都没有太多考虑自身处境，而是热血沸腾地投入到对祖国命运的关心中。

1938年2月，刘诗白随家人前往重庆。在那里，他更为直接地被卷入到了这场残酷的战争中，也是在那里，他找到了为之奋斗一生的理想信念。

烽火西迁路

自日军铁蹄踏上中华民族土地的那一刻，中国无数家庭和个人就从此开始了悲惨的流亡之旅。"九一八"事变之后，大量东北同胞从关外仓皇出逃到关内。当时，张学良部奉蒋介石命令消极抵抗日本关东军的侵略，把东北军撤回到关内，尽管有北大营突围战、锦州保卫战、黑龙江马占山抗战等战斗或战役，但这些局部的抵抗并不能力挽狂澜。很快，整个东三省彻底沦为了日本的殖民地。

1935年，作曲家张寒晖[①]在西安街头亲眼见到了几十万东北军和东北同胞的流亡惨状，听着流亡官兵和百姓声泪俱下地述说着自己失去家园和亲人的遭遇、被迫流亡的心酸苦楚，张寒晖内心悲愤交加，随即写下了抗日歌曲《松花江上》。随着抗战形势的日益严峻，这首悲切动人的流亡之歌很快在前线和大后方传唱开来。

“我的家在东北松花江上，那里有我的同胞，还有那衰老的爹娘。九一八，九一八，从那个悲惨的时候！九一八，九一八！从那个悲惨的时候，脱离了我的家乡，抛弃那无尽的宝藏，流浪！流浪！整日价在关内，流浪！”这首歌的旋律随着抗战的烽火硝烟飘入重庆这座城市，山城的大街小巷贴满了五颜六色的抗日标语，一群群抗日游行队伍高呼着激动人心的口号穿行过市区，“打倒日本帝国主义”“还我河山”“和平万岁”等口号声此起彼伏，游行者手中鲜艳的旗帜和标语在阵阵江风吹动下显得尤为壮观。伴着滔滔江流，呼吁抗战的激昂演说声时常在街头拐角处响起。《法兰克福日报》驻远东女记者莉莉·阿梅斯初来重庆时曾写道：“这座城市的居民大多闲散，茶馆比中国任何城市都多，他们从早到晚喝茶、吸烟、摆龙门阵。”国难当前，在茶馆里，山城百姓不复旧时的散漫悠哉，他们不再拉些鸡毛蒜皮的家常，也不再热衷吹牛扯玄龙门阵，而是边呷茶边拿着最新的报纸相互间大谈时事战况。日军的暴行彻底激发

① 张寒晖（1902—1946），字含晖，河北定县人（今河北省定州市），著名爱国作曲家，代表作包括《松花江上》《军民大生产》《去当兵》等。

了山城人民的爱国热情，全城人民的心随着抗战前线的形势起伏。

为了支援淞沪会战和南京保卫战，民生公司紧急抢运数万川军从重庆和万县出发，唐式遵、潘文华四个师、两个独立旅先行抵达宜昌和武汉，再由两地奔赴华东战场。随后，更多的军队被运送出川参与抗战。当载着川军的航船在重庆和万县港口驶离时，以前对军队敬而远之的百姓们纷纷自发来到长江边为士兵们送行，他们不断挥舞着手臂，一边争相和士兵们握手，一边用家乡方言亲切地鼓励出川战士，“打了胜仗早点回来”“一路平安”“再见”……送行的队伍一路浩浩荡荡地沿着江岸跟随着航船前行，直到船只渐开渐远，消失在了银白色的天际线尽头。站在甲板上的士兵们朝着家乡和父老乡亲的方向不住回望，泪水打湿了很多人的眼眶，大家都不知道自己有生之年还能否回到家乡。据统计，在淞沪会战中川军将士几乎全部战死沙场，仅 2000 余人撤退到湖北。

1937 年 11 月 20 日，随着蒋介石政府迁都重庆，这座昔日偏安西南的悠闲小城很快成了抗战大后方的政治、文化、军事、外交和经济中心。1938 年，当刘诗白跟着老师同学们一起群情激昂地唱着《松花江上》时，一场更大规模的新逃亡正在万里长江上紧张进行着。

自“八一三”事变后，长江原本宽阔的江面就变得异常拥塞繁忙。1937 年到 1938 年，民生公司的大小航船来往穿梭于东西航线间，不分昼夜地抢运东部的工厂、政府机关、学校及难民。在这场争分夺秒的生死大逃亡里，卢作孚担任了总指挥官的关键性角色。扬子江上游航运问题，认为皆关系四川对外交通和未来的开发，非常重要。其垂危局面，不容坐视不救。每一个公司都感受到了经济上极大的困难，不共同联合起来是不能解决的。[①] 早在民生公司创立之初，卢作孚就意识到了整合统一长江各大航运公司的重要性，就在这位颇具战略眼光的实业家完成他的这一事业规划后不久，“八一三”事变爆发了。很难想象，如果没有民生公司和卢作孚，这场历史上惊心动魄的西迁之旅结局该是怎样。

1937 年 8 月，为阻止敌军沿长江西入，国民党军事当局封锁了江阴航道，下游航运中断。战前，民生公司的主要业务在重庆上海之间，封锁江阴导致了公司业务被中断。值此民族危亡时刻，卢作孚全然把公司利益抛至脑后，下定和祖国同进退的决心：我的感觉，却恰相反，认定国家对外的战争开始了，民生公司的任务也就开始了。[②] 他告诉员工：“民生公司应该首先动员起来参加战争。”

就在淞沪会战和南京保卫战激烈交战之际，冒着敌军的炮火，民生公司上下员工在卢作孚的指挥下勠力同心，分批把东部的轻重工企业、政府机关、学校和难民赶在长江枯水季前及时抢运到了大后方。

卢作孚事后在回忆这场中国的“敦刻尔克大撤退”时，对宜昌一段的撤退仍心有余悸。1938 年 10 月 25 日，武汉沦陷，而离武汉仅 300 多公里的宜昌还堆积着从东部各地撤退下来的三万多人员和九万吨物资。当时宜昌港口附近遍街是行李和器材，遍地是人。滞留在宜昌的人们争先恐后地抢购船票，惶恐不安。当时滞留的物资中还有重要的兵工和航空设施，一旦落入敌手，后果不堪设想。情况十分紧急，卢作孚到达宜

---

① 卢国纪 . 我的父亲卢作孚 [M]. 北京：人民出版社 ,2014：462.

② 卢作孚 . 卢作孚自述 [M]. 安徽：安徽文艺出版社 ,2013.

昌后立即坐镇指挥西迁工作。当时，以民生公司的船舶能力运输以上物资人员至少需要一年时间，而长江上游的枯水位只有仅仅四十天就来了。为了完成这一几乎不可能的任务，民生公司除派出二十二只船只外还租了两条挂法国旗帜的中国航船以及两千只木船。

没有停顿一个日子，或枉费一个钟点。每个清晨，宜昌总得开出五只、六只、七只轮船，下午总得有几只轮船回来，当轮船刚要抵达码头的时候，舱口盖子早已揭开，窗门早已拉开，起重机的手臂，早已举起，两岸的器材，早已装在驳船上，拖头已靠近驳船。轮船刚抛了锚，驳船即以被拖到轮船边，开始紧张的装货了。[①]

最终，仅 40 天，宜昌的滞留人员运完，器材运走了三分之二。20 天后，器材运完。1940 年 6 月 12 日，宜昌沦陷。当日寇到达这座几乎成为空城的鄂西重镇时，那些抢运到大后方的轻重工业企业正在加班加点地生产各类抗战物资运往前线。

在这场艰苦卓绝的大西迁中，女词人沈祖棻[②]以她的视角记录了自己与丈夫程千帆近一年的入川之旅，在战乱流离之际书写了一个民族被迫迁徙的沉痛历史。自 1937 年 9 月从南京出发，到 1938 年秋最终入川，这位江南才女辗转屯溪、安庆、武汉、长沙、益阳、重庆多地，“暇时每共

---

① 卢作孚 . 卢作孚自述 [M]. 安徽：安徽文艺出版社 ,2013.

② 沈祖棻（1909—1977），字子苾，别号紫曼，笔名绛燕、苏珂。浙江海盐人，著名词人、诗人、文学家、文论家、教授。1934 年毕业于中央大学，同年进入金陵大学国学研究班学习，曾任教于华南多所高等学府中文系，有“当代李清照”的美誉，与丈夫程千帆合称“程沈”，曾被师生赞为“昔时赵李今沈程”。格律新诗先驱诗人之一，其在古典文学研究和旧体诗词上有着很高的造诣，对于中国格律新诗的创建和完善有着重要影响。

读楚辞，以抒其磊落不平之气”[①]。屈原晚年被流放江南，涉江远走长歌当哭。沈祖棻爱极南京，当日涉江而上的悲痛心境想必和屈原类似吧，她沿途写下了“仓皇临间道，茅店愁昏晓。归梦趁寒潮，转怜京国遥”“经乱关河生死别，悲笳吹断离情。朱楼从此隔重城。衫痕新旧泪，柳色短长亭”“昨夜西风波乍急，故园霜叶辞枝”[②]等感伤之句。

沈祖棻和刘诗白的母亲李久芸是旧相识。“她和我母亲是诗词同好，再加上尉素秋[③]，经常往来。”在李久芸的词里，曾提及与尉素秋 1937 年冬天同游万县西山公园赏梅一事。尉素秋与沈祖棻同为中央大学国文系的才女，二人曾在女同学私下组织的梅社里切磋词句，当时参社的每个人都选取了一个词牌作为笔名。沈打扮入时，喜欢在嘴唇上淡施一层胭脂，是女同学中间的时髦人物，“点绛唇”一名再适合她不过。尉唤“西江月”，颇为贴切其疏朗坚毅的性情。在沈祖棻的《涉江诗词集》里，还记录下了与素秋重庆相遇、彼此书信往来的旧事。乱世重逢，沈、李、尉三个小姐妹非常珍惜这一难得契机，不时聚在一起吟诗作词、闲话家常。在压抑憋闷的水底小心翼翼地潜游得太久，诗词就成了她们短暂出逃现实生活的一个寄托。在那些吟风颂月、咂摸辞章的自在时刻，她们是完全自由的，她们的心灵是全然向彼此敞开着的。那是她们三人的秘

① 沈祖棻，程千帆．涉江诗词集 [M]. 石家庄：河北教育出版社，2000.

② 沈祖棻，程千帆．涉江诗词集 [M]. 石家庄：河北教育出版社，2000.

③ 尉素秋（1907—？），祖籍山西，笔名西江月，江苏省砀山县人，就读于中央大学中国文学系，在校期间曾与沈祖棻等结词社——梅社。1935 年大学毕业，回到故乡服务于教育界。1949 年后随丈夫任卓宣到台湾，后任台北成功大学中文系主任。

密王国，生命中不再有的一段浪漫时光，弥足珍贵的芬芳记忆。

这位尉素秋的丈夫就是中共历史上最具离奇色彩的叛徒任卓宣①。任卓宣更为人知的名字是叶青，他早期赴法国勤工俭学，曾与周恩来、邓小平一起组织开展共产主义运动。回国后，叶青调任湖南省委书记兼宣传部部长，负责领导长沙一带的革命活动。1927年底，叶青在一次被捕中弹后奇迹生还，继续领导长沙、浏阳、平江、醴陵等地的暴动。不久，叶青在第二次被捕后突然宣布叛变："我在共产党的政治生命已经死去了！今后我要追寻我的新生。"关于叶青投敌叛变的始末缘由，至今仍是一桩耐人寻味的历史谜案。新中国成立后，尉素秋随丈夫逃到台湾。

1947年夏，尉素秋由京返蜀同李久芸闺中小聚数日，随即匆匆启程东归。李久芸为好友的离去神伤落寞不已，"小窗已惯瞢腾睡，识遍愁滋味！从今日日忆巴山，闻道西飞燕子又东还。"②彼时内战已打响一年有余，国共两军进入战略相持阶段，刘明扬虽曾在国民政府任职，却暗中帮助保护了不少共产党员和爱国师生。

受丈夫影响，李久芸在国共两党的争斗中自然也是偏向共产党的。她清楚地知道不管是现下还是将来，不管是出于民族大义还是个人信仰，自己和尉素秋终有一别。时代洪流滚滚，当年的三朵花各自飘零，流向各自完全不同的人生航道。

刘诗白在武汉大学读书时，沈的爱人程千帆恰好在武汉大学当文学

---

① 任卓宣（1896—1990），四川南充人，字启彰，后以"叶青"的笔名著称。

② 李久芸所著《玉露词》。

系教授。后来沈程二人在成都的金陵大学任教期间，与刘诗白一家往来密切。抗战之时，大部分家庭的生活都相对困窘，特别是到了战争中后期，国统区内投机倒把盛行、官商勾结大发国难财，由此造成的经济崩溃使得物价飞涨，普通民众的生活水平每况愈下。当时，刘诗白全家唯一的经济来源就是父亲刘明扬的工资，李久芸面对着一大家子的生计，时常发出“米珠薪桂下炊难，可怜薄俸只浅浅”[①]的感叹。在刘诗白的身体疾速生长的那段时间，一家人餐桌上最常出现的就是一大盘清炒空心菜。空心菜粗糙寡淡，少年刘诗白戏称其为“无缝钢管”。晚年的刘诗白饮食节制，喜食素。每年到了空心菜大量上市的时节，他仍不忘嘱托家人多买些，“习惯成自然了”。从经济的果腹小菜到养生的怀旧佳肴，一道清炒空心菜在刘诗白家餐桌上的地位变迁史诉尽时代匆匆变迁种种。

沈程二人尽管是教授，但境况也不太好。当时的教授分配有政府发放的救济粮，沈程曾因检举揭发学校私吞职工粮食以市价出售中饱私囊一事被辞退。“两个穷得要命，连买家头的床的钱都不够，我记得我母亲把我们家头的一张小床给他们送去。”在那段特殊岁月里，两个家庭相互扶持，结下了一段深厚的情谊。刘诗白很是佩服这位当代李清照的诗词才华，至今家里还珍藏着记录她西逃过程及在川生活的词集《涉江诗词集》。

刘诗白的中学时代是在抗日战争的阴霾中度过的。晚年的刘诗白在回忆中学时代时用了四个字——热血沸腾，他回忆说：“当时在校除了读书，就是和同学们讨论战争问题。日本今天到了武汉了，开始攻打广西

① 李久芸所著《玉露词》。

了，开始进入桂林了，步步向重庆靠拢了，中国该怎么办？当时那个环境之下，年轻人的确是都忧国忧民，不是只埋头读书的，极少有两耳不闻窗外事一心只看面前书的人，大家都关心时事。”

民族的苦难，家庭的压力，自我的抉择，十几岁的刘诗白常常苦思着自己的未来：我到底该去向何处？然而，对于年少的刘诗白来说，答案尚在风中来回飘荡。

重庆大轰炸

自 1998 年以来，每年 6 月 5 日，为悼念那些在“重庆大轰炸”中罹难的同胞，山城上空总会响起一阵阵急促的防空警报声。尖锐凄厉的声音徘徊盘旋在这座城市的每一个角落，刺痛着人们的耳膜和内心。有那么一刻，人们仿佛穿过岁月的迷雾，看到了这座城市当年被敌机炸得满目疮痍烟火冲天的凄惨模样。

自四川成为中国抗战的大后方后，日寇为迫使国民政府投降，对四川诸多重要城市进行了长期的轰炸。[①] 作为战时首都和世界反法西斯战争远东战场统帅部所在地的重庆，自然成为日寇空袭的重要目标。

1938 年 2 月 18 日至 1944 年 12 月 19 日，日军对重庆实施了五年半时间的野蛮大轰炸，其次数之多、规模之大、持续时间之长、损失之惨重、手段之残忍，为中国各大城市之最，在世界空袭史上相当罕见。2011

① 周勇．重庆大轰炸档案文献：证人证言 [M]. 重庆：重庆出版社 ,2011.

年，重庆首次向世界公布了在抗战时期的确切伤亡人数和财产损失数据。重庆遭受的伤亡和损失，都来自长达五年半的大轰炸——直接伤亡 32829 人，间接伤亡 6651 人，灾民 172786 人，财产损失约 100 亿元法币。

“重庆大轰炸”是继 1937 年 4 月 26 日德国对格尔尼卡平民实施轰炸之后的战略轰炸。在日军惨无人道的“无差别轰炸”下，重庆的中心商业区被夷为平地，政治、经济、军事等中枢机关、外国使领馆、平民居住区、学校、医院、教堂、寺庙、工厂无一幸免。其中，重庆的主城区是人口伤亡最为集中的地区。新中国成立前，重庆的房屋多木质结构，“大轰炸”致使房屋大量烧毁。战时的重庆出现了极严重的“房荒”，大多数重庆百姓都是住用木棍和篾竹搭起的“抗战房”，还有大量的市民流落街头、居无定所。

1939 年至 1941 年，是重庆在“大轰炸”中损失最惨重的 3 年，期间曾发生防空警报连响 7 日，大火连烧 3 天的情景。在日寇丧心病狂的“疲劳轰炸”下，老百姓“躲警报”“钻防空洞”成为生活常态。经常在防空洞里一待就是好几十个小时。

日机的轰炸除直接炸死炸伤平民外，还造成了城市环境污染，使得当时的重庆成为“有名”的三多城市：垃圾多、污水粪便多、老鼠多。此外，日军投下的细菌炸弹使得霍乱、痢疾、流行性脑炎和天花等疾病在城市里蔓延流行，导致大批市民死亡。1939 年“五三”“五四”大轰炸后，重庆市区就曾发生过严重的霍乱和痢疾，当时驻守在机房街的新兵团有数十人因痢疾而死亡。6 月，重庆化龙桥地区霍乱流行，当月死亡人数就达 200 多人。据一位“重庆大轰炸”幸存者回忆他父亲中毒弹后的情形：

这时伤口开始流出黑血，人发高烧，牙关紧闭，浑身颤抖抽筋，口都张不开，吃药都要把牙齿掰开，才能把药一滴一滴地灌进去。医生说，这个炸弹有毒，伤口才会流黑血，中毒很深，药起不了什么作用，很难医治……我们父亲被活活痛死了，留下一笔血海深仇的账。①

到了重庆后，刘诗白一家人住在南岸一带，距离日军轰炸最厉害的主城区比较近。他曾一度与死神擦肩而过，眼见日军轰炸机从他头顶压过，朝着朝天门一带狂轰滥炸。刘诗白回忆道："在有一次拉警报之后，我往山上跑，看到前头一排飞机，一共大概是二十几架，黑压压一片，从脑壳上压下来，我最初还不晓得，到底是中国人的飞机，还是日本人的飞机，什么声音也没得，黑压压地压下来。后来才知道这就是日本人的轰炸机，从天上降落，走了南岸飞过去，飞到对门朝天门那一带主城区轰炸。"

待在重庆短短两年时间里，刘诗白亲身经历了大大小小的多次轰炸，他的神经因频繁跑警报常常处于高度紧绷的状态。关于"重庆大轰炸"，刘诗白印象最深的就是那场震惊中外的"六五"重庆大隧道窒息惨案。

1941 年 6 月 5 日傍晚，山城因太阳一整天的持续蒸烤显得燥热异常，闷湿的空气里没有一丝风吹过，结束了辛勤劳作的人们早早吃过晚饭，准备和家人一起出门纳凉，享受这一天中难得的清闲时光。然而在 18 点 18 分这一刻，一切都改变了，重庆城区突然空袭警报大作，日军的空袭

① 潘洵，周勇．重庆大轰炸档案文献：抗战时期重庆大轰炸日志 [M]. 重庆：重庆出版社，2011.

毫无征兆地到来。敌机 24 架分三批从湖北宜都、松滋等地突然夜袭重庆。本次空袭是典型的小机群、多批次的疲劳轰炸，加之敌机突然夜袭，天气太热，市民准备仓促，大隧道设施不完善、管理疏忽，而且空袭过程长达 5 小时 9 分，以致此次轰炸酿成第二次世界大战中间接死于空袭人数最多，即震惊中外的较场口大隧道窒息惨案。[①]

那个夜晚，在高温缺氧的狭窄隧道里，无数鲜活的生命被吞噬。因管理疏导不善，许多防空洞里涌入了超出负荷能力的人流。洞外的人还在不断往洞内跑，洞内的人们因长时间呼吸困难拼命往洞口挤去，在推搡踩踏中，有人昏倒，有人活活窒息而死，有人被后面的人死死拽住双脚动弹不得……难以想象，隧道里的人是在怎样一种极端的痛苦和恐惧中死去的。据当日逃出的幸存者回忆：有人有了轻生的念头，不断拿自己的头往墙上撞，甚至有人用刀子割自己的手腕、喉咙……时间长了，受不了，出口又出不去，渐渐地你拉我扯，有的互相把衣服都扯掉了……第二天拖出来的死尸都是紫黑紫黑的，有的男女一丝不挂，身上、膀上、脚杆上都有大口子。[②] 关于这场惨案确切的伤亡人数，至今还众说纷纭。

第二天，这些拉出来的尸体很快被防护团员撒上石灰（防止尸体发臭），街边堆起的尸体形成了几座小山。经过近一昼夜的整理，一辆辆卡车将尸体拖到朝天门码头，再改用木船装到江北黑石子的一个 30 米宽，

① 周勇 . 重庆大轰炸档案文献：证人证言 [M]. 重庆：重庆出版社 ,2011.

② 周勇 . 重庆大轰炸档案文献：证人证言 [M]. 重庆：重庆出版社 ,2011.

10 米深的洞里草草掩埋掉。

当时已回成都的刘诗白在报纸上看到了这场惨案的消息，联想起南岸百姓被炸得血肉横飞的场景，悲怆不已，命如草芥四个字不断在内心浮现。

据刘诗白回忆，当时国民政府的空军建设相当薄弱，在与敌机作战中常常处于劣势。他曾亲眼看到一个中国飞行员的皮帽掉落在自家院子里。“有一次，我就看到飞机在天上作战，听到射击的声音，然后从天上冒了一股青烟，就看到有个东西‘呜呜呜’地掉下来，正好掉在我们住的那个院子里头，大家急忙跑起去看，看到是一顶飞行员的皮帽。”

苏联航空志愿部队于 1938 年 10 月秘密进驻重庆，开始反击日本轰炸，以 20 多架伊 -15，伊 -16 战斗机对抗 80 多架日军战斗机和轰炸机，击落敌机数十架。“那个时候，中国有自己的空军，但是空军很少，还有苏联人有几架飞机帮我们，跟日本两个打一打。那个时候陈纳德还没建立飞虎队，陈纳德稍微晚一点。”1940 年，苏联因欧洲防务吃紧撤走了在华空军志愿部队。1940 年夏天，日本对重庆的大规模轰炸又开始了，天天有 90—100 架轰炸机袭击重庆……1940 年秋，日本使用了新制造的零式飞机袭击重庆，这种飞机可在 8200 多米的高空飞行，而且比较轻便灵活。同年 9 月 13 日，66 架日机轰炸重庆，中国飞机 34 架升空迎击。空战结束，中国飞机被击毁 24 架，而日本飞机的损失不到 10 架。这是中日空战史上中国空军损失最大的一次。①

① 胡耀忠 . 空中飞虎队：美国援华空军抗日影像全纪录 [M]. 北京：长城出版社，2015.

当时中国空军的飞机已所剩无几，而日军的轰炸却日益猖獗。情况十分危急，在蒋介石的托付下，陈纳德当即前往美国寻求援助。当时美国的重心在欧洲战场，对远东战场并不关心。在美9个月时间里，陈纳德成功游说了一些军政要员，还赢得了总统罗斯福的支持。1941年7月上旬，陈纳德终于完成了美国志愿航空队的各项筹备工作，飞机、飞行军、机械师、后勤人员、军事物资全部就位。1941年8月1日，美国志愿航空队正式成立，由陈纳德担任指挥官。

美国志愿航空队在渝期间作战十分神勇，一有动静就升空作战，稍微迟缓一点的日机就会被追上击落。那段时间，山城迎来了久违的平静。日军飞机对陈纳德的飞行队颇为忌惮，已不敢贸然轰炸重庆了，一个月内只来几次，都是一两架飞机夜里悄悄来，丢下几枚炸弹就匆匆飞走。志愿航空队从此声名大振，山城老百姓亲切地称陈纳德的飞行队为“飞虎队”。

当时，刘诗白的二姐刘诗敏与“飞虎队”里的一个搞机械的军人相恋了。这个军人相貌英俊。战争里的爱情总是来得迅速而炽烈，两人很快定下终身。1947年，不惜和家里人断绝关系，怀有身孕的刘诗敏坐上了一艘前往美国旧金山的轮船，从此杳无音信。直到中美建交前夕，二姐才通过外交官丈夫重新和家里取得了联系，此是后话。

1944年5月17日，美国罗斯福总统致书重庆市民：“远在世界一般人士了解空袭恐怖之前，贵市人民迭次在日军猛烈轰炸之下，坚毅镇定，屹立不屈。此种光荣之态度，足证坚强拥护自由的人民之精神，绝非暴力主义所能损害于毫末。君等拥护自由之忠诚，将使后代人民衷心感谢而永垂不朽也。”

当时有首民谣是这么唱的 :“任你龟儿子凶，任你龟儿子炸，格老子我就是不怕 ; 任你龟儿子炸，任你龟儿子恶，格老子豁上命出脱 ! ”“在废墟中创造新中国”“愈炸愈勇”的标语遍布重庆的大街小巷，餐馆里还有一道著名的“炸弹汤”——榨菜鸡蛋汤，天性乐观的重庆人即使在最艰难的岁月里也不忘幽默，内心强大可见一斑。著名战地女记者艾格尼丝・史沫特莱在《中国的歌声》中写道 :“解除空袭警报的信号一响，人们就从地下防空洞钻出来赶去灭火。火一扑灭，他们就赶紧重建自己的住房和商店，锤敲锯拉声，遍布全市。”

重庆是座山城，山在城中，城在山里，这成战时反轰炸的天然屏障。1938 年 8 月 2 日，由重庆防空司令部主持的重庆大隧道防空工程破土动工。大隧道由朝天门开始，经临江门、通远门到达南纪门，横贯主城区东西南北，全长 3722 米。是全市最大的公共防空隧道。[①] 除政府组织建设外，重庆市民还自力更生，几个家庭联合出资自建防空隧道避难。伴随着“每人只摊十几块钱，就能开一个很好的防空洞 ! ”“自己开洞，自己管理，自己避难，是最合理的办法 ! ”“开凿防空洞，比衣食住行都重要 ! ”的口号，山城百姓们用最原始的方法，一锤一撬一手一脚地依山开凿，无数的防空洞建成了。刘诗白一家也有过自挖防空洞的经历，那时候空袭警报一拉响，全家人就拼命往后面山底下的防空洞跑去。“这几大家人就在防空洞里面待，我可以说是经常不断地待防空洞，一待就是

---

① 游新闻 . 重庆珍档丨抗战时期，重庆建起“世界最大地下城”[EB/OL].[2019-05-28].http: //www.thecover.cn/news/2040932.

好多小时。”

截至 1941 年底，重庆全市各类防空洞和防空工事总量达 46.17 万人，其中公共防空工事容量 12.51 万人，私有防空工事容量 33.66 万人。[①] 公共和私人的防空工事组成了一个严密庞大的城市防空工程网络，对战时庇护重庆百姓生命财产起到重要作用。

“大轰炸”期间，重庆的地上和地下全然是两个世界。地上被日军炸得一片废墟恍如空城，而在地下，那些黑乎乎的隧道里，一股股抗战力量正在积蓄。那段时间，很多医院、工厂、报纸印刷机构、机关办事处全部转入地下，各大机构加班加点昼夜开工。敌机轰炸过后的清晨，一张张宣传抗日的报纸已出现在公告栏，一件件军服、一双双军靴、一枚枚手榴弹、一支支步枪被运出隧道送往前方战场。

现在走在重庆的街头，你依然可以看见密密麻麻的防空洞，人们在里面休闲纳凉、烫火锅、品酒看书。和平年代，防空洞不再是人们逃命的去处，而是被赋予了更有趣的新用途。

战场背后的战场：大后方

“大后方”这个词一般专指抗战时期的西南、西北地区。无疑，刘诗白的家乡四川是大后方各省份中为抗战贡献最多者。抗战十四年，四川人民对抗日大业可说是倾尽所有。他们献金献机献粮，肩挑手扛不分昼

① 刘勇．重庆市防空洞（体系）保护及再利用研究 [D].2012.

夜地轮番抢修公路、飞机场。这里的青壮年踊跃奔赴南北战场，这里的妇女儿童慷慨捐赠被服、缝军衣编草鞋，这里的百姓辍食一餐，歉收之年“日以藤苕菜叶及杂粮充食”。

重庆民众的抗日热情十分高昂。市区常年设有劳军献金台，供来往市民捐献礼金。不止一次，刘诗白看见献金竞赛的游行队伍浩浩荡荡穿街而过，听到集资义卖的招徕声此起彼伏……在学校和社会上开展的各类抗日救亡运动中，刘诗白目睹整个中华民族在绝境之下奋起抗争的绝美姿态。他为这种鲜活而伟大的不屈所打动，在他心中，关于这个国家会重新站起来屹立于世界东方的信念愈加坚定。

1943 年到 1944 年，冯玉祥在四川成都、自贡、乐山等地倡导节约献金运动，沿途所经，从工商士绅到贩夫走卒无不争先解囊。生活清苦的学生们也加入了献金的人流，对此，冯玉祥感激不已：“最使我感动的是先修班的同学，他们当力夫、擦皮鞋，甚至把战区带来的仅有一点东西也拿出来义卖。”时已隆冬，但这股节约献金的暖流一路扩散到了西迁乐山的武汉大学校园内。刘诗白犹记得那年的冬天非常寒冷，许多同学尚无棉衣御寒。然而，生活的艰苦亦难挡学生们的爱国情愫。武大学子组织发起了每人捐 10 元运动，很快，校园里就有百人签名认捐。

除了全民族抗战，大后方民众最关心的政治议题莫过于民主。1938 年 7 月 6 日，日军直逼武汉，第一届第一次国民参政会在江城召开。举国上下对这一团结抗日力量、维护战时民主的全国最高咨询机构寄予厚望。在第一届第一次国民参政会的来宾名单上，既有共产党的毛泽东、陈绍禹、秦邦宪、董必武、吴玉章、林祖涵、邓颖超，也有各民主党派的左舜生、梁实秋、章伯钧、沈钧儒、陶行知、黄炎培、梁漱溟、傅斯年等，甚至还有新加坡的陈嘉庚、香港的任鸿隽。

对此阵容，第一届参议员邹韬奋评价说："当名单公布的时候，一般社会上留心政治的人们所得到的印象还不算坏，因为人选里面的确包括了不少为民间所信任的人物。"然而，他又说：如果把国民参政会看作国民党大规模"请客"的话，在"来宾"中，除了在实际上占着多数的"陪客"和若干无党派的客人以外，还有其他各党派的人物值得一谈。[①]这里"占多数的陪客"所指即是国民参政会中的国民党参议员。这一小小细节为大会中后期的彻底变味埋下了伏笔。

抗战时期的中国形成了前后两个战场，前方的战场硝烟弥漫血雨腥风，刘诗白身处的大后方也并不十分安宁。在某种程度上，这里的争斗和故事比前线来得更为复杂跌宕。

国民参政会上的意见交换和主张冲突，是整个抗日民族统一战线的意见交换和主张冲突的反映。[②]在这个汇聚了国共两党及各民主党派无党派爱国人士的政治平台上，各方势力来回交锋斗法，前线大后方政局之激荡风云之变幻尽显。

从抗战初期整体看，各股政治势力在抗日民族统一战线的感召下化干戈为玉帛，已然有了枪口一致对外的默契。1941 年 1 月，中国政局陡然转向。表面平静的一汪湖水，底部往往暗流涌动。皖南事变有如一枚

① 重庆市政协文史资料研究委员会，中共重庆市委党校 . 国民参政会纪实：上卷 [M]，重庆：重庆出版社，1985：69.

② 张彦 . 四川抗战史 [M]. 成都：四川人民出版社，2014.

乱入的石子，激起千层巨浪，水底险象环生的世界渐次暴露出来。

在皖南事变诱发的一系列政治变动中，与刘诗白关联最密切的就是中国民主同盟前身——“中国民主政团同盟”的成立。皖南事变后，共产党代表退出第二届第一次国民参政会以示抗议。与此同时，国民党加强了对国民参政会的控制，一些进步人士的参议员资格被取消。眼见国共合作破裂在即、民主事业岌岌可危，各民主党派人士心急如焚。

1941 年 3 月 19 日，在中共中央南方局的支持下，各民主党派即以部分国民参政员于 1939 年成立的“统一建国同志会”为基础，成立了中国民主政团同盟。当时的参加者有：中国青年党、国家社会党（后改称民主社会党）、中华民族解放行动委员会（后改称中国农工民主党）、中华职业教育社、乡村建设协会等的成员。随后，三民主义同志联合会、中国民主建国会、九三学社等民主党派纷纷在重庆成立。民主党派坚决抗日的主张，对中国政治局势的发展，特别是对国内阶级关系的变化，产生了深远的影响。[①]随着国民党愈加反动，民主党派与共产党的合作更为紧密。中间势力的逐渐转向是大后方人心向背的一个缩影。

1938年到1939年，为监督控制师生思想言行，国民政府先后出台《青年训育大纲》和《训育纲要》，训育制度在大后方校园内相继开展。在国民党的高压管控下，一个叫延安的红色圣地为刘诗白和同学们所知晓。那里政治清明、军民一心、作风朴实，让一众渴望革命的青年学子心向往之。

---

① 成都日报 . 中共中央南方局国统区领导抗日 [EB/OL].[2015-09-04].https：//news.163.com/15/0904/03/B2L0J1CM00014Q4P.html.

美国总统罗斯福的私人顾问卡尔逊参观完延安后惊叹不已，在给家人的书信中发出如下感慨：我看到了一个酝酿中的新中国，在这个被日本人渗透、难见国民党踪迹的北方地区，共产党正在着手一项民主方面的伟大实验……我被这正义的事业所唤醒，如果我能不那么在意在过去的职业生涯中积累起来的成见，那么他们的努力中所饱含的那份诚意则让我愿意斩断与自己的“文明”的脐带，将我的赞美送到他们中去。

中学时期，刘诗白听说了很多关于延安的传说。隐隐地，他对这个北方黄土高原上的革命小城产生了好感。当时刘诗白有一个很要好的王姓同学，有一天，这个王姓同学神秘地告诉他：“刘诗白，我要走了。”刘诗白问：“你走哪里去？”王姓同学含糊地回答：“我要到西安去。”实际上，这位王姓同学就是要到延安去参军抗战。

出于对心中革命圣地的向往，当时无数的有志青年冒着生命危险穿越国统区的层层防线一路北上。他们风餐露宿星夜兼程，望着远处宝塔山上的微弱却清晰的火光，一个个年轻的生命不惜燃烧自己也要与这无尽的黑夜抗争。刘诗白并没有像他的好友那样贸然行动，虽然他的内心深处同样对革命充满向往，然而骨子里的谨慎告诫他：你并不适合走参军革命这一条路。作为一个中学生，自己到了延安之后又能够做些什么呢？

国难当前，大后方的青年们在关于救国救民这一议题的思考抉择中奔向了各异的人生轨道。有人投笔从戎杀敌报国，有人留学海外以图知识救国，有人投身商界实业救国，有人以笔为枪……刘诗白对于这个人生议题的回答是在反复研读《资本论》后才慢慢形成的。

1940 年，刘诗白搬到成都住处以后，王姓同学给他寄了一封信。在信上，王姓同学说自己目前在成都，希望和刘诗白见一面。当刘诗白应约走进昔日好友位于现第二人民医院附近的居所时，大感震惊。好友住处的每一张桌子上都堆满了无线电设备，一旁的青天白日旗异常醒目。刘诗白恍然大悟：原来他并没有去到延安，而是被国民党特务机关拦截，被迫做了发电员。眼看好朋友被死死困在无线电波交织编就的渔网里，形同将死之鱼，刘诗白感到说不出的难过。

文化之春

民国是中华民族历史上又一个大师名家辈出、佳作传奇迭生的年代。那时，正经历着剧烈震荡的中国大地上正酝酿着一个新世界。

新旧过渡之时，随着外部世界的倾倒坍塌，内心世界也必然历经一番痛苦的推倒重建。一方面，在末世的浓重阴影下，人们的心中焦灼烦闷无比，苦苦寻求出路。与之相对的，则是他们精神文化世界的丰富多彩、熠熠生辉。身处风雨乱世，很多人特别是走在时代前列的青年们非但没有萎靡不振得乐且乐，反而欣欣向荣，盛开得像五月清晨滴露的鲜花。

全面抗战期间，在时间和空间的合力作用下，偏安西南一隅的四川地区历史上首度成为全国政治文化中心。彼时，一大批知识分子、文化艺术家、青年学生、高等学府、文艺演出团体、学术出版机构等纷纷转移至重庆、成都、乐山、李庄等地，直至1945年抗战胜利后才陆续迁返。其间，各类思潮碰撞交织，各家思想交锋过招，经典文艺作品、学术专著不断涌现。

由于置身于这场文化之春的最中心地带，此时只有十几岁的刘诗白从小家庭走向大社会，进而完成了对自我的新文化启蒙。据他晚年在学术自传中回忆，“在重庆读中学时，大后方风起云涌的抗日救亡运动和国统区红色革命文化的传播”对自己今后的政治方向、职业道路抉择等一系列重大人生议题影响至为深远。

和当时的大部分青年人一样，众多艺术形式当中，刘诗白最为痴迷小说和戏剧。青少年时代的无数个夜晚，他都是在挑灯夜读中度过，从鲁迅的《呐喊》《彷徨》翻到郭沫若的《女神》《星空》，再到茅盾、夏衍、巴金等现代作家的一大批新文学作品。

受母亲李久芸影响，这一时期，刘诗白对时兴的“新俄文学”兴味颇浓。稍一有空，他就会钻进高尔基、托尔斯泰、陀思妥耶夫斯基、普希金等俄国大文豪精心构筑的文学巨厦里，历险探奇。

“十月革命一声炮响，给中国送来了马克思列宁主义。”自五四运动起，以鲁迅为代表的左翼作家开始陆续引进俄国文学。据《中国新文学大系》（史料索引卷）不完全统计，1920 年至 1927 年，中国翻译外国文学作品，印成单行本的（不计综合性的集子和理论译著）有 190 种，其中俄国作品 69 种（其间初版的俄国文学作品实为 83 种，另有许多重版书），大大超过任何一个其他国家的被译介数量，占总数近五分之二。其间，俄国文学作品单行本初版数年均约为 10 部。而在此之前的 1900 年到 1916 年间，还不到 0.9 部。[①]

① 新京报网 . 陈建华 . 俄罗斯文学在中国的一百年 [EB/OL].[2019-04-21].http：//www.bjnews.com.cn/culture/2019/04/21/570353.html.

20世纪三四十年代，随着国内政治形势的改变，左翼文艺运动日渐活跃，“新俄文学”盛行异常。“俄罗斯文学不是诞生于愉快的创作冲动，而是诞生于人和人民的痛苦及其灾难深重的命运，诞生于拯救全人类的思考。”十二月党人、十月革命、卫国战争、国家、人民……透过那些深沉辽远而又悲天悯人的笔触，再联系到眼前伤痕累累、残酷冰冷的现实场景，刘诗白开始尝试回答那些经由超越文字本身的阅读意义所抵达的思考命题——如何为苦难的祖国和人民贡献出自己的一分力量？人的一生究竟应该选择何种活法……

相较小说，这一时期的戏剧受众范围更广，对现实的叩问与抗争也要来得更为先锋强烈，更富于影响力、战斗力。国难当头，除却艺术性、娱乐性，戏剧更被视为政治宣传及政党斗争的重要武器，身肩启发民智、鼓舞斗志、揭露黑暗腐败、组织民众积极投身抗日救亡等特殊历史使命。20世纪三四十年代，一大批戏剧演出团体、演艺界名流及剧作家齐聚大后方，无数场抗战爱国戏剧热烈上演。由此，中国戏剧进入一个星光璀璨、高潮迭起的黄金时代。

而重庆，无疑是这场抗战戏剧运动一个特殊的存在。当时，在渝的著名戏剧社团主要有怒吼剧社、怒潮剧社（后改名为“中国万岁剧团”）、上海影人剧团、农村抗战剧团、中电剧团、上海业余剧人协会、中央青年剧社、中国艺术剧社、中央实验剧团、复旦剧社、四川旅外剧人抗敌演出队等；在渝的著名剧作家主要有郭沫若、阳翰笙、田汉、夏衍、洪深、老舍、曹禺、陈白尘、吴祖光等；在渝的著名导演主要有焦菊隐、史东山、陈鲤庭、郑君里、王为一、孙坚白等；在渝的著名演员主要有赵丹、白杨、张瑞芳、舒绣文、秦怡、金山、陶金等。在他们的共同努力下，重庆地区的戏剧演出活动空前繁荣。继第一届戏剧节（1938 年 10 月）、第二届戏剧节（1940 年 10 月）之后，这场以重庆为中心的抗战戏剧运动迎来了最为欢畅的高光时刻——“雾季公演”。

据《中国文艺史》一书记载，四届“雾季公演”中，共有 28 个话剧团体参加演出，演出大型话剧 110 多台。① 其中，阳翰笙的《天国春秋》、郭沫若的《屈原》《金风剪玉衣》、夏衍的《法西斯细菌》、于伶的《长夜行》、吴祖光的《风雪夜归人》、曹禺的《家》《北京人》、陈白尘的《结婚进行曲》、沈浮的《金玉满堂》、袁俊的《万世师表》、杨村彬的《清宫外史》、沈浮的《重庆 24 小时》、育才学校戏剧组演出的董林肯的《小主人》、孩子剧团演出的石凌鹤、张莺等改编的《猴儿大王》、怒吼剧社演出的匈牙利剧本《安魂曲》及夏衍、于伶、宋之的合编的《戏剧春秋》、以“留渝剧人”名义演出的俄罗斯剧本《大雷雨》等均是个中精品。

众多话剧团体中，中华剧艺社（以下简称“中艺”）贡献卓越，是当之无愧的先锋主力军。皖南事变发生后，国民党当局加紧政治迫害，实行文化专制，以图书报刊审查查禁、禁止演出等形式封锁文艺界，限制艺术家创作自由。高压之下，整座山城死气沉沉，叫人难以喘息。文艺界进步人士纷纷出走，前往香港、延安等地。

1941 年 2 月，茅盾在《雾中偶记》一文中有感而发，如此描述这种诡异而窒息的沉默氛围：“北方不知冷的怎样了，还穿着单衣的战士们大

---

① 重庆晚报 . 超乎你想象的文艺之城，比北京、上海更有范儿！[EB/OL].[2019-05-11].https：//www.cqcb.com/hot/2017-05-10/310236_pc.html.

概正在风雪中和敌人搏斗……那种英勇和悲壮，到底我们知道了几分之几？中华民族是在咆哮了，然而中国似乎依然是‘无声的中国’——从某一方面看。不过这里重庆是‘温暖’的，不见枯草，芭蕉还是那样绿，而且绿的太惨！而且是在雾季，被人‘祝福’的雾是会迷蒙了一切，美的、丑的、荒淫无耻的，以及严肃的工作。……在雾季，重庆是活跃的，因为轰炸的威胁少了，是活动的万花筒；奸商、小偷、大盗、汉奸、狞笑、恶眼、悲愤、无耻、奇冤，一切，而且还有沉默。”

为打破一片沉寂的文化氛围、鼓舞民众团结抗战精神，中共南方局将留渝的戏剧电影工作者组织起来，并委托戏剧活动家阳翰笙邀请应云卫、陈白尘、陈鲤庭等业界精英联合筹建中艺。同年5月，中艺在重庆南岸苦竹林正式成立。10月，中艺率先拉开了“雾季公演”的大幕。中艺首场公演《大地回春》过后，沉寂许久的山城舞台终于又活跃起来，一波波戏剧佳作争相问世。

四年间，中艺人先后创作演出了于伶的《长夜行》、夏衍的《愁城记》和《法西斯细菌》、欧阳予倩的《忠王李秀成》、郭沫若的《屈原》、阳翰笙的《天国春秋》、老舍的《面子问题》、沈浮的《重庆24小时》、曹禺的《北京人》和《家》、吴祖光的《风雪夜归人》、陈白尘的《岁寒图》和《石达开》等近20部优秀剧目。

在当时，中艺仅有三十余人的班底，除应云卫（理事长，对外称社长）、陈白尘（兼秘书长）、辛汉文（兼管艺委会）、刘郁民（兼剧务）、贺孟斧、陈鲤庭（兼导演）、孟君谋（兼总务）几位理事会成员及赵慧深、秦怡等专职社员外，白杨、舒绣文、张瑞芳等兼职社员也会通过临时特约形式参与创作、排演等相关工作。

由于经费困难，中艺演职员工生活相当艰苦，只能搭棚子睡草席、吃大锅饭。杨家大院距离中艺长期驻演的国泰剧院仅一街之隔，院中有花园水池、楼台水榭，是当地少见的古院豪宅。大院主人杨仲祥是远近闻名的棉纱商人，擅长书画。为解决员工住宿问题，中艺社长应云卫亲自邀请杨仲祥的大公子杨钟岫（人称“牛翁”）吃饭。饭桌之上，应云卫借机向牛翁提出了借住杨家大院的请求。

当年的中国戏剧界有着“北余南应”的说法，“北余”指国立剧专校长余上沅，“南应”说的则是中艺社长应云卫。面对这位艺坛大人物的拜托，进步文学青年牛翁受宠若惊，当即欣然应允。由此，中艺一大帮人免费住进了地处繁华市中心的杨家大院。2004 年，在献给应云卫一首诗的跋中，年逾八旬的牛翁还不禁回忆此事 ：“六十余年前，应公在渝组建中华剧艺社，时因吾家无价供应其住房，遂成忘年之交。”①

请下馆子、贴补社费、协助演出，随着与应云卫私交的深入，牛翁同中艺之间的关联也日益紧密。而两人的共同好友——刘盛亚②，也与中艺结有一段深厚的情缘。刘盛亚出身书香门第、大器早成，曾被郭沫若等学界名人誉为“南方神童”，与当时执教于江安国立剧专的“北方神童”吴祖光齐名。

① 重庆晨报 .“我们杨家当年给他们的，哪止这点哟！”[EB/OL].[2019-05-11].http：//www.sohu.com/a/169163488_171986.

② 刘盛亚（1915—1960），巴县（今重庆市巴南区）人，民盟成员，笔名轼俞、成敏亚。历任四川省立戏剧学院导师，四川大学、武汉大学教授。

1938 年归国后，他曾先后执教于四川大学、武汉大学及中国话剧拓荒者和奠基人之一熊佛西创办的四川省立戏剧学校，教授文学、德语和戏剧。1941 年初，刘盛亚当选为中华全国文艺界抗敌协会成都分会理事。不久，他返回家乡重庆，开始从事小说创作、外国进步文学作品翻译等文化工作。与此同时，他还兼任群益出版社总编辑、《中原》月刊编辑、《新民报》副刊主编。居渝期间，刘盛亚与郭沫若等文艺界进步人士往来频繁。凭着积攒的社会关系，他大尽地主之谊，为文艺界尤其是中艺做了不少好事，比如：照顾来自外省的贫病交加的文化进步人士，支持中艺演出的《屈原》《棠棣之花》《翼王石达开》等剧目，为中艺贫病而死的演职人员提供安葬之处，等等。

在武大读书期间，刘诗白同德语老师刘盛亚十分要好。每每中艺到成都进行抗战宣传和演出时，总有大批青年学生赶来追星，一票难求。通过老师帮助，刘诗白成了能够到场观看表演的幸运儿之一。“在成都统战部搭的礼堂，秦怡那一批老的艺术家全都在这儿演过，刘盛亚的剧本也在这儿演过。”

从一幕幕大喜大悲、扣人心弦的戏剧场景中，刘诗白读出了时代的黑暗、苍凉以及背后正孕育着的无限希望，也点燃了对戏剧艺术的最初热爱。在欣赏过的一些戏剧作品中，他对中艺演出的《屈原》与《风雪夜归人》最为念念不忘。

1942 年元旦第二天，郭沫若开始着手创作历史剧《屈原》。10 天过后，《屈原》正式宣告完成。该剧借古喻今，将爱国主义诗人屈原一生的坎坷际遇高度浓缩在一天当中，力求“把这时代的愤怒复活在屈原的时代里去”。公演之时，山城乃至整个大后方的观众均为之震动惊呼，场场爆满。据当年剧中饰演屈原侍女婵娟一角的表演艺术家张瑞芳回忆：“1942年4月3日，《屈原》在国泰大戏院隆重上演……在以后的15天里，很多人抱着被子睡到剧场门口，等待第二天售票，更有人专程从成都、贵阳赶来看戏。”[①]《屈原》一剧激情昂扬、蓬勃炽热，不言现实，却字字句句切中投降主义、“攘外必先安内”的卖国主义、压迫人民等时代痛疾。

随着《屈原》的深入人心，中共南方局领导下的第一场“雾季公演”大获成功。由此，进步文艺界借由戏剧舞台一举突破了国民党当局的重重禁锢，大后方左右翼文化阵营及国共两党间的宣传斗争日趋激烈。

同年，吴祖光创作的《风雪夜归人》也大放异彩，惊艳世人。该剧主要讲述了戏剧名伶魏莲生与官家四姨太玉春间的恋情悲歌。魏莲生与玉春都是失去自由和尊严的人，两人同病相怜、由怜生爱。直至玉春出现，魏莲生才大梦初醒，明白“人该是什么样儿，什么样儿就不是人”，“人该怎么活着”。在《风雪夜归人》的启发感染下，刘诗白尝试写出了平生第一篇戏剧小作，那是一个关于马戏团艺人悲欢离合身世际遇的故事。

其实，早在立志成为经济学家之前，刘诗白对文学最感兴趣。“文学是我最初的爱好。”中学时代，他就留心观察日常生活、时刻关注时政大事，写过不少描绘民生疾苦、关于抗战的散文、小说，并陆续发表在成都、重庆两地的报刊上。其中，《秋夜的故事》这篇小说最让他难忘。“在报纸分两期载出，写父女俩卖鸭子的故事。”当时，这篇习作得到了鲁迅

① 重庆日报．话剧《屈原》诞生记[EB/OL].[2019-05-11].http：//sc.people.com.cn/n2/2018/1108/c345167-32258336.html.

的学生、有着民国“副刊大王”之称的孙伏园的力荐。为了练习写小说，刘诗白几乎每晚都会写上一段很长的日记。这一习惯一直保持到工作以后，经年累月，他家中积攒下很多册日记本。可惜的是，这些珍贵的日记手稿在“文革”中全被销毁了，未有留存。

早年的刘诗白还写了不少诗，不过，有好多在特殊时期被毁了。少年时期的他是自由派，喜好文学，写了不少新体诗，更擅长古体诗，他的一些杂评、古诗十九首研究在《新兴新闻》发表。

随着思考的不断深入，刘诗白开始如饥似渴地阅读马克思主义哲学与政治经济学方面的著作。例如，恩格斯的《家庭、私有制和国家的起源》、列宁的《帝国主义论》、彭迪先的《经济学大纲》《货币学大纲》，以及进步学者艾思奇、钱俊瑞等写的许多启蒙性读物。正是在这一阶段，他遇到了改变终生际遇的一本书——由郭大力、王亚南翻译，三联书店1938年出版的《资本论》第一卷。

此外，各类进步刊物也为急于探索新世界的刘诗白慷慨地打开了一扇扇大门。抗战时期，《新华日报》《群众》是共产党在国民党统治中心重庆合法公开出版发行的两大机关刊物。借助这两大关键舆论阵地，共产党一边与国民党当局开展形式多样的合法斗争，一边面向重庆读者热情宣扬以下几大主题内容：

第一，全面抗战、坚持抗战，反对片面抗战和投降倒退，巩固与扩大抗日民族统一战线；

第二，各类政策主张，如抗日救国十大纲领、民主政治、反对国民党当局的独裁专制和特务统治、支持苏联及英美等国开展反法西斯战争等；

第三，陕甘宁边区的政绩与情况，八路军、新四军等人民武装力量英勇抗击日军的战绩，正面战场的抗战事迹；

第四，马克思列宁主义译著和论文。

当时，毛泽东、周恩来、刘少奇、朱德、彭德怀、叶剑英、王若飞、邓颖超、吴玉章、董必武、陆定一等共产党人的文章都曾登载在《新华日报》或《群众》周刊上。犹如“茫茫黑夜中的一座灯塔”，它们让很多国统区青年自此明确人生方向，走上了坚定抗日的道路并接受了马克思主义。其中，毛泽东的《论持久战》、朱德的《论抗日游击战争》这两篇文章让刘诗白印象最为深刻。

那些鼓舞人心的战斗檄文，那些高妙绝伦、引人深思的观点，志同道合的同学间偷偷传阅钟爱文章的那种默契与情谊……谈及这一时期的阅读经历，晚年的刘诗白语带温情，眼中饱含无限向往之情：“学校不是非常自由，学生要抗战，国民党要控制。即使物质生活艰苦，当时的年轻人仍十分爱读书，精神生活很丰富。大家读了些左派学者的哲学社会科学论著、新华社发自延安的一些作品，大多数人都倾向共产党。年轻人都忧国忧民、关心时事，不是埋头读书，极少有‘两耳不闻窗外事，一心只看面前书’的人。那时候，我就开始接受马克思主义教育。”

还有各种思潮，当时研究中国思想历史的，研究中国思想史，研究中国社会，研究哲学的，以及苏联介绍过来的作品，等等。在这片百花齐放的艺苑里，刘诗白拼命吸收着外界所能给予的一切能量。当时的他还只是一粒尚未萌芽的小小种子，沉沉埋于泥土深处。等到下一个百花争艳的季节，他才真正开花吐芳惊艳世人。

| 刘诗白自述：我所出生的年代 |

我于1925年出生于重庆市万州一个教育世家。父亲曾任中学校长、四川法政专科学校校长，是一位崇尚民主的爱国知识分子，热衷于哲学、文史研究，博览群书。我的母亲则工于诗词歌赋，造诣不俗。书香门第浓郁的文化熏陶，使我从小就热爱上了文学和社会科学。

那个年代，学校是一个思想激荡的地方，左派、右派、各种派别运动很多，我父亲在这个时期吸收了很多思潮，这对他一生都产生了很大影响。

他最早回到四川先是教书，在中学教书，于是到了成都。

那个时候，四川的政局是所谓的几个军阀混战：邓锡侯、杨森、刘湘、刘文辉、王陵基，以“二刘争川”最为激烈。

民国以后的中国，还没有走向统一，各地军阀混战，都想夺权。一直到1930年前后，我五六岁，住在成都奎星楼街10号院，现在那个房子重修了。

那里发生过很多次战争，当时老百姓叫作皇城开战，皇城就是清朝政府的衙门，奎星楼街这边叫作内城，清朝统治的时候，从宽巷子到奎星楼街，这边都叫内城，都是一条一条小街，住家的，那是比较好的地方。

他们（指刘文辉与田颂尧）就在皇城打仗，皇城有个小山坡，小山坡上有个地方叫作“煤山”，刘田二人要争夺煤山的控制权，打了一战。

迫击炮弹乱飞，我们就在家里头，餐桌上铺上几层铺盖，我们在桌子下面躲着，听着迫击炮弹飞来飞去。

我是1933—1937年到了上海，读了4年，先是读了两个小学，又读了一个中学，中学叫作育才中学，这个育才中学是上海市政府办的，这几个学校都是非常好的学校。

1937年8月13日，日本人攻打宛平，全面抗战开始，日本军队占领上海，占领杨树浦，包围了上海的各国租界。

我们住在租界，在“八一三”之前5天离开，要是晚几天，我就不在了，历史就会被改写了。

那时候，轮船装几百人，是民生公司的，这张船票靠的是卢作孚和我父亲的关系才得到，卢作孚给了我们家几张船票，我们全家人挤在轮船上面，到处是人，船上是人，地上是人。我那时不到十二岁，就躺在轮船边儿的地上，睡在地上。

就这样到了万县，一路看到各种逃亡，处处都是难民。

1937年9月到1938年2月，我在县中读了半年，半年以后，就疏散到了重庆，因为我父亲要回城。现在，万县算是我的老家。

在这半年中，我读万中。那个时候，我很早就写诗，我记得我还有首诗，在《万州日报》登出来，是讲抗战的，呼吁大家全民参加抗战，大约在1937年，那时我十二岁，是第一次发表作品。

到了重庆以后，我家住在南岸，以前坐摆渡船可到朝天门。那时，日本对重庆大轰炸，最剧烈的时候，老百姓就疏散在防空洞里，防空洞住了四五千人，有些防空洞因为管理不善，人进去之后，就把门堵住，人出不来，死了好多人，几百人在防空洞里面被炸死，有的是憋死，尸体一车一车运出去。

日本人的轰炸把重庆炸成一片火海，很多房子是木头结构，一个燃烧弹下来，挨着的房子整个被烧掉。

我们在那个时候会跑警报，警报一响，就跑防空洞。我们就在山里挖了一个防空洞，几家人在防空洞待着，我们经常不断地在防空洞待着，一待就是几个小时。

有一次，拉警报之后，我往山上跑，看到前头有飞机，是一排飞机，大概二十几架，黑压压一片，从脑壳上压下来，我还不清楚，是中国人的飞机，还是日本人的飞机，只见黑压压地压下来。后来才知道那是日本人的轰炸机，飞到朝天门一带。

那个时候，中国有自己的空军，但是空军很少，还有苏联援助的几架飞机，跟日本打一打，当时还没有陈纳德。

还有一次，我们朝天上看，看到飞机在作战，听到射击的声音，天空冒了一股青烟，我们就看到一个东西“呼呼”地掉下来，掉在我们院子里头，大家赶快都去看，看到了一个飞行员的皮帽，还以为是日本人的，仔细一看，才发现是中国人的。

这就是我所生活的时代。国家生灵涂炭，大家爱国，这些都不是书上的，是真实的。在这种形势之下，学生群体中形成了非常浓厚的爱国气氛。

我从出生到读小学、读中学、读大学，都处于战乱的年代，不是军阀战争，就是抗日战争，再就是国共内战。一直到 1950 年 12 月份，成都解放，那年我 24 岁。

之所以回忆这段经历，是因为这一段经历对我有很大的影响，比如说，我为什么要读经济系？为什么选择经济系？这就是因为当时的年轻人，跟现在的年轻人想法完全不同，现在的年轻人想出国、想考某一专业，但当时的年轻人首先考虑的是国家和民族。看着中国人受欺凌，不仅是国家的问题，每一个家庭都处于痛苦之中，挣扎之中。所以，学生关心国家大事，关心民族存亡。

第二部分

武大园里好读书

（1942—1946）

第三章 嘉州往事

考学风波

1940 年，刘诗白全家搬回了成都奎星楼街旧宅。然而，尽管身处大后方，彼时的成都却颇不平静。这种不平静，一方面源自日军的狂轰滥炸，另一方面则源自波诡云谲的政治斗争。

据统计，在 1938 年 11 月到 1944 年 11 月长达六年的时间跨度里，日军对成都市区及周边各县断断续续地实施了多达 31 次轰炸。其中，以 1941 年 7 月 27 日的大轰炸（史称“七二七”惨案）最为惨烈。

当天，日军 108 架飞机突然飞临成都上空，分 4 批对城市进行连续轰炸。伴随着撕裂耳膜的阵阵空袭警鸣，行人如织的东大街、春熙路、盐市口、皇城坝、少城公园、通惠门等中心城区顿时被浓烟、炮弹、烈焰焦土所笼罩，哭声、叫喊声、呼号求救声一时响彻云霄。此刻的成都仿如人间炼狱，状况惨极，“变成了疯魔病院一样，男女奔跑，汽车飞驶，如洪流一般涌出城去”。据四川省防空司令部统计，日机这次投弹 466 枚，毁房 1791 幢，损房 1512 幢，死 698 人，伤 905 人。[①]

除却这种如邪魅幽灵般突然张开魔爪的黑色恐怖，由于身处国民党中心统治区域，当时的成都还弥漫着一种萦绕不散的白色恐怖氛围。

1939 年底到 1940 年 3 月，国民党顽固派发动了第一次反共高潮。在其制定出台的《限制异党活动办法》《异党问题处理办法》《处理异党实施方案》《共产党问题处置办法》等一系列“反共”“限共”文件中，规定有从军事、党政、行政等方面打压共产党的各种措施手段。其中，“取缔共产党的抗日民众运动及所组织的抗日群体团体”这一条对成都地区影响很大。

那时，在中共川康特委领导下，成都的各类抗日救亡运动声势高涨。1940 年 3 月 14 日晚，成都发生了抗战史上著名的“抢米事件”[②]。“抢米事件”后，四川省政府当即下令取缔各校学生的校外活动，并限制学生结社集会。与此同时，国民党特务开始在全川范围内大规模逮捕共产党员和进步人士，许多救亡团体、进步社团因此被迫停止活动。此外，四川

---

① 吴忧．直面成都大轰炸：“活字典”车福的记载将呈堂作证 [EB/OL].[2014-03-10].http：//news.eastday.com/eastday/13news/auto/news/china/u7ai915234_K4.html.

② “抢米事件”：1940 年春，成都粮食供应紧张，米价暴涨。当年 3 月，军统特务头目康泽会与军统川康区区长兼省特委秘书、成都行辕调查课课长张严佛等共同谋划了成都“抢米事件”。3 月 14 日晚，他们指挥数百名特务装扮成贫民冲进地方军阀潘文华位于成都大悲巷的重庆银行。特务们把仓库里储存的大米抢出来撒在街上，以制造共产党鼓动饥民抢米的假象。后来，不明真相的饥民参加了抢米行动。晚上 11 点，特务指挥武装军警当场抓走抢米者 100 多人。第二天早上，成都行辕主任贺国光召开紧急会议，宣布是“共产党鼓动饥民抢米”，并立即拟定了一份共产党人名单呈报蒋介石。同时，他们还在成都报纸上刊登《共产党煽动饥民抢米》一文，给中共加上了“破坏抗战”的罪名。

各地的中共组织也遭到不同程度的破坏。

由于追求进步、民主与自由，高中时期，刘诗白曾干过一件有些“出格”的事情——与两位好友共同创办进步报纸。后来，该报纸遭到了国民党当局的严厉查封。事后，刘诗白本人被处以记过处分，他的两位好友则是被学校直接开除。作为一名学生，学习自然才是主业。整个高中时期，除了参加抗日救亡活动，刘诗白把所有心思都放在了学习上，成绩十分优异。1942 年夏，17 岁的他以高分从成都私立成城高级中学毕业。此刻，时代的风雨仍未休止。在宽松民主的家庭氛围感染下，刘诗白已然是个独立成熟的少年。生平第一次，他将划着船帆从家庭这处避风港远航，到更加广阔的天地中去感受世事风云的激荡变幻，去找寻构建更加完善真实的自我。

民国时期，大学都实行自主招生制度。早在高中毕业前，刘诗白就选定了几所心仪的大学报考。那时，经世济民的理想在刘诗白心中酝酿成型已久，他考取经济学已成必然之势，金陵大学、武汉大学、中央大学、四川大学等名校的经济系均在他的目标之列。然而，老天似乎有意要考验一下这个年轻人的决心，刘诗白的考学过程真可谓一波三折、状况连连。

考金陵大学时，刘诗白迟到了近一个小时。当他晕晕乎乎地飞奔到考场时，距离第一门外语考试结束只剩一个小时。还没来得及喘口气，刘诗白拿到试卷就是一阵奋笔疾书。英语是刘诗白的拿手好戏，他“哗哗哗”地答题狂写，越做越顺畅。最终，刘诗白一个小时内完成了两个小时的题量。正在他暗喜准备交卷之际，一个穿西服的年轻监考老师却拿起他的卷子在上面打了一个大叉：“这位同学，你来迟到了，写得还那么快，是不是在外面偷卷子抄袭的？这张试卷作废了，你必须参加补考。”刘诗白百口莫辩，当即愣在那里。于是，他报考金陵大学的英语一科没有成绩，刘诗白也没再参加后续的补考。之后，刘诗白报考了中央大学，他的分数考得很高。但偏偏那一年，中大招生考试整个漏题，所有考试的分数都要作废。学生们大感委屈，跑到中大找校方对质理论。当时中大经济系的院长是马寅初，刘诗白心有不甘，写信给他说明了情况，希望能够查一下自己的试卷。“我认为我考分最高是那里。”这封信后来不了了之，中大因漏题没能录取刘诗白。

在武汉大学100周年庆典的主席台上（1993年，摄于母校武汉大学）

前两次的考试意外让刘诗白一家颇为他的前途担忧。7月，来自武汉大学法学院经济学系的一纸录取通知书让全家人终于放了心。当时，刘诗白的大姐刘诗秀恰好就读于该校外文系，全家人对此结果喜出望外。不久，金陵大学的录取通知书也寄来了，原来刘诗白虽然没有参加英语补考，但其他科目的成绩加起来达到了录取标准。在金陵大学和武汉大学间权衡再三，刘诗白选择了后者。

当时，国立武汉大学名流大家云集、学风厚重，自然是个读书的好去处。此外，在西迁的一众高校当中，武大图书馆的存书量高居首位。

而刘诗白最动心的还是武大自由开放的氛围，在主张“学术自由，无为而治”的校长王星拱带领下，整个武大生机勃勃，聘有彭迪先、缪朗山、杨东莼、杨端六等左派教授。武大经济系是全国经济教学和研究的中心之一，当时法学院里群英荟萃。

其实早在中学时代，刘诗白就拜读过彭迪先写的《实用经济学大纲》一书。崇拜已久的经济学者忽然就变成了自己即将朝夕相对的老师，刘诗白感到抑制不住的激动。人和人之间的缘分常常有种说不出的玄妙，或许少年刘诗白对彭迪先经济思想的欣赏正是这段师生情谊的序章。

1942 年 10 月，刘诗白随大姐刘诗秀自成都九眼桥码头匆匆启程，南下嘉州。九眼桥，顾名思义，因桥身有九个桥洞而得名。据史料记载，该桥修建于明朝万历二十一年（1592），自古以来就是货物中转站和亲朋好友送别之所。“当年郭沫若从家乡乐山沙湾到成都求学就是乘船而上，在九眼桥停靠的。历史上无数的江南才子上访长江之首的大城成都，并在西蜀采得文气，都是在九眼桥上岸的。”①

民国年间，锦江水流湍急、涛声阵阵。宽阔的江面之上，大小船只你来我往，好不热闹。可以想象，每次分别后，李久芸就站立在九眼桥上，久久眺望追寻着那一小点白帆，直至它彻底融入江天相接处。

对于家里两个孩子的求学远行，李久芸在高兴祝福之余也不免怀着些许担忧。虽则乐山离成都较近，在当时也还算是个安全之地。但此刻前线枪声仍密，在这场深长得看不到边际和吞噬掉所有光亮的战争面前，

① 李贵平. 古桥遗韵老成都那些著名的桥梁 [EB/OL].[2013-03-31].http: //news.ifeng.com/gundong/detail_2013_03/31/23712307_0.shtml.

一位敏感多愁的母亲纯乎就是个弱者。曾经痛失爱子的遭遇让李久芸变得愈发多思多虑，两个孩子总不在身边，作为母亲的她自认是再怎么担心也不足以排解忧思的。

在那些牵肠挂肚的日子里，李久芸每天除了默默祈祷，就是盼望着那封盖着乐山邮戳的薄薄家书。纸短情长，在通信落后的战乱年代，除却闲话家常，书信更是向家人报平安的唯一方式。一如往常，这一番慈母的良苦用心也被李久芸忠实地记录在了词句间：游子天涯，伴汝春城万树花。吹残红杏，寂寂一庭凉月影。怅望音书，阿母犹疑梦里呼。[①]

其实除了战乱，李久芸的担忧还源于对意外和未知的莫名恐惧。漂流沉浮在波涛汹涌、暗流丛生的汪洋巨流之中，人们比往常更难把握住自身的命运。现实很快证明，母亲的担心并非杞人忧天。就在刘诗白办理相关入学手续之时，一份体检报告差点断送掉他的大学路。在武大组织的入学体检中，他被检查出“右肺部呼吸音略减低”。当时，乐山仁济男女医院开具的体检报告上明确写着要求他“三月内再须检查一次，如有肺病，即须休学”。

在1944年链霉素发明问世前，肺病一度被视为不治之症，往往易得难除且容易感染。在美国作家苏珊·桑格塔笔下，肺病“是分解性的，发热性的和流失性的；它是一种体液病——身体变成痰、黏液、唾沫，直至最终变成血，同时也是一种气体病，是一种需要更新鲜空气的病”。民国时期，不少人曾有过身患肺病的经历。鲁迅、萧红、林徽因更是因为这种

① 引自李久芸的《玉露词》中《减字木兰花·秀伯二儿赴嘉州后作》。

慢慢消耗燃烧尽生命能量的疾病而过早离世。

刘诗白喜欢的作家郁达夫和巴金也都得过肺病，这一段灰暗的痛苦回忆成为他们文学创作的珍贵素材。郁达夫 20 岁左右就患上了肺结核，病魔缠绕折磨他数年之久。在郁氏创作的小说中，肺病自然而然也就成了一个挥散不去的梦魇式存在。《烟影》里，主人公文朴“吐血吐了一个月，豪气消磨殆尽，连伸一个懒腰都怕脊背脱损”。

而巴金在《寒夜》里对肺病的描绘则更为恐怖：“‘我——我’他费力吐出了这两个字，心上一阵翻腾，一股力量从胃里直往上冲，他一用力镇压，反而失去了控制的力量，张开嘴哇哇地吐起来。”“他整天躺在床上，发着低烧，淌着汗，不停地哮喘，他讲话的时候喉咙呼噜呼噜地响。他的胸部、喉咙都疼得厉害。”

在当时，得了肺病的人需要好好治疗静养，因此工作和上学近乎是不可能的。很难想象，一位刚刚跨进大学校门的少年忽然被告知从此很长时间都可能缠绵病榻时内心该是何等的绝望无助。

拿到体检报告的刘诗白心急如焚，当即找到了时任武大教务长的朱光潜说明情况。朱光潜很关心刘诗白的身体状况，立马批准他去做进一步复查。万幸的是，刘诗白后续的身体检查结果显示一切正常。

放下这桩心事后，刘诗白才有心思深入到这座小城的街角巷落处细细探索一番。10月的乐山，晚来吹送的江风中已微微透露出秋的凉意，刘诗白漫步在因当地居民挑水而终年潮湿溜滑的石子小路上。临街一户户住家燃起只豆大的昏黄灯火，两三茎点燃的灯芯草被晚风吹得摇摇晃晃，灯光在忽明忽暗间倒也有家的暖意，或许那凹陷瓷碗里盛着的恰好是产自他家乡万县的优质桐油。

此刻的刘诗白很幸福，他知道自己终于可以安下心来继续求取真知了。然而走着走着，他不免又有些想家了，不知此刻家中是何种情形，父母弟弟们又都在干些什么呢？

独自整理着思绪，刘诗白不觉已走到这座小城最核心的一处标志性景观。岷江、青衣江、大渡河三江交汇处的凌云大佛独坐千年，无喜无悲，垂目静观人世间的一切欢欣疾苦，素白如练的三江河水在大佛前彼此交融碰撞后滚滚奔腾而去。静默欣赏着这大美天地，刘诗白的内心空旷而澄澈，心里喃喃默念着：国立武大，我终于来了……

武大：在那三江汇流处

“天下山水之观在蜀，蜀之胜曰嘉州。”乐山，古称嘉州或嘉定，同刘诗白的家乡万县一样，这也是一座宜静宜动、灵性十足的山水小城。

大学对一个人最深刻的改变除了思想，大概就是容貌了。人面容气质的改变无外乎可归因为两大因素：无可抗拒的幽深岁月流转、个人境况思想的转变。武大四年，刘诗白内心曾激荡起的万千波澜、历经过的种种桩桩逐渐外化成一张坚毅深刻的青年面庞。

1942 年夏天，端坐在一台郑重的照相机前，少年刘诗白干净清澈的双眸直直望向镜头。“一、二、三”，随着相机的一声“咔嚓”，室内顿时白光大闪，胶片就这么永远定格下了 17 岁的刘诗白。黑白照片上，17 岁的他星目剑眉、嘴唇微抿，梳一头清爽利落的二八分头，展露出富有线条轮廓感的宽阔额头，一件质地柔软的雪白衬衣衬得他整个人越发清逸脱俗，仿若夏夜庭院里一席流动的清幽月华，简直学生气十足的民国清俊少年。夏日懒懒的阳光自他侧面打来，刘诗白的脸被那光自鼻梁处一分为二，一半置身在明亮的光线中，一半隐匿在黯淡的阴影里。一明一暗间，他的脸庞呈现出一种超越年龄的雕像式沉静安然。只是此刻的他，大约因为内心还缺乏某种坚定的东西，目光中不免带有一丝怯生生的青涩。

而四年后，在他那张武汉大学经济系的毕业留影上，这股青涩气已全然褪尽，取而代之是一种成熟的青年气度。在 1946 年夏毕业之际拍摄的那张留影上，21 岁的刘诗白目光坚定如炬，像那个年代所有的时髦男青年一样，他把头发朝脑门后齐整梳去，头微微斜侧着面向镜头。一身裁剪合体的西装把他衬托得儒雅中又不失英气，照片里的刘诗白从容又自信。

两相对比下来，武大四年，岁月对刘诗白的改造不可谓不大。刘诗白在武大的时光足够漫长，漫长到中国大地已经从一场战争匆忙转至另一场战争，漫长到当初那个懵懂少年已经成长为一位时代新青年。岁月是一个无言无语的手工匠人，不经意间，已悄然在刘诗白的脸上心头雕刻下了或深或浅的痕迹。

那时，武汉大学男生住宿条件十分简陋，十几、二十几个人挤一间房。开学后，刘诗白被分配在第一宿舍，开启了他难忘的大学时光。

群星闪耀时

1937 年南京沦陷后，日军加快了侵略步伐，华北、华东地区有城市接二连三地易手。和其他城市一样，地处内陆腹地的武汉，随时可能成为一座倾覆的危城，人人谨言慎行，惶惶不可终日。为躲避战火，也为保护后备力量，武汉大学不得不考虑西迁，他们反复琢磨，几经辗转，最终选定西南部僻远小城——乐山。

据《溯流而上：武汉大学的乐山岁月》记载：武汉到乐山，今天的公路大约 1200 公里，开车也就十多个小时。如果是飞机，则不超过两小时。但是，80 年前，飞机还是罕物；即便公路，也是东一段西一截，完全不成体系。因此，从武汉到乐山，最主要的路线只有一条，那就是溯长江抵宜宾，之后，折向北行，逆岷江而达乐山。① 那时，百余名武大师生携带重要仪器和书籍，带有对时代、对命运的抗争，沿长江一路溯流而上，最终抵达乐山。

1938 年 4 月 29 日，先行抵达乐山的师生，选定乐山文庙作为主校区，并暂定名为“国立武汉大学嘉定分部”。直到同年 7 月，王星拱校长抵达乐山后，才正式更名为“国立武汉大学”。此后八年，武汉大学在乐山“扎根”，潜心学术，立志救国，开启了一段可歌可泣、辉煌灿烂的乐山岁月。在和时间的对峙中，或许唯有建筑和记忆，能有一丝抵抗之力。如今，乐山校区早已不复存在，徒留斑驳建筑无声诉说过去的故事，以及那些存放在武大师生记忆中的乐山生涯，永远鲜活。

时间回到 1942 年，少年刘诗白考入位于乐山的国立武汉大学，初来乍到，感觉一切都很新鲜。武汉大学向来人才济济，即使是抗战时期，

① 聂作平 . 溯流而上：武汉大学的乐山岁月 [EB/OL].[2018-05-17].http：//www.infzm.com/content/135889.

学术氛围也极为浓厚。或许也正是因为战乱，年轻又有抱负的学生们，心中总是憋着一股气，他们拼命汲取知识的力量，与时代同呼吸共命运。正如经济学家谭崇台回忆：“名师是铸成武大精神的源头活水，教务长是朱光潜，教国文的是叶圣陶先生，他们共同的特点就是平易近人，深受学生喜爱。学校还常常请校内外名家给我们讲授公开课，一周一次，国学大师钱穆，散文家钱歌川，历史学家陈源等都被请过。”

当时，著名教育家王星拱担任武大校长。王星拱是安徽怀宁人，1888年生。1928年与李四光、王世杰等人负责筹建国立武汉大学，1935年出任校长。抗战期间，陈立夫上任为新的教育部长，并大力推行党化教育，这一举动遭到了王星拱的坚决抵抗。王星拱认为，大学应“秉持学术独立的精神，抱持不管政治的态度”，他主张学术自由、民主办学，认为大学之道，在于育人，育人之道，在于大师。因此，他求贤若渴，四处奔波，不问出身派别，广揽人才，为武大营造出宽松的学术氛围，也使得武大群星璀璨，名流荟萃。

乐山八年，武大教授数量长期保留在百人以上，且每个都是响当当的人物，譬如经济系聘有彭迪先、杨端六、刘秉麟等，文学院有叶圣陶、朱光潜、陈西滢等，理学院有高尚荫、桂质廷、李国平等，工学院的邵逸周、赵师梅、涂允成等，有“东方黑格尔”之称的张颐也在武汉大学任教。无论是数量还是质量，武大均位列前茅，并与西南联大、中央大学和浙江大学一道，被誉为“四大名校”，可谓极一时之盛。

在那时的武大，百家争鸣，师生思想活跃，畅所欲言，可以发表各种学术观点。譬如，当时的文学院，有新旧对立的两派。旧文学是古典学，是中国文学最根本的东西。新文学则是以反帝反封建为主要内容，主张白话、手法革新，在小说、诗歌、散文等领域绽放异彩。特别是20世纪三四十年代，于民族危难之际，新文学众多作家以时代之笔，创作了许多具有强烈感染力的作品。那时武大的文学新旧派之争，争来吵去最终还是请王星拱来做裁判。对此，王星拱说："中国旧文学是根，新文学是花。有根始有花，有花而根始丽。两者相辅相成，实不应厚此薄彼。"不偏不倚，言语中肯，恰如其分地展现出一代校长的行事作风。王星拱总是喜欢绕着乐山文庙，静静地从每间教室走过，侧耳倾听着从教室里传来的教授们南腔北调的讲课声，还有学生们那琅琅的读书声，仅在这一方学校天地间，岁月洒下余晖，时间仿佛只定格在了美好与安然。

刘诗白是国立武汉大学1946级经济系的学生，彼时的学校留给他尤其深的印象是，"当时的年轻人十分爱读书，即使物质生活艰苦，但精神生活很丰富"。

年轻时的刘诗白很喜欢文学写作，在颠沛流离的战时生活中，他特别喜欢读高尔基的《母亲》、托尔斯泰的《战争与和平》，还有鲁迅、巴金的著作，甚至还有《新华日报》等解放区出版的革命书刊。无论国内国外作家，无论书籍版式设计，他废寝忘食、如饥似渴地阅读，正应了当时的武大学风，随处都是"风声雨声读书声"，师生学子谈论的都是"家事国事天下事"，好一派欣欣向荣的景象。

对于当时的校园风气，刘诗白印象深刻："在武大，我不完全是读经济学，有喜欢的课我就听。朱光潜的英诗我听了半年，他全部用英文讲英国人的诗，他讲得好得很。我记得当时有一部英文的书叫作 *Gold*

Fortune（《金色财富》），他的确是教得很好。我那时候也写了很多诗。”

那时，朱光潜用世界标准选课，为学生开《英诗金库》，全校只有六本教材，不得已只能三本分与男生，三本分与女生，各自按照课程进度抄写课本。[①]即便如此，每到朱光潜的课时，教室里总是“人满为患”。在那石柱走向有牌配殿的第二间教室里，因为常年摩擦，木桌椅表面的漆色已经斑驳，正前方挂着一块小黑板，当朱光潜神色激动、语调激昂时，就会在上面笔走龙蛇、大书笔墨。

提起朱光潜，他那翩翩风度以及神采奕奕的眼神，还有略带安徽口音的英式英语总是浮现在武大校友的脑海里。朱光潜 28 岁时自费进入爱丁堡大学，致力于进修文学，也修哲学、心理学。平生著作内容切实，深入浅出，对提高青年人写作能力和艺术鉴赏能力颇有帮助。在他的课上，不按编年史次序授课，而是以教育文学品味为主，甚至他会用那或昂扬或顿挫的语调，一句句读过选诗，教会学生什么是好诗。

齐邦媛[②]记得一堂课，那是朱光潜用英文读《玛格丽特的悲苦》。一句“若有人为我叹息，他们怜悯的是我，不是我的悲苦”时，朱光潜突然忍不住取下眼镜，泪水流满双颊，他“把书合上，快步走出教室，留下满室愕然，却无人开口说话”[③]。在那种氛围内，学生似有所感，也带着疑惑与不解。但在国恨与家仇的时代背景下，他们早晚会明了，物是人

① 聂作平 . 溯流而上：武汉大学的乐山岁月 [EB/OL].[2018-05-17].http：//www.infzm.com/content/135889.

② 齐邦媛（1924—　），女，汉族，辽宁铁岭人。曾任美国圣玛丽学院、加州州立大学访问教授，德国柏林自由大学客座教授。

③ 齐邦媛 . 巨流河 [M]. 北京：生活 . 读书 . 新知三联书店，2011.

非事事休，欲语泪先流。也就是从那时起，看书写作成了刘诗白平生最大的乐趣。

在刘诗白的记忆中，还有两位老师对他产生了潜移默化的影响。一位是外文系教授缪朗山，在武大授俄国现代文化课。他身材魁梧，声音响亮，如同澎湃的江潮，给人以震荡心灵的冲击。在课上，他常用带有引申深义的诙谐语言，既自嘲也嘲人、嘲政府、嘲中国时局。或许正是因为在文学课上讲了太多关于政治的东西，1945 年 2 月初，警备司令部下令逮捕缪朗山。

另一位则是张颐，对于张颐教授，刘诗白回忆道：“张颐是研究黑格尔的专家。他是武大的教授，很矮，四川人，很有名，后来进入北京大学哲学系。上课时，他就将黑格尔的逻辑学、大逻辑、小逻辑讲给我们听。”哲学源于好奇，帮助人类认识外在事物，也认识内在自我。晚年时期，刘诗白动笔写哲学笔记，或许与这段大学时光不无关系。

在《刘诗白学术自传》中他写道，武汉大学在抗战时期迁到四川乐山，彭迪先、杨东莼等一大批进步教授在讲坛和各种论坛上宣传革命理论。在人才济济的武大，充满了对命运、对时局的抗争。学生们自发组建了众多社团学团，在一期期板报和壁报中，挥斥方遒，尽显书生意气，豪情壮志。那时，相比较不断沦陷的华东、华北，处于大后方的乐山是难得的安然净土。1938 年叶圣陶到武大任教，在与友人的信中，他写道“此间生活便宜”，“以生活情况而论，诚然安舒不过”。然而随着人口迁入的增加，还有那终究到来的日机轰炸，一切都变了味道。

1939 年 8 月 19 日，日机炮火第一次降在乐山，炸死武大师生员工

15人，炸伤20多人，学校图书馆资料1000余册被炸毁。还有一些教授如杨端六、袁昌英，全家财产在轰炸中荡然无存。覆巢之下，安有完卵？战火飞扬，国难当头，国家权益遭到侵害，个人的安稳也就谈不上，武大师生在乐山生活开始变得物资匮乏、经费困难，异常清苦。教师们的薪水打了七折，房子也是租的，碰上1940年物价上涨，连喝水都成了问题。贵为一校之长的王星拱也不例外，一家人住在城外的茅屋里，只有简单的几件家具，可谓是家徒四壁。幸运的是，门前有一片小菜地，其妻可在家种菜养猪，补贴家用。

从中部的繁华城市到西部的偏远小城，武大师生“似乎忽然发现生活退回到19世纪”，他们用尽法子来解决温饱问题，或变卖旧物，或兼职代课，甚至摆摊设点，做小生意。可由于生活、医疗条件的恶劣，不少师生先后被夺去了生命。在国难当头的岁月，不为外人所知的伤痛何止这些，或许，如今的我们只能从一张张黑白照片中，窥得一二。

风声·雨声·读书声

命运齿轮缓缓划出波澜起伏的人生轨迹，从跨进武大校门那天起，等待刘诗白的便是一场人生冒险。也就是从那时起，在那座充满传奇色彩的高校，与以往迥然不同的学习与生活，令他深感新鲜。多年过去，如今的武大乐山校区已不复存在，但置身在残留的黑白照片里，我们仿佛看到，数千名学生在武大园里怀揣救国兴华之愿，眼看日军侵略铁蹄侵入，中华民族灾难日益加重，他们既拼命读书，也积极参与革命活动，开启了一个大时代背景下跌宕起伏的人生历程。

沿长江一路溯流而上，武大西迁至乐山小城，虽路途艰辛却一步到位，因而图书、仪器保存得最为完整，反观当年西迁高校如浙大，一路腾换建德、泰和、宜山、遵义四处校址，途中损耗大量图书资料，令人心痛叹息不已。武大师生特选定当时乐山城最好的建筑——文庙大成殿作为图书馆，细心置放珍贵书籍。册册文集井然有序，排排书架高耸入顶，为学生架构出一方上下求索的天地。在极为艰难的条件下，武大仍“弦歌不辍”，乐山时期依旧坚持购买图书，部分从海外购买的图书只得从香港入境，然后再辗转进入内地，太平洋战争爆发、香港被占后，图书只好先运至缅甸，再一路通过滇缅公路抵达乐山。因此，乐山时期的武大图书馆是当时全国大学藏书最为丰富的图书馆，武大师生颇以此自傲。

教室狭小阴暗，学生总是三五成群去图书馆。王禹生《嘉乐弦歌忆旧》云：“武大的图书馆藏书之富为后方各大学之冠，初入学的一学期，大部课余时间是在图书馆翻书目，阅览室宽敞高大，冬暖夏凉，各同学都是抢先占位子，否则难有一席之地。”

那时，武大图书馆挤满了自修的学生，除了翻动书页的响声和偶尔的一两声咳嗽，再无其他杂音。当图书馆人满时，好学的武大学子便到乐山最多的茶馆里用功，泡一盏茶就可坐上半天，也有不少学生觉得茶馆喧嚣，便乘船渡江，登到山顶的大佛寺和乌尤寺里求得一片学习的静地。

那时，刘诗白喜欢抱着恩师彭迪先赠予的《资本论》德文原著三卷，在图书馆里欣然阅读，消磨一天时光。此外，他还阅读亚当·斯密的《国富论》、大卫·李嘉图的《政治经济学及赋税原理》和马歇尔的《经济学原理》等大批西方经济学原著。

抗战爆发后，由于学生人数骤增，来源纷杂，武大执行更为严格的考试制度。当时，全国各大专学校由国民政府教育部统一招生，然后分配给各大学。对于参差不一的新生水平，武大并不满意，便统一实行甄别考试，不合格者须补习一二年，再通过考试，否则就被拒之于大学门外。据 1946 年电机系毕业学生回忆："一年级初来，先经过甄别考试，算是领教了一番下马威，半数以上的班友，因杀不过此座关隘而脱离了民三五级。"①

学生入学后，还得迎接甚严的各科考试，两门不合格者可补考，三门则留级；若有一门主课零分，则给予开除；如若升级和转系，考试成绩便是唯一的标准。武大四年，还有一系列的临时考、月考、期中考、期末考、毕业考等重重关卡，最终能够顺利毕业的人是少之又少，非常幸运。

武大以外文、经济、法律和电机系为最热门科系，淘汰率也最高。刘诗白 1942 年就读的经济系，当年招生 128 人，到 1946 年毕业只剩下 20 余人②，六分之五惨遭淘汰。至于为何实施如此严格的考试制度？用武大教务长朱光潜的话说，就是为了促进学生读书用功，为国家和社会的进步，培养有真才实学、真正过硬的人才。当时武大的教学质量过硬，蜚声海内外，提起武大，鲜有学者不识、不竖起大拇指，原因不外乎此。

---

① 涂上飙．乐山时期的武汉大学（1938—1946）[M]. 武汉：长江文艺出版社，2009.

② 涂上飙．乐山时期的武汉大学（1938—1946）[M]. 武汉：长江文艺出版社，2009.

抗战时期，武大偶有派系矛盾，但武大师生更重视学业，学术氛围浓厚，同学之间常有讨论会和演讲比赛活动。学生中的社团组织如雨后春笋般，多是倾向进步，吸纳进步学生并开展众多民主活动。进步学生刘诗白，也不例外。在《刘诗白学术自传》中，他写道："我在武汉大学还结识了许多进步人士和学生，参加了由中共南方局领导的进步学生组织——'文谈社'，参与了进步学生运动。"①

20世纪40年代，乐山由国民党直属第32补充兵训练处直接管辖，且国民党以国民党党员守则和蒋氏三民主义来约束学校教育，监督和控制师生思想，但校长王星拱秉持民族大义，不畏权势，坚决抵制，武大师生也强烈反对，坚持校风独立自由。因此，纵使乐山当地仅有武大一所学校，孤立无援，学运开展困难，但在校长王星拱及一大批进步教师的支持下，武大更多同学看到日寇入侵，国土沦丧，党派斗争激烈，忧心忡忡进而形成进步思想，要求改变现状，他们成立一个又一个地下社团，秘密进行革命活动。

1941年以皖南事变为标志，国民党第二次反共运动高潮达到高峰，武大校园内也陷入一片白色恐惧之中，原先不少进步社团如"抗战问题研究会""岷江读书社"②被迫解散，部分进步学生惨遭抓捕迫害，更多学生

① 国难当前，学堂之外，武大学子的另一方学习圣地——各类进步社团如雨后春笋般涌现出来，活跃异常。自大一开始，刘诗白就参加了其中的"文谈社"。而在当时，比他大两岁的姐姐刘诗秀则是直接参与了地下党活动，甚至还为此推迟了毕业时间。

② "岷江读书社"成立于1939年秋。1942年秋宣布解散，但实际上转入地下，继续从事革命活动，直到1948年秋为止。"岷江读书社"的历史，也是当年武大地下党领导学生运动同反动派进行斗争的一个缩影。

奔走相逃，彷徨苦闷。时局动荡，形势岌岌可危，没有地方势力的压制，武大进步师生经常受到迫害，甚至1942—1946年期间，武大校内没有党支部，地下党员少部分仍有组织联系，大部分失掉联系，虽也有不断成立的地下党组织吸纳成员，但他们各不相隶属，各自以隐蔽的方式参与斗争。

刘诗白参加的“文谈社”，是中文系高耀墀与政治系胡国梁于1941年下半年创建的，随后陆续吸收“抗研”“岷江”的进步学生秘密加入，进步队伍不断扩大。1943年即入学第二年，刘诗白便加入“文谈社”，后担任主席。刘诗白加入时，“文谈社”负责人已变成马建武和张保铿，社员已有四十余人。“其实，那时‘文谈社’真正的领导人是中共南方局的钱英，他们主要负责在大后方组织和领导学生运动。”刘诗白回忆。

“文谈社”的活动主要是读书讨论，学习和传播进步思想。通过订阅《解放日报》《群众》等报刊，互相交流思想，还有阅读《论持久战》《论新阶段》《新民主主义论》等，进行马克思主义、毛泽东思想的学习。那时，刘诗白完全接受了左派的思想，并积极参与各种民主活动。刘诗白的大姐刘诗秀也在武大，她参加了共产党，从事地下活动。在国家动荡的年代，没有人不关心国家大事，而武大的进步力量尤为活跃。

“文谈社”也出壁报，初名《文谈》，后改名为《今天与明天》。陈凤箫[①]回忆当年的情况时说，《今天与明天》，淡雅的刊头，清新的格调，文艺性强，思想新颖，有诗歌、散文、杂文、评论，有读书笔记、生活杂

① 陈凤箫，江苏南京人，1922年12月生。1942年考入武汉大学，1944年12月在武汉参加革命工作。

感，也有对时政的抨击和对人生的探索。

武大保持自由讲学、自由学习的良好环境，社团活跃，壁报林立，各种思想自由流通，刘诗白正是在这座传奇高校内，参加了由进步社团发起的“争民主”“争自由”“反内战”的民主运动，形成了对国家命运的时时关怀，正应了那句“风声雨声读书声声声入耳，国事家事天下事事事关心”。

第四章　打开经济学的大门

初读《资本论》

1938年，由郭大力、王亚南翻译，生活书店出版的《资本论》第一卷在重庆公开发行。书一上市，刘明扬就迫不及待地购回。在父亲的书房内，刘诗白第一次翻阅到了这本将改变他生命轨迹的《资本论》。“那是一本皮子的、软包装的书，米黄色的纸页，很精美的。在那种环境之下，能够读这些书，也是一种非常的享受。”时隔多年，关于这本书的所有细节，刘诗白还记得清清楚楚。

刘诗白对《资本论》显现出极大的热情，当时的文化界对资本主义有着各种各样的讨论，中国是不是资本主义，中国是不是全资本主义。那时的文化大家都来写文章论述资本主义，有的说，中国社会在汉代就进入了资本主义，还有的说，西方有帆船的时候，就有了帆船资本主义。这些文章和图书，刘诗白大多都读过，这也让他更深入地进入到《资本论》的研究中。正是这个时期对理论基础的研究，让刘诗白在而后多年的经济学领域研究有了根基。

刘诗白从教后的学生之一，西南财经大学1981级硕士、1984级博士、广发证券原总裁李建勇在《刘诗白经济学思想述评》一文中曾写道："刘诗白在经济学研究领域的造诣，与他的经济学理论基础的扎实深厚是直接关联的。他几十年来孜孜不倦地研读了马克思主义经典作家的许多经济学、哲学著作，特别是对《资本论》炉火纯青的研究，对《资本论》中的科学方法（特别是抽象法）有独到的理解。因此，他熟知马克思主义的辩证唯物主义和历史唯物主义的基本原理，并善于运用马克思主义的观点和方法来研究现实经济中的一系列重大理论问题。由于他善于把科学方法应用于经济学研究之中，所以他的论著不是对经济现象概念化、模式化的浅层描述，而总是透出一种令人折服的哲理性与逻辑性。"①

经世致用之学

人们在评价刘诗白这一代经济学家时总是会用到"传奇"二字。他们很幸运，青年时学贯西方各家经济思想，理论底蕴广博深厚。壮年时在国家经济改革的浪潮中大显身手，一路披荆斩棘荣光满身。某种程度上，他们又是不幸的，在本该安心治学的大好年华里，却遭遇时局变化的狂风暴雨冲击，以致年过半百才开始真正的经济学研究。

种种际遇，皆因时代使然。回首往事，刘诗白总是愿意往好的地方

① 李建勇.刘诗白经济学思想述评[J].中国社会科学，1994（3）.

想。在他看来，自己这一代经济学人享受到了改革开放带来的时代红利，远比学界前辈要来得幸运。经济学是一门致用之学，它自时代的发问中来，也必将走向时代深处。经济学科引进中国大地虽不过短短百年，却因恰逢一段跌宕起伏的历史阶段而备尝曲折。

在大时代的剧烈变迁中，刘诗白这一代经济学人和他们所热爱的经济学事业一样历尽风雨。从各路经济学思潮百家争鸣到马克思主义经济思想独领风骚，从埋首盲学苏联的《政治经济学教科书》，到经济理论研究沦为政治的注脚，从再次引进西方经济学到尝试构建中国特色的经济学说。虽是百转千回，经济学这株外来植物总算在中华大地上开出了自己的花朵。

其实，无论在东西方世界，相较之文学、数学、天文等古老学科，经济学都可称得上是一门相当年轻的科学。远在中国古代，先人诸子间或遗留下的朴素经济思想在历史的夜空中一闪而过，如同流星般灿烂却也短暂。秦汉后，“重农抑商”“崇本抑末”渐成国策。在这个历朝历代统治者皆压制厌弃商业行为的封闭大陆上，经济学思想根本无从找到生根的土壤。

当中国人还被牢牢束缚在土地上辛劳耕作时，在世界的另一端，来自蓝色国度的冒险家们纷纷出海远航。为了寻找传说中富庶的东方国度，他们毅然赌上全部身家性命。当时，整个欧洲社会都处于对财富的极度渴求中，空气里满是狂热的欲望因子。不久，这群疯狂的赌徒就抢回了一船船金银财宝。财富迅速累积起来，社会上层沉浸在金钱带来的巨大喜悦里。在那些靠着对外贸易突然崛起的海权国家中，商业因其创造财富的惊人能量而备受推崇，由此开启了人类历史上的一系列重大变革。

1776 年 3 月 9 日，英国人亚当·斯密所写的《国民财富的性质和原因的研究》（简称《国富论》）一书问世。在书中，斯密毫不客气地批判了时兴的重商主义[1]，强调构建自由市场、发挥“看不见的手”的作用。他的这一经济观点除在英国本土引发强烈震荡外，还一路波及欧洲大陆乃至大洋彼岸的美洲。不同于重商主义只侧重于国民经济某些方面的探究，斯密富有开创性地从生产、交换、分配、消费等环节对正在形成中的资本主义经济进行了全方位研究。自此，经济学作为一门独立的学科正式建立起来了。

有趣的是，这位现代经济学之父还在《国富论》里谈及了遥远的中国：中国长期处在静止状态，其财富在多年前已达到该国法律制度允许的最大限度。如果改变和提高他们的法治水平，那么该国的土壤、气候和位置所允许的限度，可能比上述限度大出很多。[2]

从斯密的描述中，我们不难看出他对中国空有发展商业的良好条件却闭关锁国的叹惋之情。斯密没有想到，中国这种混沌状态仅仅在几十年后就被具有入侵天性的资本主义经济所打破。

20 世纪初的中国正处于风雨飘摇的暗夜，西方经济学犹如一盏明灯，被留洋的爱国学子们作为强国御辱之术引入了国内。同已在资本主义乐土里安安稳稳生长百来年的母胎不同，西方经济学科最初进入中国多少带有那么点儿破釜沉舟的悲壮意味。

1912 年，严复就任国立北京大学校长，并创建经济学门（系）。北大

---

① 也称作“商业本位”。产生于 15 世纪中叶，盛行于 17—18 世纪中叶，后被古典经济学所取代。该名称最早由亚当·斯密在《国富论》一书中提出，是封建主义解体后西欧资本原始积累时期的一种经济理论。该思想主张政府干预国家经济生活，主要的经济观点有：一个国家必不可少的财富是贵金属，如金银。对外贸易必须保持顺差。一个国家的富裕是以另一个国家的贫穷为代价。在对外贸易中，一国获利总是基于其他国家的损失，即国际贸易是一种“零和博弈”。

② 亚当·斯密．国富论：上册 [M]. 北京：商务印书馆，1974：87—88.

经济学系是我国第一个经济学科，开山鼻祖地位尊显。随后，私立朝阳大学、复旦大学、暨南大学、燕京大学、南京大学、上海大同大学、厦门大学、金陵大学等高校相继设立商科或经济学系。

对于这个外来的闯入者，国人刚开始并没有展露出太大的热情。据相关资料记载，在北洋军阀统治时期的各所高校内，学习文法艺术的文科生数量遥遥领先，竟达学生总数的 90% 以上，而攻读工科、农科、商科等应用学科的学生却寥寥无几。

抗战时期，这种学科人数分布不平衡的状况来了个一百八十度的大转弯。汇聚在救国兴邦的滂滂大潮中，刘诗白和众多来自大后方的学生纷纷选择了更具现实意义的致用型学科。在一份武汉大学乐山时期各学院历年招生情况的统计表[①]上，可以看出，当时法学院、工学院两院的学生数量远超文理等基础学科。

国立武汉大学及其经济学系的历史最远可追述至清光绪十九年（1893 年）张之洞创建的自强学堂及其商务门。光绪十五年（1889 年），张之洞调任湖广总督。在鄂期间，这位晚清重臣一面筹建炼铁、采矿、枪炮、织布等工业实务，一面创建起两湖书院、湖北方言商务学堂、湖北算术学堂、矿业学堂、工业学堂、湖北驻东铁路学堂、湖北农务学堂等新式学校。

1893 年 11 月，张之洞向光绪皇帝上奏《设立自强学堂片》：“再治术以培植人才为本，经济以通达时务为先。湖北地处上游，南北要冲，汉口宜昌均为通商口岸，洋务日繁，动关大局，造就人才，似不可缓，亟应及时创设学堂。兹于湖北省城内铁政局之旁，购地鸠工造学堂一所，

---

① 涂上飙．乐山时期的武汉大学（1938—1946）[M]. 武汉：长江文艺出版社，2009：158.

表 1　武汉大学 1938—1946 年招生情况统计表

年度＼院系	文学院	法学院	理学院	工学院
1938	61	91	81	135
1939	52	125	57	258
1940	78	77	29	196
1941	45	117	20	139
1942	86	168		129
1943	64	111	38	103
1944	42	101	37	109
1946	80	322	66	167

名曰自强学堂。分方言、格致、算学、商务四门。”

清末推行学制改革，张之洞被当时的管学大臣张百熙称许为“当今第一通晓学务之人”。在他的规划里，方言学习泰西语言文字，为驭外之要领；格致兼通化学、重学、电学、光学等事，为众学之入门；算学乃制造之根源；商务关富强之大计。[①]然而开办不久，自强学堂的商务门就出现了师资、材料短缺等问题，“多空谈而少实际”，只得匆匆停课。

自强学堂商务门办学失败的经历透露出一个关键性的历史信息：清末的商科教学远远滞后于中国社会内部对经济人才的需求。

一百多年后，这依然是困扰着刘诗白等众多经济学教育者的难题。教书育人六十余载，刘诗白的目光总是热切地追随着中国经济学教育的变化与发展。2007 年，针对高校内马克思主义经济学式微的现象，他尖

① 武汉文明网 . 张之洞与武汉大学 [EB/OL].[2017-04-06].http：//hbwh.wenming.cn/sense_wh/201704/t20170406_3209351.html.

锐地直指教学的三大积弊：教材内容狭窄、理论脱离当代实践、课堂教学缺乏吸引力。

在其学术自传里，刘诗白还就如何构建中国特色的经济学这一新时代命题为学界晚辈指点迷津：中国经济学的构建和形成，其性质已经不只是一般的理论联系实际，“拿马克思经济学之矢，射中国社会主义经济之的”，而是要大力进行理论创新；不仅要发展马克思主义经济学，而且要研究、借鉴和改造西方经济学理论，以丰富马克思主义经济学。我们应该从中国改革的伟大历史转变出发，从经济学大发展的高度出发，来认识中国经济学的内涵以及它的现实任务和理论使命。[①] 钻研了一辈子经济学问，刘诗白从来遵循的治学思想就是“经世致用”，他认为一个经济学家如果整日蹲守在书斋里是绝对做不出好学问来的。刘诗白是绝对的实践派，早年在乡村田野间采风调研，改革开放后到深圳、广州、苏南、温州、上海等中国市场经济最具生命力的前沿地带实地考察，晚年熟练使用 iPad 和智能手机，虽足不出户，但对国际国内经济大势却是了然于胸。

然而，在小女儿刘莎的印象里，父亲在家时却是异常安静的。他永远埋首在自己的一方书桌前写写看看，对家里一应大小事情都处于自动屏蔽的状态。

1979 年，刘莎的爱人第一次登门拜访。那天，刘诗白仍是俯身在书桌前思考写作，面对未来女婿的到访，他只是抬头淡淡扫了一眼就继续投入到自己的事情中了。刘莎的爱人当即被老先生的态度弄得有点摸不着头脑，事后回忆说：“我一来望了一眼书桌，家里只有一间房子，大家

① 刘诗白 . 刘诗白学术自传 [M]. 广州：广东经济出版社，2020.

都在一起活动，他也不理我们就一个人在那儿钻研。”从此以后，刘莎的丈夫每一次到家里来都会看见老丈人蹲守在书桌旁专心治学，渐渐地，也就对此见怪不怪了。这件事一度在家里被当作笑谈，刘诗白做起学问来实在有股子书斋学者的痴狂劲儿。

在刘诗白的体内，流淌着实践型学者的创新求变和书斋型学者的专注踏实这两种学术气质，它们和谐共生、完美交融。在中国经济大变革的拐角处，他用双脚丈量着中国市场经济成长变迁的道路，用手用脑书写出一部部的经济学佳作。一动一静间，这位经济学旅人完成了时代交托的重大历史使命。改革开放四十余年风雨激荡，刘诗白不仅是这个逐梦时代的记录者和实践者，更是超越了时代的思考者和预言家。

藏龙卧虎的经济学系

刘诗白大学就读于西迁乐山的武汉大学经济系。武汉大学的教学质量不仅在国内声名鹊起，还在国际上享有较高的声誉。1948 年，牛津大学曾致函国民政府，确认武汉大学文理学士毕业生成绩在 80 分以上者，享有牛津之高级生地位。可见武汉大学当时的国际地位颇高。刘诗白在求学期间修的主流经济学是马歇尔经济学，而马克思主义经济学是被当局禁止的。不过，当时学校倡导学术自由，研讨氛围相对宽松，不同的经济理论学派共同存在，比如以彭迪先、杨东莼为代表的马克思主义政治经济学，以杨端六、刘秉麟为代表的古典自由主义倾向。这得益于武汉大学在创办初期，生源主要以留英学生为主，周鲠生、杨端六、王世杰、陈源等人都是留英学生，这与同一时期清华大学招收美国背景的留

在珞珈山武大图书馆与曾启贤教授（左）合影（1983 年 11 月 16 日）

学生区别开来。

武汉大学这一批留英学生有一大特点，那就是绝大多数毕业于伦敦政治经济学院。当时，伦敦政治经济学院左派与右派泾渭分明，其政治系受拉斯基影响，多倾向于民主社会主义，而经济系受埃德温·坎南与哈耶克影响，多倾向于古典自由主义。而这些留学生带回了各自老师的学术观点，直接或间接导致了武汉大学经济系和政治系也延续了这一特点。

像武汉大学教授任凯南、皮宗石等人受伦敦政治经济学院经济系教授埃德温·坎南很深的影响，而埃德温·坎南本人则是亚当·斯密的忠实信徒，他最得意的门生是罗宾斯。罗宾斯后来成为伦敦政治经济学院经济系的系主任。之后，罗宾斯邀请哈耶克前往伦敦政治经济学院。从埃德温·坎南到罗宾斯，再到哈耶克，可以看到伦敦政治经济学院经济系尊崇的是古典自由主义思想。这在很大程度上影响了来此求学的中国留学生，从任凯南、皮宗石到周德伟，再到夏道平，一直坚持古典自由主义思想理念。相比伦敦政治经济学院经济系与政治系的水火不容，武汉大学法学院显得更加包容，始终倡导“学术自由、学者治校”。这种开放包容的学术氛围深深影响了求学时期的刘诗白，为他以后的学术事业奠定了基调。当时还有很多教育家都提倡这一观点，北大校长蔡元培说：“大学为纯粹研究学问之机关，不可视为养成资格之所，亦不可视为贩卖知识之所。学者当有研究学问之兴趣，尤当养成学问家之人格。”清华原校长梅贻琦也说过 :“所谓大学者，非谓有大楼之谓也，有大师之谓也。”

在艰苦卓绝的生活环境下，武汉大学主张“学术自由、学者治校”的开放包容理念，培养出一批又一批杰出的学术大家。尤其要数武汉大学经济系在全国最为知名，师资队伍更是藏龙卧虎，很多老师都曾教过刘诗白。杨端六就是其中一位，他在武汉大学执教 36 年，主讲货币与银行学，当时大学几乎没有统一的教材，大多数老师讲课都是自己写的讲义，杨端六所著的《货币与银行》一书于 1930 年被商务印书馆出版后，一时成为国内大多数高校经济系的热门教科书。

1938 年正值抗战时期，杨端六负责武大迁校选址事宜，最后决定武大西迁乐山。不幸的是，1939 年 8 月 19 日，整个乐山城遭遇日军敌机无情的轰炸，炸死武大师生员工 15 人，炸伤 20 多人，学校图书馆资料 1000 余册被炸毁。当时学校安排杨端六、周鲠生、刘秉麟三家合住一个院子里，当警报响起，三家急忙钻进屋外天井里作为掩体，才逃过一劫。据杨端六的儿子杨弘远回忆，那时有一颗燃烧弹正好烧到了他们居住的房子，父亲杨端六赶紧跑到屋内，抢出部分重要文件。在此次轰炸中，武汉大学 30 余名教授的家当全部烧毁，整座乐山城已然成为一片废墟，惨绝人寰。

经历此劫后，乐山经济元气大伤。武大教授们不仅薪水缩水，还要自己租房、养家糊口。甚至在物价飞涨那几年，喝水都要出钱买，条件何其艰难可想而知。曾有一位武大校友、旅美作家吴鲁芹说道，师生从中部的繁荣大都市来到西部的僻远小城，“似乎忽然发现生活退回到 19 世纪”。当年，《大公报》也对教授们的现状做了报道，薪金减少，物价飞涨，即使是大学教授，其薪水都不足以养活自己和家人，“普遍地泛在脸上的红润没有了，而是一种苍白”。

即便是在这样极其艰难的条件下，杨端六仍然坚持教学工作，教学科研成果颇丰，发表有关中国金融、币制和税制改革等各类文章共计160多篇，编有《货币与银行》《工商组织与管理》《现代会计学》《清代货币金融史稿》《中国近百年金融史》《货币浅说》《中国改造问题》《公司概论》《社会政策》《银行要义》《信托公司概论》《记账单论》《商业簿记》等书。

当时与杨端六齐名的还有刘秉麟，主讲财政学，他本人十分推崇英国古典经济学家亚当·斯密、李嘉图，新古典学派的马歇尔以及名噪一时的凯恩斯。专长于西方经济理论和中国财政史的刘秉麟，著有《经济学原理》《中国租税史略》《经济学》《近代中国外债史稿》《各国社会运动史》《世界各国无产阶级政党史》《李嘉图经济学说及传记》《亚当·斯密经济学说及传记》《李士特经济学说及传记》等专著和《亚当·斯密》《李嘉图》《公民经济》等小册子，翻译出版了英国马沙所著的《分配论》和《俄罗斯经济状况》等书籍，为介绍外国的经济学和社会学理论、开拓中国的社会经济研究，尤其是宣传马克思主义的唯物史观、阶级斗争、剩余价值理论和国际无产阶级运动史，做出了重要贡献。他所发表的许多研究经济学原理、国家财政、人口问题的论文，在国内产生了很大影响。

刘秉麟曾被国民政府教育部定为部聘教授。部聘教授是抗战时期国民政府教育部实施的尊师重教、稳定队伍的一项举措，代表教授最高水平，是当时国内教育界的最高荣誉。评定部聘教授必须满足三个条件：一是在国立大学或独立学院任教授10年以上；二是教学确有成绩，声誉卓著；三是对于所任学科有专门著作，且具有特殊贡献。1941年至1943年，国民政府教育部在全国先后遴选了两批共45位部聘教授，其中，武汉大学共有杨端六、周鲠生、刘秉麟 3 位教授先后入围，从侧面反映了武汉大学当时的学术水平以及声誉。

1937 年 7 月，刘秉麟兼任法学院院长；1946 年 2 月至 1947 年 1 月，任武汉大学代理校长。在代理校长期间，学校由乐山迁回武昌珞珈山，当时物价暴涨，交通工具紧缺，政府当局克扣教育经费，学潮不断。尽管如此，刘秉麟仍然保证迁校工作有条不紊地进行，支持师生的进步活动，设法营救被捕师生，为进步学生补课补考，并积极筹集经费，修复校舍，稳定秩序。刘秉麟在武汉大学执教 24 年，他的经济学研究，为武汉大学经济学科的奠基和发展打下了良好基础。

在刘诗白的老师中，还有一位重量级经济学泰斗——陶因。在经济学术界，有“南陶北马”（马寅初）之说。身处抗战后方，当时物价飞涨，环境极其艰苦，陶因依然严于律己，拒绝一切额外收入，刻苦治学，主要著作有《经济学史》《经济学大纲》，译作有《富之研究》。

有这样一批良师，自然就有一批优秀的学生。张培刚就是武汉大学其中一位优秀毕业生。1930 年，他入学武汉大学，1946 年获得哈佛博士学位，对当时的中国来说，绝对是顶尖人才。在国外求学期间，张培刚接受的是纯西方经济学的训练，1945 年 10 月他写了一篇全英文的论文——《农业与工业化》，也是当时唯一一部中国人写的，由哈佛大学出版的著作，一度成为很多大学经济学专业的指定参考书。后来，还获得哈佛大学最高奖“威尔士论文奖”。

1946 年的秋天，张培刚回到武汉大学任经济学教授。由于张培刚的西方经济学优异背景，成为最早一批介绍西方经济学的大师级人物。但那时张培刚在中国并没有那么出名，反而他的学生董辅礽、刘诗白在各自领域成为头号人物。张培刚被广为人知，是在1982年，世界银行副行长钱纳里访问中国时说："发展经济学的创始人是你们中国人张培刚先生，这是中国的骄傲。"消息报道后，引起中国经济学界的轰动，原来国内还有这么一号大人物！1999年，张培刚和刘诗白被列为第二届武汉大学杰出校友，并与谭崇台、刘诗白一同入选《影响新中国经济建设的100位经济学家文丛》。

另一名优秀毕业生代表人物是胡代光，亦是刘诗白的同学及挚友。胡代光1944年毕业于武大经济系，获得法学学士学位。1947年获得中央大学研究院经济学硕士学位。胡代光长期从事经济统计学和当代西方经济学的教学研究工作，发表了大量有关西方经济学的研究评论文章，出版过大量相关著作。曾与巫宝三、孙世铮合作编写出版《西方经济计量学》一书，由商务印书馆出版，首次系统地将经济计量学这门新兴的学科介绍给国内学术界和教育界，首次将西方货币学派和斯拉法经济学等理论介绍给国内学术界，并被评选为武汉大学第五届杰出校友。

恩师彭迪先

人的一生，受父母与老师的影响而成长。父母含辛茹苦教人生，恩师言传身教授学业。刘诗白出身于书香门第，其父为北大历史系毕业的高材生，从小时起，刘诗白就喜欢翻阅家中丰富的藏书，并缠着父亲解惑，那本本油墨香的书和父亲谆谆的教导声，开启了小诗白认知世界的大门。后来，随着年岁日长，眼看着生活在战争年代的百姓颠沛流离，刘诗白决定"学经济救国"，以改变中国贫穷的命运，让中国人摆脱受压迫的命运。这时，一个影响他学业道路乃至人生轨迹的人出现了。时光荏苒，每当提起恩师彭迪先，刘诗白总是倍感温暖如初，言谈间充满对恩师的感念追忆。对他来说，这位恩师的重要性不言而喻。

对于恩师彭迪先的生平，刘诗白如数家珍。彭迪先是著名的马克思主义经济学家，蜚声国内外。1908 年，彭迪先出生在四川眉山县（今眉山市），1926 年，他抱着“读书救国”的愿望东渡日本留学，先后在东京庆应大学、九州帝国大学学习。在求学期间，彭迪先十分珍惜所接触的高水平教资队伍和浓厚的学术氛围，他总是起早睡迟，专心读书，潜心学习马克思主义经济学，为日后传播马克思主义经济学打下了坚实的学术基础。本科毕业后，因成绩优秀，彭迪先留任九州帝国大学经济系助教。正如该校教授波多野鼎在《现代经济学论》中文版（彭迪先译）序言中写道：“中国留学生之任经济科助教者，实以彭君为嚆矢，由此足证其学识、品格如何为大学所器重也。”

彭迪先一生治学严谨，学问精湛，且有一颗循序渐进的恒心。1938 年回国后，他担任西北联大的政治经济系教授，他一方面结合中国国情，以救国兴邦为己任，形成趋于成熟的学术思想；另一方面参与民主活动，支持学生活动，始终坚持传播马克思主义经济学，因此他的学术活动总是和争取进步的革命活动相交织。1939 年，他撰写出 30 余万字的《世界经济史纲》，字里行间充满认真严谨的治学态度，且帮助世人认识到，唯有马克思主义经济学，才是中国未来正确的道路。

1940 年 9 月，武汉大学聘请彭迪先担任经济系教授。在武大的 5 年时间里，彭迪先先后教过政治经济学、经济思想史、高等经济学、西洋经济史等课程。那时，执掌武大的领导多是留英或留美归国，彭迪先却是留日，派系有所不同，且因为先前在西北联大闹过学潮、反对陈立夫等人，当局视他为“异端”，总是时不时找他麻烦，意图强制解除他的教授聘约，将其赶出武大后进一步迫害。但当局的这些举动却遭到了武大师生们的强烈反对。

彭迪先授课系统而丰富，深入浅出，启迪思维，特别是他坚持马克思主义的立场和方法，有重点、有目的地在课堂上贯穿马克思主义红线，这一点无论是在武大，还是此后在川大等校授课时，他始终如一。青年学生们在听课时颇受启发且心悦诚服，更加信服了马克思主义政治经济学的科学性。他们热爱这样的老师，刘诗白也不例外，甚至称彭迪先、杨东莼等一批能够指引学生进步的老师们为“灵魂的工程师”。

1940 年，不仅是彭迪先与武大的开始，也是刘诗白与恩师彭迪先的情缘开始。在刘诗白的回忆中，1940 年的他还是一名高中学生，初学经济学，那时他阅读了《资本论》《家庭、私有制和国家的起源》等原著，深感艰深难懂，偶然间翻阅到彭迪先的《实用经济学大纲》《新货币学讲话》等书，全书笔调通俗、言简意赅，对马克思主义经济学深入浅出的讲解，使得刘诗白对马克思主义经济学理论产生了浓厚兴趣，他也成为彭迪先的崇拜者，并期有朝一日能够请教拜访。可以说，彭迪先正是刘诗白的启蒙老师。

很快，刘诗白的愿望便成了真。1942 年他慕名考入武大经济系，在得知彭迪先担任老师后，他欣喜若狂，终于能见到仰慕已久的大师，内心的激动溢于言表。刘诗白现在还记得，在 1943 年的一次学术报告会中，彭迪先重点介绍西方古典经济学流派的产生与发展，并特别讲述了马克思的伟大著作——《资本论》。讲台上的彭迪先言语逻辑缜密，语调铿锵有力，台下的刘诗白摩拳擦掌，尽力按捺内心的激动，心中实在有太多待解惑的问题要请教彭迪先。正是在这一次报告会上，刘诗白就马克思主义经济学提出多个深度问题，让彭迪先注意到这位小小年纪却有如此思想深度的学生，此后师生两人互相交流，共同学习。彭迪先赠送刘诗白一套1922年出版的德文版《资本论》，刘诗白视若珍宝，每多翻阅一次，心头对恩师的感激之情又增加一分。

彭迪先对刘诗白的人生影响远不止学术层面，而涉及政治方向、人生轨迹等各个方面。1946年刘诗白从武大毕业，应彭迪先邀请，赴四川大学经济系担任助教，并开始参与彭迪先的一些研究写作活动。1951年，刘诗白又随同彭迪先到光华、到四川财经学院。在新中国成立前，刘诗白加入了民盟，这与恩师彭迪先的民盟身份不无关系。在一次次接触中，在一次次追随中，刘诗白有了更多机会向恩师学习，接触并研究马列先进理论，走上革命道路。他也一直谨遵恩师教导，响应党的号召，自觉为党为人民工作。在西南财大举办的彭迪先110年诞辰纪念活动上，刘诗白表示，先生是自己为学做人的榜样，先生对先进理论的追求、不倦钻研的治学态度、响应党的号召、自觉为党和人民工作不计个人得失的高尚品格堪为楷模。同时，他呼吁新一代的年轻人要传承大师精神，向老前辈学习。

刘诗白与妻子的认识也是恩师彭迪先的拉纤做媒，夫妻二人恩爱一生，对这位恩师更是感激，将其称作最尊重的老师，多年以“彭先生”称呼。在刘诗白子女的口中，则一直亲切称彭迪先为“彭爷爷”，两家人时常往来。一日为师，终身为父，刘诗白直言：“迪先师的高尚品德和无言教诲，是值得永远铭记的。”

刘诗白自述：学生时代研究兴趣的产生

我的学生时代，正值旧中国外受帝国主义列强掠夺，内遭新旧军阀和专制政府横征暴敛，人民群众处于水深火热的灾难境地时期。1937 年，日本侵略军大举进攻上海，“八·一三”事变后，我随家人从上海逃亡到重庆，一路上，耳闻目睹侵略者的野蛮暴行，在幼小的心灵中萌生出救国兴邦的最初愿望。

在重庆读中学时，风起云涌的抗日救亡运动和国统区红色革命文化的传播，对我影响极大。我读了高尔基的《母亲》，托尔斯泰的《战争与和平》，鲁迅的《呐喊》《彷徨》，郭沫若的《女神》《星空》，以及茅盾、夏衍等革命作家的大批文艺作品。当时的重庆虽地处抗战后方，但并非世外桃源。日本侵略军的飞机不时狂轰滥炸，山城弹痕累累，几乎每天“跑警报”。尽管如此，我依然开始阅读马克思主义哲学、政治经济学方面的著作，如由郭大力和王亚南译、三联书店出版的马克思的《资本论》第一卷，恩格斯的《家庭、私有制和国家的起源》和列宁的《帝国主义论》，以及国内进步学者艾思奇、钱俊瑞等写的许多启蒙读物。《资本论》成为我步入经济学殿堂的向导。

1942 年，我中学毕业考入武汉大学经济系。当时著名的教育家王星拱担任武汉大学校长，这位崇尚科学的爱国知识分子实行民主办学，使武汉大学名流荟萃、学术风气浓厚。如经济系聘有左派教授彭迪先、杨东莼，著名经济学者杨端六、刘秉麟，美学家朱光潜、哲学教授张颐等也在武汉大学任教。我在彭迪先教授指导下深入地研读马克思的《资本论》，彭迪先教授还将他珍藏的《资本论》德文原著三卷相赠。此外，我还阅读了亚当·斯密的《国民财富的性质和原因的研究》(又名《国富论》)、大卫·李嘉图的《政治经济学及赋税原理》和马歇尔的《经济学原理》等大批西方经济学原著。我在武汉大学还结识了许多进步人士和学生，参加了由中共南方局领导的进步学生组织——“文谈社”，并参与了进步学生运动。武汉大学在抗战时期迁到四川乐山，彭迪先、杨东莼等一大批进步教授在讲坛和各种论坛上宣传革命理论，抨击国民党独裁统治。我当时在学习《资本论》的过程中遇到许多疑难问题，经常向彭迪先教授请教，从他那里获得了很多的教益，并萌生了从事马克思主义经济学研究的兴趣。

第三部分

经济学新青年

（1946—1958）

第五章　书生闹革命

大四：多事之秋

1946 年 1 月 31 日，重庆城笼罩在层层迷雾中，湿漉漉白茫茫的水汽铺天盖地蔓延开来，迷住了人们的双眼。现实世界一片云遮雾绕，一切都让人辨不分明。同一天，远在乐山的刘诗白刚刚返校不久。匆忙报到后，他久久流连徘徊在校园的各处熟悉角落。转眼就已是大学最后一学期，此时的刘诗白全然无心思考毕业后的出路问题，他只想尽力再多留住些什么。

人生一梦，白云苍狗。乱世中人，命运迁徙更是飞若转蓬。一只被细线牵引着的风筝，纵使飞得再高再远，那线轻轻往回一拉，风筝终究也只得回头。伸手向前，刘诗白茫然四顾，但见一片白雾茫茫。

距离抗战胜利虽已近半年，人们所渴望的和平民主曙光却如同躲迷藏般，迟迟不肯现身。而如今，作为去年那场谈判的延续，政治协商会议能带来人们所期望的消息吗？谁也不知道头顶的这片天空背后正在酝酿着些什么。是一场不期而至蓄力已久的狂风暴雨，还是那拨开重重云雾终见的万里晴空？

傍晚时分，雾都国民政府礼堂外，各政协会议代表鱼贯而出，沿大理石台阶走下。就在刚刚，全中国几亿目光聚焦的政协会议落下了帷幕。当年，《华西日报》曾在《新国府巡礼》一文中对这栋仅花七天时间改建落成的国民政府办公大楼寄予厚望："一步一升的路梯，恰似象征着新中国未来的大路。"或许，再没有什么时候比此刻更能诠释出这句话的深意了。

在闭幕大会上，蒋介石郑重宣言："今后中正无论在朝在野，均必本着公民应尽的责任，忠实地坚决地遵守本会议一切的决议，确保和平团结的一贯精诚，督促我们国家走上统一民主的光明大道，以期报答为革命抗战牺牲的先烈，完成国父缔造民国未竟的事功。同时要求各位同人为国家为人民共同努力，一本我们在抗战时期共患难同生死的精神，同德同心，精诚团结，来担负今后建国的重任，开辟我们国家民族光明灿烂的前途。"

隔天，《大公报》发表了社评《政治协商会议的成就》，对政协会议最终取得的成果十分满意。"最后，我们应该向国民党道贺。国民党领导国民革命，已大部分成功，领导国家抗战已获完全胜利。现在卸了一肩，减轻了责任。别的党派相对分了责任。以后国事若治理不好，国人就不能专责国民党了。由今天起，各党派都要痛感责任，忠实于本身的任务。”然而，政治协商会议并没能将中国引向光亮美好之境。

亦如几个月前那场得来不易让全中国人为之狂喜不禁的伟大胜利。1945年8月15日正午，日本裕仁天皇向全国广播：“日本业已战败，无条件投降，依照开罗及波兹坦宣言，将台湾归还中国。”消息传来的当晚，蓉城市民纷纷走上街头彻夜狂欢。灯火流光，彩旗飘飘，鞭炮锣鼓，欢声笑语，彼时的成都俨然一座流淌着幸福泉水的不夜城。在震彻云霄一波盖过一波的欢庆声浪里，刘诗白感受到了一种久违的宁静。“咯噔咯噔”，他分明听到心头一些郁结已久的东西落下了。

在这许多年里，当初那个愁容满面的少年仍不时会走入他的梦境。梦里，少年独立舟头，国仇家难让他的眼眸蒙上了一层凝重的水雾。8月的长江水流迅猛而湍急，溯流而上，是一次生死未卜的冒险，也是一场势在必行的逃亡。白日行舟，沿途所经一片晦暗，逃亡人流如同一群被迫迁徙的蚂蚁，渺小孤独却也拼命。夜色深重，硝烟滚滚，小船摇晃颠簸着逆水而行……相同的开端，结局却不总是一样，刘诗白已经记不得自己在这样的梦里游走徘徊过多少遭了。现在，好在一切都已结束，刘诗白总算跨出了这个害他一直原地打转的心灵困境。才20岁的年纪，他还有很多可做的事情，很多可放飞的梦想和希望。

那年夏天，成都暴雨成灾。在雨水不舍昼夜的长时间浸泡下，芙蓉城湿润的空气里充盈着一丝丝枯木的霉变气息。霉变，大多是疾病和死亡的先兆。那时节，城内烈性传染病霍乱肆虐，千百市民失去生命。走在积水难行的路上，刘诗白经常和一列列悲痛欲绝、哭天抢地的发丧队伍擦肩而过。生命何其珍贵又何其脆弱，如今被草草安置在棺材里的，该是怎样一个曾经鲜活的生命呢？

年少时，刘诗白过早地触碰到了死亡这个沉重的人生议题。各种各样的死亡，有的因为天灾，更多的则是缘自人祸。死亡若幽灵般如影随形，但端赖于此，他得以早早形成比较成熟的生死观。这或许就是艰难岁月给予幸存人类的一份小小赠礼吧，尽管这礼物的要价昂贵到可怕。那些事关生死的记忆带给刘诗白的，不单单是坚韧不拔、乐观坚强的生命态度，也有忍耐克制的性格特质。

在此后的岁月里，刘诗白对待生命从来都是十足虔诚、万分敬畏的。人来世上，一生与一死构成了生命的两面，享福与遭罪也都是必经的体验。生命不易，既是如此，不管多难多苦，人都得好好活下去。越是能在死亡之境里逆风生存下来的，就越是英雄。

这些年轻就已形成的生死观影响刘诗白至深，以至成为其晚年写作哲学笔记的一种内在动因。“当代实证科学必须要有哲学思维。现在有的医生没有德行，拿起刀刀做手术就像切菜一样，很可悲。他没有哲学思维，不知道自己在做什么。现在的人不把生命当作生命，残害别人也残害自己，动辄就跳楼。地球之所以出现生命需要好多个条件，X+Y+Z，上千上万个条件。天文条件、气候条件、水的条件、温度条件、辐射的条件，压力的条件，空气的条件……地球要有氨要有水要有磷要有氮，这些条件哪一个星球都能具备吗？地球上形成了生命，生命发展成了人，人成了现在。如果把这一套哲学思维整理起来，人就能认识到人的可贵、这个地球的可贵。要用这个来作为小学、中学以至大学的课程，来解释改造现在的自然科学，来深化这个认识。我觉得在当代，人文科学要复兴。”

那一年暑假，胜利的狂潮和人间的冷雨接连袭来。在大喜大悲的极致体验中，刘诗白的内心也随之悲欣交集。

转眼间已是9月，刘诗白学生时代的最后一个暑假结束了，他正式步入大四。1945年秋到1946年夏，在刘诗白大学生涯的尾声，武大校园内部也正经历着一场不小的动荡。自1945年9月开始着手东迁，一直到1946年10月份，武大复校的主体任务才基本完成。武大回迁和内战打响的全过程几乎贯穿了刘诗白的整个大四。

1945年8月10日，武汉大学电机系力讯社率先接收到了日本准备投降的消息。喜讯传来，整个武大为之欢腾。师生们群情激昂、欢欣鼓舞，暗无天日、成天打仗的日子总算是熬到头了。

飘摇乱世，政治风向往往多变，而随之带动的舆论转向更是有如台风过境。就在日本宣布无条件投降后的短短几天时间，还没能够在抗战胜利的喜悦中再多沉浸会儿，一股恐战的焦虑情绪业已在武大校园内如同旧时瘟疫般四下弥漫开来，大有盖过压倒一切的袭城之势。

这种情绪源起于张贴在文庙棂星门旁石柱上的一纸毛笔公告，上面写着8月15日中国解放区抗日军总司令朱德敦促侵华日军总司令冈村宁次投降的七条命令。其中，第二条命令是：“你应下令你所指挥的一切部队，停止一切军事行动，听候中国人民解放军八路军、新四军及华南抗日纵队的命令，向我方投降，除被国民党政府的军队所包围的部分外。”第四条命令是：“所有在华北、华东、华中及华南之日军（被国民党军队包围的日军在外），应暂时保存一些武器、资材，静候我军受降，不得接受八路军、新四军及华南抗日纵队以外的命令。”

白纸黑字，分外醒目。此时虽正值暑假，留在学校的师生倒也不少，来往师生们三三两两地谈论着公告上的内容，有人拍手称快，有人黯然叹息，也有人分析说："看样子内战的危险性很大啊。”

抗战甫一结束，武大就正式将回迁事项提上议程。彭迪先因不喜武汉夏天的火炉气候，此时正准备转至国立四川大学经济系任教，临行前看到这一纸公告，他的内心五味杂陈。“我回家和老伴黄玉芬谈及此事时，我们都觉得朱德总司令的命令振奋人心，大长了人民的志气，但又想到蒋介石的反动本性不会改变，他决不会善罢甘休，一定要出来争夺抗战胜利的果实。”①

等到刘诗白从成都家中返回乐山武汉大学时，发现校园里人心浮动，恐战的焦虑情绪更甚了。再有一年，刘诗白就将从这里毕业。他没有料想到，自己的大四竟恰逢如此多事之秋。

10月，隔着漫天的炮火枪声，国共双方最高领导人在谈判桌上签下一纸协议。这份著名的《双十协定》上留有大量悬而未决的政治议题。与此同时，这场谈判为数不多的明确成果——政治协商会议的召开似乎是遥遥无期。远方硝烟四起，中国政局走向一时不明。在任何年代，青年人都永远是最关心国家前途命运并愿意为之奋起抗争的一个群体。

---

① 彭迪先．我的回忆与思考[M]. 成都：四川人民出版社，1992.

抗战时期，由于主政云南的龙云[①]支持和保护民主运动，当时的春城昆明有着“民主堡垒”的美誉。年底，处于民主运动中心的昆明首先爆发了“反对内战、争取民主”的“一二·一”运动，刘诗白日后的好友马识途正是这场爱国学生运动的领导人之一。

马识途这个名字来源于中国古书《韩非子》上一则老马识途的故事。春秋时代，管仲、隰朋跟从齐桓公率兵伐孤竹国，春往冬返，迷惑失道。管仲曰：“老马之智可用也。”乃放老马而随之，遂得道。其实，马识途原先并不叫这个名字，他本名马千木，因参加“一二·九”抗日救亡学生运动后加入共产党而改名。他当时认为已经找到了人生方向，笑称自己这匹老马总算也识途了。

1941年，马识途因逃避国民党特务追捕化名马千禾考入西南联大中文系。彩云之南，花开四季，天蓝风轻。尽箫吹，弦诵在春城。国立西南联大的师生们在昆明这座小城弦歌不辍，为争取和平民主奔走呼告，创造了中国教育史上的一座传奇丰碑。在校期间，马识途一面看书学习求教名家，一面积蓄力量待时而发。

在如今的西南联大旧址上，仍矗立着当年校方为纪念这八年光辉历程而特意立下的石碑一尊。碑文中写有“联合大学以其兼容并包之精神，转移社会一时之风气，内树学术自由之规模，外来民主堡垒之称号，违千夫之诺诺，作一士之谔谔”这样一句。当年西南联大民主自由之精

① 龙云（1884—1962），字志舟，原名登云，祖籍四川凉山金阳，云南省昭通市昭阳区炎山乡人，彝族，彝名纳吉乌萨。

神，从中可见一斑。

1945年，马识途从西南联大毕业后就根据党组织的安排转移到滇南做农村工作。年底，当这场轰动全国的学潮余波扩散到乐山小城时，马刘二人还并不相识。此时的他们，一个是神出鬼没的地下工作者，一个是毕业在即的文弱学生，处境可说是天差地别。

马识途比刘诗白长10岁，属虎的他雷厉风行、虎虎生气。相较之下，属牛的刘诗白更加内敛，他是敦厚沉稳、温润如玉的。就是这看似毫不搭边的两个人，却在不到一年时间后，因缘际会，成了同一个战壕里并肩战斗的同志。

除却革命年代的那段特殊经历，书法这一共同爱好也使得两人的友情更加深刻绵长。书法贵在会友交心，在西南财大举办的一次教授书法联展上，马识途第一次知道了原来老友除是一位经济学家外，还是一个颇具功底自成一格的书法家。展上，面对刘诗白欲言又止的无声问询，他不觉脱口而出“飘逸俊秀，潇洒自如”八个字。惊讶赞叹之余，马识途当即向好友求字。书法展后，刘诗白特意登门拜访，赠送了马老一幅那天他在书法展上特别流连欣赏的条幅。

2002年，刘诗白在准备出版个人第一部书法作品集时，第一时间就想到了老友，上门亲邀马识途为其作序。在随后写成的序言里，马识途不但对刘诗白的书法赞许有加，谓之走的是“由远而近，由近而远”的正统学书道路，更深情地称他为学书路上的“同道”中人、“由闻知到认知再到相知的朋友”。人生在世，难得一知己。马老的三个“知”字，情真意切、层层相进、字字珠玑，道尽二人横跨大半生的珍贵情谊。

与马识途（左）互赠书法作品（2000 年）

书房习字

人世间自有很多不可解的牵连，凡此种种，大抵都只好用一“缘”字一以概之。好友参与领导的这场“一二·一”运动恰如一声惊雷起平地，在原本就充满火药星子的高压夜空中陡然炸开了无数朵大小不一的火花。

雷鸣电闪火星四溅间，众火花纷纷落地成烛灿烂燃烧，当其中最殷红炽烈的一支油枯光尽之时，整个寰宇复归于黑暗。有过希望后的失望才可称之为真正的绝望，眼见这最后一支红烛在自己身边悄然熄灭，大地坠入黑暗更深处，刘诗白体内引发的震撼悲痛之情有如山崩地陷、日月永沉。这支于飘摇风雨中不息燃烧的铮铮红烛在日后成了推动刘诗白走上革命道路的一个重要诱因，也随之开启了他和马识途长达半个多世纪的友情。

1946 年，中华大地风云巨变。机缘巧合也罢，命中注定也罢，刘诗白生命中那些重要的转折时刻似乎也总是同脚下这边土地的关键性历史节点捆绑联结在一起。生在那个国家前途同家庭、个人际遇无比紧密交错缠绕在一起的年月，刘诗白从小就自然而然充满了对国家命运的关心。这份伴随了他一生的人文关怀，与其说是个人于烽火连天之际自心底流淌出的一种家国情结，毋宁说是时代给每个人烙下的深刻印记。从少年时代亲历日军暴行，朦朦胧胧生出抗日救国的最初愿望，到以后国难渐深，不知不觉走上经世济民的兴邦道路，刘诗白与这片土地的羁绊愈深，对它的关切热爱之情也就愈浓。

在乐山的最后一个春夏，混合着内战逐渐打响和东迁紧急收尾的二重奏，武大校园内外乱作一团。那是一段相当忙乱的时光，考试、游行、离别、未来、工作、战争、家庭……辗转忙碌于各色场景中，刘诗白仿佛一枚被外力不断抽打着的陀螺，每每在他想要停下来喘口气的间隙，立时就会听到头顶响起鞭子抽动空气的“咻咻”声。从2月到6月，刘诗白的生活就是旋转，永不停歇的旋转。

年初，政治协商会议落幕后，社会各界对会议成果均不吝褒扬之词。然而，这看似一片大好的和谐氛围中却也夹杂着些许刺耳的杂音。在国民党部分保守势力的眼里，政协会议的最终成果“系国民党的失败”“背叛孙中山的遗教”。时任东北行营主任的熊式辉持较悲观的看法，其指出：“美国人的无知玩火，意想与虎谋皮，来强调其政治协商的主张，对共方是给予一个喘息机会，对我方是投了一剂糜烂人心的毒药，确实已影响我方的民心与士气。”①

当时，政协结论仍需经国民党内部会议讨论通过，这也为其日后是

① 张宪文，张玉法. 中华民国专题史：国共内战[M]. 南京：南京大学出版社，2015.

否被履行增添了变数。政协会议结束后不久，参会代表傅斯年就眼光毒辣地瞧出了宪法草案协议对《五五宪章》的不小颠覆。有些改动甚至触及国民党政权维持的某些敏感地带。在一封傅氏致时任国民政府外交部部长王世杰的信里，他就大胆断言："此次协商结果将使国民党与蒋先生于半年内崩溃。"①

1945年底，在历史的特殊关节，"一二·一"运动有意无意间打开了一道闸门。顷刻间，积蓄已久的青春怒潮持续喷涌而出，它们一浪高过一浪，在遍体鳞伤、沟壑纵横的黄色土地间东飙西窜，一路高歌着奔流而去。1946年到1949年间的大学校园里，政治的疾风暴雨无处不在，无时不有，身处其中的师生，很少能有人不被牵涉其中。依据《中央日报》的统计，自1946年到12月至1948年6月，南京、上海、杭州、北平、天津及武汉等主要都会，发生上百起学生运动。②

2月底，为响应全国大中学爱国大游行，武大学生组织了抗议"雅尔塔秘密协定"③、要求俄国退出东北的游行。那几天，整个校园里"打倒""万岁""苏联退出东北"之声不绝于耳。

在刘诗白校友齐邦媛晚年写成的自传《巨流河》一书中，对这一时期武大校园内的不寻常气氛有着十分细致的刻画：当游行越来越频繁的时候，我们每天早上仍然从女生宿舍走到文庙去看看，有时有布告，有

① 张宪文，张玉法．中华民国专题史：国共内战[M]．南京：南京大学出版社，2015．

② 张宪文，张玉法．中华民国专题史：国共内战[M]．南京：南京大学出版社，2015．

③ 雅尔塔秘密协定，全称《苏美英三国关于日本的协定》。

时没有。课室、走廊寥寥落落地站着些人，有时老师挟着书来了，学生不够；有时学生坐得半满，老师没有来，所以一半的时间没有上课。全校弥漫着涣散迷茫的气氛。[①]

三四月间，很多老师因另谋了新工作要提前离开，已经开始抓紧时间赶课了。此时的校园内常有大大小小的游行活动，游行的主题大多与“反内战”“争民主”相关，正对应着校外那场错综复杂仍在进行中的政治斗争。那段时间，相较之前浓厚的学习氛围，老师和学生们因为各怀心事对于教和学都显得有些意兴阑珊了。

3月，在六届二中全会上，国民党内部对政协宪草协议进行了翻案，重弹起“军队国家化乃和平建国之先决条件”“是政治民主的主要条件”等论调。山雨欲来风满楼，随着第四届国民参政会的召开，较场口事件[②]、下关事件[③]等暴行在国人心头荡漾开的怒潮也开始逐渐发酵。至

① 齐邦媛．巨流河 [M]. 北京：生活·读书·新知三联书店，2017.

② 较场口事件：为庆祝政治协商会议的成功，促使5项决议贯彻实施，1946年2月10日上午，由政协陪都各界协进会等19个团体发起的庆祝政协成功大会在重庆较场口举行。当参加大会的群众团体陆续进入会场时，国民党右翼势力指使的特务分子混入会场进行破坏，他们包围主席台、抢占扩音器、对主席团成员及在场的新闻记者和群众大打出手。其中，李公朴遭暴徒连续追打，头部血流不止，伤势最为严重。郭沫若、陶行知、章乃器、马寅初等民主人士、新闻记者及劳协会员60余人也被打伤。

③ 下关事件：1946年5月5日，民建、民进等民主党派、人民团体50多个单位在上海成立了“上海人民团体联合会”，并发表宣言，要求立即停止内战，实施政协会议决议。6月23日，上海150多个人民团体的近10万群众在北火车站广场召开反内战大会，并欢送由大会推举的代表马叙伦、阎宝航、胡原文、盛丕华、包达三、雷洁琼、吴耀宗等人及学生代表陈震中、陈立复共11人赴南京请愿。当天，马叙伦等一行到达南京下关车站时，即遭到国民党特务长达5个小时的围攻殴打。据事后统计，此次暴行共造成12人受伤。冯玉祥、李济深等人得知后，数次给国民党军政当局打电话，要求制止暴行、营救代表，但均未奏效。后经多方交涉，当晚11时许，国民党当局派宪兵到达现场“维持秩序”。直到24日凌晨，受伤代表才被送入中央医院救治。

此，国共关系一度逼近临界点，战火一触即发。

6月初，武大校本部文庙办公室里的各类公文档案、学业资料已经全部收置妥当，只等着装箱乘船。当月下旬，国共两党的军队在中原地区的湖北河南交界处爆发了大规模武装冲突。自此，长达三年的内战正式打响。

在学校的最后一段时间，看着宿舍一天比一天空寂，图书馆里的书一天天少去，刘诗白不禁想到了那些奔赴中原战区参加解放工作的校友们。羡慕之余，他也早已有了自己的打算：留在家乡四川找一份与经济学研究相关的工作。四年学习下来，刘诗白认定马克思主义经济学无疑已是自己毕生的事业。出于一种学术上的偏好和执着，他希望寻找到一方比较安静的小天地供自己安心从事经济学研究。

转瞬间，冬衣换夏衫。全校提前大考后，还没来得及生出过多的离愁别绪，师生们便匆匆各奔前程而去。仿佛就在一夜间，国立武汉大学从此在乐山这片土地上彻底消失了。白塔街上，昔日的女生宿舍空空荡荡，再也不会有三两成群的女大学生从这里上学放学。陕西街上，各房屋被异乡来的租客们退了回去，当地百姓不会再来这里贩卖井水。文庙石柱上，布告和墙报永久地停止了更新。数千武大师生及家属们就这么离开了，小城百姓又回归到了往常的生活。偶尔，当地顽童会跑到校园旧址上捡些破书废纸回家玩，每每这时，家里大人就会告诉他：“我们这里以前是有一所大学的。”

武大四年，恍然如梦。梦醒时分，仗还没打完，生活还得继续。身为长兄，刘诗白自然被家庭寄予了深厚的希望。抛却学生身份的他，走向了更加复杂广阔的生活深处。在那里，一场更加残酷的斗争正在等待着他。

白色恐怖

对刘诗白来说，从内战打响到1949年底成都解放的这段时间无异于黎明破晓前那至深的暗黑时分。万籁俱寂的夜里，无数的红色力量在秘密集结抗争。混合在这股汹涌澎湃的时代洪流中，刘诗白彻底从一介文弱书生成长为一名热血的革命青年。

1946年7月，随着内战的全面爆发，国统区的政治气氛愈发阴沉恐怖。一切呼吁民主进步的党派和个人均被国民党当局视若眼中钉、肉中刺。在社会上，各党派及群众争取民主、反对内战的革命活动被残酷镇压。在校园里，学生民主运动和社团活动被特务机关严密监控。

7月，刘诗白以优异的成绩从武大毕业。那时，他的老师彭迪先在国立四川大学任经济学系主任。由于公费出国的计划未能实现，于是，彭迪先就把这位得意弟子推荐到了川大经济系担任助教一职。面对恩师的诚挚邀请，刘诗白自然是欣然应允。川大虽位于现在成都市区的中心地带，在当时却是一处极清幽静谧的所在。助教一职不用承担具体的教学任务，只需一周到办公地点两次处理日常事务和辅导学生，这意味着刘诗白将有大把的闲暇时间搞经济学研究。

彼时，他正埋首研读英国马克思主义经济学家莫里斯·多布[①]所写的《资本主义发展问题研究》[②]一书。书中，多布用马克思主义观点论述

---

① 莫里斯·多布（Maurice Herbert Dobb, 1900—1976），生于英国伦敦，当代西方著名的马克思主义经济学家。

② 《资本主义发展问题研究》是1946年莫里斯·多布出版的一部经济学著作。

了资本主义的起源。

助教一职和川大环境让刘诗白心头一动，这不正是自己梦寐以求的工作吗？确定好工作后，刘诗白打算利用业余时间尽快把多布的书翻译出来，以此作为自己学术道路的开端。然而，那年7月接连发生的两件大事全然打破了刘诗白对未来的美好憧憬。

抗战胜利后的国统区是一片彻彻底底的民主荒漠，不同于抗战时期的“文明管制”，撕下面具的国民政府更加肆无忌惮，在各地制造了一系列惨案。

1946年，春日里的某一天，昨冬那支激越战斗曲的悲壮尾音——四烈士大出殡正在昆明街头凄然奏响。是日，天朗气清，一列三万余人的出殡队伍浩浩荡荡地走过昆明市区各大小街道。游行队列里的大多数人是学生和老师，他们的表情庄严肃穆，身戴白花黑纱，沿路向市民散发《为“一二·一”死难烈士举殡告全国同胞书》《告三迤父老书》等传单。

在长达6个小时的出殡游行中，闻一多、吴晗、钱端升、尚钺等民主教授始终领队走在前列。其中，拄拐而行的闻一多显得尤为突出，此时的他面容清癯、神情悲痛。在“一二·一”惨案发生后不久，闻一多即奋笔题下“民不畏死，奈何以死惧之”的悼词。

春城三月，暖阳和煦，花气袭人。香味过处，闻一多猛吸一口入鼻，肺内却只泛起一阵苦涩酸楚。诗人原是该欣赏赞扬一切美的，然而此刻的他内心或许更多是恨和怒。国之不国，诗人也就不成其为诗人了。1944年前后，闻一多再不是诗人和学者，仿佛一夕之间，他骤然变成了一位狂热的民主斗士。

日暮时分，殡仪队伍返回了西南联大本部（今云南师范大学，原昆明师范学院）。校园东北隅，翠竹青柏掩映处，就是四烈士的墓碑。墓道两方矗立着两根笔直的石柱，石柱底座上刻有闻一多撰写的《一二·一运动始末记》。在文中，他慷慨陈词：愿四烈士的血是给新中国的历史写下了最初的一页，愿它已经给民主的中国奠定了永久的基石！如果这愿望不能立即实现的话，那么，就让未死的战士们踏着四烈士的血迹，再继续前进，并且不惜汇成更巨大的血流，直至在它面前，每一个糊涂的人都清醒起来，每一个怯懦的人都勇敢起来，每一个疲乏的人都振作起来，而每一个反动者都战栗地倒下去！

余晖西斜，四烈士安葬典礼结束后，闻一多独自拄拐行走在徐徐春风中。在这个春天才刚冒头的时节，闻一多亲手埋葬了四个年轻的生命，同时也葬掉了有生之年最后一个明媚的春天。几个月后，他在参加完李公朴追悼大会后即被国民党特务枪杀。

消息传来，举国上下乃至世界也为之震惊。闻一多之死在当年中国引发的社会震荡绝不亚于任何一场流血革命，由此，更多的精英知识分子和青年学生纷纷转向革命阵营或者转而支持共产党一方，其中一人就是本书的主角刘诗白。

7 月的成都湿热难耐，李公朴、闻一多二人遇害的消息接连传来，犹如夏日午后的一记闷雷，毫无预兆在刘诗白头顶噼里啪啦炸裂开来。16 日上午，刘诗白匆匆跑到老师朱光潜位于成都方正街的寓所内，告诉了他闻一多先生遇害的消息。三伏天气，师生二人却恍惚如坠三冬冰室。起初悲愤交加，而后又是良久不语。

不久，刘诗白在《新民报》成都版[①]上以“刘影荣”的化名发文纪念。据刘诗白回忆，文中有这样一首小诗：

篝火胡鸣频夜惊，
西南妖雾几时清。
那堪中原征战急，
忍见诗翁血染尘。

李、闻血案后，刘诗白领悟出一个道理：倾巢之下，安有完卵？即便躲在本应与世无争的象牙塔里，但政治的刀光剑影又何曾远离自己半分呢？在争取到大环境的和平民主前，大学永远不可能是自己想象中安静的学术圣殿。入校不久，他毅然加入了地下党领导的川大学生进步团体——“文学笔会”。“到了现在这年头，象牙塔已经变成了十字街，而且这塔已经开始在拆卸了。于是乎他们恐怕只有走出来，走到人群里。大家一同苦闷在这活不下去的现状之中。如果这不满人意的现状老不改变，大家恐怕忍不住要联合起来打破它的。重要的是打破之后改变成什么样子？”

政治上的动荡不安，经济上的拮据困窘，社会各界人士怨声载道。在《论不满现状》里，朱自清奋笔怒书：“狗急跳墙，何况是人！到了现状坏到怎样吃苦还是活不下去的时候，人心浮动，也就是情绪高涨，

① 《新民报》于1929年9月创刊于南京，先后出南京、重庆、成都、上海、北平（今北京）等版，分日、晚刊。

老百姓本能的不顾一切的起来了。”

奎星楼街10号院的神秘来客

1945年到1947年间，刘明扬担任四川省教育厅厅长一职。在任期间，他贯彻了一直以来的民主教育主张，取消督学、视导对师生的思想考察。与此同时，他广招贤士，将不学无术者拒之门外。

虽然身处国民政府时期，但刘明扬却始终坚守着自己的道德底线，因而在四川教育界声望极高。为保护进步师生，他拒绝了调查川大等大学教授中“危险分子”的密令，极力抵制特务机关抓捕省立实验学校校长胡颜元的行径……1947年11月，刘明扬返回万县老家赋闲，从此不再参政。1948年4月，王陵基调任四川省政府主席兼四川省保安司令、四川省军管区司令，并对川大进步学生狠下毒手，一手制造了“四九”惨案，成都发生刺伤四川大学进步学生游训天的事件。随后，刘诗白参加了革命群众反对成都军阀王陵基镇压学生运动的示威游行。

像火山爆发时刹那间喷涌奔腾而出的岩浆般，年轻的身体里似乎总是蕴藏着过剩的精力和热情。那一时期，炽热的心脏在刘诗白的胸腔突突直跳，沸腾奔涌的鲜血流遍他的全身上下，或许正是这份年轻气盛的热血情怀把刘诗白推向了革命的更深处。

除了以上这些与学生时代别无二致的进步运动，这一时期的刘诗白早已不满足于小打小闹、隔靴搔痒式的学运，此时的他正在暗地里从事着一项可称之为革命的事业。

当时，四川大学的进步学生都聚集在一个名为“文学笔会”的组织里。这是1944年10月，在中共成都地下党及其外围组织“民主青年协会”领导下成立的学生组织。它表面上是一个文学社团，实际是以文学为武器，推动民主斗争和民族解放的团体。在组织和推动成都地区学生运动中发挥着较大作用。刘诗白为文学笔会“争取中华民族的彻底解放而斗争”的宗旨吸引，毅然决然加入其中，成为组织内部的活跃成员。

在1948年声势浩大的“四九”运动中，刘诗白与文学笔会的成员积极奔走，写传单，贴海报，紧锣密鼓地开展宣传活动。“四九”运动是发生在1948年4月9日的学生运动。这场斗争的导火线是1947年底，蒋介石政府颁布了一个新政策：从1948年1月起，停止向大专学生供应平价米。原本供应给青年学生的平价米在抗战最艰难时期都没有断供，而抗战胜利后却被取消。这引起了全国大专学生的强烈不满，纷纷上街请愿游行。以四川大学为代表的成都地区学生，也以“反饥饿、争温饱、反内战、争和平”为主题，参与到这场席卷全国的大学生运动之中。

当时新上任的四川省政府主席王陵基残酷镇压游行学生。王陵基是蒋介石北伐的老部下，手段狠辣。1927年，在他任重庆警备司令时，一手制造了震惊全国的“三三一”惨案[①]，搜捕杀害多名爱国群众。这次他奉调入川，一方面是加强蒋介石对四川的直接控制，另一方面是打击四川的革命力量。上任后，王陵基对参与游行的学生进行抓捕，并打伤多

① “三三一”惨案，是发生在重庆市的一起国民党反动派武装残酷镇压重庆各界人民群众爱国集会而制造的大惨案，因事发1927年3月31日，故称“三三一”惨案。

名青年学生。其中文学笔会成员杨俊、何盛明、卓文刚三人被捕。这在学生和爱国群众中引起极大震动。面对国民政府残暴的专制主义，川大学生成立了“四九血案后援会”，刘诗白和其他成员积极参加后援会工作，为解救同人积极奔走。

就在“四九”运动风起云涌之时，另一件事也正在暗处酝酿。面对国民政府的反动统治，川西地下党和邛（崃）大（邑）游击队，正在为反抗国民党的白色恐怖和实现成都和平解放而努力。

刘诗白所住的在奎星楼10号院，正是地下党和游击队员的秘密聚会场所。在加入文学笔会后，刘诗白认识了李安澜。后者的另一个身份是川西地下党和邛（崃）大（邑）游击队的成员。而后，李安澜也成了刘诗白与地下党联络的中间人。

刘诗白印象最深刻的一次是在1948年，中共川西特委负责人马识途和游击队员一起谋划开展唐场武装斗争。在他们开会的时候，刘诗白就在外面放哨，打掩护。最危险的时候，国民党的特务在家门口附近徘徊。刘诗白冒着生命危险通知屋里的人赶紧撤离，帮助他们躲过了国民党特务的抓捕。

1949年12月27日，成都迎来了和平解放。刘诗白掩护地下党的故事，也是最终成都走向解放的一块拼图。

革命伴侣

岷峨挺秀，锦水含章。在人杰地灵的西南名都，四川大学传承百年，历经沧桑，依旧巍巍。自创立伊始，校区便坐落于秀丽的锦江河畔，校内林荫密布，环境静谧，四季风景不殊。每到三四月间，桃花开始大片盛开，整个空气都弥漫着春天气息。正是在这样烂漫春日里，刘诗白邂逅了与自己携手一生的革命伴侣——柴咏。

世人皆道，刘诗白是思想卓越、逻辑严谨的大经济学家，对其夫人柴咏却知之甚少。柴咏是典型的南方女子，出生在四川内江一户乡绅家庭，柴父曾考上秀才，也曾就任县教育局局长。可以说，柴家颇有文化，家底殷实。她个头不高，清秀温婉，且为人聪明，从小就看了很多书，一双晶亮眼眸明净清澈，透着满满的才华和机灵。大学就读于川大经济系，与刘诗白结婚后，追随丈夫从川大到成华大学（西南财经大学前身），也担任经济系的授课任务，直到 70 多岁才离休。

刘诗白和柴咏是通过彭迪先介绍认识的。那年是 1946 年，刘诗白从国立武汉大学（乐山）毕业，应彭迪先邀约，在川大任经济系主任助教，他时常穿着一袭长衫，一双布鞋，走起路来，脚下生风，风度翩翩。柴咏从川大经济系毕业后，在川大图书馆找了份工作，投身书海，一身书香气。那时，她只知道系里来了位年轻帅气的助教，但二人并没多少来往。或许，他们也曾在校园里擦肩而过，一位温文尔雅，一位落落大方，匆匆在彼此的脑海里留下了一抹旖旎身影。后来，两人经彭迪先牵红线，确定恋爱关系。

陷入爱河后，情侣牵手散步聊天，无疑是最愉快的事。每次约会前，刘诗白总是如约出现在川大图书馆的那堵红墙外，他先静悄悄看着，看心爱的姑娘轻柔擦拭、置放书籍，阳光温温柔柔，为姑娘镀上一

与夫人柴咏教授在四川西昌邛海（1990 年）

层金色光辉，仿佛照亮了整个图书馆，也照亮了他的世界。

随后他小声呼唤，姑娘蓦然回头，待看清是他后粲然一笑，便急急忙忙收拾背包，裙袂飞扬，带着一路雀跃向他奔去。然后，他们会手牵手走过林荫小道，肩并肩去同赏夕阳西下。两人经常一起聊各自的所见所闻，学习经济学，兴趣相同，再加上丰富的阅历，深邃的思想，让他们每次见面都有说不完的话。

在交谈中，他们也明晰了彼此的想法，都是相信马克思主义，支持中国共产党，政治上诉求相同，志同道合让他们相互吸引，走到一起。1947 年，两人结婚了，在奎星楼街 10 号那座小楼里举行的婚礼。一年之后，两人的幸福小家添了一个小男孩，取名刘建。

永恒的爱情，是共同成长、相互欣赏、仰慕和尊重，刘诗白和柴咏在一起，是同盟，是搭档，是伙伴，是精神伴侣，懂得彼此，并肩作战。柴咏是个温柔贤淑的女子，她不仅能将家中打理得井井有条，让刘诗白能够专心搞学术，她还会抄写刘诗白的摞摞稿子，一篇篇认真誊写，一遍遍仔细校对，上得厅堂、下得厨房，可谓是刘诗白的贤内助。

在西南财经大学的那座教师公寓里，刘诗白一家住了多年。在简单素净的房间里，阳光从尘埃间照出一道光线，两位白发苍苍的老人就这样彼

与夫人柴咏合影（1961 年）

与夫人柴咏摄于美国南加州大学（1995 年 9 月）

此扶持、相互鼓励、相濡以沫了一辈子，营造出这世上难得的纯净婚姻。在他们的书桌上，有着一张全家合影，刘诗白和柴咏坐在正中间，一起微笑着。

热血民盟人

1937 年“七七事变”之后，以国共合作为基础的抗日民族统一战线正式形成。国共两党停止内战，一致抗日。然而，在 1938 年，广州、武汉相继失守后，中国的抗战进入战略相持阶段。此时，国民党不顾合作之约，逐渐转变政策，由对外转向对内，由抗日转向反共反人民，最终发动了“皖南事变”。1941 年 1 月，皖南新四军在到达皖南泾县时遭遇国民党军队的突袭，死伤惨烈，军长叶挺被俘。事变发生后，国民党当局诬蔑新四军“叛变”，并强行取消其番号。周恩来在《新华日报》上刊发“千古奇冤，江南一叶，同室操戈，相煎何急？！”以示悲痛之情。

在反共的同时，国民党为了消除异己，对分散的中间党派人士采取压制政策，例如取消民主党派和无党派民主人士的参政员资格等。备受威胁的中间党派人士也意识到成立政党、积聚力量的紧迫性。于是，在1939年10月，黄炎培、章伯钧和张澜等小党派参政员、无党派人士集结一起，率先成立统一建国同志会，倡导各党派竭诚合作抗日。在此基础上，中国民主政团同盟会于1941年3月19日成立，公推中华职业教育社领头人黄炎培为中央常委会主席。黄炎培在1905年加入中国同盟会，并任上海分会会长。他曾任中华职业教育会办事部主任，先后创办《生活周刊》《救国通讯》杂志宣传革命。

中国民主政团同盟以“贯彻抗日主张，恢复领土主权之完整”为重要纲领，维护抗日民族统一战线，反对对日妥协，反对国民党一党专政，这与共产党的理念一致。盟员主要由三党三派构成，即第三党、国家社会党、中国青年党、救国会、中华职业教育社、乡村建设派，其中既有其他党派关系的盟员，也有没有党派关系的盟员，他们大多数是民族资产阶级、上层小资产阶级及中、上层知识分子，在社会中颇有声望，而且具有强烈的爱国心和反帝反封建的革命积极性。《解放日报》曾发表社论，称赞中国民主政团同盟是“民主运动的生力军”。

1941 年 8 月，黄炎培被国民党政府以“募集救国公债”[①] 为由派往南洋考察，又因身份复杂，遂辞任主席职务，由张澜接任。张澜生于四川南充，清末秀才，曾任四川省省长，创办过广安“紫荇书院”、顺庆府官立中学堂、南充端明女子学堂、北京《晨报》、《民治日报》等。在他的领导下，中国民主政团同盟的影响力不断扩大。1944 年 9 月 19 日，中国民主政团同盟改名“中国民主同盟”（简称民盟），吸引更多有党派与无党派的民主人士加入，扩大了社会基础。同年 11 月，民盟四川省支部在成都成立，下辖 54 个市、县分部、直属区分部及直属小组[②]，并代管当时的西康省[③] 民盟组织。

在抗日战争中，民盟一直是共产党的同盟军，对维护抗日民族统一战线内部团结起到了至关重要的作用。1945 年，抗日战争结束后，民盟在国统区与共产党配合，揭露国民党卖国行为，还积极帮助共产党联合其他中间势力。因此，民盟遭受国民党反动派的打击和迫害，李公朴、闻一多、杜斌丞、杨伯恺等众多进步人士付出了自己的生命。1947 年 10 月 28 日，国民党当局甚至以“勾结共匪，参加叛乱”为由，公开宣布民盟为“非法团体”，对民主学生运动和群众革命运动进行残酷镇压。

尽管局势严峻，民盟仍顽强生存。通过地下斗争、海外活动等，民

---

① 贵州民盟网 . 抗日烽火中的民盟前辈——黄炎培 [EB/OL].[2015-09-08].http：//www.mmgzsw.org.cn/c/xxyd/20190214104520 2308.

② 务实创新的民盟四川省委 [J]. 四川省社会主义学院学报，2006，（02）：24.

③ 西康省，设置于民国二十八年（1939），省会康定，所辖地主要为四川甘孜藏族自治州、雅安市、阿坝藏族羌族自治州等。1955 年，第一届全国人民代表大会第二次会议决议撤销西康省。

盟继续与国民党进行斗争。与此同时，民盟的外围进步组织生生不息，全国出现了许多由民盟盟员领导或参与的进步社团。例如,1946年3月，成都妇女联谊会成立。内战全面爆发后，由于国民党反动派残酷镇压民主运动，成都妇女联谊会被迫转入地下，更名为“民盟四川省妇女委员会”。由于民盟成员大部分是有一定社会声望的中、上层知识分子，因此他们对广大青年学生有着很大影响，曾以“尊重师长”“争温饱”等为口号，发起活动谴责反对势力。

1949年春，全国解放在即。但国民党在垂死挣扎之时，加紧了白色恐怖行动。此时，成都的中共地下组织遭到严重破坏，国民党对成都市爱国人士和进步青年学生进行大逮捕。刘诗白的恩师彭迪先亦处于危险之中。当时，国民党四川省主席王陵基计划筹集一笔军费，组织十万保安部队到川陕边界设防。为解决军费问题，他策划发行一种“地方流通券”。有人建议称，可以用粮食代替金银作为准备金，发行“粮食流通券”。听闻如此荒诞的提议，彭迪先在地下党人士的请求下连夜撰写《地方流通券最好缓发——兼评粮食流通券》一文，并发表于1949年2月17日《西方日报》第一版专栏上。文章根据实际资料从理论上分析了粮食流通券的欺骗性和剥削性，戳穿了四川国民党反动派的欺骗行为。紧接着，在1949年3月成华大学的一场千人大会上，彭迪先发表演讲“从战后美国经济看“冷战”与“热战”——美苏战争不能避免吗？”，用理论结合实际，使听众认识到“美苏大战即将爆发，国民党将扭转败局”纯属无稽之谈，得出了反动派必败的结论。

这篇讲话发表于《工商导报》，再次重击国民党反动派。4月中旬，中共地下党和民盟上级得知彭迪先上了国民党反动派的“黑名单”，陷入了被特务抓捕的危机，因此通知他转移。在民盟成员的助力下，彭迪先乔装转移到了西康，并暂时改名为殷文达。[①]在如此紧张的局势下，刘诗白与妻子柴咏冒着生命危险，秘密宣誓加入了民盟。他们的介绍人吴汉家是四川遂宁人，曾任民盟四川省支部宣传、组织委员，成都市分部宣传委员会主任、秘书处副主任。

在民盟四川省支部的指导下，刘诗白发起成立了“成都市职业青年联合会”，他亲自起草“职联”宗旨：拥护中国共产党，实行新民主主义，迎接解放军进城。同时，他在“职联”外组织读书会，形成“圈圈里面有圈圈”的保护性格局。

刘诗白回忆说：“在新中国成立前夕，我参加了地下进步青年组织‘成都市职业青年联合会’，这是个民盟的外围组织，当时的主要任务是进行争取民主和迎接解放的革命活动。”他动员会友搜集各单位情况和财务，为解放军进城做准备，还参与了油印报刊的发行。于是，在与进步学生共同前进的过程中，青年知识分子刘诗白获得了快速成长。新中国成立后，他继续为民盟贡献自己的力量，曾任民盟四川省委副主委，民盟中央常委。

成都解放

在成都即将解放之际，作为刘文辉的幕僚，刘明扬支持刘文辉起义

① 在西康省，彭迪先继续为民盟做贡献。民盟西康省委员会筹委会成立时，他担任主任委员。直到 1950 年解放军进驻雅安后，彭迪先才离开雅安，返回川大。

并出谋划策。作为协助起义的进步人士，新中国成立后，刘明扬作为统战对象，被安排在四川省文史馆工作。新中国成立后，在办理户口时，刘诗白把自己原名中的“伯”字改为了“白”。

1949年10月1日是一个历史铭记的日子，这一天北京天安门广场人声鼎沸，群情激动。在翘首以盼的见证下，毛泽东亲手升起第一面五星红旗，向国人、向世界宣布新中国成立。此时，蒋介石集数万国民党残兵逃亡巴蜀之地，企图割据西南。在全国大部分地区已解放的情形下，成都依旧笼罩在国民党统治之下。面对复杂局势，中国共产党决定扫除国民党残余势力，实现全国解放。

经过缜密研究，当年12月初，解放军分南北双线，迂回包抄四川。一路由刘伯承挂帅，从南京、安庆、湖南等地迂回，向西攻占重庆，是为南线。北线则由贺龙领军，由陕西、甘南向四川绵阳出动，进军成都。与此同时，国民党残余势力从四川各地向成都集结，甚至组织“四川反共救国自卫军”，纠集武装特务，试图对抗解放军。在这垂死挣扎之际，残暴的国民党势力四处迫害共产党员及进步分子，进一步加剧国仇家恨。12月7日，国民党在成都通惠门外十二桥秘密杀害30余位进步人士。

仅仅两天之后，12月9日，刘文辉、邓锡侯、潘文华三位川军将领率部在彭县（今彭州市）通电起义，宣称和平解放成都。国民党此时已“内忧外患”，外有以强大攻势进行包抄的解放军，内有要求和平解放的军队，见大势已去，10日下午2时，蒋介石登机逃离成都，飞往台湾孤岛，从此再未踏上大陆半步。

蒋介石这一走，国民党群龙无首，声势减弱，节节败退。很快，国民党最后一支主力军第五军团投降，解放军南北双线成功在成都会师，标志着成都也迎来了期盼已久的解放。12 月 29 日，成都市民第一次见到解放军。那天，成都各界人士举办“四川省会各界庆祝解放大会”，欢迎解放军先遣部队进入成都。刘诗白正是其中一员。

当解放军真正来到成都的那一天，刘诗白和所有人一样欣喜若狂。“我们有个欢迎组织，七八部车载着一些作家、文艺界人士等，我和高成庄（后与刘诗白一起追随彭迪先到西南财大）就在第一部吉普车里，‘职联’和‘妇联’晚上还搞了联合活动，当时演了《兄妹开荒》，贺龙就坐在小板凳上看演出。”如今，在谈起这抹时光时，刘诗白依旧记得些许场景，这种熔铸在血液里的记忆，永远不会因时间流逝而褪色。

12 月 29 日当晚，成都是不眠之夜，无数人兴奋地写标语、扎彩灯、学新歌、扭秧歌。更重要的是，他们在加急赶做一面面鲜艳的五星红旗，翌日将它们挂满城墙阁楼，才能释放解放的喜悦之情。12 月 30 日，贺龙率大军进入成都，在群众的夹道欢迎中，举行了盛大的入城仪式。上午 9 时整，贺龙一声令下，伴随着《解放军进行曲》“向前，向前，向前！”的声音，解放军有序向成都市区开进，两旁是震天军乐声、口号声、鞭炮声、锣鼓声，随处可见的是飘扬的五星红旗、彩花、彩球、红灯笼。成都街头人潮涌动，民众欢呼、鼓掌、唱歌、跳舞，终于迎来解放的成都群众，有些在高唱“解放区的天是晴朗的天，解放区的人民好喜欢！”有些在唱秧歌调：“老头戴顶破毡帽，姑娘穿起花袄袄，走起路来忸忸怩。解放的人民翻了身，大家都跳，大家都来跳！”

再过三天，就是1950年的元旦。在顺城街蓉光大戏院新年联欢会上，贺龙声音响亮地说道："成都是解放战争中继北京和平解放以后，保存下来最无破坏、最完整的一座大城市，这是奇迹！"[①]刘诗白坐在吉普车里，望着欢呼的人群，不禁泪水湿了眼眶。这是喜悦的泪水，也是悲伤的泪水，解放的这一天，中国人真正翻身做主人的这一天，真的等得太久了。

① 四川新闻网.李后强：成都解放创造的历史奇迹[EB/OL].[2019-12-30].http：//city.newssc.org/system/20191230/002826721.htm?from=timeline.

第六章　经济学初探

教学新兵

从风华正茂的青年到耄耋之年的老者，刘诗白生命里很长一段时间都是在教书育人中度过的。自 1946 年 8 月接收到国立四川大学的一纸聘书起，终其一生，刘诗白再没有离开过教书这个职业。

大学毕业后，因为留恋象牙塔的神圣光辉和隔绝尘世，21 岁的刘诗白从助教做起，由此开启了长达 60 余年的教师生涯。2011 年，在西南财经大学举办的“刘诗白教授从教 65 周年庆典大会暨刘诗白经济思想研讨会”上，谈及年轻时候的这个抉择，鬓发如银、精神矍铄的刘诗白教授用到了“终生光荣”“非常正确”等词，其不悔之心、感恩之情均让人感佩不已。

刘诗白没能赶上知识分子的黄金时代。抗战中后期，大学教授们尽管依然受到年轻学子的景仰崇拜，但此时的大学教授们早已不复昔日的衣食无忧和体面尊贵。由于通货膨胀导致的物价飞涨，之前应付一家人日常开销绰绰有余的薪水转眼间就成了杯水车薪，社会上甚至一度流传着“教授教授，越教越瘦”等戏谑之语。

西南联大教授王力在《领薪水》中这样写道：“家里人不敢想到做衣裳，小姐看电影《忠勇之家》的建议因大家认为‘饥寒之家’没有资格看而付诸东流。大少爷也发誓不再用功念书，因为像爸爸那样读书破万卷终成何用？小少爷只恨不生于街头小贩之家。”堂堂大学教授尚且如此，当时身处教学职位最低级别的刘诗白收入是何等光景就无须细言了。

问题最严重的还不只是薪水少，而是大学教授的收入“尚不及国营事业机关中之练习生，且不及政府机关中之一位科长秘书；彼等还有办公费、年节奖金、洋车或私人公役的配备”，可见教育工作者的社会地位日益衰落。[①] 当时流传着一个笑话，说内战时期在某城市的一条街道上，曾有一个衣衫褴褛蓬头垢面的乞丐跟着一位先生，希望他可以施舍自己一点钱。乞丐眼巴巴地跟着那位先生走完了整整一条街，先生坚持不住，终于回头对乞丐说：“我是教授。”乞丐听罢，立马跑掉。这是一则听来略微心酸的笑话，尽管不无夸大之嫌，但也可以大致反映出那个年头大学教授的生存窘境。

同当今社会一样，民国时期的经济学专业也是备受追捧。究其原因，无非是就业容易、出路广泛且待遇优厚。优秀一点的学生，毕业后可以直接到政府税务机关、银行工作。稍微差一点的，也可以到工商企业工

① 朱庆葆，陈进金，等．中华民国专题史：教育的变革与发展 [M]. 南京：南京大学出版社，2015.

作。特别是银行，工作稳定、待遇好，不但包吃包住，工资也高。在那一个动荡不安的世道，谁要是进入了银行工作，那可真算是手握着一个人人称羡的金饭碗。无疑，在当时可供他挑选的就业范围之内，刘诗白选择了一份高尚却也清贫的职业。

除了发自真心对学术的热爱，这个选择其实也缘于他从那个年代知识分子身上所感知到的一种高贵气度和不屈意志。多年以后，在一篇文章中，刘诗白仍对这批知识分子的风骨及动人光彩念念不忘："孜孜不倦地为国乐育英才和为启蒙民智而著书立说，表现出中国知识分子的敬业精神，忧国忧民的高尚情操和远大的人生追求，在我心目中这一批民主教授的形象是高大的。"

1945 年夏，当刘诗白还是一名学生时，曾有幸到成都西门外的铁门坎拜见了朱自清。因为经济困窘，加之战时昆明物价奇高，实在"居不易"，朱自清这位西南联大文学系的系主任不得不与夫人陈竹隐女士及几个子女长期分居昆明、成都两地。

此时恰值暑假，朱自清暂回成都探亲小住。一大家子人租住在一个尼姑庵后院搭建的大杂院内。盛夏的成都多雨，那年又偏巧赶上百年不遇的暴雨灾害。房屋简易，经不住雨水浸泡，出现了漏雨、围墙倒塌、室壁爆裂内倾等情况。这是几间极潮湿极简陋的屋子，狭小而拥挤。战前，朱自清一家在清华大学北院 16 号的寓所虽说不上多么华丽，倒也是宽敞宁静。前后反差之大，真让人唏嘘不已。目光所及，刘诗白没看见什么像样的家具，更没有地板。然虽身居陋室，朱自清却不改文人本色，照样看书研究、待客会友。

据同时间段去探访朱自清的学生吴组缃回忆，那时候朱自清的健康状况已经不太好了：“皮肤苍白松弛，眼睛也失了光彩，穿着白色的西裤和衬衫，格外显出了瘦削劳倦之态……他在凳上正襟危坐着，一言一动都觉得他很吃力。”

1946 年 6 月，朱自清胃病渐重。伴随着风起云涌的反内战、反饥饿浪潮，他用颤动的手在当时知识分子发起的一份《抗议美国扶日政策并拒绝领取美援面粉宣言》上一丝不苟地签上了名字。当晚，他在日记里写道：此事每月须损失六百万法币，影响家中甚大，但余仍决定签名，因余等既反美扶日，自应直接由己身做起。1948 年，朱自清因胃穿孔不幸离世。临终前，他还不忘叮嘱夫人：记住，我是在拒绝美援面粉的文件上签过名的，我们家以后不要买国民党配给的美国面粉！

宁可枝头抱香死，何曾吹落北风中。从古到今，中国文人最讲究“气节”二字。据《史记·伯夷列传》记载：武王已平殷乱，天下宗周，而伯夷、叔齐耻之，义不食周粟，隐于首阳山，采薇[①]而食之。及饿且死，作歌。其辞曰：“等彼西山兮，采其薇兮。以暴易暴兮，不知其非兮。神农、虞、夏忽焉没兮，我安适归矣？于嗟徂兮，命之衰矣！”遂饿死于首阳山。《论语》里，孔子称伯夷叔齐为“古之贤人也”“不降其志，不辱其身”“求仁而得仁”。孟子说他们是“圣之清者”，韩非子曰“圣人德若尧舜，行若伯夷”。在古今知识分子的精神长河里，伯夷叔齐是头顶永恒朗照着的一轮明月，白月光般的偶像存在。

在经济困窘的艰难岁月里，追循着伯夷叔齐的精神足迹，民国大学

---

① 薇：草名，又名“垂水”“大巢菜”“野豌豆”“巫雨薇”。一种一年或两年生草本植物，花紫红色，结寸许长扁荚，中有种子五六粒，可吃可入药，嫩茎和叶可作蔬菜。《诗经》中曾有：“采薇采薇，薇亦柔止”之句。

教授们追根溯源，以各自的方式完成了一次次精神上的返古之旅。除朱自清，对刘诗白影响最深的是闻一多。

西南联大时期，闻一多上午在校授课，下午到中学兼课，晚上批完作业后还得熬夜为人刻章以维持一家八口人的生计。在一封给友人的信里，他如是写道："弟之经济状况，更不堪问。两年前，时在断炊之威胁中度日……乃挂牌刻图章以资弥补，最近三分之二收入端赖此道。"据相关资料统计，从1943年9月直至他遇害前的800多天里，闻一多总共刻章治印1400余方。治印之勤，可以想见其家庭经济境况之艰难。即便如此，闻一多刻章治印也严格遵守着自己的信条原则，并非给钱就做。1945年底，"一二·一"惨案后，执掌云南省军政大权、镇压昆明学生运动的李宗黄派人送来玉石一方，希望闻一多刻印。闻一多对李宗黄的上好玉石和优厚报酬均不屑一顾，将东西原样退回。此举惹怒了李宗黄，为泄愤恨，他命令手下将大街上代闻一多收件的治印商店招牌统统砸了个稀烂。

深受这些民国教授的感染，刘诗白认为教书育人教书育人，从来就应该是育人在前，教书在后。从教学新兵逐渐成长为一员老兵，一路走来，刘诗白不仅努力钻研，不断精进教学业务，更是以身作则，以润物细无声的方式践行着对学生的思想品德教育。

桃李不言，下自成蹊。刘诗白的一言一行，宛如春风细雨，一点一点地吹入学生们的内心，渗透滋润着他们的心田。为了表达对恩师的崇敬和祝愿，他带过的博士生姜海洋曾特地为刘诗白制作了一张照片。照片里，刘诗白西装革履，身后是一株青翠欲滴挂满露珠的绿竹，竹旁写着九个字："竹——清华其外，淡泊其中。"中国人向来以竹来比喻那些高风亮节正直不阿的谦谦君子。一株生长于深山幽谷间的高洁之竹，或许正是刘诗白在学生心目中的形象投影。

在川大当助教时，刘诗白并不承担实际的教学任务。1951年10月，进入成华大学以后，他才真正登上讲台，开始杏坛执鞭。在最初阶段，刘诗白负责教授的课程主要与资本主义经济学说相关，有“政治经济学”“外国经济史”“当代资产阶级经济学说”等。

新中国成立之初，百废待兴。在那个新旧更替的过渡时期，各项待办的事业千头万绪，一时竟不知从何着手。在教育领域，旧的规范已是不合时宜，而新的范式又还尚未制定，教学计划也不清楚，该怎么教呢？这是摆在当时每个大学教师面前的一个难题。凭借着大学和川大时期积攒下的深厚学术功底，刘诗白临时自编讲义开展教学。

在课堂上，他先把打印好的讲义依次分发给每个学生，然后依照着自己的思路开始讲解。据一位当年上过他“外国经济史”的学生回忆，刘诗白上课时内容丰富条理清楚，旁征博引，信手拈来。讲到兴头上，他还会开一两个活跃气氛的小玩笑，常常引得学生们哈哈大笑。“很认真，很负责，很风趣的人。他当时的名气也很大，对学生影响很大，大家都很钦佩他。”在对问题的回应解答中，刘诗白逐渐摸索出了一套自己的教学方式，也由此开启了在光华园里的漫漫教书生涯。

从望江楼到光华村

成都市青羊区光华村街55号，是西南财经大学光华老校区所在地。如果不是大门口石柱上赫然写着“西南财经大学”几个大字，单就外表判断，这里倒更像是一处闹中取静的政府办公场所。2004年，温江柳林校区正式启用后，西财本科生及研究生部均搬迁至面积更大、设施更完备的新校区。此后，光华老校区内只保留下成人教育、函授、培训等少数教研机构。如今，少了许多穿梭其间的年轻身影，光华校区显得愈发幽静深邃。

经由时光打磨，一种厚重沉稳之感在这里自然而然地沉淀了下来。行走其间，高大茂密的法国梧桐、大叶桉树沿道路尽头铺陈伸展开去，栀子、芙蓉、紫荆等各色花朵遵循时节各自绽放。往校园更深处探访，新旧建筑间或排列，偶尔，一两位白发苍苍的老者迎面而来，或在散步消闲，或正抚昔追忆，或是陷入沉思。建筑更迭，人来人往，云聚云散，兴衰沉浮。几十年间，无数故事在这里开场落幕，而后又静静流入光华园深处。

光华的历史还得从1925年那个风雨如晦的年代说起。1925年6月3日，“五卅”惨案发生后几天，因不满美校方人员粗暴阻挠爱国师生罢课抗议的行为，19名华籍教师及553名学生集体宣誓脱离圣约翰大学（Saint John's University），自行办校。

“方其经营之时，狂奔疾走，呼号相及，借甲偿乙，补屋牵罗，托钵题缘。”从首任校长张寿镛所作《光华五周年纪念书序》一文中，创校之初的艰辛奔忙可见一斑。当年9月，在社会各界及学生家长的支持下，光华大学在上海法租界霞飞路正式成立，并开始招生授课。“光华”二字取自上古诗歌《卿云歌》，“日月光华，旦复旦兮”，创办者复兴中华民族、延续华夏教育血脉的宏愿伟志尽在其中。

淞沪会战后，受校长张寿镛所托，时任商学院院长谢霖来川筹办成都分校成立事宜。当年，谢霖白手起家，一面垫钱暂且将一众师生安置在王家坝校区内先行开课，一面四处奔走，游说川内外各界士绅名流捐资建校。1939 年 1 月，“私立光华大学成都分部”新校区在西郊草堂寺以西正式落成。据当年的师生回忆，园内小桥流水、花木成行、屋舍俨然、农田疏篱，“风景之佳，几与蜀之华大相伯仲……斯又玩领乡村风味，每于花间月下，喟叹吾川于抗战期中，竟有如此幽胜之学宫乐园，幸何如也。”

此后，基于光华大学之故，成都草堂寺以西这一方土地得了个“光华村”的别名。抗战之时，光华大学上海本部弦歌不辍，转向地下隐蔽办学。成都分部则培育英才、教养难童，为抗战及教育事业贡献力量。

抗战胜利后，光华大学上海本部恢复。由于国民政府教育部大学规程不准永久设立分校的规定，加之感念四川人民的恩情，经光华大学校董会决议，成都分部被赠移给川省人士接办。

1946 年 2 月，私立成华大学宣告成立。如此一来，当年光华老校长张寿镛“上海光华大学造就东南学子，又有成都分校造就西南学子，将来扬子江上下游两校毕业同学，合力报效国家社会，东西辉映”的心愿畅想成了现实。而私立成华大学，也是抗战期间众多流亡入川高校中遗留下的唯一一处上规模的教育遗产，实属难得。

新中国成立后，历经困难，成华大学仍上下一心、坚持办学。1951 年 8 月，彭迪先担任该校校长，奉命协助筹建四川财经学院。10 月，抱着尚在襁褓中的大女儿刘灿，刘诗白夫妇一路追随彭迪先来到了光华园。和他们同期从川大转来成华的，还有何高著、高成庄、罗经先、税显光、归润章[①]五位经济学讲师或助教。从此，这一群年轻人在光华园内安家立业，一待就是一辈子。

群星争辉光华园

新中国成立之初，光华园尚未启动建设工程，条件相当艰苦。此时，刘诗白一家五口住在有“农民村”之称的教职工宿舍（今四川省委党校一处教学楼旁）内。那是一排具有川西特色的茅草房，举目四望，和周围普通农户家的房屋别无二致。至于一日三餐，成华教职工无须自己开火，一律在公共食堂解决。每到饭点，人们就会提锅拿碗，浩浩荡荡地开进食堂。

与清苦生活相对的，是成华师生冲天般燃烧的教育改革热情。那时，新中国正处于国民经济恢复阶段，内部基础建设薄弱、百废待兴，对外遭受西方帝国主义国家强势封锁。因此，急于带领人民摆脱贫穷落后面貌的中国共产党选择“以苏联为师”，在很多方面学习照搬社会主义苏联的建设经验。

在高等教育方面，早在1949年10月，刘少奇就在中苏友协成立大会上提出：“中国人民的革命过去是以俄为师，今后建国同样也是以俄为师，从苏联学习经济学、教育学等。”1950年，在苏联专家帮助之下，中国人民大学和哈尔滨工业大学这两所高校依照苏联经验完成了相关教育改革。一年后，政府明确提出要系统移植苏联的高等教育体系。1952年，

① 归润章（1915—1989），浙江吴兴（今湖州）人，我国审计学创始人。

根据教育部“及时培养供应各种建设事业（首先是工业）所必需的高、中级干部和技术人才”的要求，全国各高等院校院系进行了第一次大规模调整，内容包括院系合并、院校增设、专业调整等。

具体到财经类院校，遵循“适当集中，大力整顿”“每大区在条件具备时，得单独设立一所财经院校”的调整方针。1952 年，私立成华大学改为公立，并与成都会计专科学校、华西大学经济系、川北大学企业管理系、重庆大学银行保险系共同组成四川财经学院。1953 年，西南人民革命大学三处、贵州大学企业管理系并入后，四川财经学院成为西南地区唯一一所综合性高等财经院校，与上海财经、东北财经、中南财经并称为中国四大财经院校。

百川汇聚，方成汪洋大海。合并完成后，光华园内一时群星争辉、学风浓厚。这其中，不乏像《资本论》中文版最早的翻译者陈豹隐[①]，著名管理学家、管理教育家吴世经[②]，国家分配论创立者许廷星[③]，人口领域“两种生产理论”提出者刘洪康[④]，中国经济史学主要奠基者汤象龙[⑤]，

---

① 陈豹隐（1886—1960）原名陈启修，字惺农，笔名勺水、罗江，四川中江人。《资本论》的第一个中文译者，被誉为经济学界的“南陈北马”（马寅初），我国早期的马克思主义经济学家，对马克思主义在中国的传播做出了贡献。

② 吴世经（1916—2000），河南省浚县人。毕业于重庆复旦大学经济系，后赴美留学，在传统企业管理创新、市场学引进开拓等方面均有突出贡献。

③ 许廷星（1913—1997），四川乐山人。1941 年毕业于四川大学经济系，曾任重庆相辉文法学院、正阳法商学院副教授，四川财经学院教授、财经系主任，四川省财政学会第一届副会长。专于财政学，著有《关于财政学的对象问题》，合著《财政学原理》。

④ 刘洪康（1911—1989），湖北沔阳人，人口领域“两种生产理论”提出者。

⑤ 汤象龙（1909—1998），领导发起了第一个重视中国经济史研究的学术团体——史学研究会，他组织大规模抄录清宫档案中的财政经济史资料，并运用统计方法做了系统整理。被誉为“中国经济史学科的主要奠基者与创始人”，也是西南财经大学经济史学科的奠基人。

刘诗白在上海财大为“全国第三届财经院校研究生经济理论讨论会”作有关产权理论的报告（1988年5月26日）

著名会计学家、审计学家杨佑之[①]，著名货币银行学家梅远谋[②]，等等。

在院系调整的同时，全国高校也开始根据苏联经验启动教学改革。包括刘诗白所在的四川财经学院，各高校的经济类课程只开马克思主义政治经济学、《资本论》等，采用的全部是苏联专家编写的教材。教师都按照自己学的专业被分配到相应的教研室，共同备课，讨论本专业的学术问题。课堂学习除了教师讲课外，还引进了明纳尔制度，又称为课堂讨论，就是师生互相讨论的形式。这是一种很好的形式，不仅可以使师生在共同讨论的过程中相互学习，而且可以使老师更好地发现学生学习过程中的不足。

总之，改变原有的系科，采用苏联的专业目录设置专业。全国使用统一的教科书、教学计划，高校在教学方法、教学内容上也实现标准化。使用苏联教材。

① 杨佑之（1893—1971），湖南长沙人，中国近现代著名会计学家、审计学家、教育家、社会活动家。

② 梅远谋（1897—1980），湖北黄梅县人，先后在四川大学、东北大学、云南大学、光华大学成都分部等校执教。1952年后，执教于四川财经学院，著有《中国的货币危机——论1935年11月4日的货币政策》《论利率物价与储蓄之关系》《论利率与物价之关系及其控制之关系》《论救穷之道》《中国经济问题之总解决方法》等。

20世纪五六十年代，伴随着举国上下热火朝天的社会主义建设浪潮，光华园内陆续建起了教学楼、学生宿舍、“三墩房子”“七墩房子”等教工宿舍甚至游泳池。彼时，正值盛年的刘诗白夫妇也激情满怀地参与到这一场社会主义事业建设运动之中。作为教育工作者，他们一面教书育人、研究经济问题，一面参加教学大楼和游泳池的修建工作。

刘诗白回忆道：“七墩房子”顾名思义，就有七幢一模一样的楼房，修建于20世纪50年代，是学习苏联的建筑风格，每幢有三层楼，按今天的建筑来比较，也算是有两个单元，其实就是有两道门可以进去，里面是一条狭长的黑漆漆的通道，我们称为巷道，巷道的两边都有住户，每一层可以住四家人，窗户向着学校里面道路的两家有凉台，窗户向着围墙及围墙外的田野的两家就没有凉台。我们家住2楼，向着田野，没有凉台，两间房，大的一间有15平方米左右，小的大约有8平方米。

在学术研究上，1946年的刘诗白已经在经济学理论研究道路上扬帆远航。1946年，他提交的大学毕业论文——《论资本主义农业之发生》，得到指导老师陈家芷的欣赏，这让刘诗白颇为骄傲。由于年代久远，这篇论文完整的稿件现在已经找不到了。在武大日后赠送给老先生留作纪念的在校各项档案中，这篇论文缺损了大半，委实遗憾。

从这篇论文的题目和现存部分来看，它主要以马克思主义经济学的视角论述了资本主义农业是如何产生的这一命题。在现存的几段文字中，刘诗白两次引用了马克思原著里的话或是干脆写着“正如马克思所说”。由此可以看出，刘诗白在大学时期对于马克思主义经济思想中的某些观点已经能够运用自如，并且表现出继续深入研究的热情和兴致。

学科骨干

1951 年，根据人民政府的要求，成华大学在刘星垣、彭迪先校长的领导下，积极开展了革新运动。其中，在人才培养方面，成华大学特地增设了为国家经济建设服务的财经干部培训班。同年 10 月，随彭迪先从四川大学调入成华大学的刘诗白，在学校讲授政治经济学、外国经济史、当代资本主义经济和社会主义经济问题，在这期间他还担任财经干部培训班学员的老师。

1951 年进入财经干部培训班的学员范运铨记得，当时的课程设置分为三个月思想政治课、三个月业务课。上课的主要地点在六三堂，参加培训的人一起上大课，刘诗白为学员讲政治经济学。培训完后，学员被下放到四川、云南、贵州等几个省参与基层建设。

后来，学校院系调整，刘诗白担任政治经济学教研室组长。当时上课的条件艰辛，不像今日印刷资料齐全。讲授外国经济史时，刘诗白将自己编的讲义油印了许多，发给学生。学生袁文平回忆时提到，刘诗白上课有一个非常重要的特点，就是内容丰富。他会想尽办法找寻翔实的资料，开阔学生的视野。而且他条理清晰，治学严谨，既认真负责又风趣，因此许多学生都非常喜欢听他讲课。当然，这不仅仅是刘诗白上课极好的缘故，实力与名气并存更是吸引人的关键。20 世纪 50 年代初，二十几岁的年轻人能够去北京出席学术会议，这绝对是一件极为了不起的事，而刘诗白就是这样一位人物。因此他的名气颇大，年轻的学生都非常钦佩他。

1954 年 7 月底，在中国人民大学进修学习政治经济学的吴忠观回到四川时，学校已经改名为四川财经学院。他还记得回校时，一个突出的感觉是师资力量变强。实际上，在1952年10月11日，高教部贯彻国家关于对“政法、财经各院系采取适当集中、大力整合、加强和改造师资，为今后发展创造条件”的方针，将重庆大学、华西大学、贵州大学等综合大学的经济、管理类系科和成华大学、重庆财经学院等17所院校、系科，以成华大学为校址，合并组建成立四川财经学院。

令吴忠观印象尤深的是，彼时学校的政治经济学教研室主任刘诗白。他说刘诗白是一位有才华且负责的人，对待学生尽职尽责。许多年后，刘诗白小女儿刘莎回忆父亲时，印象最深的也是其尽职尽责教学的事。那时的每天晚上，刘诗白夫妇二人都会到学生宿舍黄楼辅导学生，刘莎年纪小就跟着他们一道去。灯光泛黄，父母在一旁辅导学生，她就在一边或玩或打瞌睡。有时候，她已经在蚊帐里迷迷糊糊快要睡着了，恍惚中却还能看见父亲在写东西备课。

1957年，中央开展“整风—反右”运动，刘诗白因帮民盟某人说话而被打成“右倾分子”。这一时期，中国的学术期刊中，很多论文、论著都有“社会主义”“商品生产”“市场规律”等关键词语，体现了当时中国在经济建设领域的探索。与此同时，冷战国际局势下，新中国与西方国家的交流受到限制，学术论著也同样带有时代特色。在当时的国际局势下，刘诗白的研究成果也少与经济学相关，皆是写作与国情密切相关的论述。比如在被打成“右倾分子”的这一年，刘诗白出版的两本专著分别名为《原子能利用上的两条路线》及《帝国主义殖民体系及其危机》。

| 刘诗白自述：我的学术启蒙 |

1946 年，我从武汉大学毕业，应彭迪先教授之邀，受聘于四川大学，任经济系助教、讲师，开始从事经济理论教学与研究，正式走上了科学研究之路。1947 年，我翻译了英国马克思主义经济学家莫里斯·多布所著《资本主义发展之研究》一书。这是一部用马克思主义观点研究资本主义的起源的名著，多布曾亲自为之作序。我将译稿寄给三联书店，当时三联书店已经迁往广州，后来因为战乱，只打出清样，书稿没有正式出版。1948 年，我参加了革命群众反对成都军阀王陵基镇压学生运动的示威游行。1949 年春，成都笼罩在一片白色恐怖中，我参加了地下进步青年组织“职业青年联合会”。1949 年 3 月，我加入了中国民主同盟，进行争取民主和迎接解放的革命活动。

1949 年，中华人民共和国成立。1951 年，彭迪先教授由四川大学调成华大学任校长并受命筹建四川财经学院，我亦追随他由四川大学调到成华大学。1952 年 10 月 11 日，高教部贯彻国家关于对“政法、财经各院系采取适当集中、大力整合、加强和改造师资，为今后发展创造条件”的方针，以成华大学为校址，将重庆大学、华西大学、贵州大学等综合大学的经济、管理类系科和成华大学、重庆财经学院等 17 所院校的经济、管理类系科合并组建四川财经学院，1985 年更名为西南财经大学。迄今为止，我已在这个学校工作了 68 年。

20 世纪 50 年代初期，我主要讲授政治经济学、外国经济史和当代资产阶级经济学说等课程，主要研究当代资本主义经济和社会主义经济问题。1958 年以后，我的研究重心主要集中于社会主义经济理论问题，撰写了有关实行按劳分配、发展商品生产、重视价值规律、发展农村家庭副业以及有关政治经济学研究对象、社会主义经济效果等问题的一系列文章。这些最初的探索，为我日后研究社会主义经济理论和体制改革奠定了基础。这一时期我还深入四川农村，进行调查研究，撰写了许多调查报告。

在“文化大革命”中，我多年来从事教学科研的讲稿、笔记，花费了许多心血写成的近20万字的《当代资本主义经济危机》书稿及其他书籍被抄走丢失。虽历经折磨，但我并未气馁。

中华人民共和国成立以来至改革开放以前的近30年间，我国社会主义革命和建设取得了优异的成绩，但也历经坎坷，政治斗争风风雨雨，“十年内乱”狂潮急浪，使理论研究成为政策的解说和注释。我曾经自嘲“在20世纪50年代就写了不少这样的只能放在抽屉内由老鼠的牙齿批判的作品”，但我的不少作品，包括“文化大革命”前的一些作品，应该说还是有积极意义的。

例如早在1961年，我就在《经济研究》上发表了论文《论马克思列宁政治经济学的对象》，倡导拓宽政治经济学研究范围。这一理论观点引起了国内外经济学理论界的关注。1962年我在《江汉学刊》上发表的《关于社会主义经济效果》一文，从理论上较完整地阐述了讲求经济效果的重要意义。作为当时学术论坛上的活跃分子，1964年我被邀请参加了中共中央召开的全国哲学社会科学学部扩大会议，成为与会经济学家中最年轻的代表。在这次会议上，来自西南地区的我得以与孙冶方、王亚南等经济学先辈同组讨论，深受他们的启发。

第四部分

柳暗花明待有时

（1958—1978）

第七章　光芒乍现的学界新星

在逆境中扬帆前进

刘诗白从武汉大学毕业后，选择回到自己的家乡四川。受老师彭迪先的推荐，他在国立四川大学谋得一职——在经济学系任助教。在此期间，他一边辅助老师处理学生日常事务，一边埋头钻研经济学理论。

在清净又充满了学术氛围的校园，刘诗白加入了地下党领导的进步团体“文学笔会”。1944 年 10 月诞生的“文学笔会”，一直在中共成都地下党及其外围组织“民主青年协会”（简称“民协”）的领导下，站在反对国民党腐朽统治的前列，成为成都学生运动中一支坚定、活跃的骨干力量。许多成员先后加入了“火星”和中国共产党，在迎接解放斗争中做出了不同程度的贡献。[①] 刘诗白在“文学笔会”的引导下，拨开人生道

---

① “文笔”史稿撰写组 .“川大文学笔会”的战斗历程 [J]. 四川党史 ,1996（03）：12-15.

路上的迷雾，坚定了自己的志向——成为一名教师，在教书育人的同时，更加深入地钻研经济学，为中国疲弱的经济建设做出力所能及的贡献！

在成都与老师彭迪先合影（1991年6月）

1951年10月，因全国高校进行院系调整，刘诗白被调入成华大学任教，主讲“政治经济学”“外国经济史”“当代资产阶级经济学说”等课程，以及负责经济学方面的科研工作。春去秋来，四季更迭。在教与学的过程中，时光匆匆如梦，刘诗白在醉心学术的同时，也逐渐在广大师生中展现出自己独特的风采。多年以后，姜海洋博士曾在文章中谈到恩师刘诗白在自己的印象中如同一株挺拔凌云的竹子，“清华其外，澹泊其中”正是其真实写照。

随着时光流逝，国际形势变幻莫测。1956年，苏联共产党第二十次代表大会召开，这是苏联历史乃至国际共产主义历史的一个重要转折点。会上主要批判了对斯大林的个人崇拜，指出斯大林的错误，还提出“三和”① 的新理论，震惊了世界，也对世界形势产生了重大的影响。

同为共产主义阵营的中国亦深受影响。国际形势处于一团迷雾之中，国内也是一片阴霾。新中国成立不到10年，在发展的道路上就如垂髫幼儿摸着石头过河。在此期间，如四川财经学院的许廷星、梅远谋、李锐②等教

① 三和：“和平共处”“和平竞赛”“和平过渡”。

② 李锐：1898年生，湖南邵阳（今邵东），余田桥大冲（高楼乡内）人，号笔渔。历任贵州大学、四川财经学院、成都大学教授。

授不幸被批，在大庭广众之下，所有人企图纠正“错误”，场面十分“宏大”。

1957 年 6 月 8 日，中共中央发出《关于组织力量准备反击右派分子进攻的指示》，“整风—反右”运动开始，成华大学（此时已经改名为“四川财经学院”）也进入了“大鸣大放”“反右斗争”的运动时期。处于“运动”风暴中心的四川财经学院刮起了一阵阵凛冽寒风，刘诗白因为帮民盟的一人说话，被毫不留情地打成了“右倾分子”。

原本书声琅琅的学校一时风声鹤唳，往昔宁静的学术研究环境不再。在《知行金融：曾康霖》一书中，曾康霖[①]对四川财经学院反右斗争的情况做出了回忆：“1957 年 5 月，学院党委向广大教职员工和学生表示决心和态度，希望大家‘解除顾虑，大胆地放、坚决地放、彻底地放’。”[②]被打成“右倾分子”的刘诗白受到鼓舞，虽然“运动”让自己受到一些伤害，却不能因此悭吝自身，依然要将有限的时间，投入到无限的学识海洋中。

经过二战的洗礼，各国都在大力发展科技，其中以美、苏两国发展最为迅速。1957 年的 10 月和 11 月，苏联成功发射两颗人造地球卫星。中国也不愿落于人后，1958 年，我国开始大力发展科技，破除迷信，宣传解放思想。各地反应积极，各大高校也奋勇争先，响应国家号召，开展教学革新运动。刘诗白在学校的要求下，开设经济学课程，指导教育学生们抛弃旧思想，进修新知识。

令人猝不及防的是，接下来的三年，全国经济跌落到最低谷，加上

---

① 曾康霖：四川泸县人，中国著名金融学家、金融教育家。

② 见《四川财经学院》校刊 1957 年 5 月 16 日。

自然灾害，造成粮食短缺。尽管环境如此艰难，刘诗白也不曾放弃自己的追求。他就像竹子一样活着，在历史的洪流中，安稳扎根，吸收养分，在大自然的阳光与风暴的侵袭下成长着，只为结竹成林，给后世经济学界一片可荫之处。

科学研究的序章

四川财经学院汇集了一大批经济学者，如陈豹隐（原名陈启修），是我国马克思主义政治经济学的最早的研究者之一，从事理论著述、文学创作和翻译工作，是中文版《资本论》最早的译者。[①]陈豹隐兼具多重身份，他的一生可谓浓缩了一个时代。1956年评定的全国经济学一级教授仅两名，一个是陈岱孙，另一个就是陈豹隐。他是各种思潮的预流者和引领者，无论是作为经济学家，还是政治学家，甚至是法学家、文学家、哲学家和社会活动家，陈豹隐都是极为合格甚至出色的。

“山不在高，有仙则名。水不在深，有龙则灵。”在成华大学成长到西南财经大学的历史长河中，流淌着浩瀚如烟的星子，这些星子或持久明亮，或倏而闪烁，都对这所学校做出重要的贡献，他们无一不在独属于自己的领域中，一丝不苟地钻研着，用他们的睿智和学识，携手将这所学校变成了一座“名山”，一捧“灵水”。纵观马克思主义政治经济学在西南财经大学的发展传承，最早从陈豹隐、彭迪先、汤象龙、刘洪康

① 西南财经大学.《陈豹隐全集》[M].四川：西南财经大学出版社,2013.

等人的研究，到刘诗白、王叔云、许廷星、何高著等人的承前启后，历经百年不断。

刘诗白就是这样一颗璀璨星子。他在这所藏龙卧虎的学校中发出自己的光芒。通过对现状的观察，刘诗白思考了发展农村家庭副业的必要性问题，他认为经济发展应该重视价值，追求经济效果，要对社会主义经济运行中的具体问题进行深入研究和总结，才能指导经济活动的实践，而不是把政治经济学的任务和内容只限于几条抽象的“规律”，贸然行动。经过反复的查证资料，大胆设想，案例研究，最终积水成渠，刘诗白把最开始的思考形成文章，于 1961 年先后发表《关于农村人民公社社员家庭副业性质问题的探索》《关于社会主义基本经济规律的一点意见》《关于简单再生产和扩大再生产的几个问题的探讨》等令人耳目一新的论文。在《关于农村人民公社社员家庭副业性质问题的探索》中，刘诗白初步表述了自己对农村家庭副业的研究。

三年困难时期，自然灾害使土地寸草不生，粮食颗粒无收，农民们没了最基本的生活保障。刘诗白亦为此焦虑着，可是国内正在热火朝天地实行大包干，人们脸上都充满了激昂的斗志，充满了对美好未来的期望与向往。然而，饿死的人还是一批又一批。刘诗白彻底地坐不住了。“这是有问题的。”他肯定了自己的怀疑。他开始大量阅读马克思等人的理论知识，结合国内经济学的前辈孙冶方、顾准等人发表的文献，开始深入地思考国内的经济模式应该怎样才能走到正确的道路。

皇天不负苦心人，1961 年 10 月 28 日，《经济研究》第 10 期刊登了刘诗白的《论马克思列宁政治经济学的对象》，文章提出政治经济学不能只强调生产关系而回避对生产力的讨论，该观点引起了国内外学术界的关注。经过孜孜不倦的学习和探索，刘诗白的成果得到了学校的高度认可。1962 年，刘诗白因教学与科研的出色表现被擢升为副教授。职称提升了，刘诗白并未显得十分高兴，因为他知道，国内的经济问题一直存在着，自己的生活足够温饱了，但是无数农民的生活还存在着巨大的隐患。

“安得广厦千万间，大庇天下寒士俱欢颜！”曾经热爱的诗句竟契合自己此刻的心情，刘诗白只愿自己能力再强一些，自己的理论再有用一些，才能兼济天下！在这种心情的驱使下，刘诗白夜以继日地为梦想而“战斗”，各种资料整齐地堆积在他的书桌上，微卷毛躁的页脚显示出主人常常翻阅的痕迹。1962 年 6 月 30 日，《江汉学报》发表了刘诗白的《关于社会主义经济效果两个理论问题的初步探讨》，该文从实际出发，论证了讲求经济效果的重要意义，成为社会主义经济效益理论体系的开篇之作。

几年努力，终于获得一些让自己满意的成果，刘诗白精神大振——他看到了经济学界的一丝曙光！由于理论扎实，著述颇丰，1963 年，刘诗白被推选为四川省学术界代表，出席了全国哲学社会科学代表大会，是当时最年轻的参会代表之一。

1963 年，“四清”运动开始。1964 年，刘诗白在成都大学组织下到内江农村参加“四清”运动。

虽然刘诗白自嘲“在 50 年代就写了不少这样的只能放在抽屉内由老鼠的牙齿批判的作品”，但还原历史事件，可得知这些理论都具有远见博识，对整个时代是具有积极的意义的。已故清华大学校长梅贻琦曾经说过：“所谓大学者，非谓有大楼之谓也，有大师之谓也。”西南财经大学有着众多像刘诗白这样知识渊博、勤于钻研的教授，从而成为莘莘学子向往的书香天堂，而这些学子们，通过学习大师们渊博的知识、高尚的精神，回馈社会。

十年严冬

1966年到1976年，中国社会处于十年动乱时期。十年间，面对着学术事业停摆、家庭巨大变故所带来的痛苦熬煎，刘诗白于不经意间活成了一棵等待过冬的树。隆冬时节，任凭着风霜雨雪轮番来袭，树永远一声不吭默然承受。暗怀期许中，刘诗白扎根渐深，静静等待着下一个春风吹拂的季节。正因为内心深处还保有一份对未来的希望，刘诗白领着妻子儿女们挺过了这十年严冬。浩劫过后，抖落下满身风霜，他卸下重担乘风出发，终于在年过半百之际迎来了学术事业的第一个春天。此后，在接受媒体采访时，刘诗白对"文化大革命"时期的描述仅有"虽历折磨，但我并未气馁"十字。短短一句，千斤之重。唯有细细回顾刘诗白在此期间所历经的种种，今人方会明白，这句话所含的力量远比想象来得重。

1966年，刘诗白31岁，正值壮年。对一个学者而言，这正是思想活跃、学术成果丰硕的年岁。当时，他正担任成都大学[①]政治课教研室主任一职，负责讲授政治经济学。作为一颗冉冉升起的学界新星，刘诗白一边埋头沉浸于对国民经济问题的思考中，一边积极认真地开展教学工作，浑然不觉周围的世界已天翻地覆。

那年6月1日，《人民日报》发表了题为"横扫一切牛鬼蛇神"的社评，

① 成都大学：1960年，四川财经学院改组，分设四川财经学院和四川科技学院。1961年，四川财经学院和四川科技学院合并为成都大学。

此后更是连发《欢呼北大的一张大字报》《撕掉资产阶级自由、平等、博爱的遮羞布》《触及人们灵魂的大革命》《我们是旧世界的批判者》等文，陆续把《五一六通知》这一“文化大革命”纲领性文件中的内容传向了全国。

1966年6月18日，《人民日报》发表《彻底搞好文化革命彻底改革教育制度》一文，表明了通过改革教育制度来推动“文化革命”的决心：“现行招生考试制度的改革，正是贯彻执行毛泽东的教育路线，彻底搞掉资产阶级教育路线的一个突破口。我们将从这里着手，对整个旧的教育制度实行彻底的革命。不仅招生制度要改革，学制、考试制度、升留级制度等等也要改革，教育内容也要改革。要进一步研究如何贯彻执行教育与生产劳动相结合的方针。要把那些违背毛泽东思想，严重脱离阶级斗争、生产斗争和科学实验三大革命运动，宣传剥削阶级世界观的一切旧教材统统埋葬。新的教材必须以毛泽东思想为指导，突出无产阶级政治……”同年，高考正式叫停，全国所有高等院校停止了招生。一时间，学生们无心功课转而闹起“革命”，正常的教学秩序已是难以为继。在“停课闹革命”的浪潮下，各中小学校也开始陆续停课。一夜之间，昨日书声琅琅的校园就变成了布满标语、大字报、红旗、红小将身影的革命舞台。

和历史上别次革命有所不同，在这场史无前例的“文化大革命”中，全国各大中院校成了斗争的主战场之一。“文化大革命”开始时，刘诗白的小女儿刘莎才10岁，正辍学在家。据她回忆，当时哥哥姐姐都在学校搞运动，根本顾不上回家，家里只剩下她和父母三个人。

对刘诗白来说，那段时间是他人生中相当灰暗的时刻，非但不能从事教研工作，还被划为学校第一号“反动学术权威”。期间，他多年来从事经济学研究教学的讲稿笔记，许多珍贵藏书及大量的日记、诗稿、论文手稿均被洗劫一空。最让他痛心的是自己呕心沥血写成的近20万字的《当代资本主义经济危机》书稿。“‘文革’后一页纸也没有找回来。最令我伤感的是，我的重要文稿《资本主义经济危机》曾经寄给三联出版社准备出版的，也都没了踪影，10年后再寻，如大海捞针。”刘诗白说。

在被尽数抄去的书籍资料中，还包括几本厚厚的中国土地制度史读书笔记。此前几年时间，刘诗白一直在专心研究中国古代社会的土地制度。刘诗白说：“当时我还写了一部中国古代社会的经济结构，讲汉唐以来中国的所有制结构。马克思讲的是中国没有土地所有权，我讲中国的所有制形态，就是中央集权的国家，普天之下莫非王土这种情况下的土地实际上的产权结构。马克思说没有所有权，但是商鞅以后，土地就可以买卖，而国家又有一定的所有权，要每个人交500块钱或者是服兵役，国家对土地有最高的统辖权和纳税的收益权，我就分析这个形态。”

也许是受父亲刘明扬的影响，刘诗白在从事学术研究时涉猎广泛。“我做研究时，什么都要研究一下。”晚年时期，刘诗白的思维比家中晚辈来得更清晰活跃。退休后，他还特意请女儿刘莎找来了许多物理学、分子生物学、植物学等方面的专业书籍在家自行研读。刘诗白眼睛不好，看一本书往往要花费很长的时间，“我看了一部英国研究基因的那个教授写的生物分子学，800多页，我花了8个月”。最终，刘诗白花了整整9年的时间，以惊人的意志力于93岁高龄之时写成了一本哲学笔记。如此尽心尽力，大概也算了却了当年那两本书未能出版的遗憾吧。

刘莎对“文革”最深的印象是父亲每天早晨都会戴上的一顶白色纸

糊的高帽，外出接受批斗，“手里拿着扫把撮箕，胸前挂一个纸牌子，写着反动学术权威刘诗白”。

被打为“反动学术权威”后，每天清晨，刘诗白都会戴上一顶白纸糊成的高帽，提着工具出门，开始一天的劳动，打扫校园、洗厕所……这些周而复始的枯燥劳作并没有压垮刘诗白的心性，他默默地做着，一连做了 8 个多月。

那时，在光华园里，与他交好的许多教授也受到了这场政治运动的冲击。此后，随着运动的逐渐深入，他们中的一些人被进一步打倒在地，再也没能站起来。这些日后才慢慢显露出来的残酷，是运动初期刘诗白不曾想过的。彼时，由于长期的精神压抑，他经常夜不能寐，患上了神经衰弱。很长一段时间，刘诗白都需要在家里的一间小房子里独自睡觉。

2011 年，刘莎正式退休。退休后的绝大部分时间，她都居住在美国。后来一次回国探亲，无意间通过小学同学的描述，她得知了父亲当年的更多细节。她的同学告诉她，“那个时候我们经常搞恶作剧，就跑到你们家楼下面背后，叫你父亲的名字，‘下来，刘诗白下来，下来’”。这些前尘往事，刘诗白从未在家人面前主动谈及。有关“文革”时期的更多细节，刘诗白也不愿多讲。或许，在他心中，过去了一切，早就放下了。

1970 年到 1972 年，刘诗白和妻子柴咏被下放到眉山仁寿县，在军垦农场参加劳动改造。相较“文革”初期，在农场这段时间，刘诗白心情稍微放松。在军垦农场，除了写交代材料外，无书可读时就拿填词做消遣。“我和学生在一起，每天参加劳动，读小红书，种地。我也挑过粪，有时去放牛。现在想想，也蛮有趣。”

第五部分

大时代转折处的经济学人

（1978—2000）

第八章　厥功甚伟的改革者

“思想转弯较早的人”

1978年5月10日，中央党校内部刊物《理论动态》上出现了一篇题为“实践是检验真理的唯一标准”的文章。次日，《光明日报》就在头版位置刊登了署名“特约评论员”的该文。当天下午，新华社即向全国播发该文。随后，全国各主要报纸纷纷跟进转发。

文章写道：“现在，‘四人帮’及其资产阶级帮派体系已被摧毁，但是，‘四人帮’加在人们身上的精神枷锁，还远没有完全粉碎。毛主席在第二次国内革命战争时期曾经批评过的‘圣经上载了的才是对的’(《论反对日本帝国主义的策略》）这种倾向依然存在。无论在理论上或实际工作中，‘四人帮’都设置了不少禁锢人们思想的‘禁区’，对于这些‘禁区’，我们要敢于去触及，敢于去弄清是非。科学无禁区，凡有超越于实践并自奉为绝对的‘禁区’的地方，就没有科学，就没有真正的马列主义、毛泽东思想，而只有蒙昧主义、唯心主义、文化专制主义……”该文作者引经据典，清晰深刻地阐述了实践是检验真理的唯一标准这一科学结论，并向人们热情地发出了突破思想“禁区”的时代召唤。

“文化大革命”虽已结束，但在当时的社会大背景下，人们仍未彻底摆脱“以阶级斗争为纲”的束缚，在思想上也很大程度囿于“两个凡是”。对于这一时期的中国，邓小平如是描述：“1977 年和 1978 年，中国还处于徘徊状态。”新旧之交，旧的还未主动消退，新的尚在酝酿生长。

1979 年，受时任中国社会科学院副院长许涤新之邀，刘诗白被借调到中国社科院经济研究所工作。作为国内经济学理论研究的前沿重镇，当时的中国社科院经济研究所可谓群星璀璨。当年，在北京月坛北小街 2 号楼的红色砖楼内，不仅汇聚了孙冶方、许涤新等功力深厚的经济学大家，还有张卓元、吴敬琏、刘诗白等日后在中国经济学界声名大噪的中青年学者。在经济研究所的两年间，刘诗白陆续参与了中国第一部《政治经济学词典》《中国大百科全书》经济学卷及《〈资本论〉辞典》等的编写工作。“文化大革命”以来，中国各学科教育受到严重冲击。各学科的恢复研究中，经济学理论研究成为中国社科院经济研究所的当务之急。

工作间隙，他还参加了在京举行的各类会议。会议之上，唇枪舌剑，论辩不断，思想火花激烈碰撞。卸下了长久以来积压心头的沉重包袱，知识分子们发挥所长，畅所欲言，或反思过去工作中的种种错误，或积极探讨中国社会的未来出路。作为经济学家，刘诗白自然特别关注经济学界的相关动态。彼时，国内经济学界也是热闹非凡，各家学说、理论争论交锋不停。“在北京，第一是开阔眼界，彻底地进行了思想清理。第二就是开放头脑，接纳新的思维，研究新的问题。通过一系列学习，我较早地接触到了改革的思想。”刘诗白坦陈，自己之所以能在第十一届三中全会后迅速转向，成为“思想转弯较早”的一批经济学家，这一阶段的经历和思想解放至关重要。

寻常巷陌莫不是经济真相，柴米油盐中自有学术文章。刘诗白认为，一个经济学家身上必须同时具备两个看似矛盾的特质：坐得下来、走得出去，他既要是一个聪敏勤奋的思考者，也要是一个见微知著的生活观察家。

1978年的北京，路边行人的装束开始有了色彩个性，能做时兴卷发和电烫发型的理发店成了最热闹的所在，日本电影《望乡》一度万人空巷，谈恋爱的小年轻们不再偷偷摸摸地搞“地下活动”，转而大大方方地压起了马路……置身逐渐解禁的自由氛围，刘诗白猛然惊觉。在以上这些大大小小的一系列思想表现和事件中，刘诗白对真理标准问题大讨论的评价很高。在他眼里，这个看似哲学领域的争论议题关系重大且意义深远，对今后中国的一整套改革转型起到了扫除障碍、拨云见日的作用。

1998年，在一篇纪念真理标准讨论20周年的文章中，刘诗白写道：“它不仅直接促成、催化了中国共产党的十一届三中全会采取的实行改革开放的路线，带来了中国20世纪80年代理论战线的生机勃勃的气象，促进了以市场为取向的改革不断深化……没有立足于实践的理论，就没有胜利的革命实践，这是从当代社会主义充满风云变幻，既有成功也有失败的经历中得出的最重要的经验和教训……”

作为一名有良知的知识分子，“文化大革命”结束后，刘诗白就时常思考着：关于自己的学术前途，关于学界的趋势变动，关于国家的命运去向……这场真理标准的世纪大讨论从夏初一路持续到了深冬，期间，他和一群志同道合的学界同人们一齐解放思想，努力想要冲破“两个凡是”的思想迷障。

社会主义经济的商品性

隆冬时节，北京城寒风瑟瑟、滴水成冰。真理标准问题的讨论热度不降反升。在胡同头尾、大街小巷，人们常常三三两两地聚在一起，或辩论或打听。行走其间，一股全面解禁的自由气息扑面而来。

年末，在隆冬一片了无生机的肃杀景色中，他却感知到了一股饱满新鲜的春之气息。摩挲着落叶表面的清晰脉络，刘诗白内心的答案也随之愈发明确起来。1978 年，十一届三中全会打破了思想上的禁区，经济上的改革开放水到渠成。随着冰封多年的冻土层被一点点层层撬开，刘诗白酝酿多年的学术种子也一点点破土而出。

1978 年实行改革开放以来，中国的社会主义发展进入了新时期——由计划经济向社会主义市场经济的转型时期。实行市场取向的改革是一场伟大的事业，在党的十一届三中全会的正确决策下，通过理论家的努力和广大干部群众在实践中的逐步摸索，特别是在“改革开放总设计师”——邓小平的睿智、政治魄力和正确的指引下，中国成功地走出一条由计划经济体制到市场经济体制的转型之路。

中国在20世纪50年代开展社会主义工业化建设时，针对苏联经济发展中的失误与高度集中的计划体制的缺陷，毛泽东主席提出了走中国工业化发展道路的主张。但是由于缺乏经验，特别是长期受苏联社会主义经济理论的影响，中国在实践中照搬苏式计划经济体制。当时的基本构架是 :（1）单一的公有制结构。传统的全民所有制和集体所有制，其实质是将几乎一切生产资料归国家占有和支配。（2）全面的计划经济。将工业、商贸活动甚至农产品生产和交换，统统纳入国家计划，其实质是在经济活动中摒弃和排斥市场力量，实行由国家行政指令安排的产品经济。20世纪30年代在苏联形成的计划经济体制是特殊社会历史条件的产物，是处在资本主义包围中的初生的苏维埃国家，为了应对即将来到的西方军事干预而实行的一种“准动员经济”体制。从中国的计划经济实践中，人们可以看到一些现象 :（1）作为计划体制的经济基础，单一的公有制结构强制消灭了现阶段社会主义合理存在的非公有经济成分，形成了公有化“超前”的模式，从而取消了多种经济成分之间的互促互补 ；（2）实行依靠行政权力驱动的严格的计划管理，使企业成为行政的附庸，压抑了企业的积极性和主动性 ；（3）全国范围内“一刀切”的个人收入分配，以其平均主义，打击了广大群众的生产积极性和创意 ；（4）权力的高度集中，特别是集中于中央，压制了地方和基层组织生产的积极性。由于上述种种原因，传统计划经济体制在表现出依靠集中力量办大事的积极功能的同时，由于管得过多、统得过死，造成动力缺乏、活力丧失和经济活动的低效率。

以行政权力管理经济活动且高度集中的计划体制，不仅造成官僚主义的管理失误和资源配置中的巨大浪费，而且成为“唯意志论”的瞎指挥的温床，造成依靠行政动员的“大干”“大办”“大炼”“大跃进”和在经济比例严重失调下的“大调整”即“大下马”，国民经济运行呈现出大扩张继之以大收缩的盲目性和周期性。高度集中的计划经济体制缺乏自我调节、自我完善机制，使体制性矛盾不断积累，并越来越尖锐。

对此现象，刘诗白回忆道：“20 世纪 80 年代初，有报纸报道一则新闻：联邦德国专家格力申应聘到武汉市一家国营柴油机厂，他对自己的所见所闻表示惊讶，工厂中废旧钢材和设备未严格保管，遍地堆放，且任由员工拿回家，造成了企业资源的浪费和成本上升。当时，我经常跑农村和工厂，在工厂一待就是半年多，了解了当时工厂里的工人劳动纪律散漫情况。而且，我记得当时成都市场上的搪瓷洗脸盆严重缺货，而成都东郊工业区的工厂仓库里的洗脸盆从地面堆到了房顶，销售不出去，原因是货不对路，企业管理松散。这些问题是当时国有企业中普遍存在的问题，引起了人们的深思。”①

传统社会主义经济理论的基本命题是：(1) 社会主义以单纯公有制为经济基础；(2) 计划经济是社会主义的本质特征。上述有关社会主义的传统观念，特别是计划经济姓“社”和市场经济姓“资”的观念，相当一段时间内在干部和广大群众头脑中形成思维定式，从而忽略了经济

① 刘诗白. 刘诗白学术自传 [M]. 广州：广东经济出版社, 2020.

出现问题的体制病因。例如，尽管企业丧失主动性、职工缺乏积极性、国民经济缺少活力、效率与经济效益低下等问题已经十分突出，经济增长势头已放慢，但人们往往将其仅仅归结为经济管理方式、方法的缺陷，往往诉诸在中央权力与地方权力划分上进行一些小改革，对原有体制进行小修小补。人们看不见传统社会主义经济模式和计划体制的严重弊端，有关进行市场性改革的建议和思路未能获得支持。

中国的改革是以理论创新为先导的。党的十一届三中全会恢复了实事求是的唯物主义思想路线。1978 年开展的“实践是检验真理的唯一标准”的大讨论，提高了全党的觉悟。在“解放思想，实事求是”的旗帜下，中国共产党对“十年动乱”进行了冷静反思，在深入总结中华人民共和国成立以来革命与建设实践的经验教训，特别是在加深对传统经济体制弊端的认识的基础上，提出了进行改革开放的伟大战略决策。

中国共产党十一届三中全会决议中提出的体制改革的重大方面是：(1) 实行权力下放，改变权力过于集中；(2) 让企业有更多经营管理自主权；(3) 不允许无偿调用和占有生产队的劳动力、资金、产品和物资；(4) 不得干涉社员自留地、家庭副业和集市贸易；(5) 稳定粮食征购指标，调整粮食统购价格和农副产品收购价格；(6) 积极发展农村社队主副业，实行按劳分配，克服平均主义，等等。

十一届三中全会没有先行对体制改革的最终目标加以规定，但从上述对城乡改革的具体要求中，特别是从决议有关“应该坚决按经济规律办事，重视价值规律的作用”的理论概括中可以看出，引进商品、市场关系的改革取向已经体现得十分明确。

确定社会主义市场经济体制的改革，邓小平同志功不可没。早在1979年，邓小平就提出“社会主义市场经济”的命题，并将其作为他不断思索的实行市场与计划相结合的新经济体制的名称。“社会主义为什么不可以搞市场经济，这个不能说是资本主义。我们是计划经济为主，也结合市场经济，但这是社会主义的市场经济。”[①]

“说市场经济只存在于资本主义社会，只有资本主义的市场经济，这肯定是不正确的。”“社会主义也可以搞市场经济”。[②]

邓小平多次提出和阐述了计划和市场是“方法”，他强调“市场”是用来发展社会主义的“方法”和“经济手段”。市场“方法”“手段”论，无疑是邓小平对社会主义市场经济所做出的最重要的阐述。

基于市场经济是一种“方法”“手段”的论述，邓小平突破了社会主义对商品、市场实行“严格限制”的传统观念，提出了充分利用商品市场关系服务于社会主义发展的新思路。

邓小平1992年“南方谈话”提出：“计划多一点还是市场多一点，不是社会主义与资本主义的本质区别。”“计划经济不等于社会主义，资本主义也有计划；市场经济不等于资本主义，社会主义也有市场。”“社会主义的本质是解放生产力，发展生产力，消灭剥削，消除两极分化，最终达到共同富裕。”[③]这些话是邓小平关于社会主义的集中阐述，也是关于计划和市场是经济手段的精辟论述，还包含对改革先行地区充分发

① 邓小平．邓小平文选（第二卷）[M]. 北京：人民出版社，1994：236.

② 邓小平．邓小平文选（第二卷）[M]. 北京：人民出版社，1994：236.

③ 邓小平．邓小平文选（第三卷）[M]. 北京：人民出版社，1993：373.

挥市场力量的改革经验和体制创新的肯定。

邓小平提出和阐述了一个极具包容性的社会主义市场经济命题，这一命题为人们能充分利用市场作用、进行深度的经济改革扫清了思想障碍，用卓越的理论创新，为围绕社会主义条件下的市场与计划问题多年的大争论画上了句号。1992 年中国共产党第十四次全国代表大会召开，大会上全党一致通过把社会主义市场经济体制作为中国经济改革的目标。

党的十一届三中全会后，中国经济理论界打破了多年的思想禁锢，针对经济生活中出现的新情况、新事物，围绕经济改革这一时代主题，进行了热烈的学术争鸣。尽管人们在不少问题上仍存在分歧，但在发展商品经济、引进市场作用这一改革大方向上基本形成共识。

在中国共产党的领导下，通过众多理论工作者的共同努力，中国经济理论界突破了长期束缚人们思维的传统社会主义经济理论，初步形成了社会主义市场经济理论。例如：(1) 突破了社会主义产品经济理论，形成了社会主义条件下发展商品经济的理论；(2) 突破了社会主义单一公有制论，形成了以公有制为主体的多种所有制结构论；(3) 突破了国有国营、政企不分“吃国家大锅饭”的企业经营论，形成了企业自主经营、自负盈亏的理论；(4) 突破了支配权、收益权、处置权合一的大一统国家财产权理论，形成了所有权与经营权相分离的现代企业财产权理论；(5) 突破了以指令指挥经济活动的政府统治理论，形成了依靠经济手段进行宏观调控的现代政府职能理论，等等。上述经济理论表明社会主义市场经济理论取代了传统社会主义产品经济理论。而后中国的发展证明，这一突破是具有划时代意义的。

自1978年后40多年来，中国始终坚持改革开放，发展商品经济和引进市场机制，通过大胆地试、勇敢地闯，冲破了传统的计划体制，目前已初步建立起社会主义市场经济体制。体制创新增强了经济的活力，激发了人民群众的积极性，带来了经济快速、持续地发展，人民群众生活水平不断提高，保持了社会政治稳定。

苏联与东欧国家在20世纪90年代以来都出现过转型期经济衰退和政治、社会危机，而中国的体制转型则带来生产力奇迹式大跃升。40多年来，中国经济快速增长，经济结构不断优化，一些产业技术跃升到世界先进水平。2018年中国GDP已经超过80万亿元人民币，位居世界第二，人民的收入水平不断增长。实践表明，中国摸索出一条进行体制转型的正确道路，实现了确立社会主义市场经济体制这一空前艰巨且具有重大历史意义的目标。

中国经济学人在经济理论界打破思想禁锢中，起到了非常重要的作用，著名经济学家洪银兴评价称，中国经济体制改革理论研究的重大课题是探索改革的目标模式，其矛头直指传统的计划经济体制及相应的计划经济理论。理论界对改革目标模式的探索是从确认社会主义条件下的商品经济开始的，在此基础上逐步承认社会主义商品经济，肯定市场调节，直至最终确认社会主义市场经济。①

四川师范大学原党委书记、教授、博士生导师丁任重撰文称，对于经济学家来说，20世纪70年代末到80年代期间对于计划与市场的关

① 洪银兴，蒋伏心．追寻经济体制改革理论发展的历史轨迹——读《刘诗白文集》[J]. 学术月刊，2000（8）．

系的认识，决定着一个经济学家对经济体制改革目标模式的确定能否有所贡献及其贡献大小。刘诗白教授，就是老一辈经济学家中卓有建树的佼佼者，他有关社会主义商品经济和社会主义市场经济的论述，对我国的经济体制改革和政治经济学理论的创新做出重大贡献。[①]

党的十一届三中全会至20世纪80年代初，刘诗白思考的问题是，“中国向何处去”，对走什么道路进行选择。重大的历史转折时期，也是思想繁荣昌盛的时期。在从产品到商品、引入市场的经济体制改革过程中，刘诗白与其他学者一道论证了社会主义经济的商品性和实行社会主义市场经济体制的必然性。

1979年2月，刘诗白发表了十一届三中全会后的第一篇文章《论发展社会主义商品经济与利用市场》。在文中，他突破了计划经济是社会主义本质特征的传统观念，指出社会主义经济的属性是社会主义商品经济。这也是十一届三中全会后中国经济学界不少学者开始持有的新观点，尽管这种观点远未成为主流，当时只允许提“发展商品生产”。因此，这种提法在当时的理论环境下实属不易。洪银兴评价刘诗白有理论胆识和远见卓识，他说，当时流行的观点对市场经济讳莫如深，至多只是用商品经济，而刘诗白教授明确使用市场经济概念，可见其理论胆识和远见卓识。[②]

《论发展社会主义商品经济与利用市场》的第一大标题是“加快四

① 西南财经大学经济学院. 刘诗白从教65周年[M]. 成都：西南财经大学出版社，2011.

② 洪银兴，蒋伏心. 追寻经济体制改革理论发展的历史轨迹——读《刘诗白文集》[J]. 学术月刊，2000（8）.

个现代化的步伐，必须着力发展社会主义商品经济”。在文章中，刘诗白认为“发展商品经济”的论题就是要利用市场。他提出：“社会主义初始阶段的一个重要特征是还存在广泛的商品经济。这是因为，由于存在社会主义公有制的两种形式，它们的根本利益是一致的，但也还存在着经济利益不同的矛盾，从而决定了公有制两种形式之间的劳动交换，要通过商品交换来进行；社会主义集体所有制企业间存在着集体利益不同的矛盾，因而它们之间的劳动交换也要实行商品交换；城乡间还存在少量的个体所有制以及由此决定的商品生产。此外，全民所有制的消费品生产也是商品生产，同样带有商品生产的性质。”这样，就把不同所有制之间产品的生产和交换，都归属于商品性质。刘诗白主张，在组织社会生产、交换、分配、消费中，必须遵循社会主义商品经济的客观规律，大力发展与完善社会主义商品经济，充分发挥商品交换对生产的积极促进作用。他认为，经济理论的一项重要任务就是对社会主义商品生产存在的原因用马克思主义予以科学阐明，深刻阐明发展社会主义商品经济对发展我国社会主义经济建设，实现四个现代化的重要作用。

上述文章第二大标题是“发展和完善社会主义商品经济，必须充分利用社会主义市场的积极作用”。文中指出，在当前发展和完善社会主义商品经济中，最关键的是要充分发挥和利用社会主义市场的积极作用。这就要求我们以马克思主义为指导，对社会主义市场的性质、范围、结构、机制、规律和作用等问题进行深入研究与探索。此外，还提出，就马克思主义政治经济学理论（社会主义）来说，对社会主义市场的研究还十分薄弱，基本是生产理论加上分配理论，而缺少市场理论。

由于传统理论的束缚，在当时提出这一理论认识需要极大的勇气。事实证明，刘诗白的理论是符合时代要求的。

面对国内经济改革所面临的重重禁区，邓小平一针见血地提出："说市场经济只存在于资本主义社会，只有资本主义的市场经济，这肯定是不正确的。""社会主义为什么不可以搞市场经济，这个不能说是资本主义。""我们是计划经济为主，也结合市场经济，但这是社会主义的市场经济。"①

1979年4月，在中国社会科学院经济研究所在无锡举行关于价值规律作用问题的讨论会上，刘诗白提交了《试论社会主义计划管理与利用市场机制》一文。在文中，刘诗白对"社会主义市场经济"这一概念做了深入论述。据此，洪银兴认为，刘诗白教授在社会主义市场经济性质和地位的认识上更加深入。值得注意的是，在理论界对社会主义市场经济概念探索的每个阶段，刘诗白都有独到的解释，并随着实践和研究的深入逐步深化。1979年刘诗白发表的这篇论文，提出了两个明确的界定：市场经济具有一般经济范畴的性质；社会主义经济仍然带有市场经济性质，不过，它是崭新的社会主义的市场经济。在这篇论文中我们也发现，他是国内较早使用市场机制概念的经济学家。②

在文中，刘诗白认为，市场经济具有一般经济范畴性质。市场经济就是指这种为市场而生产的商品经济。它的特征是：(1) 它不是为了满

① 邓小平．邓小平文选（第二卷）[M]. 北京：人民出版社，1994：236.

② 洪银兴，蒋伏心．追寻经济体制改革理论发展的历史轨迹——读《刘诗白文集》[J]. 学术月刊，2000（8）.

足生产者自身或他人的消费需要而生产，而是以市场交换为目的的生产；（2）它的生产状况（如生产什么，生产规模的扩大或缩小等），决定于市场供求状况与价格的涨跌，受商品经济的基本规律——价值规律的调节。

“市场经济就是资本主义”，这是国内经济学界长期流行并为一些人视为经典的传统见解。刘诗白不同意这种看法，他认为这种见解是缺乏科学根据的。市场经济是为市场而生产的商品经济，因而它不是一种独立的生产方式，也不是资本主义社会特有的经济范畴，而是自原始公社解体时就开始萌芽、几乎存在于人类社会各个不同经济形态中的一般性的经济范畴。由于时代的局限，该文主张“引进市场机制”，尚未突破“计划管理为主”的传统观念。

社会主义市场经济体制的必然性

20 世纪 80 年代中后期，改革在中国城乡全面推进。经过几年时间的学习思考与实地调研，刘诗白关于社会主义市场经济的论述更加具体和深入。1988 年，在一篇提交中央纪念改革开放 10 周年的《论产权自转让》的获奖论文中，他进一步明确了“社会主义市场经济正在形成之中”的观点。

1992 年初，邓小平发表“南方谈话”，中国社会主义市场经济思想呼之欲出。1992 年 7 月，在中国《资本论》学术年会上，刘诗白又提交了学术论文《社会主义市场经济之我见》。该文对社会主义市场经济概念的内涵作了五点具体阐述，文中的有些理论观点在今天看来依然是很准确的。

尤为难得的是，刘诗白定义的社会主义市场经济概念的内涵是："以公有制为基础的，实行有效的政府调控的，能充分发挥计划作用的市场经济。"[①]这与后来党的十四大界定的社会主义市场经济的定义基本吻合。

此外，刘诗白还指出："社会主义市场经济这个概念的提出并不是做文字游戏，而是要在加深对新旧体制目标模式的认识基础上深化我们的改革，进一步破除传统的高度集中的计划经济体制，建立起一个充满生机与活力的新的经济体制。"[②]

基于这种认识，刘诗白在阐述对社会主义市场经济见解的同时，一直关注着经济体制模式的改革。从改革开始一直到现在，他在探讨计划与市场的经济问题上作了很大的努力。

从 1979 年发表的论文中可看出，他提出"计划管理与市场机制的利用相结合的观点"，1987 年他明确提出整个国民经济的运行必须以市场机制为基础，这是他理论认识的重大深化，从 1991 年起，他的研究重点转向社会主义市场体系的探讨，特别是在如何建立宏观与微观相协调的体系方面提出了许多有价值的创新观点。[③]

在《社会主义市场经济之我见》一文中，刘诗白深刻清晰地阐释了"社会主义市场经济"这一概念。他指出，在 20 世纪 90 年代的今天，

① 刘诗白 . 刘诗白文集第 7 卷 [M]. 成都：西南财经大学出版社 ,1999：135.

② 刘诗白 . 刘诗白文集第 7 卷 [M]. 成都：西南财经大学出版社 ,1999：144.

③ 洪银兴，蒋伏心 . 追寻经济体制改革理论发展的历史轨迹——读《刘诗白文集》[J]. 学术月刊 ,2000（8）.

传统计划经济体制的弊端早已暴露得十分鲜明，对它进行根本性的改革已经是十分紧迫的任务，因而这就要求我们在当前，再一次冷静总结历史经验，加深对社会主义经济的认识，对中国新经济体制予以更精确的概括。这就有“社会主义市场经济”概念的提出，这是中国在改革的伟大实践中及时总结经验，深化理论认识的合乎逻辑的发展。什么是市场经济？广义地说，市场经济就是商品经济，列宁对此早有论述。狭义地说，真正的市场经济，就是社会化大生产条件下的商品经济，是市场充分发育，表现为完备的市场体系，市场调节作用充分得到发挥的商品经济，是发达的商品经济。

关于市场经济，他的具体阐释是：

第一，市场经济不排斥计划。市场经济固有的矛盾，要求有计划调节，即使是当代西方市场经济，也包容程度不同的计划。实行社会主义市场经济，更要充分利用和发挥计划的功能，首先要调控好宏观经济，引导微观经济。

第二，市场经济不排斥政府经济功能。计划机制的实现离不开政府的调控功能，市场经济也不排斥国家在某些领域组织兴办企业，市场经济还需政府提供各种服务，社会主义市场经济更需要有效发挥政府的经济调节、规划、监督、服务的功能。

第三，市场经济概念，前面有“社会主义”为定语，明确规定它姓“社”，即是坚持以公有制为基础和主体，因而人们不必有市场经济会发展演变为资本主义的顾虑。

第四，市场经济由于是以市场机制为基本调节器，因而不可避免会有经济活动的自发性与盲目性。但人们可以借助于计划功能的发挥，对这种盲目活动进行限制和引导，并实现国民经济总体的运行有序，但是期望有一个不存在自发性的市场经济机制本身就是不现实的。

第五，市场经济有盲目生产、经济波动、扩大收入差别等弊端。但是，有利无弊的体制只存在于人们的幻想之中。两害相权取其轻，市场经济具有经济活力大的优点，较之僵化的传统计划体制，它更为可取。何况社会主义条件下，人们借助于计划功能和政府调整，有着减轻上述弊端的更大的可能性。

根据上述分析，刘诗白将社会主义市场经济概念的内涵阐明如下：以公有制为基础的，实行有效的政府调控的，能充分发挥计划作用的市场经济。指出明确“社会主义市场经济”的概念，不仅具有理论意义，而且也有重要的现实意义。

第一，中国的改革，是引进市场的全面的改革。明确以“社会主义市场经济”为目标模式，有利于彻底实行微观主体改革，转换企业经营机制；全面发育市场，形成完备的社会主义市场体系；认真实行机构调整，转换政府职能。一句话，有利于深化体制改革，使中国经济真正摆脱传统计划经济体制的束缚。

第二，要搞建立在现代化大生产基础上的发达的产品经济，不搞小商品经济和半商品、半产品经济。这就是说，要形成发达商品经济的企业组织，如股份公司、企业集团；形成商品经济中分工充分发达的产业结构；形成大市场大流通，参与国际市场；特别要大力发展生产力，形成与现代市场经济相适应的物质技术基础。

第三，形成平等竞争的市场机制和市场准则，摆脱和克服一切来自企业和政府的干扰、破坏平等竞争的因素，例如对企业的政策按所有制划线等。

第四，“社会主义市场经济”从概念上明确了计划与市场两者中，市场是基础，价值规律这一商品经济的基本规律，仍然起着重要的、核心的作用，计划是立足于价值规律作用之上，立足于对各种经济杠杆——价格、利息、税收等的自觉利用之上。这样，就要求人们不再去搞那种违反市场作用和价值规律要求的计划，使人们更加明确，只有在充分利用市场作用的基础上，才能做到计划与市场的最佳结合，从而有效地发挥计划的作用。

基于对社会主义市场经济概念的上述理解，刘诗白认为：“目前在‘有计划的商品经济’‘有计划的市场经济’‘社会主义市场经济’等提法中，社会主义市场经济以其抓住和突出了新的商品经济体制运行的本质特征，因而可以作为首选。”

1992 年 10 月，党的十四大召开，并正式将“社会主义市场经济体制”确立为中国经济体制改革目标。在新的历史形势下，刘诗白针对构建和完善社会主义市场经济体制提出了很多新观点，这些观点中不乏大胆的探索和理论引领作用。

第一，他提出了要形成完整和完善的市场体制和机制，充分发挥和利用市场的功能和作用。他认为，市场经济是一种富有活力的组织财富生产的形式和体制，它能有效调动主体的积极性；能依靠价格形成机制使产品适销对路；能依靠竞争推动技术创新，提高劳动生产率；能依靠自我积累，实现自行发展。市场经济灵活运行、高效生产的功能，建立在它的一整套微观经济组织、市场组织、宏观调控组织及其功能之上，这是经过几百年发展起来的、不断完备和完善的一部十分复杂、精巧、互相促进、互相制衡的大机器。

因此，“实行社会主义市场经济，也就是要采用市场经济的基本构架，利用市场经济的一整套有效的‘共性’组织、制度和机制。具体地说，要构建独立营运的微观主体，完备的经济活动是建立在竞争原则基础之上的。与此同时，要建立主要使用间接方法的政府调控机构，实行政府有效的宏观调控”[①]。

如果中国当前要进行全面的体制改革，就必须大胆引进和充分利用资本主义国家中行之有效的、属于市场经济共性的东西。例如，要构建起以公司制为主要形式的现代企业制度；统一开放的完备的市场体系，包括现代证券市场和各类期货市场；分税制的财政体制；中央银行调控下的商业银行体系；多层次的社会保障体系，等等。尽管它们形成于资本主义国家，但它们本身不存在姓“资”的问题，对其有效地加以使用，正是构建市场经济体制的固有要求。

刘诗白还特别强调：不能把改革中出现的矛盾和困难，归于市场机制及其组织的引进，更不能通过改革停步来消除这些矛盾。改革中出现的问题和困难，“来自体制性的矛盾，两种体制的摩擦是由计划体制向市场体制历史性转换中难以避免的现象，许多行为离轨，是由于市场机

① 刘诗白．构建社会主义市场经济体制若干问题的思考 [J]. 经济学家 ,1994（5）.

制未能充分发挥作用，而这些问题和矛盾也将随着改革的深化而得到解决。”①

第二，他提出了在引进市场的改革中，要全面认识市场的功能。刘诗白反对自由放任的市场经济体制，不能把西方国家的市场经济制度视为“楷模”而照搬过来，这就要求我们在借鉴西方国家市场经济的经验时，既要“将市场经济的‘共通’的东西和资本主义私有制度区别开来，大胆吸取其‘市场共性’，摒弃其‘制度缺陷’。例如不能把资本主义私有制度和两极分化的分配制度照搬过来。”同时又要识别西方国家市场经济实践中成功的、有效的积极经验和那些不成功的负效应，“包括经济的、思想的负效应”；要对市场经济的制度、机制、方法加以分析，明确其积极因素与消极因素，有取有舍地引进，而不能全盘照搬。

这就要求我们在建立自己的市场经济体制时，要立足于社会主义制度基础，适应中国的国情，要利用国际经验，又要实现新的创造，进一步探索和形成更加完善的市场体制、组织与机制，从而使市场经济制度牢固建立于中国社会主义经济的现实基础之上，充分适合中国的国情。

第三，他提出要建立社会主义市场经济体制，要使市场经济的组织、机制与社会主义基本制度有机结合。构建社会主义市场经济的根本问题，“就是要在社会主义所有制框架之中，形成发达的市场，使市场机制充分起作用；同时，又要使由市场直接调节的经济运行，不仅不削弱其公有制基础，而且能不断壮大和巩固这一基础，从而实现‘市场经

① 刘诗白．构建社会主义市场经济体制若干问题的思考 [J]. 经济学家 ,1994（5）.

济’与‘社会主义所有制’有机结合。”

由于中国的理论界当时机械地、教条主义地理解马克思和恩格斯关于公有制社会的论述，并照搬苏联高度集权的计划经济体制，因而把市场经济与公有制对立起来，认为两者是水火不相容的。刘诗白认为，市场经济与社会主义公有制不相“兼容”的传统理论观点是站不住脚的。“兼容”问题只能解决于实践之中，而不是裁定于书斋之中。

20 世纪 80 年代初期，乡镇企业和城市集体企业迅速发展中出现“苏南模式”，这是中国 20 世纪 80 年代改革中意义最重大的成果之一。市场经济改造了传统农村以及城市集体经济，使它初步获得了与市场相兼容的机制与组织形式。此后，农村还出现了建立在土地公有制基础上的股份合作制，它们以更加清晰的主体产权，进一步增强了与市场机制的兼容性。可见，中国乡镇企业和新集体经济这一改革的创新，实际上解出了经济学家争论不休的“市场能否与社会主义兼容”的“哥德巴赫猜想”。

在从 1984 年起全面展开的城市经济体制改革中，传统的国有企业在扩权、让利、承包、租赁等改革中逐步增强了活力，获得了一定的市场适应性。1992 年以后，全面推开的国企股份制改革推动一批企业转换了经营机制，成为自主经营、自负盈亏的市场主体。因此，实现市场机制与社会主义基本经济制度的有机结合，已不再是一个能不能的问题，而是如何使二者结合得更好、如何使“兼容度”实现最大化的问题。

中国正在构建的市场经济将日益体现出它的社会主义性质和优越性，体现出“社会主义本质是解放生产力、发展生产力，消灭剥削、消除两极分化，最终达到共同富裕”。

第四，刘诗白认为，必须重视政府的经济、社会职能，构建拥有强有力的宏观调控能力的市场经济。现代市场经济的基本构架是“独立营运的微观主体 + 市场价格机制 + 政府的宏观调控”。它意味着政府调控和影响市场、市场引导主体活动的经济组织和运行方式，实行“看不见的手”和“看得见的手”二者相结合的经济调控。市场体制拥有发展生产力的积极功能，也有其固有的缺陷。

我们应看到：“①市场机制在分配中存在收入差距拉大效应，在体制转型期，甚至会导致严重分配不公；②市场导向的经济运行中，各种经济失衡现象的出现是不可避免的，甚至会出现剧烈的运行波动，在资本主义条件下表现为周期性经济危机；③市场经济的消极外部性和成本的向外转嫁，会引起环境、生态、资源等的过度耗用甚至破坏；④盈利最大化的生产机制不能提供充分的公共产品（包括公用品、福利品与公益品），从而不能满足困难群体与低收入者的需要和社会公共需要；⑤面向市场的竞争性生产与营销，总是激励过度消费，甚至导致浪费资源畸化的生活方式和非理性的物质文明。”[①]

所以，基于市场机制固有的运行的盲目性，特别是针对发达市场化——金融化与全球化——条件下经济运行的不稳定和高风险，需要以构建强有力的宏观调控机制为目标，着力强化和完善宏观调控体系，寻找有效的宏观调控方法，使经济运行中“看不见的手”和“看得见的手”的调控互相补充、互相促进。经济体制越是市场化，越要求对宏观经济

---

① 刘诗白. 构建社会主义市场经济体制若干问题的思考 [J]. 经济学家,1994（5）.

运行实行调控，越要切实建设好宏观调控体系，强化政府的宏观调控手段，增强科学调控能力，也就是要着眼于建设拥有强有力的宏观调控能力的社会主义市场经济。

第五，刘诗白认为，社会主义市场经济是拥有发达的公共产品生产的市场经济。市场经济立足于和依靠盈利驱动的竞争性商品生产，但是市场也会失灵或存在缺陷："其一，一些物品在物质技术上具有消费和占有非排他性，依靠市场性生产会发生供给不足。其二，一些产品的生产具有自然垄断性质，需要政府在其生产过程中予以干预。其三，市场只承认有购买力的需求，而众多穷人特别是困难群体的基本需要不可能依靠市场机制获得满足。"

满足人民群众不断增长的生活需要是社会主义生产的目的。社会主义市场经济要实行依靠市场决策性的竞争性生产和非市场决策性的公共产品生产并举，来实现财富的最大创造，特别是要重视和加强福利品的生产和提供，来充分有效地满足低收入者以及困难群体的需要。

在中国当前正在大力从事的包括教育、医卫、文化在内的社会福利和保障体系建设中，这一大规模福利公共品生产与提供计划的深层内涵是，"通过国民收入的再分配，对低收入者进行劳动报酬的补偿，由此弥补市场机制作用下按照要素市值贡献分配的缺陷，从而体现了社会主义分配关系的完善"①。

社会主义条件下的公共产品生产范围还包括：用来改善社会生产、

① 刘诗白 . 构建社会主义市场经济体制若干问题的思考 [J]. 经济学家 ,1994（5）.

生活条件，特别是用来改善落后地区和领域的生产、生活条件的公共基础设施建设；用来进行当代尖端性、战略性科学创新和技术创新，促进生产力跨越发展的公共科技基础设施建设；用来维护人类自然生存条件的环境、生态的公共设施建设，等等。它意味着，人们通过市场决策性生产和公共产品生产两种机制，实现财富生产最大化；又通过市场性的产品分配和福利性产品分配来实现财富的人民共享和共同富裕。

第六，刘诗白认为，要重视市场经济思想意识负面效应，更加强调社会主义精神文明的建设，形成支撑社会主义市场经济体制的精神支柱。市场经济建立在物质利益原则之上，它实行利益驱动和利益约束，市场经济运行是一种由主体的利益来调节的经济的自动运行。社会主义市场经济体制，由于是以公有制为基础的，因而公有主体对自身利益的关心，绝不是私有制市场经济中那种纯私人利益的追求。实行社会主义市场经济，就要提倡一种以国家、集体、个人利益关系的恰当安排和正确处理为内容的集体意识，而不是重塑亚当·斯密描绘的“经济人”。

实行市场化改革和对外开放，带来了一场经济组织、活动、交往方式的深刻变革，由此引起了人们的生活方式、思想方式、价值观念的深刻变革。这一思想意识变革是积极的，但同时在市场化过程中也产生了某些领域内思维方式、价值观念、行为方式和生活方式的西方化倾向。

对于一个社会主义国家来说，如果思想滑坡、风气败坏、生活腐化，即使经济上去了，也绝非社会真正的进步。特别是西方国家以个人主义为核心的价值观念、道德标准、生活习惯，若照搬过来，将对中国的经济与文化发展、传统风习下的社会生活带来深刻的“冲击”，并且产生涣散人心和破坏中国的社会凝聚机制的消极影响，不仅不利于缓解市场机制下的经济、社会矛盾，而且会加剧这一矛盾。

可见，要建立社会主义市场经济，在思想文化上，应以中国特色社会主义理论为指导，坚持充分吸取人类文化的优秀成果，包括西方文化的精华，特别应继承几千年来形成的优秀中华文化遗产，要珍视和传承中国先贤留下的人生观、道德观、哲学观等优秀文化遗产，大力推进精神文明建设，提高群众的文化教育水平和道德情操，培养爱国主义、集体主义、社会主义的观念，由此来塑造和形成广大群众积极向上的心理和健康的精神世界，来支撑和促进社会主义市场经济体制的发展，促进中国的现代化。

中国的市场经济将进一步体现出东方的、中国的特色和其不同于西方国家市场经济和西方社会的特征。

社会主义商品经济的三大核心问题

中国经济理论界在20世纪90年代以前所说的“商品经济”与20世纪90年代以后所说的“市场经济”，实质上是同义语。只不过前者按照马克思的理论更注重研究经济关系，后者接受西方发达国家的说法更注重经济的市场运行。

市场经济是商品经济发展到一定阶段的产物，是发达商品经济的表现形式和现代形态。原始商品经济和简单商品经济，虽然也是一种商品经济形态，然而却不是市场经济。只有建立了完整的市场体系、由市场调节作为资源配置基础性手段的商品经济才是市场经济。

1981 年初，刘诗白在他前期思考和积累的基础上，完成了《社会主义商品经济若干问题研究》一书，进一步系统深入地阐释了社会主义经济商品性的内在条件和根据。在他看来，中国社会主义发展现阶段公有制的性质决定了集体所有制企业的生产和全民所有制企业的生产都具有商品性；企业之间的产品交换，都必须实行商品交换。这是社会主义制度下商品经济长期存在的原因。

他还研究了社会主义商品关系的特点，指出社会主义商品经济是以公有制为基础、不存在人对人剥削的商品经济，是以满足社会全体成员不断增长的物质与文化生活需要为目的。此外，刘诗白论述了社会化大生产和经济联合化是社会主义商品经济发展的形式与途径，并阐明了社会主义制度下自觉利用价值规律的客观作用及其调节机理。

在《社会主义商品经济若干问题研究》一书中，刘诗白论述了社会主义商品经济的三大核心问题，分别是：（1）社会主义经济具有商品性的逻辑起点——社会主义初级阶段；（2）社会主义社会存在商品经济的原因；（3）社会主义经济商品性存在的长期性。

（一）社会主义经济具有商品性的逻辑起点——社会主义初级阶段

邓小平提出和阐述了社会主义初级阶段理论，改革开放以来的一切重大政策和方针都立足于这一理论。刘诗白对这一理论的认识是：根据唯物辩证法的发展观，任何事物都处在从量变到质变的运动过程之中，而这些不同的质态会使事物呈现出阶段性。马克思主义的历史唯物论不仅把人类社会的上升运动划分为五个大阶段，即五种社会形态，而且还把同一社会形态再划分为几个小阶段。这些小阶段，就其本质来说是相同的，但是它们还存在着某些重大的差别，即存在局部的质的差别。

例如马克思和恩格斯曾经论述原始公社制社会发展中的原始部落、母系制、父系制等阶段；奴隶制社会发展中的早期家长制、家族奴隶制，东方国家的奴隶制，发达的希腊罗马奴隶制等阶段；封建制社会发展中的早期庄园农奴制和后期的地主经济，等等。

马克思在《资本论》中更细致地阐述了资本主义发展中曾经经历的工场手工业、机器大工业等阶段，列宁进一步阐述了资本主义发展中的帝国主义阶段的特征。对于共产主义社会形态，马克思更是将它划分为社会主义和共产主义两个阶段。可见，把同一社会形态划分为发展成熟程度不同的若干阶段，从来就是马克思主义经典作家研究历史所使用的科学方法。

按照马克思创立的历史唯物主义，社会形态是一定生产力基础上的经济基础和上层建筑的统一体。我们可以将任何一个社会形态的基本构架视为由三个方面的要素组成：一是经济结构，它是生产关系的总和，也是社会的经济基础；二是政治结构及文化思想意识等，它是社会的上层结构，或上层建筑；三是生产力，它是构成社会的物质基础。可见，社会形态是一个立足于物质基础之上的三维结构，而经济基础又是密切地依存于和决定于物质基础。

按照上述方法，在划分社会主义社会的发展阶段上，必须以生产关系和生产力为划分标准。具体地说，为了正确回答从资本主义到社会主义的过渡时期结束后，社会主义处在什么样的发展阶段这一问题，为了科学地确定到底是处在社会主义不发达、不成熟的初级阶段，还是处在社会主义十分发达和成熟的高级阶段，或者是介乎二者之间的中级阶段，人们不仅要首先考虑生产关系的性质和状况，还要考虑生产力的性质和状况。

大体说来，社会主义的发展可能具有以下几种类型：

第一，设想一个诞生于高度发达的资本主义的社会主义，一方面社会主义生产关系——主要是公有制和按劳分配——表现为较为成熟和较为完善的形式，另一方面高度发展的现代生产力意味着社会主义物质技术基础的成熟，因而，社会主义将较为迅速地表现为成熟的形式，这样的国家将不经过社会主义初级阶段而是较快地登上社会主义高级阶段。

第二，诞生于资本主义具有中等发展水平的社会主义。由于社会主义生产关系还带有某些不成熟的特征，社会主义物质基础也还带有某些未发育成熟的性质，如生产力发展尚未达到发达资本主义国家的水平，因而，社会主义将具有某些不成熟的特征。这样的国家，将要经历一个短暂的初级阶段的社会主义或是一个中级阶段的社会主义，再进至高级阶段的社会主义。

第三，诞生于资本主义不发达的半殖民地半封建社会的社会主义。由于社会主义生产关系还带有相当鲜明和十分突出的不成熟性，如生产关系的不纯性、公有制结构的低层次性、公有制的不完全性都十分鲜明，同时生产力水平相当低，生产力多层次性和不平衡性十分显著，从而存在社会主义充分的物质基础形成的滞后。这样的国家，将不可避免地要经历一个相当长的、带有稳定性的社会主义初级阶段，甚至还要经历一个社会主义的中级阶段，才能逐步过渡到社会主义的高级阶段。

中国的社会主义发展就属于第三种类型。由于半殖民地半封建社会的生产力水平十分低下，中国在过渡时期结束、社会主义生产关系确立起来后，二元生产结构还将长期存在，社会生产力还将长期带有传统生产力的性质。实现充分的生产现代化和社会现代化还需要以数十年、百年计的漫长年月，因而，中国社会主义的发展完善不可能一蹴而成，更不可能迅速地向共产主义过渡。中国将在一个相当长的时期内处在社会主义初级阶段，这种情况是由中国的特殊国情和中国社会主义的特殊历史所决定的。

在评判与认识社会主义时，若采用单一的生产关系标准，那么按照这种思维方式，一旦所有制社会主义改造基本完成，即使生产力水平低，存在消费品匮乏和普遍生活贫困的情况，人们也将它称为“建成”了社会主义。显然，这是一种“穷社会主义”观念，并不是马克思主义的社会主义。这种观念的产生，就其方法论来说，在于评判社会主义的发展时，抛弃了社会主义的生产力标准。可见，在评判和划分社会主义的发展阶段上，我们有必要既坚持以生产关系为直接标准，又同时引入生产力标准。在评判中国现阶段社会主义时，运用这双重标准考察社会主义经济基础和物质基础两方面的性质和特征，我们才能合乎逻辑地得出在所有制的社会主义改造基本完成后，中国还处在社会主义初级阶段的科学论断。基于这双重标准，我们也能够较有根据地对中国社会主义的未来发展阶段进行展望。

当时，中国学者在解释社会主义经济商品性时，有两种公有制论、物质利益论、按劳分配论、核算工具论、社会分工论等观点。但刘诗白始终坚持使用“所有制论”解释社会主义经济商品性的根源。

刘诗白认为，社会主义经济的商品性，完全可以从社会主义主体所有制——全民所有制企业的占有关系和利益关系的特点中得到说明。社会主义初级阶段的全民所有制还不成熟，这种情况决定了企业间在相互交换产品时不能把自己的产品无偿地让渡给对方，企业在让渡自己生产的产品时，不能不考虑与计较生产中的劳动耗费能否得到补偿，不能不关心它的生产与交换活动能否给企业带来物质利益，从而决定了企业只愿意把自己的产品当作商品让出去，决定了产品的商品性质和社会主义经济的商品性。①

（二）刘诗白详细论述了社会主义社会存在商品经济的原因

他认为，社会主义制度的确立，标志着历史上的商品经济形态的基本结束，开始了向崭新的产品经济形态的过渡。但是在人类历史进入社会主义社会以后，在新社会的初始阶段甚至是很长的历史时期里，商品生产与交换并未消亡，还要继续存在。在这一时期，社会主义生产还带有商品性。

既然马克思主义理论已科学地阐明商品关系是社会生产关系的历史形式，是一定的所有制关系的表现，我们在探索社会主义商品生产存在

① 刘诗白．论发展社会主义商品经济与利用市场 [J]. 社会科学研究，1979（3）．

的原因时，就必须坚持这一科学的方法论。也就是说，我们必须从社会主义所有制的特点即生产资料社会主义公有制的不成熟性，去探索商品关系存在的依据。

社会主义生产关系的基础是生产资料公有制。马克思主义经典作家曾经设想社会主义生产资料公有制确立后，商品货币关系将会消亡，代之以产品的生产与直接分配。但是，社会主义的产生和取代资本主义的世界历史的现实进程，并不如马克思和恩格斯当时所设想的那样。

相反，社会主义革命首先是在那些生产力水平比较低、经济比较落后的国家取得胜利。这些国家经过由资本主义到社会主义的过渡而确立的社会主义经济制度，并未能实现马克思、恩格斯以及十月革命前列宁所预见的那种彻底的生产资料全社会公有制，而是存在着社会主义的全民所有制与社会主义的集体所有制，以及作为社会主义公有经济的补充的个体所有制。

中国社会主义社会，作为生产基本单位的企业，除了全民所有制企业和集体所有制企业以外，还存在着包含两种社会主义公有制因素的各种各样的联合所有制形式，如农工商综合体。但是，将这些具体经营形式加以抽象概括，就实质来说，社会主义公有制表现为全民所有制与集体所有制两大基本类型。

社会主义所有制表现为公有制的两种形式并存，表明作为公有制的高级形式的全民所有制，还不能完全取代公有制的其他形式而实现全社会单一的全民所有制；同时，社会主义公有制与某些个体私有制残余的并存，表明了社会主义公有制还不能完全排除与取代个体私有制残余而实现所有制上的全社会公有化。

以上两个方面证明了社会主义公有制的不成熟性。在社会主义一定的发展阶段，特别是初始阶段，社会主义生产的商品性，正是由这种社会主义公有制的特点，即由其不成熟性所决定的。

在这个问题上，刘诗白从两个方面来论述。第一，现阶段社会主义全民所有制的特点与产品的商品性。第二，社会主义集体所有制企业生产的商品性。

第一，关于现阶段社会主义全民所有制的特点与产品商品性，刘诗白提出，探索社会主义经济中商品关系存在的原因，有必要从现阶段社会主义全民所有制的特点入手。我们在阐明社会主义生产的商品性时，也必须由全民所有制经济的性质来说明，而不能由全民所有制经济以外的原因来加以说明。不能把集体所有制经济的存在，或者社会主义国家与国外的商品经济关系的存在，作为论证社会主义生产商品性主要的或充分的依据。

现阶段的全民所有制单位的生产是否已被赋予产品性质，即生产物不具有作为商品所固有的价值性，而只具有使用价值？现阶段的全民所有制是否已经决定企业间在互换活动，即互相交换劳动产品时，无须实行等价交换，而是由社会实行直接分配？回答是否定的。

在社会主义社会的初始阶段，国营经济领域内产品的商品性，完全可以从全民所有制本身得到说明，关键在于要持科学态度，对全民所有制企业的现实生产关系进行科学的分析。

社会主义初始期的全民所有制，是一种不成熟的全社会公有制，它与马克思主义经典作家预言的那种完整的全社会公有制存在重大的差别。成熟的、完整的全民所有制是生产资料社会公有化的高级形式，它实现了使生产资料与产品无差别地归全体社会成员直接占有和直接按劳分配。而在中国不成熟、不完全的全社会公有制下，国有企业还存在企业局部占有的因素，还存在企业的特殊的局部利益，体现了生产资料社会公有化还不彻底和不完全。

社会主义全民所有制的这一特点——带有产品的企业局部占有痕迹与因素，是与社会主义社会初始阶段的劳动性质密切相关的。所有制是生产者与生产资料相结合的社会历史形式。马克思说："无论生产的社会形式如何，劳动者和生产资料始终是生产的因素。但是，二者在彼此分离的情况下只在可能性上是生产因素。凡要进行生产，就必须使它们结合起来。实行这种结合的特殊方式或方法，使社会结构区分为各个不同的经济时期。"所有制形式固然首先决定于生产资料所有制关系，但也要受到为生产资料所有制所规定的劳动力性质与状况的制约。

在生产资料归少数人占有、直接生产者缺乏人身自由、劳动力完全属于或部分属于少数人的条件下，产生的就是用超经济强制手段来维系的奴隶占有制或封建农奴制；在生产资料归资产者占有而劳动者获得了人身自由、劳动力归劳动者个人所有的现代商品经济社会里，产生的就是实行雇佣劳动的资本家所有制；在生产资料归社会公共占有而劳动还带有产品个人占有性质和体现特殊的个人利益的条件下，产生的就是现阶段不成熟的社会主义全民所有制。

社会主义生产是以公有制为经济基础，以现代生产力为技术基础的社会化的大生产。社会主义生产的这一性质决定了联合劳动性质，它表现在任何一个社会成员都是在联合劳动的基础上参与社会生产，个人劳动力作为联合的社会劳动力而出现，并服从社会的统一调动和支配。

但劳动的社会化不是一下子就能彻底实现的，而是一个历史的发展过程，它取决于生产资料的社会化，但它本身的发展程度与状况又反作用于生产资料的社会化。

在社会主义条件下，由于生产力尚未发展到较高水平，产品还未极大丰富，劳动还存在重大差别，人们还存在囿于个人利益的资产阶级权利的狭隘眼界，因而对社会主义劳动必须实行物质鼓励，这就要求贯彻按劳分配、多劳多得。

在这种情况下，劳动者提供给社会的劳动（在扣除了社会基金部分后）又以劳动报酬的形式领了回来。由于多劳多得，劳动者先天拥有的或后天形成的不同等的劳动能力也成为他在个人消费品分配中的某种特殊的占有权利。这就表明，社会主义劳动除了体现社会公益性质外，还体现一定程度的个人特殊利益，因而劳动的社会化还是不完全的。

在社会主义社会初始发展阶段，由于社会生产力发展水平的限制，不同地区、不同部门的劳动者联合体所拥有的物质技术条件、劳动力的熟练程度、企业的经营管理水平均有所不同，因而联合劳动在质的规定性上就有着差别，即表现为企业的劳动生产力和经济效果有高有低；另外，人们还存在从局部利益出发的资产阶级权利的狭隘眼界。这一切决定了企业之间在分配社会产品中要承认联合劳动的质的差别，要实行等价交换。

所有制形式从根本上决定于物质生产力的水平，在社会主义社会的物质生产力还未达到较高水平，生产的机械化、自动化以及由此决定的社会劳动分工协作还未发展到很高程度的条件下，劳动社会化的不完全性就会继续存在，在企业产品分配中的联合劳动的局部占有性就不会被消灭，保证和实现劳动者与生产资料有效结合的不完全、不成熟的全民所有制形式，也就会继续存在下去，这是不以人们的意志为转移的。

不成熟的全社会公有制，正是决定社会主义生产商品性的内在条件与根据。依据在于，既然全民所有制企业的生产除体现社会共同利益之外，在一定程度上还存在各自特殊的局部利益，在全民所有制企业相互之间还存在经济利益的差别与矛盾的情况下，这就决定了企业在经济活动中客观存在对特殊的局部利益的关心。它表现在企业之间在相互交换产品时，不能将自己的产品无偿地让渡给对方，而要考虑与计较生产中的劳动耗费是否能得到补偿，要关心企业的合理利益。基于自身的特殊经济利益，企业总是在交换产品时采取商品形式，以自己生产的商品换得所需要的商品。产品作为具有价值的商品实行等价交换，正是有效地调节全民所有制企业经济利益矛盾的经济形式。而那种企业间“不分你我”“吃大锅饭”的经济联系形式，却是与现阶段社会主义国有企业的性质不相适应的。

总之，社会主义全民所有制企业，既存在根本利益的一致（这是主导的方面），又存在利益的差别（这是次要的方面）。这种利益关系，决定了各个企业要以相对独立的经营主体的身份来进行交换活动。

可见，现阶段的社会主义全民所有制尚未彻底摆脱较狭隘的企业局部利益因素，仍存在历史上的商品生产关系的烙印与痕迹。这种不成熟的全民所有制特点，是全民所有制生产的商品性的根源，产品的等价交换正是在这种社会主义全民所有制下企业之间相互交换产品而实现的。

那种认为商品关系与全民所有制的本性不相容的观点，即认为商品生产与社会主义经济不相容的观点，实际上正是从法权的意义上来把握社会主义全民所有制，而不是从它的客观经济内容即现实的占有关系来把握社会主义全民所有制。这种观点，还停留在事物的现象上，未能深入地揭示现阶段全民所有制企业具体的占有关系的内涵，自然也就不能从社会主义全民所有制的特点中去把握和阐明社会主义生产所带有的商品性质。

第二，关于社会主义集体所有制企业生产的商品性，刘诗白提出，集体所有制经济的存在，是决定社会主义生产的商品性的重要因素。对于不发达的社会主义国家，整个统一的社会主义生产的商品性，在很大程度上受到集体所有制经济的商品性生产（指用于外部交换的那部分生产）的制约。

集体所有制经济用于外部交换产品的商品性，不能由外部的原因来说明，而必须由集体经济本身，即由集体所有制的性质与特点来加以阐明。集体所有制意味着生产资料和产品归集体单位联合劳动者直接占有，它在部分劳动人民范围内实现了生产资料公有化，是社会主义公有经济的初级形式。

集体经济是劳动者自主联合组织起来的独立的利益的共同体。集体所有制企业作为生产资料与产品的直接占有者和劳动力的支配者，具有独立利益的共同体性质，这也就决定了它的经济活动除了要考虑社会的利益以外，还要更多地考虑集体经济的利益。

因此，集体经济在出让产品时首先要考虑在生产中的劳动耗费能否得到补偿。社会主义集体所有制的性质，决定了集体单位在市场交换中以独立的产品所有者身份互相对立。集体所有制本身的这一特点，决定了集体单位与外部的交换或经济联系必须是商品交换和商品经济关系。

如果说，公有化程度更高的、主要体现社会公共利益的社会主义全民所有制范围内的生产，尚且带有商品性质，那么，公有化程度较低的、直接体现企业内联合劳动者利益的集体所有制范围内的生产具有更加完整的商品性质，也是理所当然。

在认识集体所有制经济的性质时，要特别注意集体所有制企业的生产是商品生产这一重大特征。固然，在中国，由于生产力水平低下、社会分工不发达的原因，农村集体经济在很大程度上还保持着自给自足的状态。但是我们不能从现象出发，把自给性生产视为集体经济的本性。恰恰相反，随着农业现代化的发展，社会主义的集体经济将越来越以社会化大生产为物质基础。

在社会分工日益发展、集体单位对外部的依存与经济联系日益密切的条件下，集体单位将在更大程度上以商品所有者的身份与其他生产单位互相对立。尽管中国农村集体所有制的商品关系一时还不发达，但是随着农业生产社会化的发展，农村生产的专业化、区域化也将进一步发展。因而，农村集体经济组织的再生产（包括生产资料的再生产与劳动力的再生产）将越来越依赖于商品的生产与交换，农村集体所有制生产作为商品生产的特征将更清晰地显示出来。

在很长一段时间内，尽管中国的农村人民公社集体经济的自给性生产仍占主要地位，但是商品性生产的发展及其取代自给性生产是不可避免的。

根据马克思主义关于交换方式的性质决定于生产方式，特别是所有制关系的论述，社会主义的商品交换关系既是不成熟的社会主义全民所有制关系的表现，也是社会主义集体所有制关系的表现，是由集体经济所体现的企业集体经济利益决定的。只要直接体现集体利益的集体企业仍然存在，企业对外部交换的产品的生产与交换就只能是商品生产与交换。集体经济单位与其他单位间交换的这部分生产的商品性是由集体所有制的本性所决定的，不是人们所能任意选择的。

从以上各方面的分析可以看出，在社会主义制度下，商品生产的根源与历史上各种商品生产的根源一样，都在于所有制的性质和它的现实关系。

社会主义生产的商品性，是由社会主义初级阶段不成熟的社会主义公有制的特点所决定的。社会主义实现了生产资料私有制到生产资料公有制的根本变革，消灭了千百年来人剥削人的关系，但是，完全的、成熟的社会主义公有制的彻底实现，还需要经历一个很长的历史发展阶段。

在社会主义社会的初级阶段，由于社会主义公有制（无论是社会主义全民所有制还是社会主义集体所有制）还不能摆脱产品局部占有因素与局部利益，所以在发达的社会分工中，彼此密切依存的联合生产者相互之间在进行活动交换时，要采取以等价为基础的商品交换形式。社会主义商品关系正是由这种不成熟的社会主义所有制所决定的。

(三) 社会主义经济商品性存在的长期性

他提出，社会主义生产所带有的商品性具有历史的过渡性质，它不可能是永恒的，但是它在社会主义经济的一定发展阶段又是客观存在的，不能任意加以废止。

对于社会主义制度确立后商品关系的命运，马克思主义经典作家从成熟的、完全的社会主义公有制的本质出发，提出了社会主义生产方式与商品生产不相容的设想，他们预言社会主义生产方式一旦确立，商品关系就将被消灭。马克思在《哥达纲领批判》中，明确地将共产主义划分为低级和高级两个发展阶段，他认为社会主义社会不存在商品："在一个集体的、以共同占有生产资料为基础的社会里，生产者并不交换自己的产品；耗费在产品生产上的劳动，在这里也不表现为这些产品的价值。"① 恩格斯指出，在社会主义社会"一旦社会占有了生产资料，商品生产就将被消除。"② 列宁也曾经说，资本主义的消灭和商品生产的消灭是结合在一起的过程。马克思主义经典作家是以具有高水平生产力的成熟的社会主义为背景，在设想社会主义实现了完全的、彻底的社会主义公有制的前提下，做出了商品消亡的推论。

社会主义经济建设正反两方面的经验教训，向我们提出了这样的课题：不仅要深刻认识社会主义商品关系存在的必然性，而且要深刻认识

---

① 马克思，恩格斯．马克思恩格斯全集（第三卷）[M]. 北京：人民出版社，1979（10）.

② 马克思，恩格斯．马克思恩格斯全集（第三卷）[M]. 北京：人民出版社，1979（10）.

社会主义商品关系存在的长期性，要看到社会主义生产带有商品性是社会主义社会发展中的一个“既不能跳过也不能用法令取消的自然的发展阶段”的必然现象。

在社会主义制度下，生产资料公有制把生产的人身条件——劳动力——与某些基本物质条件排除于商品之外，使劳动者相互关系中非商品性联系获得发展，商品生产与交换不再是无所不包的。这就意味着生产资料公有制使商品关系在范围上受到限制，较之作为商品经济的最高形式的资本主义商品经济来说，社会主义商品经济无疑是人类社会发展中新的商品经济模式。

但是，如果说人类历史发展由产品经济时期转化为商品经济时期，经历了原始公社制瓦解以来的数以千年计的时间，是一个漫长而艰难的历史进程；那么在社会主义社会，商品关系的消亡和最终转化为全面的产品经济关系，也同样是一个长期和艰巨的过程。

如上所述，社会主义生产的商品性是由带有产品的企业局部占有性因素的社会主义所有制所决定的，是这一所有制的实现形态。在社会主义物质技术基础尚未充分成熟、社会主义公有化尚未成熟之前，社会主义生产的商品性将继续存在。

正如马克思主义所阐明的（也为社会主义建设实践所证明），社会主义公有化不可能只通过一次运动就可以完全实现，而是需要经历一个自然历史的发展过程。人们往往要经过数十年乃至上百年的时间，才能完成彻底全社会公有化。希望很快地、完全地消灭社会主义公共占有制在产品分配关系中所带有的局部占有痕迹与残余，从而实现商品关系的消亡和向产品经济的转化，不过是一种空想。

除此之外还需要看到，如同历史上商品经济的发展（在国民经济中占据统治地位和最终取代产品经济）在经历了许多曲折并反复而迂回地前进一样，社会主义生产的商品性的消亡同样要经过曲折的发展而不能直线地下降与立即“消亡”。

特别是对于那些原先商品经济不发达的国家，在建设社会主义的过程中，还必须经历一个社会主义商品关系多方面发展的兴盛时期，然后才能逐步地走向商品关系的衰退。只有在社会生产力发展到较高水平、社会主义公有制充分成熟后，各个领域中的社会主义商品关系才能水到渠成地转化为社会主义产品关系。由此可见，社会主义商品生产的存在具有历史的长期性。

社会主义商品生产的存在之所以具有历史长期性，是因为不成熟的社会主义所有制存在的长期性。在社会主义制度下，作为社会主义公有制的低级形式的集体所有制在很长时期内还有生命力。特别是像中国这样的不发达社会主义国家的建设经验表明：城乡中大量公有化水平较低的小集体向更大集体的过渡和由集体所有制向全民所有制的过渡，不可能轻易地在短短十几年或几十年内完成，而要经历远远超过原先人们设想的更长的历史时期。

这种情况就决定了公有制的两种形式将长期存在，这是社会主义商品关系存在长期性的一个重要因素。特别是在社会主义制度下，体现产品企业局部占有痕迹与因素的不完全、不成熟的全社会公有制的存在具有长期性。

我们可以设想即使在实现单一的全民所有制以后，社会主义全民所有制的产品局部占有痕迹与因素还是难以很快消失，全民所有制内部的商品关系也将长期存在。此外，全民所有制企业与职工之间在让渡消费品中的商品货币关系也不可能立即消失，而是长期存在下去。这些正是特殊的社会主义商品关系长期存在的重要原因。

刘诗白认为，社会主义所有制由低到高、由不成熟到成熟的发展，将表现为社会主义社会的所有制由社会主义公有制与前社会主义所有制形式并存，转化为社会主义公有制的独占；由社会主义公有制的两种形式（及联合所有制形式）转化为单一的社会主义全民所有制形式或全社会公有制。

但是，社会主义公有制的两种形式转化为社会主义全民所有制的单一形式，与不完全、不成熟的社会主义全民所有制转化为完全成熟的全社会公有制，既有联系，又有区别。

单一的社会主义全民所有制的实现，表明生产资料公有化处于较低阶段的集体所有制退出历史舞台，全社会所有这种公有制的更高形式成为社会唯一的经济基础，这意味着生产资料公有化达到更高程度。

但是单一的全民所有制的实现，并不意味着不完全、不成熟的全民所有制转化为完全成熟的全社会公有制。不完全、不成熟的全民所有制的特征，是企业对产品的局部占有痕迹与局部经济利益的存在；而完全成熟的全民所有制，则意味着企业对产品局部占有痕迹与残余的消失与企业局部经济利益融合在无差别的全民利益之中。

要实现这一步，需要社会主义社会物质技术基础的不断夯实与人们觉悟水平的不断提高；需要生产社会化与劳动力社会化的更高发展；需要体现有局部利益的企业联合劳动的消失，并融合于全社会联合劳动之中。

归根到底，它不是由人们主观意愿所决定的，而是决定于社会生产力的发展水平。只要社会主义社会的物质生产力还未发展到更高水平，在社会消费财富还未达到极大丰富以至不再需要以任何产品局部占有因素来作为维系企业联合劳动的经济纽带以前，社会主义全民所有制就将依然保留着它的不成熟、不完全的性质。

这时，由于单一的社会主义全民所有制企业间局部利益的差别和矛盾尚未消失，所以商品关系仍然将是企业间经济联系的必然形式，社会主义生产的商品性就不会最终泯灭。

基于上述分析，刘诗白提出，我们完全可以有根据地说，社会主义商品关系将在一个很长的历史时期存在。它包括：(1）社会主义制度建立后，在公有制占统治地位的前提下，多种所有制并存的发展阶段。(2）社会主义公有制的两种形式并存的发展阶段。(3）单一的不完全、不成熟的社会主义全民所有制的发展阶段。

在这一历史时期中，社会主义商品关系是推动社会主义生产者之间活动交换、增强社会经济联系、实现生产社会化的经济杠杆。商品关系将在这整个历史时期存在和发展，并卓有成效地为社会主义事业服务。只有经历了社会主义商品关系充分发展的全部进程，商品关系的消亡才会开始。

我们可以设想，在那时，随着社会生产力的不断发展，全社会公有制将日益成熟，产品局部占有痕迹将逐渐消失，企业特殊的局部经济利益将日益融合于全社会利益之中，企业之间相互活动交换中的等价性要求将逐步被削弱，这就意味着开始由商品性生产向产品性生产直接过渡。

此后，社会主义社会生产力发展到更高水平，企业不再具有任何局部利益共同体的痕迹与性质，全体社会成员都已经直接地联结于全社会公有制的纽带之上，这时，商品经济关系将会自然地过渡到产品经济关系，从而最终完成它在发展社会主义生产中的历史使命。此时社会仍将处在社会主义发展阶段，不过，这一社会主义社会发展阶段的特征是产品交换和按劳分配。

归根到底，社会主义生产方式并不是商品关系的尽头，而是新型的商品生产发展的中继站与新的起点。社会主义社会在它的发展中还将经历一个很长的存在商品关系的历史时期，这是一切社会主义国家在社会发展中都不可跨越的阶段。特别是同中国一样原先生产力水平低、商品经济不发达的国家，在走上社会主义道路后，存在商品关系的时期还将持续很长一段时间。

我们提出社会主义社会存在着实行商品生产和实行产品生产两个依次递进的历史时期，不是单纯的学究性的字义论争，而是具有一定的现实意义——认清社会主义制度下商品生产存在的长期性，懂得它在实现社会主义生产社会化中的历史作用及其向产品生产过渡的历史必然性。懂得社会主义社会发展的这一规律，人们才能有清醒的头脑，才能在社会主义建设中避免逾越必由经济阶段，急于去“限制”和“消灭”商品生产，或者企图人为地“缩短”商品生产的发展阶段而跳跃到产品生产的阶段；才能够按照社会发展的客观规律，制定正确的政策和措施，毫不动摇地和自觉地去发展和利用社会主义商品关系来为社会主义建设服务；同时人们又不至于将商品关系当作超历史的永恒范畴，当作人类社会发展中的永世长存的现象，陷入新的“商品拜物教”。

突破所有制理论禁锢

在改革开放以前，中国长期实行单一的公有制体制。而在中国经济学界，对社会主义所有制的多元性讨论也一直是理论研究的“禁区”。作为较早突破传统社会主义所有制理论禁锢的学者之一，刘诗白在这方面贡献颇多。

在改革之初，对于社会主义为什么要搞商品经济，当时的学术界存在着两种公有制论、物质利益论、按劳分配论、核算工具论、社会分工论等不同观点。众声喧哗之时，刘诗白始终坚持使用马克思主义“所有制论”解释社会主义经济商品性的根源。他认为，社会主义经济的商品性，完全可以从社会主义主体所有制——全民所有制企业的占有关系和利益关系的特点中得到说明。由于社会主义初级阶段公有制的不成熟，决定了产品的商品性质和社会主义经济的商品性。所以，搞市场经济，就要调整传统经济体制下大一统的单一公有制模式，实现所有制的多元化，调整和完善所有制结构，寻找公有制新的实现形式。

1979 年 2 月，刘诗白在《经济研究》第 2 期上发表了《试论经济改革与社会主义全民所有制的完善》一文。他以很大的理论勇气，为突破所有制研究禁区，提出了社会主义“全民所有制”应该是“不完全的”的新观点，在理论上阐明了把统收统支、吃国家大锅饭的国营企业改造为实行自负盈亏的市场主体的必然性和合理性。

多年以后，著名经济学家洪银兴评价刘诗白在所有制理论方面的突破，他说，在当时“两个凡是”的思想影响仍然存在的条件下，提出这个观点是要有足够的勇气的。基于这种理论勇气，他在国内较早地提出了社会主义社会所有制多样性和社会主义所有制多样性的观点。①

1981 年，在中国社科院经济研究所在成都召开的首次全国所有制理论讨论会上，针对长期流行的社会主义“纯公有制论”等观点，刘诗白进一步提出了社会主义社会所有制结构的多元性、公有制形式的多样性、公有制内部的多层次性的“三性”观点。刘诗白的“三性”观点一经提出，就在社会上产生了较大反响。

随即，刘诗白在社会主义所有制问题上，展开了一系列的理论研究。他于 1981 年发表《论社会主义社会所有制的多样性》《论社会主义全民所有制企业的自负盈亏》，1982 年发表《论社会主义制度下个体所有制的性质》，1985 年发表《论社会主义所有制具体形式的多样性》，1986 年发表《论宏观的社会主义所有制的改革》和《试论社会主义股份制》等文章，并且在 1985 年出版《社会主义所有制研究》、1988 年出版《论社会主义所有制》等著作，对社会主义所有制进行了多维分析。

（一）关于公有化的不完全与社会主义社会所有制的多元性

刘诗白认为，成熟的社会主义所有制的特征表现为生产资料公有制

---

① 洪银兴，蒋伏心．追寻经济体制改革理论发展的历史轨迹——读《刘诗白文集》[J]. 学术月刊，2000（8）.

成为社会主义所有制的唯一形式，即由公有制占领整个社会经济领域，不存在任何私有制的残余，这种情况意味着社会一切生产资料的公有化。

但是，现阶段的社会主义生产资料的公有化是不完全的，它表现在社会所有制领域中占主导地位的公有制与在局部领域存在的某些前社会主义时期所有制形式残余。例如个体所有制，以及特定领域的国家资本主义所有制等所有制的并存，故而社会主义社会的所有制不是纯粹的单一的公有制结构，而是具有多元性，即表现为由作为主体的公有制与某些前期所有制组成的复合结构。

所有制的复杂性表现为结构的多元性质，是一切社会形态的共同特征，特别是在一切社会形态的初始阶段表现得最为鲜明。这种情况是由生产关系一定要适合生产力性质的规律所决定的，是由社会的物质生产力的发展具有不平衡的性质所决定的。

对于那些在原先经济落后的国家建立起来的不发达的社会主义，社会生产力具有高、中、低的多层次性则表现得更为鲜明。为了充分适应这些参差不齐的多层次的生产力的发展，在私有制的社会主义改造取得基本胜利后的一定发展阶段保持多样的而不是单一的公有制结构，则是难以避免的了。

当前在中国，以原子能为标志的现代化的物质生产力、以蒸汽机为标志的近代生产力、以手工磨与水碾为标志的中世纪生产力、以刀耕火种为标志的原始生产力杂然并存，社会生产力的高、中、低诸层次表现得分外鲜明，而且生产力的这种性质与状况不是短时期内所能改变的。这就决定了中国实现生产资料的彻底的、完全的社会主义公有化的逐步性与长期性。

因而在中国，生产资料私有制的社会主义改造的胜利只能基本上实现生产资料的公有化，使社会主义公有制在国民经济中占据绝对主导地位。但是，在国民经济的某些领域内还将存在某些前社会主义所有制的残余。在公有制占绝对优势的前提下，具有一定的前社会主义时期所有制因素的多元性的社会所有制结构，是中国社会主义社会初级阶段的固有特征。

只有在社会主义现代化经济建设取得胜利后，随着社会主义物质技术基础的发展与进一步壮大，社会主义公有制才能不断地壮大和成熟，才能完全地、彻底地排除与取代前社会主义时期所有制的残余，占领一切经济阵地。

现阶段社会主义社会所有制具有的多元性，不能与从资本主义到社会主义过渡时期的多种经济成分混为一谈，更不能把现阶段社会主义容许多元性的所有制并存，认为是在经济结构上倒退到从资本主义到社会主义的过渡时期。因为社会主义社会初级阶段所有制结构的多元性，与从资本主义到社会主义过渡时期的多种经济成分是根本不同。

在中国，私人资本主义经济经过生产资料私有制的社会主义改造，早已被消灭。虽然在中国经济生活的局部领域（如在个体经济领域）中可能还会产生某些私人资本主义关系，但它在量上是微不足道的。

随着社会主义经济的强大与国民经济管理体制的日益健全，产生私人资本主义关系的缝隙将进一步缩小。而在过渡时期的所有制结构中，私人资本主义经济是一个合法且重要的成分。这就显示了社会主义社会所有制结构与过渡时期所有制结构不容混淆的原则差别。

社会主义社会初级阶段的所有制结构中尽管还存在个体所有制，但它已经具有不同于原先那种独立的农民与手工业者私人所有制的新特点。无论是农村的个体所有制还是城市的个体所有制，都是在某些局部领域内，作为社会主义经济的补充而存在的，是社会主义自食其力的劳动者的个体所有制。

现阶段社会主义社会所有制的多元性以社会主义公有制占绝对主导地位为前提。社会主义公有制成为社会主义所有制结构中的绝对主体，是现阶段社会主义经济的特征，决定着社会经济基础的社会主义性质和国民经济发展的社会主义方向。日益壮大的社会主义公有制对前社会主义所有制起着有力的制约、规范与改造作用，并逐步地把它们纳入社会主义所有制体系之中。

以上情况表明，社会主义社会的这种带有多元性的所有制关系无论是在质的规定性上还是在量的规定性上，都发生了深刻的变化，具有全新的社会主义性质。

无疑地，社会发展到这一阶段，意味着原先的私有制经济占重要地位的过渡性的经济结构已经发生了质变，同时也意味着以公有制为基础的社会主义经济结构的基本确立。而社会一旦发展到这一步，就可以说跨进了社会主义社会的门槛，即基本上建立了社会主义经济制度。

社会主义社会初级阶段所有制关系多元性的问题，在社会主义经济理论中，长期未曾加以阐明。在这种情况下，人们通常习惯于设想社会主义社会在所有制上是单一的，即必须是清一色的公有制。其实，像中国这样从半殖民地半封建社会的基础上建立起来的不发达社会主义国家，认为社会主义制度一旦确立就要以纯而又纯的单一公有制结构为经济基础，并不是马克思主义的科学社会主义，而是一种脱离实际的空想。

社会主义以生产资料公有制为本质特征，它不仅要消灭资本家私有制，还要消灭生产资料的个体所有制和一切前社会主义所有制残余。但正如任何一种所有制形式退出历史舞台，都必须先有生产力的发展一样，要消灭一切前社会主义所有制的残余，也必须要有物质生产力的高度发展。而在不发达的社会主义阶段，社会的物质基础还难以发展壮大到这样的高度，因而个体所有制和其他旧所有制形式残余就不会立即全部消亡。

社会主义社会所有制单一模式论的依据，是不把社会主义社会的经济结构弄得更加纯粹、不排斥个体所有制经济及其他非社会主义经济，那么它们就将削弱社会主义经济。这种论据是简单化和站不住脚的。

事实上，社会主义社会多样性所有制结构诸成分之间是既相对立又相统一的。就那些旧所有制形式残余来说，尽管它们还带有不同程度的私人占有性质，但是仍然对社会主义经济起着积极作用。

在社会主义社会的初级阶段，所有制领域中带有一定的私有性质的旧形式的残余，也能卓有成效地为社会主义新经济的发展服务。可见，以公有制和旧所有制形式残余并存为内容的多样的所有制结构，不是权宜之计，而是在一个相当长的历史时期内生产力发展的必然要求。

进一步从理论上来进行考察，可以说一个社会主义国家的生产力水平越低，社会主义公有制生产力结构中以手工工具为技术基础的低级层次的比重就越大；以现代化技术为基础的层次的力量越不足，旧所有制形式就将有越多的存在空间与活动余地并持续更长的时期。这就表明，体现私有制残余的旧所有制形式存在的范围和时期与社会生产力的水平成反比，是不以人们的意志为转移的客观经济规律。因此，为了使生产关系更充分地适合生产力，在社会主义建设中，人们必须自觉地和充分地利用适合生产力性质的旧所有制形式的积极方面，而不能采取"禁""堵"和"割尾巴"的做法，在物质条件尚未成熟时，强制地制造公有制的"一统天下"。特别是像中国这样底子薄、人口多的国家，现阶段还不能使社会主义公有制占领一切阵地，还不能立即消灭一切私有制残余；其实，占绝对优势的社会主义公有制经济和一定范围内的个体所有制经济与某些其他体现私有制因素的经济形式并存，正是中国社会生产力发展所要求的。

从中国的国情出发，建设具有中国特色的社会主义，必须正确地处理好占绝对优势的社会主义公有制与作为补充的旧所有制形式残余的关系。主要是处理好公有制经济与个体经济的关系，建立一个最优的社会主义所有制结构，以最有效与最充分地发挥各方面的积极性，促进社会主义公有制经济的发展。

同时，也要看到多样性的社会主义社会所有制结构内部存在的矛盾，即占主导地位的公有制与私人占有因素的矛盾；还要看到社会主义社会所有制结构中的个体所有制，以及其他前社会主义所有制因素并不是十全十美的，也存在私有制残余所固有的消极因素，因而，个体所有制经济与社会主义公有制经济之间还存在着矛盾。

但是，这种矛盾是属于社会主义劳动者之间的非对抗性矛盾。社会主义国家要坚决地维护公有制的绝对主导地位，同时把个体所有制经济规范在合理的界限内，并且通过经济手段以及必要的行政管理措施来加强对个体经营的调节、管理与指导，从而有效地解决这一矛盾，克服与避免其自发作用与消极性。

综上所述，在不发达、不成熟的社会主义社会，所有制结构具有多样性，即公有化的不完全，是社会主义社会初级阶段的必然现象。只有社会生产力达到很高的发展水平，现代化大生产普及于一切经济领域，那时才将实现全社会范围内的生产资料公有化，社会主义经济结构才将表现为单一的公有制，而这就意味着公有制达到成熟和发达的阶段。

（二）关于社会主义公有制形式的多样性

社会主义公有制形式的多样性，是不发达社会主义所有制的一大特征。现阶段社会主义公有制表现为全民所有制和集体所有制这两种基本类型。此外，还存在由全民所有制和集体所有制组成的联合体所体现的新的社会主义公有制形式。因而社会主义公有制具有多样性。①

公有制形式的多样性，不同于社会主义社会所有制结构的多元性，因为它并不体现占有的根本性质的差别，而只是体现公有化程度的差别。如全民所有制是以生产资料归社会公共占有为特征，是公有化程度较高的形式；集体所有制是以生产资料归部分劳动者占有为特征，公有化程度要低些。经济联合体的公有化程度则视其中全民所有制和集体所有制的比重及其分配形式等具体情况而有所不同。有些联合体更接近全

① 刘诗白．社会主义所有制研究 [M]. 上海：上海人民出版社，1985：80.

社会所有制，有些联合体则更接近部分劳动人民的集体所有制。

由多样公有制组成的社会主义的公有制结构，表现为一个公有化程度由低到高的多层次、多阶梯的复合构造，并且由此显示了社会主义生产关系的复杂性。而这种情况，又是与社会主义物质生产力的不平衡与多层次性相适应的。

全民所有制与集体所有制是社会主义公有制的两种基本形式。在不发达的社会主义阶段，社会主义公有制的两种基本形式将长期并存。在社会主义公有制体系中，全民所有制处于主导地位，是社会主义公有制的核心和基础。只有坚持和发展全民所有制，才能巩固社会主义经济制度，保证社会主义社会物质生产力获得最迅速地发展。

但是，在不发达的社会主义阶段，甚至在发达的社会主义阶段，社会主义所有制还不可能表现为单一的全民所有制，集体所有制还将是公有制结构中的重要组成部分。集体所有制是以手工工具和初步的机械化为技术基础的所有制形式，它与社会主义社会生产力的低级层次和中级层次相适应。它在这些生产领域内，具有很大的优越性和旺盛的生命力，是不可替代的所有制形式。

社会主义物质技术基础的发展壮大是一个受物质生产力的发展规律制约的自然历史过程，人们不可能随意地逾越它在这一发展中所要经过的一系列阶段。特别是在不发达的社会主义国家，把城乡集体经济由手工工具和一般的机器生产跨越到现代化的机器大生产的技术基础上来，使它具有社会主义社会高层次生产力的水平，还需要经历很长的发展时期，这就决定了集体所有制对生产力的长期适应性。

一般来说，社会主义国家的物质生产力水平越低，集体所有制存在的时间就越长，它在实现劳动力与生产资料相结合、进一步发展社会主义生产中，将长期地发挥重要作用。可见，社会主义集体所有制的存在具有长期性，它是社会主义公有制体系中稳定的构成因素。这就决定了全民所有制与集体所有制的长期并存，具有不以人们意志为转移的历史必然性。

随着社会主义生产社会化与经济联合化的发展，在所有制领域出现了一种由全民和集体两种所有制相结合而形成的混合所有制或联合所有制。中国各地出现的农工商联合体，其中许多就属于这种联合所有制。联合所有制是社会主义公有制的新形式，它的产生绝不是偶然的。众所周知，物质生产力的发展会引起劳动方式即生产组织形式的变化，如小规模的联合劳动变成大规模的联合劳动、小规模的劳动分工协作变成社会范围内的劳动分工协作、小企业变成联合大企业——托拉斯。

社会主义社会生产力的发展，必然会引起上述生产组织形式的变化，出现新的生产经营形式，既会出现生产领域的联合企业，也会出现流通领域的联合企业，或是包括生产与流通领域的联合企业。生产组织形式和生产经营形式的变化，并不就是所有制的变化，但是它在一定条件下，也会带来所有制关系的相应变化。

因为生产与经营的联合，必然会产生资金的联合，原来独立的企业资金，比如分别归全民所有制或集体所有制的资金就会逐步地变成联合的社会资金。生产与经营的联合会引起生产资料的集中，原来归各个企业分散使用的生产资料，现在合并起来集中使用，实际上产生了一个新的经济范畴：联合生产资金。

尽管在经济联合的初期，所有制不变，不同单位的资金合在一起使用仍是各记各的账，所有权不变，但是随着经济联合的巩固和发展，这种联合资金在其管理方式、运用方式、实现方式上都将表现出与原单位企业资金不同的特点，从而逐步产生新型的联合资金这一经济范畴。

在联合体是由全民所有制企业和集体所有制企业组成的场合，这一联合资金将具有全民所有制与集体所有制的特点，意味着生产资料的进一步社会化。这也表明，经济联合体的长期发展终将引起所有制的某些变化。

联合还会引起劳动的变化，原来的全民所有制企业全民范围内的社会劳动和集体单位集体范围内的社会劳动，现在表现为联合体范围内的社会劳动，这就进一步推动了劳动的社会化。就分配关系来看，在联合之初分配方式不变，全民所有制企业仍然由国家支付工资，集体企业仍然按原来的办法支付劳动报酬。由于进入联合体的集体所有制职工从联合企业收益中得到比原先更多的报酬，而这一增长的劳动报酬有一部分来自整个联合体的联合劳动，这就表明按劳分配也要受较大范围的联合劳动成果的影响。

随着联合体的进一步巩固和向高级形式发展，联合体内部的劳动报酬标准将趋向于统一化，这就意味着分配的社会化。可见，经济联合的长期发展，会引起生产资料、劳动和分配的进一步社会化，意味着一种新型的所有制——全民所有制和集体所有制混合生产的社会主义公有制的逐步产生。

联合所有制这种新型的公有制形式具有下述特点：

第一，生产资料进一步社会化。经济联合体直接支配、使用的生产资料规模更大，联合化的生产资料本身就是社会化的生产资料。

第二，产品占有进一步社会化。经济联合大大地提高了生产力，不仅壮大了全民所有制经济，而且壮大了集体所有制经济。在这种情况下，联合体上缴给国家的税利将比过去多。原来集体所有制企业的剩余产品归集体所有制企业占有，现在通过转变为联合所有制。原来集体企业占有的剩余产品绝大部分直接归联合企业占有，并通过上缴转归国家集中使用，这就表明这种经济联合体的社会占有的因素不是削弱了，而是进一步扩大了。

可见，不能简单地认为全民所有制企业与集体所有制企业的联合会冲淡与削弱全民所有制。恰恰相反，它会进一步壮大全民所有制。

第三，联合会引起经营管理形式的变化，并促使社会占有的直接性进一步发展。参加联合体的各个单位，必须在生产和经营方面享有相应的权利，这就有必要采取新的组织管理形式，如实行股份制。联合体不一定采取国家所有制，而可以实行自负盈亏，实行民主选举与国家委派相结合。它促使一种新的管理形式产生，使企业的职工享有更充分的管理生产的权利，也意味着社会主义占有的直接性的加强。

为了保证联合所有制的社会主义性质，必须正确处理一系列经济关系，如收入分配上国家集中与企业留用的关系、企业自有资金中用于生产与用于消费的关系、自有消费基金中用于补充劳动报酬与用于集体福利的关系，等等。

因而必须采取正确的措施来保证联合所有制的社会公有性质与经济的全面社会化。要按照生产关系必须适合生产力性质规律的要求来健全与完善联合所有制；要从实际出发，采取多样化的联合形式，正确处理好各个方面的利益关系，特别要处理好国家、企业、个人之间，全民与集体之间，社会公共占有与企业局部占有之间的关系。

总之，联合所有制是社会主义生产社会化与联合化发展进程的必然产物，是有发展前途的新的公有制形式。在大力加强全民所有制与集体所有制这两种公有制基本形式的同时，稳妥而积极地发展与完善社会主义联合所有制，将有力地推动社会主义联合化的进程，促进不同地区、不同部门的企业的共同发展和社会主义经济的高涨。

基于上述认识，在建立与完善社会主义所有制结构时，不能在公有制内部搞“一刀切”，即一味地追求单一全民所有制结构，也不能只允许建立由全民所有制和集体所有制组成的双重公有制模式结构，而应该容许在某些范围内的联合所有制的存在和发展。

社会主义国家应该根据各自的国情，同时结合国土面积、自然条件、经济条件、人口数量及增长率、待业人口状况、全民所有制经济的扩大再生产能力等因素，来确定全民所有制、集体所有制和其他公有制形式的相互关系及其合理比例，确立最优的社会主义公有制结构。最重要的是，要在坚持全民所有制经济主导地位的前提下，确定与建立全民所有制与集体所有制之间的最优比例和结构，这样才能使社会主义生产关系有更充分的适应性，从而为生产力发展开辟更广阔的道路。

（三）关于社会主义公有制内部的多层次性

刘诗白认为，社会主义公有制内部的多层次性，是不发达社会主义公有制不成熟性的另一表现。社会主义公有制内部的多层次性概念，既可用以表现社会主义全民所有制与集体所有制存在的内在层次结构，也可用以表现社会主义联合所有制的内在层次结构。

公有制内部的多层次性，不同于公有制形式的多样性，更不同于所有制的多元性。公有制形式的多样性，是指社会主义公有制在性质上有重大差别的多种具体形式，如全民所有制、集体所有制以及联合所有制，它们是社会主义公有制内部的属于部分质变的重要阶梯。

社会主义社会所有制的多元性是指社会主义社会存在着根本性质不同的所有制，既有公有制又有私有制的残余。而公有制内部的多层次性，是指公有制内部存在着属于部分质变的若干小环节或若干阶梯，它们没有根本性质的差别，只是公有化程度的不同。

就全民所有制来说，社会主义的国有企业在法权规定上，都属于全民所有制。尽管国有企业可以根据企业的具体条件，采取多种经营管理形式，但这些经营管理形式上的差别，不会改变国有企业的全民所有制的根本性质。

此外，也必须看到，如果从现实的占有关系出发，即从生产资料的支配、使用状况，产品的支配、使用状况和利润上缴的状况等方面来进行研究，那么，管理形式不同的全民所有制企业，实际上存在着公有化程度高低不同的差别，从而使全民所有制体系表现出占有的全民性从高到低的阶梯状与多层次。

由于全民所有制企业包括许多不同的产业部门，它们的物质技术条件、自然条件、经济条件有差别，同一生产部门的企业的具体状况也不一样，因而完善的社会主义国民经济管理体制，应该在经济上适当地承认全民所有制体系内部的这种社会占有性上的程度差别。只有这样，才能有效地调动企业与职工的积极性，特别是有利于克服“大锅饭”和平均主义。可见，社会主义全民所有制内部的层次性，是必要且合理的。

社会主义公有制内部的多层次性，在集体所有制领域表现得最为鲜明。社会主义集体所有制的合作经济一旦产生，它的形式不可能是整齐划一的，而是具有公有化程度高低不同的多种形式，如互助组、初级社、高级社等。社会主义国家在合作化过程中，由于各地区的具体条件的差异，合作化必然有先有后，进度不可能一样。

中国在推进农业合作化过程中，根据毛泽东提出的“积极领导、逐步前进”的方针，采取了从社会主义萌芽性质的互助组，到半社会主义性质的初级社，再到社会主义性质的高级社这种循序渐进、逐步登楼的方式，实际上就是由集体所有制的最低层次逐步向较高层次递进，从而使农业社会主义的改造顺利地向前发展。

在生产资料私有制的社会主义改造取得基本胜利后，就一个社会主义国家来说，各领域、各地区的集体所有制合作经济，仍然会存在着公有化程度高低不同的多种形式，这是由社会多层次的生产力所决定的。

就农村集体所有制来说，如在农业物质技术基础较强、农业机械化程度和劳动生产率较高的地方，为适应有效地运用社会化的生产资料（农业机器与现代技术）和在较大范围内直接组织集体劳动即实行劳动社会化的需要，可以实行在较大范围内统一核算、集体化程度较高的合作社。

而在农业物质技术基础较低，主要依靠手工工具、手工劳动、畜力动力，农业劳动生产率较低的地方，由于生产资料社会化程度较低，以及由此决定的劳动社会化程度较低，这就要求把直接组织集体劳动限制在较狭窄的范围内，因而只能实行在较小范围内统一核算、公有化程度较低的合作社。

至于在那些经济条件与自然条件都很差、农业物质技术极为低下、工业性的农业生产资料十分薄弱、劳动社会化物质基础缺乏的地方，直接组织集体劳动就有很大的局限性，分户或个人分散劳动要占据部分甚至主要的地位，这就决定了要实行某种不成熟的集体所有制。

可见，就公有化程度来看，农村集体所有制的合作经济也是具有多层次性的，这是由农村各地区、农业内部各个部门生产力的不平衡所决定的。

从各个地区生产力的具体水平与状况出发，采取多层次形式的集体所有制，即按照公有化程度的一系列阶梯和层次，具体问题具体分析，才能使农村集体经济组织在所有制形式上不拘一格、保持充分的灵活性，才能使各种集体所有制形式对于相应层次的生产力表现出贴切的适应性，才能保证劳动者与生产资料最有效地结合以进行物质生产，才能使社会主义集体所有制最充分地适应生产力的性质。反之，如果不顾现实的物质生产力的差别，从主观意愿出发，强制推行某种单一的集体所有制的模式，就会出现所有制或是超越，或是落后于生产力的状况，从而对生产力产生破坏作用。

中国农村集体经济几起几落的正反两方面经验充分证明：对于一个不发达的社会主义国家，只有基于本国的国情，在发展集体所有制经济中采取灵活的政策，保持集体所有制的多层次性，建立起一个集体所有制内部的合理的层次结构，才能真正地做到使社会主义集体所有制形式最充分地适应生产力的性质，有力地促进农业生产力顺利、持续发展。

综上所述，基于不发达社会主义所固有的公有制形式的多样性与公有制内部的多层次性，人们必须根据本国的具体国情，正确地规划与确定社会的公有制结构和各类公有制形式内部的最优的层次结构，以保证生产关系充分地适应生产力的性质。这是促使社会主义经济不断发展的经济前提。

（四）关于所有制的改革

刘诗白认为，关于所有制的改革，要坚持公有制为主体和着眼于公有制的完善。中国所有制的改革，必须坚持公有制的主体地位。就宏观而言，是在坚持社会主义公有制为主体的前提下来调整所有制结构；就微观而言，是在坚持社会主义全民所有制性质的前提下，改进与完善全民所有制的具体形式。此外，还要在坚持全民所有制为主导的前提下，改进与完善集体所有制形式。所以，这一改革绝不是公有制性质的改变，而是社会主义公有制的完善，是社会主义公有制的优越性真正得到发挥的体现。因此，在进行所有制改革，特别是全民所有制的改革时，必须自始至终坚持公有制的主体地位。

社会主义的本质特征表现为生产资料公有制、有计划的商品经济和按劳分配。不发达的社会主义公有制具有不成熟性，社会公有化还不完全，但是公有制仍然占据主体地位。

基于中国社会生产力水平低和生产力发展不平衡的现状，以及根据中国调整产业结构和进一步发展第三产业的要求，中国现阶段社会主义所有制领域中，非社会主义要素还有较为广阔的进一步发展的余地。除了个体经济还需要更大的发展外，对于新产生的一些带有资本占有性的所有制形式，人们还要细心观察、认真研究，探索加以利用的可能性和正确利用的方法，发挥其积极作用，而不能采取简单禁堵的做法。

公有制是社会主义的重要经济基础，发展和壮大公有制经济是建设社会主义固有的要求。但发展公有制经济必须立足于实际，不能超越生产力发展水平，片面追求“一大二公”，实行单一的公有制。这是从中国社会主义建设实践中得出的结论。

40 多年的改革开放证明，大力发展非公有制经济具有积极作用：有利于充分发掘和动员中国庞大的民间生产资源，包括人力、财力、物力、技术、知识等；有利于拓宽就业门路，吸纳大量劳动力就业；有利于增加劳动者的收入和国家财政收入；有利于满足人民群众多样化的物质文化需求，方便人民生活；有利于高新技术产业和文化产业发展，更有效地推动知识创新；有利于调动人民群众创业的积极性，使广大人民群众的聪明才智得到充分发挥。

在实践中，非公有制经济已成为建设和发展中国特色社会主义的重要力量。近年来，中国在发展商品生产搞活经济过程中，出现了国有企业的成效不如集体企业、集体企业不如个体的情况，人们由此产生了公有制经济不如私有制经济优越、全民所有制不及集体所有制优越的错觉。基于这些认识，一些同志主张对全民所有制实行企业所有，把社会占有分散化甚至个体化（例如主张国有企业实行不加限制地由私人持股），这些主张是值得商榷的。

社会主义全民所有制的传统模式存在严重弊端，它束缚了生产力的发展。中国正在进行的社会主义全民所有制改革，是一个全新的探索，它牵涉计划、财政、劳动、价格、金融体制的全面改革，远比农村集体所有制的改革复杂得多，需要审慎从事，特别是要在总结实践经验中逐步前进，因而不能期望其在短期完成，但是这并不意味着全民所有制本身缺乏优越性。

中国的国有大型企业和中型企业，一般拥有较为强大的物质手段的社会化大生产，这种以现代技术为物质基础的高度社会化大生产，不能长期禁锢于狭窄的私人占有形式之中，也难以在企业集体占有基础上加以有效地组织并充分地发挥其生产效率。生产的社会性要求与之相适应的占有的社会化，这一条马克思主义的基本原理并未过时。进一步完善全民所有制，并有效地发挥其主导作用，才能更好地实现公有制的主体地位，这也是在社会所有制结构中使非社会主义要素的范围拓宽和加以利用的重要前提。

中国一批小型企业实行国家所有，租赁经营，或是国家所有，集体、个人承包，这些措施在搞活企业方面效果显著。此外，一些全民所有制企业正在进行股份制经营的试点工作。中国经济体制改革的实践表明，全民所有制有多种多样的形式可供选择，改革的余地是十分广阔的。

所有制改革，其实质是利益关系的调整。传统的国有、国营的全民所有制模式的弊端，是企业缺乏责、权、利，而其关键在于企业的利益未能得到保证。在全民所有制范围内，不应追求模式统一化，而应该坚持多样化，进一步实行多种经营形式的探索。我们完全可以找到适合于各类（大、中、小）企业的，能正确处理好国家、企业、职工利益关系的多样的全民所有制形式。

社会主义社会所有制结构中的非社会主义因素，处在公有制的包围和渗透之中，会逐步地转化为中间性的，即具有不同程度的社会主义性质的所有制形式。而向较为完全的公有制形式转化，是这些中间性所有制发展的趋势。经过社会主义社会更长期的发展，私有制因素逐步退出舞台，所有制的多元性将逐步消失而呈现出多样性的特征。

随着社会主义向共产主义过渡，在全社会范围内物质生产力水平均衡化的基础上，社会化程度不同的多样性公有制结构将逐步向较为统一的全社会所有制过渡。这种由多样化向一元化的发展，体现了社会主义所有制发展的辩证法。

弄清楚所有制发展变化的长期趋势，将有助于我们在当前的宏观所有制改革中保持清醒的头脑和自觉地坚持以公有制为主体的正确方向。经过改革开放实践以及长期的学术讨论，以公有制为主体、多种所有制经济共同发展是中国社会主义初级阶段的一项基本经济制度，逐渐成为共识和事实。党的十五大更是明确提出，要全面认识公有制经济的含义，公有制实现形式可以而且应当多样化。刘诗白的这些理论探索所形成的观点，已被此后的改革实践所证明。

对社会主义主体产权的理论研究

在我国，产权问题一直是马克思主义政治经济学理论研究的“禁区”。相当长一段时期内，理论界曾有人将产权改革与私有化画等号，那时流行的一个观点是 :“全民所有制的产权是最明晰的。”

刘诗白说，我国国营企业的改革是沿着引进市场机制，把企业推向市场的方向开展的。1978 年以来，四川等省市先行进行了试点。1984 年，十二届三中全会出台了《中共中央关于经济体制改革的决定》，从此拉开了城市国营企业全面改革的帷幕，大体上经历了扩权让利、经营承包两步利改税、转换企业机制（也就是进行企业的公司化改组）三个阶段。

第一、第二阶段是国家与企业在管理方式、分配关系上的局部调整，属于表层的改革。在实行租赁、承包制时，一方面企业独立经营应有的财产权、产益未能到位，企业对搞好生产应承担的责任也不可能确立，企业未能真正活起来。另一方面还出现了大量企业短期行为，如在生产中拼设备，营销中搞“一锤子买卖”，损害消费者利益 ；在收益分配中多留少交，损害国家利益，等等。

我国在 20 世纪 80 年代对国营企业进行改革的实践充分表明，要使原有的、高度集中的计划体制下两个眼睛盯住政府的企业转变为围绕市场运作的企业，就需要进行一场深入的、根本性的变革。这不仅仅是在原有企业体制基础上进行某些管理权力的松动、利益关系的调整，如只是赋予企业某些经营自主权、利润留成权等的小改小革，而是对涉及企业的财产制度、组织形式、法人地位的变动等深层次的改革，是一场企业制度的创新。进行产权制度改革，已成为我国社会主义市场经济改革向深层发展的固有要求和不可回避的事实。

20 世纪 80 年代初期，国营企业在实行承包制中出现的短期行为促使人们思索更深层次改革的途径。20 世纪 80 年代中期，股份制开始试点，这一新的企业组织形式引起了理论界的关注和热烈讨论。人们看到股份制企业在实行国家所有权和企业法人财产权的分离、企业财产主体多元化以及企业内部所有制与经营者相互制衡等方面所具有的特点、优点和其成为一种社会主义企业新的模式的可能性。正如人们说：改革深入动产权。

国营企业的调整、重组和做大做强，迫切需要走自主联合之路，而股份化是自主联合的最佳之途。股份制体现了一种利益共享、风险共担的联合投资关系，股份制形式的联合所有制是一种新的社会主义公有制形式，它具有很强的黏合力与渗透力，能把企业所有、个人所有结合起来并纳入社会所有体系之中。股份制实行按股本分红，同量资金投入享有同等利益，有利于调动和处理各类投资者（全民、集体、联合单位、个人以及外资单位）的利益关系，能够更加有效地实现国家利益、集体（企业）利益和个人利益的结合，从而充分地调动劳动者的积极性。

股份化是现代公司制的形式，产权明晰是其特色。股份公司是一种进行资本联合的企业组织形式。股份公司的所有者作为出资人的股东，其财产权不再表现为所有权、支配使用权、收益权、处置权一体化的“全权”结构，而是表现为由所有者行使选择和监督经营者的权利以及收益权、重大处置权，并将资产的实际支配使用权、收益分享权、部分处置权以法人财产权形式赋予企业。股份制是一种所有权与经营权充分分离的复杂的现代企业产权结构。作为一种企业组织形式和企业行使财产权的方式，它本身不存在固定的所有制属性，因而，人们也就能将它作为一种有效组织微观生产单位的方法和工具，使其为发展社会主义市场经济服务。经过公司制改组的国有企业不仅仅构建了自身的独立的财产权，而且拥有明晰和硬化的法定财产权，企业就真正成了财产权主体和独立营运的市场主体。

自1992年党的十四大明确经济体制改革的目标为建立社会主义市场经济体制，到1993年十四届三中全会明确企业改革的目标是建立“产权清晰、权责明确、政企分开、管理科学”的现代企业制度，再到1997年十五大明确提出“股份制是现代企业的一种资本组织形式，有利于所有权和经营权的分离”，并提出要对国有大中型企业实行规范的公司制改革等，明确了国有企业要走股份制改革之路，并指出了股份制企业产权制度的基本架构，为学术界进行产权的理论研究创造了良好的氛围。

在产权理论方面，刘诗白最早提出了“坚持公有制的产权主体”这一观点。他的产权理论研究力求以马克思主义产权学说为指导，适当汲取西方产权研究的成果，从中国实际出发，进行大胆的理论创新，由此构造一个马克思主义的产权经济学理论框架。产权是他有关经济体制改革研究中着力最多的论题之一。

从1980年开始，刘诗白就研究和发表了有关国营企业实行自负盈亏的论文。此后，他发表了一系列有关国营企业进行产权制度改革的论文，对过去理论界认为“离经叛道”的产权问题，进行了不懈的理论探索。

1985年，在得到改革现实的鼓舞后，刘诗白继续在社会主义所有制方面深入研究。那年，他出版了自己的经典代表作之一《社会主义所有制研究》。同年，刘诗白还在《社会科学战线》上发表了《论社会主义所有制具体形式的多样性》一文。在文中，他对中国此后20年所有制形势发展做了一番非常准确的理论预言。

1988年，刘诗白在《经济研究》第3、9期相继发表《社会主义商品经济与企业产权》《论产权构建》两文。此后，他发表的论述国营企业产权改革的论文总共有40余篇。1993年和1998年，他分别出版了《产权新论》和《主体产权论》两本专著，致力用马克思主义理论来分析论述社会主义产权制度，对社会主义市场经济体制下的财产权进行系统的理论阐述。1994年，时任国务院副总理朱镕基到成都，刘诗白把这本书送到了他手上。

洪银兴撰文评价称，刘诗白教授对产权的研究是与国有企业的改革进程相伴的。1984年，《中共中央关于经济体制改革的决定》发表后，以国有企业改革为中心的城市经济体制改革开始全面启动。此后，企业承包制缺陷以及股份制改革试点提供的新鲜经验，都昭示了一个道理：国有企业改革是不可能绕过产权制度的改革而取得成功的。在中国，产权制度改革的最大困难，在于产权理论研究的薄弱。在传统的社会主义经济学教科书中，产权理论是个空白。刘诗白结合国有企业改革的实践与其他经济学家一起对此做了不懈的研究，填补了这一空白。

在我国，产权理论是个敏感的课题，研究此问题有个基本立场问题。针对一段时间有人对产权制度改革的误解，刘诗白的态度是：一方面，不因有人认为产权改革就是搞私有化，而放弃对产权问题的研究，相反主张国有企业改革必须以产权改革为突破口；另一方面，又明确指出，我国国有企业产权改革，不是实行财产制度私有化。他反对科奈尔以重建“有血有肉的私人企业家”制度为核心的产权改革的主张，也不接受西方所谓权威推荐的“私有化”方案，他是公有产权论的倡导者和捍卫者。[①]

◎　附录

刘诗白关于产权的理论研究

1. 产权理论的研究基于剖析财产权具体结构

刘诗白对财产权的研究，从财产权简单公式开始，财产权=产权主体+主体实行占有的权能。基于上述公式，产权理论首先要阐明主体的差别、占有对象和占有权能的差别。就主体来说，要分析它是所有者还是所有者的代理人或实际支配者：就所有者来说，要分析是什么性质的所有者；就代理人或实际支配者来说，要分析是什么性质的代理人和实际支配者，等等。就主体实行占有的权能来说，首先要分析占有对象的性质、内容，是物或人，或权利凭证，等等；其次要分析占有权的性质、内容，例如，是完全的所有权、两权相分离的所有权还是非所有的实际支配权等，即占有什么和拥有什么样的占有权。

基于上述财产权具体结构的分析方法，历史上财产权的分类首先着眼于主体的性质，可以归结为氏族（部落）财产权、家族财产权、个人（家庭）财产权、宗祠财产权、村社财产权、公司财产权、合作社财产权、社团（非营利的）财产权、国家财产权，等等。

① 洪银兴，蒋伏心．追寻经济体制改革理论发展的历史轨迹——读《刘诗白文集》[J]. 学术月刊，2000（8）.

其次着眼于客体及占有对象的性质和特点，可以归结为：第一，物质形式财产权和价值形式财产权。前者是土地、货币（实物）、人身等财产权；后者是证券（票据）、货币（纸币）、知识等财产权。第二，有形的财产权和无形的财产权。前者是指一切有形的（包括物质形态和价值形态）对象占有权，后者是指无形的对象占有权，例如，企业的商誉是企业已建立起来的各种关联及其带来的利益，具有价值增值能力，是一项无形的资产。第三，动产财产权和不动产财产权。一般商品、货币、证券等形式的财产权是动产财产权，房屋、土地等是不动产财产权。第四，有形动产财产权和无形动产财产权。财产权不仅表现为有形动产财产权，还表为无形动产财产权。例如，债权是债权人根据缔结的债务契约而拥有的到期获得一定货币支付的权利，债权契约使债权人的一定的实物或货币转让给债务人支配，而债权人则拥有一个在未来取得一定货币支付的权利，后者是一种无形动产财产权。

最后着眼于财产权的具体内容和结构，可以归结为：第一，所有权、使用权、经营权、收益权、转让权、租赁权、抵押权、股权、债权等产权类别。社会经济越发达，生产的组织方式、交易经营方式、消费方式以及个人生活方式越多样化，财产关系就越复杂，而主体的财产权内容和形式也就越丰富，市场经济制度下民法中所涉及的具体的财产权概念更是远远超过上述的财产类别。财产权具体内容众多，并非说每一主体都拥有和行使各种财产权，实际上主体因其性质可以拥有某一项财产权，也可以拥有若干项财产权。例如，一个企业可以拥有企业所有权，也可以因出借资本给他人而拥有债权，还可以因出资买股份而拥有股权。第二，所有权与实际支配权相统一的财产权和二者相分离的财产权。前者是所有权、支配（使用）权、收益独占权（剩余价值索取权）、处置权集中于主体一身；后者是公司所有者掌握终极所有权、收益权、关键处置实际支配者或代理人、经营者等非所有者拥有的实物财产支配权和部分其他财产。在现代市场经济中，一方面存在着多样两权相统一的财产权具体结构；另一方面财产权两权相分离发展登峰造极，表现为极其复杂而多样的形式，如租赁、承包制、委托制、股份公司制等。

土地财产权在现代市场经济中，也是这样的一种重新配置和组合的权利束。土地作为主体财产权，例如，作为农场主的土地财产权，不仅包括占有一定面积的土地，还包括占有一定的土壤厚度；作为房地产商的土地财产权，包括其可用来修建房屋的高度；作为石油企业主的土地财产权，包括其可以用来进行钻探和采掘的深度。可见，土地财产权包括面积和高度（及深度），土地以容积的形式表现，即三维土地。三维土地的具体内涵和限度则是由各国的法律来加以规定的。例如，英国法律将土地所有权规定为地上无限高，地下至地球中心。一些国家如我国的法律规定，地下的矿藏不属于土地所有者（如农村集体）或占有者（如建房者）而属于国家。对于城市土地，各国多半以法规限制所有者占有土地的高度，以维护城市建筑规划和保障公共航道。

可见，一切财产权均是一个若干权利的组合，即权利束。财产权的性质体现在有血有肉的财产权具体形式和结构中，离开了具体结构的分析，财产权的性质也难以得到切实的说明。特别是现代财产权表现为多样而复杂的主体权利的组合，更需要对其具体结构和组合方式进行分析，才能揭示各种财产权组合的特点及其功能。

基于我们对财产权的可选择、可塑造性及产权的工具与手段的性质的阐述，产权经济学应把财产权的具体结构（财产权利组合）作为重要研究对象，揭示主体各种财产权利结构为适应经济发展需要而发生分化、重组，即进行整合与再整合的规律。

在公有制为主体的社会主义市场体制制度框架下，只有恰当而合理地配置和组合财产权能，才能发挥各种市场主体的自主行为，润滑和保证国民经济的顺利、健康运行。因而，深入开展对产权具体结构的研究，揭示财产权能分化、优化组合的规律，是十分必要的。

2. 研究产权问题是基于马克思对财产权具体形式的深入分析

在我国有关产权的讨论中，学界存在着一种疑虑，即认为财产权一词是西方经济学或法学使用的概念，而马克思主义研究使用的是所有制概念，不少同志由此产生了使用财产权概念进行财产权分析，就是采用西方经济学的理论和研究方法的模糊思想和疑虑。当然，我国对财产权进行经济学的研究始于实行改革开放的20世纪80年代。产权研究对不少学者来说，还是十分陌生的，存在这种模糊认识是不足为奇的。在产权研究中存在着大量照搬西方产权理论的偏向。但是把产权概念和产权研究视为西方的学术思想，认为它与马克思主义不相干的看法，是完全没有根据的。刘诗白对马克思关于财产权的研究做了梳理。

（1）马克思对历史上财产权具体形式的分析。

马克思经济学中大量使用产权范畴，德文是Eigentum。马克思著作的中译本中，这个词在不同书中被译为所有制、财产、财产所有权。刘诗白个人认为马克思著作中译文（包括《资本论》译文）使用“所有制”一词并不是在所有场合都是准确的，在有些场合应译为“财产”或“财产权”。但需要指出的是，马克思在分析历史上的财产占有关系时，不是首先给出一个抽象的定义，而是从分析各种主体的具体财产关系出发，并且根据主体财产权的具体状况，分别使用所有、占有、所有权、名义上的所有权、财产支配权、小财产、大财产、公社财产、国有财产、土地财产等概念。马克思实际上是从主体的性质、占有权能的性质、占有对象的性质来对历史上多种多样的主体财产权进行分析和阐述。

马克思对历史上财产权具体形式的卓越分析，集中体现在《政治经济学批判》（1857—1858 年草稿）的“资本主义生产以前的各种形式”这一章中。马克思将其分析对象确定于历史上早期的，即原始的、古代的和中古的土地财产上，他指出土地财产有三种形式：第一种是亚细亚的土地财产；第二种是古希腊罗马的土地财产；第三种是日耳曼的土地财产。马克思认为土地财产的具体结构与形式因适应各种主体自身的制度和客观自然的条件而有所不同，会“在地域上、历史上等发生一些重要变化——是原始部落更为动荡的历史生活、各种遭遇以及变化的产物”[①]。因而，马克思并不是一般地分析共同体财产，而是分析亚细亚的共同体财产制度（结构）；不是一般地分析古代即奴隶社会财产，而是分析古希腊、罗马的财产制度；不是一般地分析中古封建土地财产，而是分析日耳曼的土地财产制度。可见，对在历史、经济、自然地理等条件下产生的主

① 马克思，恩格斯 . 马克思恩格斯全集（第四十六卷上册）[M]. 北京：人民出版社，1979：474.

体财产权形式，即财产权的具体结构和特点的分析，是马克思对产权分析的出发点。

（2）马克思从所有权、实际占有权等权利的不同组合的角度来分析财产权。

马克思对亚细亚的土地财产的分析是十分精湛的，他从所有权与实际占有权、经济上的财产所有权与法律上的财产占有权、实际占有权和终极占有权等权利的区别与联系上来分析古代东方专制政府支配的土地财产权。

首先，马克思把占有权和所有权相区别。他指出，某些情况下实际占有者或长期世袭占有者、私人占有者，并不是所有者。“在亚细亚的（至少是占优势的）形式中，不存在个人所有，只有个人占有；公社是真正的实际所有者”。

其次，马克思把基本生产单位的实际占有权和更高的所有权相区别。他指出由于古代东方专制国家的存在和对基层的共同体或公社的统治，在这种亚细亚土地公社中，“凌驾于所有这一切小的共同体之上的总合的统一体表现为更高的所有者或唯一的所有者，实际的公社却只不过表现为世袭的占有者。因为这种统一体是实际的所有者，并且是公共财产的真正前提。”①

马克思指出，在古代东方，公社财产最终归属于公社之上的专制国家。他说：“公社的一部分剩余劳动属于作为个人而存在的更高的共同体，

① 马克思，恩格斯．马克思恩格斯全集（第四十六卷上册）[M]. 北京：人民出版社，1979：473.

而这种剩余劳动既表现在贡赋等形式上……”可见，这里马克思实际上指出了更高的、唯一的，即终极所有权的概念，并把它和实际占有权相区分。

马克思把实际经济的所有权与取得法律形式的所有权区分开来。他指出：古亚细亚公社拥有实际的世袭的占有权，“人类素朴天真地把土地看作共同体的财产”“这种部落的或公社的财产事实上是作为基础而存在的。”但是“从法律上看似乎并不存在财产”[①]。

马克思还将亚细亚部落公社拥有的不具有法定所有权而只是实行长期、世袭实际占有权的土地称为“间接的财产”。马克思对第二种土地财产，即希腊、罗马古代城邦制下的土地财产和日耳曼人的土地财产进行了分析。他指出古罗马城邦国家的公社已经是由“自由和平等的私有者”组成，这些取得公社成员身份的农民是“小块土地的所有者”。马克思引证尼布尔的《罗马史》，指出罗马公民拥有立法赋予的“土地所有权”或“世袭的土地占有权”。此外，马克思又论述了古代罗马社会与私人土地财产相分离但又并存的是公社土地财产，“一部分土地留给公社本身支配，而不是由公社成员支配，这就是各种不同形式的公有地；另一部分则被分割，而每一小块土地由于是一个罗马人的私有财产，是他的领地，是实验场中属于他的一份”。

马克思分析了中古时期日耳曼人的土地财产。在那里一方面存在日耳曼人私有土地财产；另一方面存在作为公社成员个人财产（土地）的

① 马克思，恩格斯．马克思恩格斯全集（第四十六卷上册）[M]．北京：人民出版社，1979：472.

“补充”和“附属物”的公有地，或公社土地，如猎场、牧场、采樵地等，公社成员拥有这些土地财产的平等支配权。马克思指出，公有地即“实际上是个人所有者的公共财产”。

从以上我们可以看见马克思通过揭示历史上土地的产权主体的性质和特点、支配权的具体内涵和特点区分了三种土地财产形式，他实际上使用了土地财产权结构的分析方法。

(3) 马克思采用从劳动方式和经济组织形式决定财产权结构的分析方法。

马克思把主体财产权作为劳动方式的必然形式和产物也就是说有什么样的劳动、生产组织，就会有与之相适应的财产权形式。马克思对亚细亚土地财产形式的分析是立足于他对亚细亚生产（劳动）方式的阐述，即原始的部落共同体，实行“一个小公社范围内手工业与农业相结合”，采取共同劳动和利用公共灌溉的农耕方式。马克思指出，在东方国家，水利灌溉农业在部落公社的生产和再生产中起着特殊的作用，这种水利灌溉和交通往往是专制国家的一项职能，“表现为更高的统一体，即高居于各个小公社之上的专制政府的事业”。正是这样的生产（劳动）方式和经济组织形式决定了亚细亚土地财产结构的产生，后者的特征是：处于基层的小公社的土地所有权和公社成员的实际占有权以及凌驾于公社之上的国王的法律上的所有权的财产结构。

马克思基于希腊罗马的以城市为中心的经济结构和城市公社独立的小农家庭副业以及独立的手工业的生产（劳动）方式，阐述了自由农民私有制和公社公有土地并存的财产结构。马克思基于中世纪日耳曼人以乡村为中心的农业经济结构和独立小农家庭经济的劳动方式，论述了日耳曼人那种较为独立的小农家庭私有土地产权形式以及同时存在的、作为这种农民私有土地产权的补充的公有土地产权。马克思使用劳动方式和经济组织形式决定财产结构的分析方法，把握住了财产权形式产生的经济依据和历史变化的动因。

综上所述，刘诗白认为，马克思不仅开创了对财产关系和财产权的制度性质的研究，而且开创了对历史上财产关系和财产权的具体结构的研究，形成了有关财产权的系统的理论和科学的方法。由于当时的历史条件和19世纪西欧的具体形势，马克思主义经济学的主要任务是进行宏观财产权制度的分析，特别是阐明财产权基本制度演变的规律。因此，马克思未对历史上的财产权，特别是未对市场经济中多种多样的微观财产权形态充分展开阐述，就不足为奇了。但是他创立的有关财产权的马克思主义理论和方法仍然是我们今天从事产权研究的科学指南。

3. 要构建有充分自主权的法人财产制度，有序地推进经济领域各类主体财产权的构建

市场经济体制结构包括市场主体结构、市场体系结构、宏观调控结构。构建社会主义市场经济体制，要从构建市场主体结构着手，为此要进行市场主体财产权构建。

主体财产权构建，主要指的是赋予参与市场生产与交换的企业、农民家庭、从业人员（包括自由职业者）应有的和法定的独立支配使用生产要素和资产的财产权，并使其享有产益，成为拥有权、利、责的经济实体和市场主体。

我国传统经济体制下表现在企业层面上的根本问题是：政府把资产所有权、经营权、收益权、处置权集于一身，即实行“大一统”的国有制，作为生产活动的直接组织者的企业则没有应有的资产支配权和收益占有权，由此成为行政附属物和按指令办事的车间。没有对生产要素与资产的支配权，企业就不能自行掌握人、财、物、产、供、销，也就不可能有生产自主性。特别是没有收益占有权、分配权，企业丧失了经济利益激励，就不可能调动职工的积极性。同时，收益占有权的丧失，意味着企业不能进行资金自我积累，也不可能形成自我发展，而没有自身的财产权，不享有产益，企业自然地也就不为它的生产活动承担责任。

一个没有自身的财产权、不享有产益、不为自身活动承担经济责任的微观生产组织，不可能发挥出有效聚合生产要素、组织好生产活动、安排好生产成果分配的功能，更不可能形成对市场做出灵敏、迅速反应且“围绕着市场团团转”的企业行为。我国传统经济体制下国有企业在生产上之所以存在照章办事、消极被动、活力缺乏、效率低下的状况，正如人们所说：成为由政府拨动的算盘珠子，其根本和深层的原因是这种国家拥有全权而企业“无权”的产权制度。上述情况也表明，我国的国有企业改革，必须走构建企业主体财产权之路，更确切地说，走一条赋予和构建企业财产权、使企业成为真正的市场主体之路。

中国40多年的经济体制改革，可以说是围绕“搞活”直接组织生产的微观组织（包括企业、家庭、个人）来开展的。经济体制改革的序幕始于1978年的农村。农村家庭承包制，实行“保证上缴国家的，留够集体的，其余都是自己的”体制，实质上是实行土地的所有权和经营权相分离，在土地集体所有制不变的条件下，将经营权赋予承包农户，也就是构建农户主体土地财产权。我国国有企业的改革，经过了“扩权让利”“经营、承包”“两步利改税”等表层性改革阶段，而进入深层次，即公司制改组。这一被称为“转换企业机制”的改革就是实行所有权与经营权两权分离，在国有制不变的条件下，把经营权赋予企业，从而保证企业主体财产权的构建。此外，20世纪80年代初以来的城乡改革，包括集体企业从大集体中放开，乡镇企业的产生以及个体、私营企业的发展等，也是劳动者、私有业主和集体等不同性质主体财产权的构建。可见，从微观生产组织财产权的角度进行考察，我们可以厘清我国40多年经济体制改革过程中贯穿着的微观单位主体财产权构建的脉络。

如果把考察的视野放宽，我们还将看到我国逐步实施和硬化的知识产权以及允许科技劳动入股，赋予和保障了科技人员的财产权；实行住房商品化后居民拥有了房产权以及土地使用权和从事住房抵押、租赁、出售等权利，特别是物权法的实施赋予和保障了居民生活中广泛的个人财产权。可见，我国经济体制的改革和创新，为广大人民群众带来了看得见摸得着的丰富而多彩的主体财产权。上述情况更加表明我国经济体制改革在微观层面上带有的主体财产权构建的性质。

4. 要在社会主义制度下构建公有主体财产权

我国社会主义经济以公有制为主体、国有制经济为主导，这就要求国有企业的产权制度改革既要使企业成为拥有充分财产权的市场主体，同时又要保障企业的国有制性质。实践证明，中国通过积极、勇敢的改革实践探索和理论创新，确定了把股份制作为国有企业改革的主要方向；立足于我国实际和发展公有制的要求来进行国有企业的股份制改造，找到了一条通过股份制来构建企业产权主体，同时又保持企业国有制性质不变的正确的企业产权改革之路。

国有企业的改革肇始于1979年成渝两地，20世纪80年代以来在实践探索中逐步向前发展，其发展过程中一些企业的短期行为，促使人们把企业改革推至深层次，这就是20世纪80年代中期以来不少地方国有企业进行以建立现代企业制度为目标的股份制改革的原因和客观依据。我国国有企业改革发展进程表明，进行产权制度改革，是社会主义市场经济改革向深层发展的固有要求和不可回避的过程。

股份公司是一种进行资本联合的企业组织形式。股份制企业拥有保证企业独立自主经营必要的和充分的资产实际支配权、收益分享权、必要处置权的复合权利结构，或权利束，人们称之为法人财产权，在经济学范畴上应称为现代企业经营财产权。拥有法人财产权的企业，是承担民事责任的法人单位。经过公司制改组的国有企业不仅构建了自身的独立的财产权，而且拥有明晰的和硬化的法定财产权，企业真正成了财产权主体和独立营运的市场主体。同时，企业获得收益分享权和产益，意味着生产有了充分的经济利益激励，也有了进行企业积累和自我发展的内在源泉。此外，作为财产权主体的自负盈亏的机制，以及作为法人的承担更多法定社会责任的机制，企业有了多种行为约束。上述明晰而充分的财产权利、产益、产责的结构形成，完成了国有企业的市场主体的塑造。与此同时，第一，在法权上企业的所有者仍然是国家，国家通过有关机构——如国资委——承担和履行出资人职责，不仅履行选择经营者的权力，而且制定国有资本使用和营运的重大方针和基本要求；第二，经营者行为要从属于所有者的意志和要求，他为所有者充当资产委托代理人；第三，出资人通过董事会参与公司治理结构，为使企业活动体现所有者意志提供了制度保障；第四，出资人拥有收益权，享有红利分配权，从而掌握着所有权的最核心部分。

股份制企业的公司治理结构，通过股东会、董事会、监事会和总经理各司其职和职能制衡机制，形成科学决策和有效管理，使企业创造良好业绩，提升经济效益。而企业业绩，特别是效益，则是所有者核心权益之所在。可见，股份公司制产权结构，将所有权与经营权分离并强化企业经营权，不仅没有削弱所有者权益，恰恰相反，是更有效地实现所有者权益；而对于那些实行国家控股或单一国有股的股份公司，股份制改组只是体现国有制企业的财产权、益、责具体结构的调整，而不是企业的公有制性质的变化。

我国国有企业产权制度改革不搞“一刀切”，大中型企业主要实行股份制，国有中小企业则根据具体情况，或是采取租赁制、承包制、股份合作制等形式，或是出售给私人。特别是我国将推进国有企业改革与进行国有经济布局结构调整相结合，按照社会主义初级阶段基本经济制度的性质和多种经济成分并行发展的要求，以及按照产品性质——充分竞争性产品、公共产品、社会产品——选择主体财产权形式规律的要求，使国有资本从一些不具有竞争优势的领域退出和向关系国计民生的行业、领域集中，以及向带有公益性的生产领域——如战略性大生产、环保、科技基础设施——倾斜。其结果是：一方面通过结构调整，使企业做大做强，提升了国有企业的活力、竞争力和影响力；另一方面，它带来在广阔的产业领域内对社会资本的“放开”和“准入”，促进了立足于多种经济成分的众多微观生产主体的出现和发展。可见，实行国有企业改革与国有经济布局调整相结合，不仅有效地实现了国有企业主体财产权的构建，而且带来了所有制结构的调整，实现了公有制为主体和多种主体及多种经济成分的共同发展。在公有主体和私有主体并存的基础上，促使主体财产权结构更加多样化，出现了个体、合伙、私营、租佃、承包、合作制、股份制等多种主体财产权形式，它意味着人民群众进行自主创业和社会资本进行自主组合的广阔门路得到开启以及多种性质市场主体参与竞争的活跃的市场经济格局与势态的形成。

国有企业的产权改革，既要进行使企业成为市场主体所必要的财产权的调整，又要细心维护企业的社会主义所有制性质，因此这项改革难度高且充满风险，长期困难重重、裹足不前。1989 年后苏联、东欧休克式“私有化”改革，造成了社会主义制度解体，但中国却通过自身敢闯敢干和稳健慎重的实践，走出了一条在公有制基础上进行市场经济的微观产权主体构建的成功之路，由此解决了市场经济与公有制相兼容的“制度转型的难题”，使我国国有企业改革闯过了“产权关”，而且更重要的是，使明晰和构建主体产权立足于公有制基础之上。应该说，这是中国改革实践中意义最重大、影响最深远的成就。

社会主义产权制度改革，无疑是一项史无前例的新事物，没有成功的经验可以遵循。由于缺乏经验，以及理论认识准备不足，社会主义产权改革在“摸着石头过河”的实践中不可能没有缺陷，也会有这样或那样的失误。如像一些地方在股份制改组中也出现过“化公为私”和国有资产流失、权钱交易、“官商勾结”等现象。但是，这些改革负效应并非纯然由产权改革本身引起，其产生原因主要是企业改革所需要的各种配套改革难以跟上，特别是政府职能转换和民主政治建设滞后，某些改革的具体操作不当也进一步加大了改革顺利推进的困难。尽管有上述问题，但我国产权改革把握了正确的大方向，国有企业产权改革不仅没有改变企业资产的国有制性质，而且使国有企业不断做大做强和国有经济实力持续增强。

5. 要推进和做好新时期的产权制度改革，为进一步发展和完善市场主体结构夯实制度基础

2019 年我国进入决胜全面建成小康社会和建设社会主义现代化强国的关键时期。构建社会主义市场经济的经济改革，仍是改革的核心；而进一步深化产权制度改革，仍是经济体制改革中的重头戏。在新时期，为了构建更加完整和完善的社会主义市场体制，我们应该按照党中央的要求，继续推进和进一步做好新一轮的产权制度改革和主体财产权的构建。

（1）深化和全面推进国有企业产权制度改革。

我国国有企业已经实行了公司制改造，但是要真正确立现代产权制度，还面临着许多挑战。特别要处理好许多企业中存在的“所有者虚置”和“经营者越位”问题，以及近来又有所抬头的政府干预现象。当前，要进一步深化国有企业产权制度的改革，做好和完善法人治理结构，切实落实法人财产权。同时，要大力推进政府的职能转换，切实做好“政企分开”，使企业真正成为独立的产权主体和生气勃勃的市场主体，还

要坚持维护企业的国有制性质。

（2）推进全面的主体产权构建。

进一步的经济市场化是新时期的特征，为了适应于更广泛领域市场化发展的要求，要推进微观单位（以及个人）主体产权的构建。如：当前社会资本不断深入农村，多种多样的新合作制、新股份制、新集体等经济组织形式不断涌现，这就要求理顺产权关系，构建稳定的产权制度，使这些农村经济组织进一步成为拥有凝聚力和内在活力的市场主体；适应于以企业为主体和动员广大科技人员进行科技创新，要大力落实知识产权保护，使新技术、新发明创造者成为能切实享有权益的产权主体；适应于当前文化产业的发展，要大力推进文化体制改革，通过公司制改组和产权制度构建，创造出适应市场的进行文化生产的、充满活力的市场主体，还要认真完善文化、知识产权制度，切实维护独立文化工作者——音乐作曲人，歌词、剧本写作人等，以及网络文化创作者的知识产权，由此激励群众性的独立文化生产；适应于社会建设和改革的要求，当前多种多样的提供公益性产品和社会服务的微观单位正在涌现，按照公共产品提供最大化和成本最小化的原则及单位的具体情况，做好产权制度构建；适应于资源节约、环境保护和节能减排的要求，做好自然资源使用中的产权制度安排，也是当前必须做好的新工作。

（3）统筹城乡发展，启动我国第二轮农村改革。

土地是农村最重要的生产资源，在市场体制下实行和做好土地经营权的流转，能够在使用价值形态上将零散的“小农地”转变为规模化经营的“大农场”，同时能够在价值形式上将不具有价值的“自然土地”转变为拥有交换价值和能提供级差收益的经济资源，从而有力促进规模化、集约化的现代农业和多样化农村商品经营的发展，增强农村内在积累能力，加快农村公共（居民点、村、镇）建设和社会事业的发展，为我国农民开拓一项财产性收入。因而，按照农村土地集体所有制的性质，根据各地具体情况和农村发展的要求，通过对土地产权流转的全盘科学设计，做好产权流转主体的明晰、主体土地产权的界定以及土地流转市场的构建、土地流转原则的制定，形成农民自主、政府规制的有序的土地产权流转，已成为当前农村产权改革的重中之重。

（4）进行规范化的主体产权制度的建设。

新时期的企业、个人以及事业单位的财产权的构建，要着眼于规范化。当前需要进一步确立市场经济中规范化的微观单位（企业以及个人）产权制度，构建和完善有关财产权法律，确立法制界定的主体财产权权限，规制主体行使财产权的行为，建立起对主体的财产权扩张活动的多方面制度约束，由此来保证立足于主体财产权的市场经济运行的有序和社会生活的有序。

（5）不断完善主体财产权结构，发展和完善社会主义生产关系。

可以通过各类公有主体产权结构的完善，来实现公有制的发展和完善。如在国有企业中通过股份制的完善，实行国家控股的多元化股权结构，发展职工持股，特别是做好包括经理人、职工在内的收入分配，纠正一些企业中的经理人索取不合理高薪的现象，使改制后的企业更加体现公有制性质。立足于股份制产权制度的混合所有制，是我国发展社会主义公有制的重要载体，完善股份制产权结构，通过对多种行业的众多股份制企业——包括私人控股企业——渗入国家股，发展混合所有制，可以使这些企业体现公有制属性，实现公有资本与私有资本的“对接”和“共融”。

可见，借助企业主体产权结构的完善，特别是通过股权多元化的主体产权结构的完善，企业内公有股的渗入，国有股权、劳动股权的增强，企业内的“产益”的分配（国民收入初次分配的调整，国家对企业上缴税利即总体的“企业产益”的调整——国民收入再分配），企业就能实现本企业范围内的和国民经济整体范围内的收益分配关系的调整。这种现实的分配关系的调整，由于更充分地体现劳动者权益，实际上体现了社会主义生产关系的发展和社会公有制的完善。在社会主义条件下，通过微观组织主体财产权的完善来推进公有制的完善和发展有着很大空间。

我国正在开展的产权制度——企业、科技、文化以及农村土地产权制度的改革，一方面，旨在使众多微观单位成为市场主体以增强经济活力；另一方面，我国经济改革的目标是建立社会主义市场经济体制，我国国有经济以及农村经济中市场主体财产权的构建，都必须立足于社会主义所有制的坚持和完善。因此，产权改革要体现所有制的要求，而不能采取财产权“一放了之”的方法，更重要的是要做好企业权、益、责在不同当事人中的配置和组合，特别是在当前农村土地流转中，要切实做好强化“农民私人产权”和维护好“集体公有产权”的结合。我国产权改革面临着许多难关，因而，顺利推进我国新时期产权改革，既要靠大胆而稳健的实践探索，更要深化对社会主义产权的理论研究。

第九章　深海逐浪

关于社会主义经济运行问题

中国经济在20世纪80年代中期出现“一放就乱、一收就死”的恶性循环发展。如何在理论上认识社会主义经济紧缩中出现的种种负效应，应该如何缓解与调节这些负效应，以及如何解决20世纪90年代中后期我国由计划到市场转型中的体制与机制变革中出现的有效需求不足和经济过剩运行等问题，是刘诗白长期以来所关注的，也是他对于宏观经济运行理论思考和着墨较多的学术领域之一。

“思维的惯性、利益的藩篱、权力的制约，三股势力，都可能成为改革的阻力。对这些压力，澄清认识的迷雾，让国家的航船回到正确的轨道，恰好是经济学家的使命。”在那些迷障阻隔的至暗时刻，刘诗白是这么说的，也是这么做的。刘诗白不仅是改革的坚定拥护者，更是改革的忠诚护航人。在20世纪80、90年代中国改革开放的攻坚时期，他贡献了众多经济改革良策。

（一）关于20世纪80年代实行治理整顿的分析

1988年我国为了治理通货膨胀实行治理整顿。实行紧缩的财政金融政策，刹住了物价涨势，但也出现了新问题与新困难。市场疲软与资金短缺的交织，是1988年这一次经济紧缩中令人注目的现象。

资金短缺严重影响了生产与经营活动，导致市场销售疲软，从而加剧了资金短缺，实行紧缩中这一对负效应的交织，即商品流通障碍和资金流通梗阻的互相推动，使企业经济活动软弱乏力，甚至再生产难以为继，造成企业停产和半停产，其结果是1989年9月以后的工业低速增长。

资金短缺在过去经济紧缩调整中曾经出现过，但市场疲软却是那时经济紧缩中出现的新问题。而且，市场疲软在紧缩经济出现的各项矛盾中尤为突出。市场销售不畅和困难，是资金难以回流的终极原因，是企业互相拖欠和债务链越发扩大的原因，是造成企业停工停产的直接动因，是银行不断投放点贷资金而生产仍然难以启动的根本原因。市场销售疲软，已成为市场再生产机制发生紊乱和经济运行失序的动因，是制约我国经济生活的关键问题。

刘诗白认为，市场出现销售疲软，并不是治理整顿采取的“双紧”方针不对，而是在我国经济体制、经济机制不完善的情况下，实行有成效的、严峻的宏观紧缩政策难以避免的现象。治理整顿就是我国要通过解决国民经济中存在的总量失衡与结构失调两大问题，从根本上克服经济过热、需求过旺，控制通货膨胀，实现国民经济持续、稳定、协调发展。为此，首先必须解决总量失衡，实行以抑制总需求为直接目的的“双紧”政策。由于多年来我国经济发展不均衡等要素大量积累，造成了严重的通货膨胀。加之我国人口多、收入低，人们习惯于价格固定，又缺乏收入补偿和就业保障机制，对涨价承受力低。因而，必须采取有效手段来抑制总需求膨胀，把物价涨势刹住。实行“双紧”政策，采用紧缩投资、信贷、货币、财政、进口等措施，多管齐下，是客观必要的。

以实行严格的宏观紧缩政策肇始的治理整顿，标志着我国经济进入了紧缩、调整时期。1988 年 9 月至 1989 年底，是治理整顿的第一阶段，其主要特征是实行较为全面的宏观紧缩，主要任务是抑制社会总需求的过猛增长。这一时期社会主义的经济紧缩过程表现为：(1) 资金供应减少，一部分企业和一定经济领域流动资金不足，但不是金融信贷危机；(2) 社会总需求增长放慢，市场购销活动由旺转平、转疲，一些产品滞销，但不是全面的市场萧条；(3) 对一部分企业实行关停并转，但不是企业大破产；(4) 待业人员增多，但不是大量失业；(5) 局部领域经济活动降温，经济增长放慢，但不是社会总体再生产的中断。

这表明：这是一个国家掌握的、有步骤的经济紧缩与经济调整，它与资本主义经济中，在自发性的市场机制作用下，以爆发性的危机形式，通过经济大崩溃和社会大动荡而实行的调整有根本的不同。社会主义的经济紧缩过程中，特别是它的肇始阶段，以抑制社会总需求的过度增长为主要任务，以实行减少投资量和信贷供应量、控制消费基金的增长、控制紧缺原材料的计划供应与市场供应、紧缩进口等多方面互相配套的紧缩政策措施为特征。而这些政策的实施起作用是发挥它的紧缩需求功能，在物价涨势控制方面取得积极成效的同时，又难免会引起市场购销活动的某些衰减，使资金供应不足；特别是经济收紧的“紧急制动”，难免要打乱过去的过热运转的经济机制，造成暂时的“机制紊乱”，由此加剧局部领域经济活动的“衰减”，使企业停产或半停产范围扩大。可见，宏观经济紧缩总是正效应与负效应同时存在。

经济紧缩、调整的主要任务，是解决总量失衡与结构失调，在革新体制与完善经济机制的前提下，实现总需求与总供给基本平衡的格局，从而保证国民经济转上均衡的再生产轨道。因而，整个经济紧缩、调整时期的基本矛盾是总量失衡与结构失调，以及由此引起的需求膨胀和国民经济稳定增长的矛盾。

针对这一问题，刘诗白认为要从根本上解决上述矛盾：第一步，坚持紧缩，实行经济降温，抑制即期需求的猛长，缓解总需求与总供给的矛盾；第二步，在坚持控制总需求过快增长的前提下，大力进行经济结构调整，增加有效供给，逐步做到需求结构与供给结构相适应。治理整顿就是要消除经济中导致盲目建设、结构失调的机制。同样地，采用双紧政策就是要消除内生的需求膨胀和经济过热的动因。因此，深化改革和完善机制就具有更加重要的意义，它不仅仅直接关系结构调整目标的实现，而且是我国经济从根本上摆脱调整—膨胀—再调整—再膨胀的怪圈，转而走上持续稳定协调发展的轨道的根本前提。

市场销售疲软，给产业结构调整提供了外在压力和机遇，正确对待这一经济生活中的负效应，将坏事变好事，有利于治理整顿的深入。但市场疲软在当时已影响工业增长，带来许多困难，影响经济稳定。因此，刘诗白在第七届全国人民代表大会三次会议上，作为全国人大代表的他在会上提出了“缓解市场疲软十策”，引起各方面的高度重视，这一发言被《人民日报》全文刊登。这“十策”如下[①]：

第一，用活资金来启动生产、带动市场。缓解市场疲软，首要的是缓解资金短缺。在资金供应紧张下，部分企业不仅无力支付原材料款，无力在市场收购农业原料，甚至连工资也发不出，生产难以为继。商业企业、外贸企业因缺资金，影响购销活动，不能进行正常库存。为了缓解资金紧缺，需要改善金融宏观调控方法，因此特别要注意紧而有度，紧后要有松，大紧小松，防止过紧把弦绷断了。所以银行要适度松动银根，不能实行“开闸”。在经济紧缩中做到扶优汰劣，要用好利率杠杆，贷款给效益好的企业。政府硬性规定不给哪一领域贷款，这种“一刀切”的做法，会给经济带来损失。为了缓解资金短缺，除了适当降低利率外，还应用好差别利率。

第二，强化商业功能以疏通市场。市场上商品既有销售缩减，又有流通不畅，拥有10亿人的大市场潜力尚未充分发掘，特别是在农村大市场上，适销对路的商品难买，农副产品难卖。因此，需要加强商业的功能，充分发挥国营商业和供销合作社的主渠道作用。要完善商业体制，许多商业企业既缺资金，又为保自身利润而不愿开展更多购销活动。要发挥商业的“蓄水池”功能，做到吞吐商品，稳定物价，政府要采取切

① 刘诗白. 全面疏导，多方启动——缓解市场疲软十策 [N]. 人民日报 ,1990-04-10.

实措施，用优惠利率贷款建立商品储积基金。除此之外，还要注意拓宽流通渠道。充分发挥集体、个体商业的辅助作用，搞活流通渠道。不可设卡过多，影响个体贩运的积极性，不利于零星、多样的工农副产品的销售。

第三，用开发新产品来开拓市场。市场潜力的大小，关键在于产品是否适销对路，是否物美、质优、价廉；在于企业能否不断开发新产品，用好“人无我有，人有我优，人优我廉，人廉我转”十六字经。在这方面，四川不少先进企业提供了经验。一级企业四川长虹电视机厂，及时生产直角平面遥控彩色电视机，并采取其他促销措施，打开了销路。

第四，用好价格机制来促进销售。市场上存在价格销售弹性。这就是：降低价格，销量增大；提高价格，销量减少。1988 年一些商品提价过度，造成积压。一些商品适当降低价格，很有必要，但要讲究方法。降得好，有利于促销，方法不好，还会强化消费者的降价预期，强化等待心理。例如今天降一点，明天降一点，或者竞相削价，大抛卖、大“流血”，这就只能引起消费者的错觉，造成持币待购和储币待购。因此，建议对降价的商品，统一制定和安排降价促销措施，防止和减少盲目性。

第五，用引导消费来激励市场。消费品销售停滞，在于人们买得少。针对当前状况，有必要适当激励消费欲望，使人们多买一点。我们还处在紧缩时期，在总体上，要实行控制需求政策而不能改弦更张，采取刺激需求政策。但当前需要进行必要微调，引导消费适当增长，除了采取经济手段，如降低存款利率的百分点，还应进行思想引导，既反对高消费，又不压制正常消费，提倡合理、适度消费。

第六，减少对一些商品的不必要限制以活跃销售。20世纪80年代末90年代初，足踏摩托车大量滞销，而不少城市采取多样措施限制其销售。对办公用的国产电子打字机、计算机、传真机的专控，这其实没有必要的。

第七，限制不必要进口，提倡国货以扩大销售。当产品市场销售困难时，要限制不必要的进口产品。高档消费品，如录像机市场基本被进口货占领；一般消费品，如照相机、烟、酒，也是洋货充斥，连化妆品也是大量进口。我们虽然不能排斥进口，但不应该盲目进口，需要有贸易保护措施。若不进行必要的保护，把不该让的市场让给国外产品，我们的民族工业就发展不起来，现在是下决心解决这一问题的时候了。

第八，优化产业结构和提高经济效益。我国总需求大于总供给的格局，不可能在短时期内改变，对于“短缺经济”的我国来说，应把优化产业结构、增加有效供给作为中心任务。只有搞好结构调整，我们才能防止在疏导、复苏市场中再度出现需求过旺和再次发生市场风波。市场是个“百慕大三角”，对未来的市场变化，人们很难看得准，因此，当前只能立足于疏导。在搞活市场中，还要注意掌握好“度量”和适时调节，不能贸然地全面刺激需求。要把疏导市场置于产业结构优化和增强有效供给的基础之上。

第九，采取有效措施，清理“三角债”，启动生产，活跃市场，必须解开企业身上的“债务链”。为清理三角债，政府已采取恢复银行托收承付的措施。根据企业同志意见，还应改进点贷资金使用方式，将用于清理“三角债”的点贷资金给债务一方。目前点贷给债权一方，在债务清理中欠人的被扣去，人欠的未扣回，反而增加了利息负担，因而企业不愿贷款，宁肯互相拖欠。

第十，用好投资来启动市场。要有效地启动、疏导市场，需要有足够的投资需求，使它与现实的生产资料、生产规模相适应，否则，我们的机电、水泥、汽车、重型机械，甚至发电设备等生产企业将难以摆脱困境，甚至会发生生产萎缩。但总量控制又必须坚持，全社会固定资产投资不能突破。为此，只能有压有保，改善投资结构，把有限的资金用到“刀口”上，首先保证效益好的国有大中型企业的需要。其次要充分保证和用好技术改造的资金。如何在坚持总量控制下，适当增加投资需求，适当扩大开工不足的、生产设备与基本生产资料缺乏的重点企业的商品销路，以启动生产、带动市场，这是当前应该深入研究的一个课题，这不仅关系当前市场疲软的缓解，而且也关系 20 世纪 90 年代经济发展的后劲。

（二）关于过渡时期经济过剩运行的论述

在实行改革开放的很长时期内，经济运行曾保持短缺运行的基本格局。但是 20 世纪 90 年代中期以来，我国经济运行态势发生根本变化，即由过去长时期的供给不足和短缺运行转为内需不足和经济的过剩运行，并首次遭遇了通货紧缩的困扰。刘诗白在 2000 年和 2005 年分别出版了《我国转轨期经济过剩运行研究》和《中国转型期有效需求不足及其治理研究》（主编）两本专著，运用马克思再生产理论，研究了“经济过剩运行”问题，对我国经济转轨中的有效需求不足、有效供给不足等问题进行了系统性思考。在今天国家供给侧结构性改革的时代背景下来看，这一理论分析框架和基本观点经受住了时代的检验。

中国人民大学经济学院教授、博士生导师李义平对当时的形势评价称，自1997年开始，进入了过剩运行阶段，经历了一个长期复苏时期。这对于中国经济学家是一个具有挑战性的研究课题。我国著名经济学家刘诗白教授深入地研究了我国经济发展过程中这一新现象的特征、成因，并就如何步入健康发展，进行了深层次的分析。刘诗白教授的新著《我国转轨期经济过剩运行研究》就是这一研究的集中体现。

1. 转型期经济运行势态的新变化——由短缺运行向过剩运行的转变

20世纪90年代中期以来，经济运行势态发生了根本变化，我国经济告别了短缺运行，经济运行中呈现出包括消费品、投资物品在内的大范围的供给过剩的局面，表现为：（1）范围的广泛性。商品普遍供给过剩，不仅消费品全面市场疲软，生产资料也大面积滞销。（2）物价持续下滑。1997年10月至1999年底物价持续近27个月的负增长。（3）生产能力过剩十分突出，许多行业生产能力闲置50%左右。盲目投资、重复建设使相对于市场容量的过剩生产很早就已出现。（4）过剩运行的持续性。自1996年底市场疲软开始明显化，1997年、1998年两年市场供给过剩进一步加剧，不仅价格继续负增长，而且居民储蓄急剧增长。（5）国内生产总值增长放慢。由于市场全面疲软，1997年以来国内生产总值增长率逐步下滑，由1997年的9.8%降到1998年的7.8%再降到1999年的7.1%。这表明过剩已经不仅是消费品市场的现象，而且涉及其他要素市场，并且演化为生产能力的过剩。市场上的供给过剩和销售困难已经不是市场

1986年摄于寓所书房

运行中一般的供求失衡的表现，而是出现了某种程度的通货紧缩，造成运行障碍和增长放慢。可见，过剩已经不只是一个市场现象，而成为一种带有故障和严重负效应的运行势态，“买方市场”概念已经不足以概括这一运行势态特征。基于上述理由，刘诗白认为使用“经济过剩运行”一词更为确切。

“经济过剩运行”在宏观经济上主要表现为市场商品供给和生产过剩、生产能力过剩、要素供给过剩等，实质是现实总需求的不足与供给的增长不相适应。

过剩运行不等于过剩经济。资本主义经济本质上是过剩经济，这是因为资本主义国家存在制度性的有效需求不足，即马克思所揭示的生产能力的增长超过了群众有购买力的需求的增长。因此，过剩经济是资本主义经济形态长期固有的制度性的特征。

社会主义市场经济，就其本质来说不是过剩经济，但不等于说不存在过剩和过剩运行。（1）由市场调节的、自发性的投资与消费（以及外贸），其增长不可能是均衡的，因而总供给与总需求的失衡——表现为过剩运行或者是短缺运行——是市场经济的一般现象。（2）社会主义初级阶段存在着多种所有制结构和多样分配方式，个人财富与个人收入结构的不均衡和不完善将长期存在，从而也就有可能产生一定程度的制度性的社会购买力增长落后于社会生产增长的情况。(3)改革的不到位、市场体制的不完善、市场机制的自我调节乏力，甚至作用扭曲，表现在盲目投资和重复建设上，由此造成供给结构失衡。而且自我调整机制的缺乏，导致宏观供求失衡和过剩运行。(4)转轨期制度的不完善引起收入结构的畸化，其表现是收入差距大甚至悬殊，抑制了社会购买力的正常增长，从而出现社会购买力的增长落后于社会生产增长的情况。(5)现代大工业的发展，特别是新科技转化为生产力，使一些行业、部门生产能力迅速增长，这种技术性社会生产增长超过社会消费需求的增长，也成为形成过剩的一种因素。总之，在社会主义市场经济运行中，特别是在转轨期，市场机制自我调节功能薄弱和作用扭曲成为经济过剩运行出现的主要原因。经济过剩，不是起因于制度性的需求与供给的矛盾，而是体制转轨中出现的一种新的经济运行势态。更具体地说，它既与市场经济的运行机制有关，是计划经济体制向社会主义市场经济体制转换期不完善的体制和机制的产物，也与我国当前的生产力水平和增长方式有关。

1996年摄于寓所书房

我国当前经济出现过剩运行，其特点为：(1)国内需求不足是出现过剩运行的重要原因，而需求不足是由投资需求和消费需求增长缓慢多种因素造成的。(2)需求不足与供给结构失衡并存。供给结构失衡突出地表现为产品重叠过剩，即性状与功能雷同的产品过剩。（3）消费品的供给过剩与居民储蓄的增长并存。

经济出现过剩运行既是有效需求的不足，是一种相对的过剩，也是供给结构的缺陷，体现为重复建设下的产品过量供给和结构性的过剩。（1）消费需求增长滞后于生产的增长已经成为我国经济运行中的一个主要矛盾。我国消费需求增长的放慢和滞后，是改革过程中出现的值得重视的新问题。它表明市场经济中消费需求增长和变动的不均衡，更主要地，它是转型期经济机制不健全和经济运行中的各种矛盾交织的结果，也是不发达国家工业化过程中的各种矛盾与困难的表现。（2）当前经济过剩的出现，又是由于供给结构失衡。供给结构失衡、有效供给不足成为一个突出现象。性状与功能雷同的产品拥塞，特别是质量低的产品的拥塞，是当前市场供给中的突出问题。产品重叠过剩还表现为低水平的供给重叠过剩。而供给结构的失衡和产品重叠过剩，其根本原因是盲目生产和重复建设。所以，一方面质量低的产品重叠过剩，另一方面适销对路的新产品匮乏，也就是供给结构失衡和有效供给不足。这种结构失衡、有效供给不足与需求不足相并存，是我国当前经济过剩运行的特点。

根据上述对经济过剩运行的性质和成因的分析，刘诗白提出了治理过剩、实现经济由过剩运行转到平稳运行的系列对策。

一要正视需求不足，大力扩大内需。治理过剩运行要从扩大需求着手，首要的是扩大国内需求。为此，要采取积极的财政政策和有效的货币政策，搞好投资和消费双轮拉动，以启动经济。在投资拉动中，要以扩大政府公共投资为起点，着力于刺激社会投资，形成内生的投资需求。

经济的健康回升要以启动消费为重点，通过标本兼治、多管齐下，大力刺激消费需求。针对当前消费倾向下降、储蓄倾向超常跃升的情况，要采取有效的对策，如增加群众收入、健全居民消费心理等。

二要集中力量，调整结构。经济过剩既表明需求不足，又因重复生产造成了供给结构失衡。结构性的过剩是我国过剩运行的突出特征。扩大需求不可能是一把解决严重的结构失衡和结构性过剩的金钥匙。恰恰相反，采取需求管理的政策，实行货币发行与信贷“开闸”和扩张，或许能暂时缓解某些产品的过剩，但是更有可能导致过热和通胀，不能解决我国的结构失衡，只能使其隐蔽化甚至加重。解决过剩运行的重要之途，只能是调整结构。当前的主攻方向是：调整和优化产品、产业和地区结构，形成适销对路的有效供给，特别要刹住使结构失衡和过剩持续化的重复建设风。当前的过剩，也是促使政府和企业进行结构调整的大好时机。

三要深化改革，完善市场机制，形成和强化经济自我调整功能。要从根本上解决机制性的盲目生产和重复建设，必须着眼于推进市场化的全面改革，包括国有企业、银行体制、资本市场等方面的改革。通过改革的深化，形成自我约束、自我调整的理性的企业行为；形成促使结构调整和产品创新的完善的市场价格机制；形成促进企业优胜劣汰，进行组织结构调整和存量资产流动重组的机制。

四要充分有效地发挥政府的调控功能。我国当前的过剩，也表明在转型期需求变动与增长的不稳定性、供给结构失衡的刚性、经济增长中过热或过冷交替出现的经常性，以及国际经济变动所影响的外贸和引进外资等参数变动的不确定性。因而，为了保证国民经济的稳定、健康运行，需要加强政府对宏观经济的调节。当前，政府要处理好影响经济运行的主要方面和环节，尤其要处理好增长速度与结构调整的关系，把结构优化放在首位；在扩大内需中，要处理好投资需求与消费需求的关系，着力启动社会投资和消费需求；在扩大消费需求中，要把促进居民收入增长和刺激即期消费相结合；要大力扩大出口，把扩大内需与扩大出口相结合。

2. 转型期国内有效需求不足产生的原因及其治理

需求不足主要是内需不足，内需不足是经济中的深层次矛盾所导致的。由计划体制到市场体制的转轨，是经济的全面改组，是一场深刻的革命。20 世纪 90 年代出现的需求不足现象是我国改革深化阶段多种矛盾交织的结果，是一种“体制综合征”。

造成 20 世纪 90 年代中期以来有效需求不足的主要原因是：

第一，改革滞后与国有企业竞争力的缺乏。国有企业是我国国民经济的主要支柱，是我国社会投资最主要的载体，是城市消费的主要支撑者，不断深化国有企业改革，增强企业活力，是保证始发的需求不断增长的根本前提。20 世纪 80 年代后，国有企业改革相对滞后，缺乏适应变化了的市场情况而进行灵活的自我调整的能力；产品结构陈旧，不适应市场需要；企业机制不活；资本金不足，包袱重，冗员多，成本下不来。上述问题，使国有企业缺乏竞争力，困难日增，效益下降，维持再生产已不容易，更难以扩大投资和增加职工报酬。相当部分国有企业缺乏活力和陷入困境，意味着需求创造的源流的减弱。此外，乡镇企业出现困难，是造成当前市场需求弱化的另一重要原因。公有制企业，主要是国有企业的改革十分艰难，由此造成消费与投资需求增长不足，可以说是体制转轨中难解之题。

第二，转轨期的失业。20世纪90年代中期国有企业改革进入攻坚阶段，需要进行结构大调整、资产大重组和机制大转换。首先，大量的职工下岗和再就业是不可避免的，职工的收入也受到影响。其次，国有经济需要适应市场体制的需要而进行布局调整，实行适当紧缩，按照有进有退、有所为有所不为的原则，一部分国有资本要从竞争性行业中退出而向其他领域转移，因此，下岗和再就业的规模增大是不可避免的。再次，再就业中包括失业，这是改革和经济大调整的“失业”，它会因体制活力增强带来的就业空间的扩大而有所缓和。但发展非国有特别是非公有制企业，在渐进的转轨过程中难以做到十分及时和顺畅，这就限制了转业与就业的空间，从而加剧了国有经济大调整时期的失业问题。总之，国有企业和国有经济的战略性大调整，会造成和加剧转轨期的失业，导致职工收入增长放慢，这是城市消费需求不足的一个重要成因。

第三，农村制度创新和农业生产方式现代化推进的困难。农村需求是我国市场需求的重要组成部分。20世纪80年代末，农村广大地区增产不增收，农民收入增长缓慢。20世纪90年代中期以来，农民收入增幅进一步下降。这种转轨经济中机制和结构缺陷造成的阶段性的农村经济活力的衰减，成为我国农民收入增长滞后、农村有效需求增长缓慢的根本原因。

第四，转轨期的收入差距扩大。转轨期的收入差距扩大，在当前表现得十分鲜明，显然不利于有效需求的增长。因为，对高收入层来说，能买到的商品已经有了所以“不想买”；对于低收入层来说，想要买的商品不少却又“买不起”。就城乡和地区来说，一些发达城市和发达地区，居民拥有数量可观的闲置购买力，但基本生活消费品已呈现市场饱和，而广大农村和贫穷地区却又由于群众收入低下，造成消费品市场狭窄。可见，收入结构的不完善和收入差距过度扩大，特别是占居民多数的基本消费群体收入水平低、缺乏购买力，成为当前制约社会有效需求增长的另一重要因素。

第五，消费倾向的下降。消费倾向表现为消费者可支配收入中用于消费品购买的比例的大小。我国20世纪90年代中期出现了消费倾向急剧弱化现象。其原因是城乡居民收入增长的放慢和居民预期支出的增长。

由于我国还处在经济不发达阶段，居民收入水平低，收入变化直接影响消费倾向的变化。在收入增长放慢特别是改革深化，由于打破了“铁饭碗”，收入对个人来说不再稳定，即期消费的减少是很自然的。

居民预期支出的过度增长，是造成即期消费抑制的更重要原因。由于就业、住房、社会保障、教育等多项体制改革的全面推进，居民账户上预期支出急剧增大，而工资分配制度改革却又滞后，因而，人们减少即期消费是不可避免的。

有关个人就业、购房、社会保障的制度建设还未完备和明确，各种改革带来的个人负担和预期支出不明晰，会引起即期消费过度抑制的负效应。

持续的经济过剩和市场疲软，强化了“买涨不买跌”的心理。在价格持续下行的宏观形势下，经济过剩和市场疲软会加剧市场秩序混乱、厂商价格大战、假冒伪劣产品大肆泛滥等，这些均会进一步降低消费者的购买欲望。

城市经济进入小康，消费需求发生变化，但消费品结构创新和升级缓慢，适应小康热点消费品的缺乏，促使居民形成推迟消费的心态，这是抑制即期消费的又一因素。

可见，我国面临着转轨期多种矛盾积累和交织而导致的消费行为和消费心态的急剧变化，其结果是基本消费群体即期消费的过度自我抑制和消费倾向的急剧缩减，居民储蓄不断增长，许多人“有钱也不花”“有钱不敢花”，这种情况大大强化了消费品有效需求不足。

我国转型深化阶段的体制和机制的矛盾，导致20世纪90年代群众收入增幅放慢和消费需求不足问题的出现，而经济呈现过剩运行和有效需求不足，使消费需求不足问题更加突出。由于作为最终需求的消费需求不足，投资需求也因此乏力，导致全面的国内需求不足。

刘诗白将20世纪90年代中期经济运行中的需求不足归结为体制转轨、增长方式转换中众多矛盾的积累和交织的表现，并称之为“转轨深入发展期矛盾综合征”。刘诗白基于上述认识，进一步提出了治理需求不足的比较清晰的思路和方法。

第一，把扩大内需放到发展战略高度，同时千方百计扩大“外需”。既然我国需求不足的主要成因是内因，是内需不足，因而从根本上解决需求不足，就要扩大国内需求。与此同时，扩大出口、增大外需也十分重要。在走向21世纪的新时期，我国经济保持8%左右适度的高速增长和在科技进步、产业升级基础上提高增长质量，迫切需要进一步加强对外开放，使进出口不断增长，保持旺盛的外需的拉动力。但是也必须看到像我国这样拥有14亿人口的发展中大国，拉动经济快速增长应主要依靠国内需求。14亿人口不断增长的物质与文化生活的需要，形成内涵广、层次多的“中国大市场”，是我国各类产业全方位发展和我国经济持续高增长的不竭源泉。我国当前出现的市场全面疲软和生产能力的过剩，表明了内需不足的严重危害和扩大内需的迫切性、必要性。我国有必要实行一项重振内需的长期战略，只要我们能做到有效启动，不断保持国内需求的旺盛和持续充分增长，我国将进入一轮工业、农业和各行各业稳定高增长的时期，我国国民经济因有国内需求为支柱将会得到更好的发展和振兴。

第二，实行扩充需求总量的宏观政策。有效需求不足，经济缺乏拉动力，在增长减速、下滑时期，需要实行扩张性的宏观政策，有效地刺激投资和消费需求，使经济在政府“打气”中走向复苏。当前的宏观政策应重点体现以下几个方面：(1）继续实行积极的财政政策并加大力度。(2）把扩张性的财政政策的着力点放在撬动、刺激社会投资上，特别是要刺激、调动各类企业和居民的投资积极性，以振兴和加强来自企业的始发的需求。依靠政府财力的公共投资不可能长期持续，我国经济的健康复苏和走向高涨必须依靠经济自身的活力，即依靠社会投资和社会消费的增长。(3）把刺激消费作为扩张性财政政策的一项重要内容。当前内需不足与经济难以启动的症结，在于消费需求不振。启动社会投资的前提是振兴消费。有效扩张总需求的宏观政策，应该把刺激投资和刺激消费相结合，借助财政力量提高职工和低收入层的收入，采取多种鼓励消费的政策措施，着力培育和推动住房、教育、旅游等新的消费热点，特别是要在改革深化中尽可能减轻基本消费群体预期消费支出增大的压力。（4）要把扩张性财政政策和适度扩张的货币政策相结合，即“适度双松”。市场上出现通货紧缩的势态，货币政策应争取大的作为，要采取多种措施，适度增大基础货币供给量和扩大信贷，并使货币政策与财政政策密切配合，有效发挥刺激投资和消费的效应。（5）实行扩张性的宏观政策，既要着眼于当前扩大内需的迫切需求，又要着眼于中长期经济稳定增长的要求。需求不足是宏观经济运行中的严峻问题，但单靠加大松动和刺激力度，甚至饥不择食，采取超过现实经济承受能力的松动方法，或采取银行“开闸式”扩大信贷的方式，即不问企业效益自由供应信贷资金和听任低素质企业自由上市筹资，上述手段可能会加速市场起搏效应，但也有可能由此引发又一轮重复建设和通胀，从而使我国“一放就胀”“一管就死”“再放又胀”的不良循环继续延续下去。

第三，大力做好国有企业的改革，在盘活“源头”上振兴有效需求。20 世纪 80 年代末的需求不足是转轨期体制和机制性矛盾导致的相对需求不足，它在根本上是一种体制病，而不是货币供应不足所造成的。治理需求不足的根本在于改革体制、完善机制。要做好国有企业的改革，转换企业经营机制。改革过程中矛盾的积累和国有经济活力的缺乏，是国内社会投资需求和消费需求不振的重要原因。治理现阶段经济运行中的需求不足问题，我们应该着眼于根本，深化国有企业改革，从总体上盘活国有经济，强化“需求之本”，从源头上解决有效需求不足问题。

要在做好国有企业科学定位基础上，进行国有企业布局的大调整；

要大力发展股份制，推进产权主体多元化，进行规范化的公司制改造，完善法人治理结构，健全企业产权制度，优化企业的组织结构。着眼于提高国有企业的素质、竞争力，从而增强控制力，从整体上盘活国有经济。要大力发展混合所有制，以股份制为载体，形成和发展一种新型的公有主导的社会资本。国有企业的搞活要求改革的全面推进，即要加快社会保障体系的改革，进行工资制度的改革，使其与就业、医疗、住房、教育等改革相匹配，特别是与国有企业大改组、职工下岗分流和失业扩大的形势相适应，避免和缓和改革深化阶段消费倾向下降的负效应。

第四，加快体制转轨，依靠市场调节机制和有效的政府宏观调控，大力调整结构，争取实现长期的总量、结构均衡。我国需求不足的主要成因是体制性的矛盾和生产方式与结构的缺陷，是制度转换和增长方式转换中的问题和矛盾。转型期的体制和机制的缺陷既使经济盲目扩张，催化“过热”，导致需求扩张和通胀，使经济呈现“短缺运行”，又在一定条件下造成基本消费群体收入增长滞后从而有效需求不足，使经济呈现“过剩运行”。当前实行的反周期政策，在实现总量调整、有效需求得到扩大、市场逐步活跃后，经济过剩运行将逐步得到治理。但目前看来，充分的和旺盛的有效需求，经济高增长，不是三五年的事。由于我国在20世纪80年代末，既面临着总量失衡，又面临着供给结构失衡，因此，宏观政策既要以扩大内需为着力点，又要大力调整和优化结构——产品结构、行业结构、地区结构，千方百计增大有效供给。在经济回升期，要特别注意结构优化、产业升级，在加入世界贸易组织的形势下，做好结构调整更是极为紧迫。即使是经过一定的阶段，有效需求不足问题基本解决后，能否保持国民经济持续稳定健康增长，特别是能否防止经济过热和通胀的再次发生，争取实现一种高增长、低通胀的运行势态，在于能否搞好结构调整。为此，既要充分发挥市场经济机制的自动调节、“协调”“致衡”的功能，又要有效地发挥政府宏观调控的功能。21世纪的中国经济在市场体制下走上持续的低通胀、适度高增长运行之途，在于加快推进以国有企业改革为中心环节的全面的体制改革，加快向市场体制的转轨，更早地在我国形成健全的市场调节与有效的政府调控共同作用下的新的经济运行机制。

3. 转型期国内有效供给不足的成因及其治理

市场疲软表现出有效需求不足，特别是作为最终需求的消费需求增长的放慢和不足。但是也必须看到，有效供给不足、不适销对路的过剩供给的膨胀，也是使有效需求不足问题加剧的重要原因。有效供给的不足，使有效需求难以增长。有效需求不足和有效供给不足并存，是我国转轨期机制性经济过剩的特征。针对我国经济过剩运行的性质和特点，刘诗白主张要大力治理经济过剩，除了大力扩大有效需求之外，还需要切实增加有效供给。

刘诗白认为，有效供给创造需求，有缺陷的供给则限制需求，有效供给不足进一步加剧了有效需求的不足。有效需求的形成既需要主体拥有购买力，又需要产品品质优、适销对路、价格适当。就消费品来说，产品是适销对路的，价格又是购买者能承受的，而且是与产品的质量相匹配的，使用价值或价格能给购买者带来消费使用利益，从而能刺激人们购买，这种消费品就是有效供给。所以，主体的消费欲取决于消费对象的使用价值，即它具有满足主体需求的能力和品质。消费品品质的提高，特别是新产品的开拓，有利于培育和形成主体的新的消费欲和新的消费行为，从而促进消费需求的扩大。而消费需求不振，既有居民收入增长滞后和预期支出增大造成的有效需求的不足，也存在着有效供给不足引起的被动的"消费延迟""储币待购"，即人们所说的"想买的买不着"。如果社会经济机制呆滞，企业缺乏活力，技术进步和产品结构调整缓慢，产品难以激发居民的购买欲，或者居民想买但产品价格远远超过他们的现实承受力，那么，即使供给快速增加，也并不等于有效供给的增加，而是存在着许多不可能得到消费者认可的无效供给的"水分"，或过剩部分。

影响和加剧我国有效供给不足的一个重要因素是经济生活中长期存在的盲目生产、重复建设，重复建设"刹不住"，导致宏观政策"收紧"而过剩生产"不缩"，其结果必然是供给结构继续失衡，有效供给问题越发加剧。特别是在当前市场疲软的形势下，企业不是及时和大力进行产量调整和结构调整，大力从事产品创新，用新产品来开拓市场，而是仍然在原有技术条件下进行原有产品的扩张。企业不受市场制约的盲目扩张行为，使供给结构失衡和有效供给不足进一步加剧，从而加大了宏观的经济过剩，增加了企业生产经营的困难。

有效供给形成的主要杠杆有两个：一是科技进步和劳动生产率的提高，它是增进有效供给的物质基础；二是市场机制的作用，它是增进有效供给的制度基础。

有效供给是随着生产进步和劳动生产率的增长而增长的，特别是科技进步促进产品创新，使过时产品迅速被淘汰，品质优、技术含量高的新产品不断推出。这种不断更新和优化的产品结构不仅能适应发达的、成熟的经济发展中不断变化的需求，而且它本身又刺激和创造出新的需求，并使变化了的需求与变化了的供给相适应。我国是一个发展中国家，科技水平不高、科技力量薄弱是经济运行中有效供给不断增大的重要限制因素。

有效供给的不断增大，得益于市场价格机制的调节作用。更具体地说，其一，竞争性的市场价格调节生产什么和生产多少，这一竞争中形成的市场价格中准，以其优盈劣亏的功能促使那些生产质劣、成本高的产品的企业，及时进行产品和技术结构的调整，使不适销对路的生产转变为适销对路的有效供给；其二，市场机制以其固有的优胜劣汰的功能，促使那些不能及时进行有效的自我调整的企业及其过时的技术与生产能力被淘汰，使技术先进、管理先进的优势企业占领市场，从而优化供给结构，使总供给更加有效；其三，在银行、资本市场高度发达和产权高度流动化基础上形成的企业破产、兼并和发达的资产重组的机制，有效地促进企业的重组和产品、产业结构的调整及技术的升级，进而大大地促进供给结构的调整和优化。市场机制通过竞争和优胜劣汰的功能，调节产品和供给结构以适应市场需求。市场作用的充分发挥不断把供给中与需求不适应的部分出清，使供给结构优化从而产品适销，从而实现供给有效化。当然，市场作用是自发性的，市场机制只是通过经济运行中日常的、不断的不均衡，逐步实现长期基本均衡。

至今，我国发达的市场机制尚未形成。（1）由于企业实行现代企业制度的改革未完成，适应于市场而做出灵活、合理反应的微观主体尚未形成；（2）由于市场发育不足，价格机制对企业行为的引导和约束作用还不强；（3）由于专业银行商业化的改革还处在初始阶段，资本市场也尚未健全，企业行为还缺乏来自市场化金融体系的有效支撑和有效约束；（4）由于国有资产的流动重组的机制尚未充分形成，企业破产、兼并和重组还处在很不发达的阶段；（5）由于政企不分、政资不分的问题尚未解决，企业软预算约束尚未彻底解决。这五大因素决定了我国多数企业缺乏适应市场及时、灵活、自觉地进行自我调整的自主行为，导致大多数国有企业普遍地表现出对市场价格机制的“不敏感”或“反应迟钝”，在结构调整和技术创新上难有建树，从而在市场急剧变化中长时期呈现出持续低效益复制的无效供给，市场价格→结构调整→有效供给增大的市场机制失灵或力量薄弱。微观的企业体制改革、宏观的市场体制改革和创新不到位，发达的市场体系和灵活的市场机制未形成，使市场的结构调整功能软弱无力，是国有企业结构调整和技术创新难以深入开展的最重要的原因。只有加快体制转轨，建立发达和完善的市场体制，才能为顺利地进行结构调整和形成有效供给创造制度前提。在转型期，我国应加快科技与制度创新，加大结构调整力度，形成有利于增加有效供给的体制、机制。

第一，刺激有效供给要落实在结构调整上。解决市场全面疲软和经济过剩，不能只是诉诸需求的扩大和货币的注入。单一的扩大需求，并不能解决结构失衡下产品重叠过剩与某些产品供给缺乏共存的问题。全面的和过度的需求扩张还会驱动重复建设的再起，甚至有可能诱发通胀。

因此，治理经济过剩运行，应该把扩大需求与调整结构相结合。要实行刺激有效供给的供给管理政策，把促进优势企业的投资与企业加快技术创新和结构调整相结合。政府对企业的政策支持，要以企业进行积极的和有科学根据的技术创新、新产品开发、产业升级和企业竞争力的增强为条件。即使是国家给予有力支持的国有大企业，也要以企业进行有科学依据的技术创新和结构调整为条件，而不能听任企业在原有结构不变下搞数量扩张和"虚胖"。

第二，依靠科技进步，大力推进增长方式的转变，加强有效供给的物质基础。进入21世纪，依靠科技进步，实行产品结构调整、产业升级，用科技含量高、质优价廉的新产品来开拓市场，已经是当今世界的大潮流，也是缓解世界性的生产过剩的主要途径。人们不仅要以科技创新来增大有效供给，以有效供给来开拓市场，而且要以精益求精的新产品，增强消费吸引力，即以最大限度的有效供给来争夺因生产能力猛增而日益饱和的市场。基于我国供给结构的缺陷制约着内需这一情况，应该充分重视以有效供给来开拓有效需求。当前，应该在争取适度高增长基础上，把重点放在调整结构上来。要依靠科技进步，大力推进增长方式的转变，在产业升级基础上加快产品的升级换代，通过优质低耗的新产品的创新来切实增大有效供给，这是扩大内需，促使总供给与总需求相适应的根本之途。

第三，加快制度创新，有效发挥市场机制的调节作用。(1) 大力构建能适应市场的、灵活调整产品结构的微观主体。其关键是：深化国有企业改革，加快构建现代企业制度，塑造适应市场、不断创新、不断自我调整和自我完善的微观主体。（2）大力构建统一的大市场，发育市场体系，全面形成市场机制，发挥市场的调节功能，加强价格机制的结构调整功能，促进产品的淘汰和更新，增加有效供给。（3）推动生产要素，特别是产权的流动化，形成资产流动重组机制。产品、产业、地区结构的调整和有效供给的形成，有赖于资本市场流动重组机制的进一步形成，在有效的优胜劣汰中，实现国有企业的战略性调整和产品结构的调整和创新。所以，要加快要素市场的发育，特别是要做好资本市场和产权市场的发展和健全运作。

第四，发挥政府在引导和促进结构调整中的作用。转型期的经济体制和机制的特征，决定了我国政府在经济结构调整中的特殊作用。（1）政府在形成实现结构自我调整的新体制和制度（包括交易、竞争、破产、兼并、产权等行为规则）中起决定作用。（2）产品与产业结构的优化，需要国有资产布局的调整，使国有资金集中于关键产业和部门。国有企业与其他非国有企业从事生产与经营的领域的定位，要由政府依法科学确定。（3）在国内生产总值中比例不会很大的纯国有和国家控股的领域，是产品开发和技术创新的策源地，在结构调整中企业资本金的充实和资本的加速积累需要政府的财力支持。（4）大力引导和促进企业科技进步和创新，加快产业升级和高新科技产业的发展。发挥政府在结构调整与技术进步中的引导、调节作用，创造有利于结构调整和技术创新的制度环境，建立体现公平竞争的交易制度和税收制度，完善有效筹集营运资本的银行信贷体系和资本市场，出台鼓励科技进步的财税制度。（5）发挥财政、金融杠杆扭转周期的功能。为了促进结构调整和技术进步，增大有效供给，迫切需要实行阶段性的促进有效供给的政策。其核心是：对企业减税，减轻各种税费负担，使企业降低营运成本，扩大盈利边际，提高投资积极性。

关于金融体制改革

中国金融改革进程主要围绕着从计划经济到市场经济、由政府包办到发挥市场功能的线索展开。努力建设一个适应市场经济要求的，符合中国具体国情的，高效、稳定的金融体系是中国金融体制改革的最终目标。为此，刘诗白提出了银行企业化论、金融有效宏观控制论、过度金融化论等金融体制改革的目标与方向。

（一）有关银行企业化

改革开放伊始，刘诗白就意识到金融领域改革的必要性和敏感性，认为金融体制改革须遵循马克思主义同中国实践相结合的原则，探讨和确定具有中国特色金融体制的理论模式，即中央银行集中领导下的，包括多种经济形式、多种金融机构，实行企业化经营与运用多样信用形式的社会主义金融体系。刘诗白在1985年发表的《试论我国金融体制的改革》一文中提出，“金融体制改革的中心课题是实行专业银行和其他金融机构的企业化”，而“银行的企业化是商品经济中的银行的本性所决定的，它是把银行办成拥有旺盛活力的真正的社会主义银行的关键”[①]。

① 刘诗白．试论我国金融体制的改革 [J]. 财经科学 ,1985（5）.

计划经济下的金融体制的弊端，突出地表现为基层专业银行不具有相对独立的经济实体地位，政企不分，单纯地运用行政方法分配社会资金，实质上是国家分配资金的行政机构，而非责、权、利相结合的经济组织和企业，还不是“真正的银行”。这决定了它不从事货币经营和为此承担经济责任，而是进行国有资金的分配，造成了资金使用上的“大锅饭”。不仅资金使用的经济效益低，而且造成呆账和社会资金的大量损失，这使得本就存在的资金供应紧缺状况更加严重。

在旧的金融体制下，银行缺乏自身的经济利益，加之银行内部工资分配上的平均主义，严重挫伤了银行职工的积极性，造成银行的效率低、效益差、“官商作风”盛行，阻碍了银行改进经营管理、革新物质技术手段及实现经营现代化的进程。银行所经营的对象是具有增值性的货币资金，后者要不间断地和迅速地周转，加之货币经营带有较大的风险性，要求银行本身具有机敏性、灵活性、能动性和充沛的活力。在社会主义商品经济迅速发展条件下，银行如果没有自主经营的能动性、积极性和创造性，要想适应商品经济发展的要求是不可能的。

因此，随着经济体制改革的深入发展，改变银行的国家行政机构的性质，使之企业化就显得十分必要。为此，银行改革须从以下几方面发力。

1. 赋予银行以资金占用权

刘诗白认为，银行企业化的关键是赋予基层银行以资金占用权，使银行成为一个货币资金经营者，把基层专业银行变成真正独立核算、自主经营的企业。要使基层国营专业银行能够占用资金和支配资金，能够积累资金和通过盈利资金化以增强其经营资金，能够分享资金运营的利益和把经济效益与职工收入挂钩，使银行成为一个货币资金经营者。在实行银行营运资金的所有权（全民所有）、经营权（银行自主经营）相分离的场合，由于国家（通过中央银行）对专业银行资金运营进行有效的调节和管理，因而国家并不丧失其对资金的所有权，而银行只拥有资金的占用权。只有在这一金融管理体制下，银行才能真正成为全面经济核算制的经济组织，才能有效地实现责、权、利相结合，才能具有企业的地位，从根本上解决银行的活力与素质问题。

2. 金融机构的多样性

建立以全民所有制的国家银行为主体、多样性的银行体系，一方面坚持金融领域中全民所有制的国家银行的主体地位；另一方面适当地发展集体所有制的信用社和其他金融机构，以及侨资、外资银行，同时也允许个人之间的信用的存在。此外，还应允许建立投资公司、地方银行和地方信托公司及其他金融组织形式。

3. 信用形式的多元化

发展多种银行信用形式，发展商业信用，发展和利用股票、债券等信用形式，逐步建立和发展股票市场和债券市场，发展保险信用形式。在刘诗白看来，各种信用形式都是社会主义信用机制发挥作用的杠杆、皮带与齿轮，共同构成一个发达的信用网络和信用机构。

1985 年，刘诗白率先提出“银行企业化”的论题，主张根据现代产权理论中资金所有权和使用权相分离的原则赋予基层银行以资金占用权。这一论点在今天看来实际上是从法人财产角度论述了银行改革的方向，主张将法人产权机制引入商业银行，使之成为拥有独立法人财产的现代银行。这一观点当时在学术界可以说是罕有论及。

20 世纪 80 年代中叶，金融体制改革尚未提上议程。刘诗白在 1985 年关于“银行企业化”和专业银行拥有“资金占有权”的论点实属超前。在他看来，“如果我们在今后，逐步地解决了银行企业化这个课题，中国现行金融体制缺乏活力和在资金分配上吃大锅饭的重大弊端就将得到根治……经济的运行就将因为有了一个高效率的金融机制而充满生机”。这一设想，不仅在学术界产生了重要影响，而且引起了决策部门的高度重视。中国工商银行、中国农业银行、中国建设银行、中国银行等国有专业银行相继成为自主经营的金融实体和法人，2003 年国有商业银行开始实施股份制改革，以及招商银行、中信银行等一批股份制商业银行的发展壮大，表明“银行企业化经营”已成为金融体制改革的现实。

（二）金融有效宏观控制论

在金融市场化改革过程中，由于市场性的自由信贷活动，因而信贷的自发性是不可避免的。对此，刘诗白说道，“如果没有国家的自上而下的管理，不对这些自发作用加以限制，那么就可能出现信贷的盲目性、信用膨胀与货币贬值。”因此，他主张搞活金融和信用必须以切实加强中央银行的宏观控制为前提，“搞活必须管住”①。这就要求加强中央银行的职能，发挥它调节和管理信贷的作用，有效地实现对国民经济的宏观控制。为此，必须先建立中央银行的一整套强有力的调节杠杆，在确保中

① 刘诗白 . 试论我国金融体制的改革 [J]. 财经科学 ,1985（5）.

央银行——社会信贷管理中心——的集中控制力的基础上，形成社会信贷和金融管理中心的集中控制力，在强有力的中央银行的高效而熟练的宏观调节下实现金融信贷运行机制。

刘诗白认为，中央银行要依据货币流通的客观规律，探讨与确定每个年度合理的货币发行量，在此基础上制订科学的符合生产与流通需要的货币发行计划；中央银行要控制信贷规模，保持信贷的基本平衡；在管理和调节信贷活动中，中央银行要使用各种经济手段；中央银行在管理和调节信贷活动中，还必须运用必要的行政手段与法律手段；实行金融控制与调节的集中化（集中于中央银行）；建立能保证中央银行对专业银行进行管理的技术手段和信息系统。①

1988 年，刘诗白在第七届全国人民代表大会一次会议上联合蒋一苇、陶大镛、厉以宁、胡代光等经济学界代表提出《加强金融的宏观调控功能和全国人民代表大会对货币发行的监督》的议案，提出了四条具体的意见：（1）增强和赋予中国人民银行以独立管理和调控货币发行量、信贷规模的权限。（2）中国人民银行要进一步加强研究，按照我国经济稳定增长的方针，确定货币流通量和每年的货币增发数量。（3）加强全国人民代表大会对中国人民银行货币发行和信用管理活动的监督，国家货币发行与信贷计划应由全国人民代表大会审查批准。财政收支不平衡发生赤字，需要从银行透支时，应经全国人民代表大会专门委员会审议和由大会批准。（4）为了便于对中国人民银行的货币发行、信用管理和调控进行经常监督和

① 刘诗白．试论我国金融体制的改革 [J]. 财经科学，1985（5）.

制定有关政策，在全国人民代表大会常委会下设立金融政策委员会（或货币委员会）。

这一提案在国内外引起强烈反响，新华社、《人民日报》、《金融时报》、《经济参考》等对此进行了报道。该提案开拓了金融体制改革的思路，有利于强化和改善宏观调控，引起了决策部门的高度重视。1995年《中国人民银行法》有关成立货币政策委员会的条款中规定："中国人民银行设立货币政策委员会。货币政策委员会的职责、组成和工作程序，由国务院规定，报全国人民代表大会常务委员会备案。""中国人民银行货币政策委员会应当在国家宏观调控、货币政策制定和调整中，发挥重要作用。"

我国在深化体制转轨的时期，对金融创新的需求巨大，金融创新的发展空间相当广阔；与此同时，金融创新进程中容易引起系统性风险甚至系统崩溃的因素仍需要我们从理论上去反思现行的金融监管模式，明确中央银行在宏观审慎监管框架中的地位，赋予中央银行对重要性金融结构的监管权和控制权，完善宏观审慎监管框架，以防患于未然。

（三）过度金融化论

2008年9月雷曼兄弟公司破产引发了美国金融体系的崩溃，一场被称为"百年一遇的金融海啸"奔涌而至。刘诗白认为这场危机并非是一项突发事件，而是资本主义周期性危机的新形式。金融垄断资本主推的经济过度金融化与虚拟化，特别是"有毒的"衍生金融产品的引进，使美国金融结构畸化和金融体系风险增大。他强调指出：金融危机尽管是金融体系内在矛盾激化的直接产物，但其最深层次的根源仍然是实体经济中不断扩张的生产能力与内生需求不足的矛盾。

经济的过度金融化是20世纪80年代以来美国经济发展的趋势。其基本特征是：具有市场垄断性的大金融公司控制金融市场的交易，从而使金融业能够获得更高的额外利润，成为金融垄断资本“淘金”的沃土，而畸高的额外利润又成为更大量的社会资本流入金融业、货币信贷活动活跃和不断扩张的驱动力量；社会资本的流入和信贷、投资活动的发展，使金融业在国民经济中的比重大大提升。金融业的发展在带来信贷与投资扩大的同时，也预示着债务的增长和债务违约引发的信贷危机。美国经济出现了超过实体经济需要与承载能力的经济过度金融化和虚拟经济过度发展，这是美国市场经济模式的鲜明特征。刘诗白将这种金融化、虚拟化过度的经济称为金融资本主导的市场经济。

1. 关于经济过度金融化的内在机制

刘诗白认为金融过度扩张的根源是市场经济中金融化、虚拟化的运行机制。为了适应融资与发展金融业务的需要，美国出现了包括衍生金融产品在内的证券多样化，金融产品日益增多。这些产品可以在资本市场迅速变现，由此发挥交易媒介功能，具有“准货币”性质。华尔街大公司在垄断利润驱使下不断实行花样百出的“金融自由创新”，多种金融产品，特别是衍生金融产品被创造出来并推向市场。虚拟资产市场交易，带有强烈的投机性，具有自我膨胀的机制。人们通过低价买进高价卖出，赚取投机利润，在市场上为哄抬虚拟资产价值而相互博弈，由此形成了金融资产交易中资产价格的膨胀和泡沫化。在证券交易带来资本市场自我膨胀的同时，衍生金融产品的滥用更是加剧了金融资产的泡沫化，从而使得一种倒金字塔式的虚拟资产不断自我扩大机制形成并发挥主导作用。

此外，金融业中通行的强激励机制，也是形成金融资产自我膨胀与泡沫化的助推器。这一机制是一把双刃剑，一方面提升金融经营管理劳动的效率，另一方面又导致经营决策行为的投机性与风险性。华尔街不少金融高管在天价的报酬刺激下，头脑发热，丧失了对风险事业经营所需的谨慎性，千方百计寻找和设计能“赚大钱”的金融工具，在金融活动中“不惜冒险一搏”，其畸化行为影响和造成了金融活动中的不良势态，强化了金融泡沫化发展和金融运行的不稳定性。金融虚拟资产交易，是一项高风险交易。美国经济中金融化、虚拟化自由扩张的机制，助长了虚拟经济的自我膨胀，引发了虚拟资产运行的危机。当代市场经济体制频频爆发的金融危机，证明了金融虚拟资产交易从泡沫化到泡沫破裂，具有不以人们的意志为转移的客观必然性。

金融时报

刘诗白等42位人大代表联名向大会提议
人大常委会应设立金融政策委员会
加强金融宏观调控并监督货币发行

經濟參考

ECONOMIC INFORMATION 新华通讯社主办

1988年4月9日 星期六 戊辰年二月廿三 第2086期

刘诗白等代表建议
设金融政策委员会

1988年4月，《金融时报》《经济参考》报道，刘诗白等42位人大代表联名提议设立金融政策委员会

2. 关于过度金融化的深层根源

刘诗白认为美国2008年的金融危机，是其金融体系的内在矛盾激化

的直接产物，与其实体经济内在矛盾直接关联，最深层次的根源仍然是资本主义不断扩张的生产能力与内生需求不足的矛盾。

美国自 20 世纪 80 年代以来，一方面，通过科技革命与新技术的使用，大大提高了劳动生产率，不断扩大了总供给；另一方面，在新自由主义旗帜下的美国资本主义结构中，国民财富分配机制进一步畸化，收入差距进一步拉大，两极分化越发突出，决定了居民购买力需求的增长落后于生产能力的扩张。大众购买力的增长滞后和有效需求不足，是 2001 年以来美国住房信用扩大的现实基础，也是美国式的消费债务经济出现的深层次原因。在有效需求与供给能力的制度性失衡的大格局下，政府唯有借助信用扩张来刺激民众消费和支撑有效需求，刺激和扩大货币信用成为在有效需求不足经济中保持增长的外生力量和杠杆。政府引导的货币信用的扩大固然能够在短时期发挥创造和扩大需求的功能，甚至能带来短期经济增长，但货币信用的扩张无法根除生产能力扩张和有效需求不足的矛盾，持续的货币信用扩张必然滋生出一个过度金融化、虚拟化的畸化经济结构。

美国 2008 年金融危机，其深层次原因仍然是来自实体经济的矛盾。在实体经济中扩大的生产能力受困于不足的有效需求的情况下，为了支撑市场需求，经济过度信用化、金融化、虚拟化的趋势难以避免。而这一畸化的经济结构导致：金融体系因其庞大芜杂、内在矛盾更多和更加不稳定；膨大的虚拟经济与萎缩的实体经济的矛盾也更为突出。这一过度金融化的经济的运行不仅导致金融危机，而且也会使实体经济矛盾深化和演化为全面的经济危机。

2008年金融危机引发了学界对危机根源进行研究的热潮，形成的理论观点非常丰富。对于危机的成因，西方学者的解释虽然不尽一致，但大同小异，诸如金融创新过度、金融投机泛滥、政府监管不严，等等。然而，对于其最深层的制度原因，却普遍缺乏系统的分析和深入的认识。少数学者自觉地运用马克思的理论逻辑来解释当前的金融危机，但一些研究者由于缺乏对当代美国资本主义发展的新形势、新特点的充分了解和第一手资料，无从对金融机制虚拟化、过度膨胀进行深度分析。

刘诗白早在2007年秋积极地通过各种渠道了解华尔街的最新咨讯，掌握了大量的第一手数据资料，并对当时人们还很陌生的CDO（Collateralized Debt Obligation，担保债务凭证）、CDS（Credit Default Swap，信用违约互换）进行了系统的学习和研究。充分考察了当代资本主义世界的新特点，运用马克思主义的基本理论和思想方法，对2008年金融危机的制度根源做出了深刻解剖。刘诗白2010年发表《论过度金融化与美国的金融危机》一文，对美国资本主义经济固有的金融化、虚拟化的趋势，以及新自由主义政策对这一趋势的助长，导致经济过度金融化和过度虚拟化、泡沫化，最终导致危机做了论述，认为在资本主义制度框架下，难以制止由私人金融垄断推动的金融自由演化和经济的过度虚拟化，因而，制度性的周期性经济危机仍将是资本主义经济运行中难以摆脱的痼疾。刘诗白把理论分析的最终落脚点放在了中国，指出中国不能盲目崇拜华尔街和照搬美国金融制度，而要致力于完善适应社会主义市场经济性质和要求的金融结构，构建富有活力、“活而不乱”、政府能加以有效调控的社会主义金融体系。

第一家股份制民间银行

刘诗白历来注重理论与实践的结合，他一边深入研究金融体制改革的重大问题，一边在实践中勇敢尝试，大胆突破。汇通银行就是一个例子。

1986年10月14日，这份秋日的平静中却混杂了几声“轰隆轰隆”的春雷。那是锐意创新的春雷，那是坚定改革的春雷，每一个音符都是那么铿锵有力，彻彻底底敲入了每一个在场见证这一历史性时刻的人心里。

这天，我国第一家股份制的民间银行、全国首家由教学单位主管的教学、科研实验银行——成都汇通城市合作银行正式揭牌成立。作为一家由西南财经大学几位老师发起成立的民间银行，成都汇通城市合作银行要比后来认定的中国大陆第一家由民间资本设立的全国性商业银行——中国民生银行股份公司早诞生10年。那天，四川省省长蒋民宽和才任西南财经大学校长一职不久的刘诗白共同为银行揭牌，随着一块红绸的落地，现场掌声与欢呼声齐飞，各家媒体的长枪短炮频频闪光。第二天，国内许多报纸的重要版面上做了报道，西方很多主流媒体也做了报道。

“从政府部门到民营企业，这一步跨得有多大。”晚年回忆起这件创举，刘诗白的眼里仍忍不住冒出光来。在当时，这家民间银行的成立堪称中国金融体制改革的第一声春雷。它的出现，不仅打破了银行一直以来的“大一统”格局，扩大了银行的自主经营权，而且提高了银行的运行效率，对于调节经济、优化金融资源配置格局等也起到了重要作用。在中国金融业发展史乃至中国改革开放史上，这一创举都占有一席之地。

而通过探究这家银行成立背后的故事，我们也能看出四川政学界人士对于改革所持的开明态度。这家银行最初是由西财的几位老师提议发起，发起教师将这一想法报告给学校党委后，包括刘诗白在内的学校党委成员十分支持。随后，学校又将这个想法向四川省委省政府报告。令人惊喜的是，这个在当年看来十分大胆冒进的想法得到了省委省政府的同意和肯定，随后得到了人民银行成都市分行的批准。

不得不说，成都汇通城市合作银行在当年已经初具现代商业银行的气质。银行由原汇通金融公司改组而成，在成都市区内设有 22 个营业网点，并在海南设有代表处，实行自主经营、自负盈亏、自求资金平衡、有担风险的经营原则。

1989 年 4 月份，成都汇通城市合作银行召开了首届股东代表大会，选举产生了董事会，通过了汇通城市合作银行董事会章程和银行章程，并报经人民银行批准执行，逐渐发展成为经营业务齐全，各种管理机构完善的金融企业。遗憾的是，由于后期经营不善，该银行由成都市商业银行接收。

为四川建言献策

改革开放后，经济学家与政府间的互动往来相当频繁。刘诗白倾全力，在自己的专业领域内外为政府建言献策，特别是为他的家乡——四川建言献策。

四川虽然地处西南，但四川人敢为天下先，改革事业在全国走在了前列。刘诗白在回答《读城》杂志专访时，专门回忆了四川的探索。他说，1978 年初，广汉县（今广汉市）金鱼镇实行“分组作业，定产定工，超产奖励”，即“包产到组”的责任制，成为四川乃至全国第一个实施这种农业生产责任制的地方，随后才是安徽凤阳的“包产到户”责任制；1980 年 6 月 18 日，四川省广汉县向阳社区在全国最早摘掉了人民公社的牌子；城市国有企业改革，成渝两地有 10 多户企业试点，把“大锅饭”体制改为自负盈亏；20 世纪 80 年代末 90 年代初，四川的股份制改革在全国各地中较早开展。四川当时股改的企业在全国最多，单是乐山就有 5 家左右；1993 年，四川省委实行国有企业以产权制度为中心的改革，也称“33 条”，在全国产生了重要影响，体现了勇于改革探索的精神。[①]

身处在改革氛围浓厚的四川，刘诗白为四川地方经济建设、改革开放实践、西部大开发甚至文化体制改革等建言献策。其中，中共四川省委书记登门拜师，一度传为佳话。

1993 年 5 月的一天，新当选的中共四川省委书记谢世杰冒雨来到西南财经大学光华园，此行的目的是，拜刘诗白为师，当天，谢世杰与刘诗白就四川经济发展战略、深化国有企业改革诸问题进行切磋。

1993—1997 年，他当选为全国政协委员、常委，四川省政协副主席。1993 年，在“加快大西南出海通道建设速度”研讨会上，刘诗白提出四川应充分利用长江航道的优势，进一步拓宽北口，修建宝成铁路复线的同时，要致力于扩大南口，修筑内昆线，实行大通道发展与区域经济发展有机结合的发展战略。同年，刘诗白亲自参与了“四川省现代企业制度”试

① 西南财经大学经济学院 . 刘诗白从教 65 周年纪念文集 [M]. 成都：西南财经大学出版社 .2011.

点及中共四川省委国有企业改革（以产权制度为中心）“33条”等重要文件的起草制定工作。之后，省委、省政府根据建议在22户大中型企业中开展试点，效果明显。1997年，他根据重庆划为直辖市后四川的形势提出四川的战略重点应是“一圈、两线、五区”即构建大成都经济圈，大力发展和建设广元—成都—乐山，成都—内江—泸州两大快速经济增长带，建立各具特色的攀西、川南、川中、川东北、川西北五大经济区。刘诗白的这一提议，同样受到了省委、省政府的高度重视。

◎　附录

关于社会主义政治经济学的若干理论问题

1. 政治经济学要拓宽研究范围，革新研究方法

什么是政治经济学的对象？生产力是不是政治经济学的对象？这是马克思主义政治经济学研究中长期争论的一个问题。苏联从20世纪20年代以来就开始讨论这一问题，我国在20世纪50年代末和20世纪70年代末也有两次大讨论。斯大林在《苏联社会主义经济问题》中对政治经济学的对象下了这样的定义：“①政治经济学的对象是人们的生产关系，即经济关系。这里包括生产资料的所有制形式。②由此产生的各种不同社会集团在生产中的地位以及它们的相互关系。③完全以它们为转移的产品分配形式。”[①] 受苏联传统教科书的影响，我国理论界也长期认同这一定

① 斯大林．苏联社会主义经济问题．[M]．北京：人民出版社，1952：58.

摄于 1987 年

义。对此，刘诗白形成并提出了自己独特的观点。

刘诗白发表在《经济研究》1961 年第 10 期上的《论马克思列宁主义政治经济学的对象》一文中提出，要把研究范围和对象范围加以区分。对象范围是一门学科，要通过研究以揭示其客观规律的一个特定的区域。把客观事物的特定的领域作为研究对象，作为这门学科要发现其规律的客体，这就叫对象范围。但是由于客观事物处于普遍联系之中，某一特定领域的事物的运动与其他领域的事物的运动，是互相关联的。因此，对这一特定对象范围的事物规律的研究，不能不涉及其对象范围以外的更为广大的领域，这些为研究独特的对象范围而涉及的更广阔的客观事物领域就叫研究范围。因此，马克思主义政治经济学一方面十分明确地把生产关系作为对象，另一方面又紧密联系生产力来研究生产关系，反对脱离生产的物质技术基础、抛开劳动方式来孤立地研究生产关系的形而上学。这种把研究对象和研究范围加以区别又加以联系体现了马克思主义唯物辩证法的方法论。

因此，刘诗白主张研究对象与研究范围是两个不同的范畴，研究范围总是大于对象范围。他认为，政治经济学以生产关系为对象，以揭示社会生产关系的运动规律为任务。但它的研究范围不限于生产关系。由于生产力和生产关系联系密切，生产力是生产关系变动的决定因素，因而为了阐明生产关系的运动规律，也要联系生产力的状况，从而涉及对生产力的研究；与生产关系相联系和制约着生产关系的还有政治、法律等上层建筑，所以，政治经济学还要在一定程度上研究上层建筑；与生产力相联系的还有人的精神作用，包括思想、道德观念、觉悟水平和文化水平的作用，所以政治经济学还要在一定程度上涉及对伦理道德与文化教育的经济作用的研究。[①]

在简阳四川橡胶厂为职工做报告（1995 年）

我国改革开放后，邓小平阐述了中国特色社会主义理论，提出了搞社会主义首先要解放和发展生产力的论题。基于“紧密联系生产力、上层建筑研究生产关系”的学术观点，刘诗白提出了要把生产力发展运动的规律和经济运行机制纳入政治经济学的研究范围，构建新的理论体系，从而更好地服务于社会主义经济建设这一中心目标。为此，就必须深刻地分析社会主义再生产过程中生产、分配、交换、消费诸环节的运动，还要对社会主义经济运行规律进行深入研究和总结，以指导经济活动的实践，不能把政治经济学的任务和内容只限于几条抽象的“规律”。

20 世纪 90 年代初，刘诗白又主张把人民财富的最大增值、合理分配

① 刘诗白 . 论马克思列宁主义政治经济学的对象 [J]. 经济研究，1961（10）.

与优化作为政治经济学的基本内容并上升到理论形态，从而为拓宽政治经济学研究范围提供了新的思路。他认为，社会主义政治经济学的基本内容应是人民财富学。①② 他在主编并于1992年出版的《社会主义经济学原论》一书中，实际上把对“人民财富”的研究作为贯穿全书的一条主线。这一构架的新颖独特之处在于：把人民财富的最大增值、合理分配与优化使用作为社会主义政治经济学的基本内容；把人民财富上升为一种理论形态进行全方位的分析、归纳和科学概括。刘诗白的这种人民财富观，体现了一种新观念和新思维，即把社会主义现代化和实现人民生活富裕化作为我国社会主义发展的两个主轴，以富国裕民为要旨。这也是他为革新社会主义政治经济学提出的一条重要思路。

近年来，针对当代文化、科技、生态等领域商品关系大大扩展的新现实，刘诗白又进一步强调政治经济学研究范围应从物质产品领域扩大到服务产品领域进而扩大到知识（信息）产品领域，通过更紧密地联系科技创新、生态环境以及文化精神等方面的状况和影响来揭示社会主义生产关系的规律，特别是把对市场经济运行规律的揭示作为重要研究内容。③

改革开放之初，对于还存在商品生产与交换关系的社会主义初级阶段，带有商品性的社会主义经济结构分外复杂。为了自觉地组织、调节与完善社会主义生产关系，使之更充分地适合生产力的性质，必须对社会主义生产关系体系进行全面研究，通过分析其内在联系来揭示社会主

---

① 刘诗白．论社会主义物质基础与物质富裕 [J]. 社会科学战线，1988（4）.

② 刘诗白．社会主义经济学原论 [M]，北京：人民出版社，1992.

③ 刘诗白．马克思主义政治经济学的时代发展与理论创新 [J]. 政治经济学评论，2010（1）.

义生产关系发展和完善的客观规律。

刘诗白在1983年提交给“孙冶方经济思想学术讨论会”的论文《全面地研究社会主义生产关系体系》中，明确提出应从广度和深度上研究社会主义生产关系体系。从广度上，不仅要研究社会主义的生产、分配、交换、消费四个方面，或生产关系的四维形态，而且有必要将生产、分配、交换、消费四个方面进一步再划分为许多环节和侧面，这实际上是研究生产关系的多样具体形式或多维形态。

从深度上，就是要研究生产、分配、交换、消费四个方面之间的内在有机联系，揭示由这些生产关系组合成的宏观的社会经济结构的内在层次。社会主义经济机体除了可以剖析为生产关系、分配关系、交换关系和消费关系这一四维经济结构以外，还可以剖析为由所有制形式、企业生产组织形式、企业经营管理形式、社会生产组织形式、国民经济管理形式形成的立体的社会经济组织形式。

所有制关系是原生性（即基层性）的里层性的生产关系，企业的生产组织与经营管理体现的生产关系，是基层性的表层性的关系。国民经济管理体制是上层性的生产关系，是所有制关系派生的。要使作为上层性的生产关系的国民经济管理体制与基层性生产关系的要求相适应，要使基层性生产关系的表层与基层性生产关系的里层相适应，要使各层次的社会主义生产关系相互适应，最根本的是要保证社会主义所有制形式与生产力的性质相适应。保证社会主义生产关系体系全面地适应生产力的性质，社会主义社会生产力生气勃勃发展的根源正在于此。

刘诗白在1986年发表的《社会主义政治经济学与经济运行机制的研

究》一文中提出了社会主义政治经济学理论体系还应将经济运行机制纳入的观点。社会主义经济运行机制包括宏观、微观和中观的经济运行机制。宏观的经济运行机制是从国民经济总体上来研究社会再生产和各种经济活动；微观的经济运行机制是从企业的角度来研究生产、分配、交换等经济活动；中观的经济运行机制是从一个城市、一个部门的角度来研究经济活动。社会主义经济运行机制应重点研究经济增长机制、消费增长机制、总供求平衡机制等。只有通过对经济运行机制的全方位的分析与研究，才能更好地揭示社会主义经济的现实运动及其规律，从而更好地指导与服务于社会主义经济建设。

拓宽政治经济学的研究范围，全面研究社会主义生产关系体系，特别是对社会主义经济运行机制的分析，必然涉及政治经济学研究方法的发展和完善。

对此，刘诗白认为，政治经济学的研究方法不能是单一的，而应是一个方法体系。唯物辩证法和历史唯物主义是马克思主义政治经济学的根本方法，建立和形成中国经济学，同样要坚持这一方法论。同时它还有其特殊的方法，即科学抽象法。此外，还有历史的方法、归纳法、演绎法，甚至采用一定程度的数学方法。可以说《资本论》中存在着以唯物辩证法为“纲”，以科学抽象法为主干，以其他方法为“目”的多层次的方法论体系。①

科学抽象法是进行社会主义生产关系研究——制度分析的需要。政

① 刘诗白 . 刘诗白文集（第二卷）资本论研究 [M]. 西南财经大学出版社，1999：67.

治经济学不仅需要研究有关经济活动的具体组织形式，以及大量多种多样的经济运行问题、生产力的组织问题，而且要通过上述经济活动的具体组织，深入经济关系的里层，揭示社会主义生产关系发展变化的状况和性质。不使用科学抽象法，就不能触及深层的制度。只是借助实践材料的验证，就事论事，这种方法是与经济科学不相容的。正确而合理地使用科学抽象法，要基于对生产关系和生产力的矛盾的科学估量，并且按照解放和发展生产力的现实需要和社会主义初级阶段的性质，有效地加以利用，合理地予以调节、引导，促使社会主义生产关系逐步完善。

刘诗白认为，在社会主义政治经济学的研究中，除坚持科学抽象法之外，还应运用数量分析方法。1985—1986 年，刘诗白发表了多篇论文论证了这一观点。

第一，社会主义政治经济学的研究对象，是社会主义生产关系及其运动的规律性。只有在对生产关系的定性分析中辅之以定量分析，才能真正最完备地阐明社会主义生产关系的性质及其运动规律。

第二，社会主义政治经济学还应研究社会主义经济运行机制，要揭示共同形成国民经济活动的各个不同种类与不同层次的经济活动之间的内在联系，以及它们之间的数量关系，[①] 如需求量、供给量、货币发行量、投资量、工资量，等等。在研究中运用数量分析方法，能阐明经济活动与经济过程之间量的关系，可以使人们从复杂的经济现象中分离出若干独立变量，找出各种变量之间的相互依存关系，区分出内生变量和外生

① 刘诗白 . 刘诗白文集（第三卷）政治经济学研究 [M]. 西南财经大学出版社，1999：121.

变量，制定各种经济平衡方程式，建立各种数学模型，从而利用它们来进行经济预测，制订经济计划。为此，刘诗白主张有效的宏观调控必须建立在对经济过程精确分析的基础之上，否则就难以避免决策失误和“瞎指挥”。

第三，把数学分析应用于经济学之中，体现了经济学与数学的交叉和融合，这是当代社会科学综合化的一个重要表现，也是经济学进一步科学化的必然发展趋势。

2. 在理论创新中发展社会主义政治经济学，学以致用，致力于解决重大实践问题

20 世纪后半期在中国经济改革实践的推动下，中国社会主义政治经济学取得了巨大发展：构建起以社会主义市场经济理论为基础的新体系结构；拓宽了研究范围，通过更紧密地联系科技创新、生态环境以及文化精神等方面的状况和影响来揭示社会主义生产关系的规律，特别是把对市场经济运行规律的揭示作为重要研究内容；在方法上除了坚持马克思分析经济现象的科学抽象法，还适当引进了现代数量分析工具与方法。上述一系列的创新大大增强了马克思主义政治经济学的科学性与实践功能。

社会主义市场经济理论的形成是改革开放以来中国经济学研究取得的最重大的成果。正是在这一理论的指引下，中国成功实施了改革开放，展现了举世瞩目的中国经济起飞。社会主义市场经济理论是 1978 年以来中国改革开放实践经验的理论升华。这一崭新理论的确立，使我国改革的目标模式得以明确，各项重大改革措施得以有序和顺理成章地推出。这一有关社会主义经济性质理论的阐明和创新，也为我们参与和正在从事的富有

中国气派的中国特色社会主义政治经济学的编著奠定了理论基础。

所有制形式必须适应生产力的水平和性质，是马克思主义的基本原理。我国社会主义所有制的建设和发展，必须立足于我国物质生产力的性质和发展的要求。改革开放40多年来，我党坚持马克思主义理论和中国特色社会主义理论，从我国物质生产技术条件和生产力水平实际出发，走出了一条所有制改革和创新的成功道路，对所有制改革伟大实践的经验总结，极大地推进了马克思所有制理论的时代创新。

构建社会主义市场经济体制，要从构建市场主体结构着手，为此要进行市场主体财产权构建。中国产权制度改革中取得的最重大成就是：找到了在公有制基础上构建微观组织主体财产权的形式和方法。中国的微观组织产权制度改革的开展和推进，体现了理论与实践的互动。开展和支持基层和企业进行产权改革的实践探索，及时总结实践经验，集中了理论家的智慧，由此形成了有关财产权的正确理论和进行产权改革的正确政策、措施。产权制度改革结出了丰硕的理论成果，社会主义产权理论得到大发展和大创新。

有关社会主义市场经济的性质，社会主义经济制度多元性结构、公有制具体形式多样性，国有企业产权制度和公司化改造，科技创新与现代财富创造，按劳分配与按要素分配，以及经济过剩运行和经济结构调整等一系列重大理论和重大实践问题的激烈讨论，活跃了学术思想，破除了传统观念，形成了新的经济命题、论断。实践表明，经济理论创新对我国体制改革的推进起着重要的指导作用。

中国进入了新的发展阶段，当前我们面临着加快体制转轨，构建更加成熟、完善的社会主义市场体制的迫切任务。我们需要进一步加强对社会主义市场经济理论的研究，对我国新时期改革、开放、发展中的重大理论问题和实践问题做出科学回答。努力提高理论与实际结合的紧密性，理论阐述的深刻性，反映现实的准确性和理论结构的完整性。总之，在社会主义经济理论研究中贯彻与时俱进，锐意理论创新，既是时代的需要，也是社会主义理论经济学自身健康发展的需要。

科学不仅要说明世界，而且要指导人们去改变、发展和完善世界。对于作为社会科学的经济学来讲，它指导实践、服务于社会经济生活的“致用功能”更是十分明显。“政治经济学”在西欧，从中世纪到19世纪，一直被视为是“使国家致富”的研究。20世纪30年代以来，发达资本主义国家实行“有调控的市场经济”，当代西方经济学更是强化了它的应用功能。而马克思主义经济学更是公开宣称它要服务于批判旧世界、创造新世界的目标，从而更加强调它的致用功能。当代世界各国的实践表明，经济生活矛盾越多，就越需要经济理论的指导。这一严峻的现实，使多数经济学家在经济学的致用性上达成共识。可以说，当今世界人们对经济学进行社会评价的标准，更加偏重它指导社会改造、经济改革和经济发展的实践效果。因此，经济学不仅对某一经济现象要深刻全面地说明它是什么，为什么这样，而且还应说明人们进一步应该怎么做。如果理论脱离实际，片面追求形式的“完美性”，逻辑推导即使有如数学一样的精确性，有如“体系的全面而系统”“博大而精深”，而不能说明经济生活中的重大现实问题，那么，这种缺乏实践功能的理论无疑是十分苍白的。

当前，我国正处在迈向全面建成小康社会和全面建设社会主义现代化国家的新时代，更需要构建一门理论与实践密切结合、具有很强实践功能的中国经济学。这就需要从理论上说明并解决好什么是市场经济，什么是社会主义市场经济和怎样来建设社会主义市场经济，等等。发扬“学以致用”的务实精神，更加自觉地使经济学研究聚焦于改革开放和经济发展的实际问题，是进一步发展经济理论的需要，也是中国经济学的重要特征。

｜刘诗白自述：改革开放中的学术研究｜

党的十一届三中全会奏响了思想大解放的号角，我国迎来了经济体制改革和经济理论创新的新时期，我个人也迎来了攀登学术高峰的春天。改革开放以来，我一直致力于社会主义经济理论研究，在社会主义社会所有制理论、社会主义商品经济与市场经济理论、社会主义产权理论、体制转轨和发展、国有企业市场化改革、金融体制改革及现代财富理论乃至哲学等诸多领域进行了大量富有成效的研究，提出了不少理论观点，并逐步形成了一整套逻辑比较自洽、结构比较完整、能够自成一体的理论框架和体系。

1977—1979 年，我被借调到中国社会科学院经济研究所工作，参加许涤新主编的我国第一部《政治经济学辞典》的编审工作。此后我还参加了《中国大百科全书·经济学卷》的编写工作，担任社会主义部分副主编，并参加了《〈资本论〉辞典》等的编写工作。

党的十一届三中全会以来，我发表的第一篇文章是 1979 年 2 月的《论发展社会主义商品经济与利用市场》。该文把社会主义经济的属性规定为社会主义商品经济，突破了计划经济是社会主义本质特征的传统观念。这种提法在当时的理论环境下实属不易。1979 年 4 月，中国社会科学院经济研究所在无锡举行关于价值规律作用问题的讨论会。我在提交的《试论社会主义计划管理与利用市场机制》一文中，提出了社会主义市场经济的概念并加以论述。

改革开放之初我就开始思索如何调整和完善所有制结构，寻找公有制新的实现形式。我发表在《经济研究》1979 年第 2 期上的《试论经济改革与社会主义全民所有制的完善》一文，提出了国有企业“全民所有”应该是“不完全的”新观点，从理论上阐明了把统负盈亏的传统国有企业改造为自负盈亏的市场主体的必然性和合理性。1981 年，中国社会科学院经济研究所在成都召开的首次全国所有制理论讨论会，会上，我提出了社会主义社会所有制结构的多元性、所有制形式的多样性、公有制具体形式的多层次性的“三性”观点，引起了较大的社会反响。

1986 年以来，我发表了一系列有关国有企业进行产权制度改革的论文，对过去理论界认为“离经叛道”的产权问题进行了不懈的理论探索。改革开放以来，引入了市场机制，采取了扩权让利等多种措施，力图把国有企业推向市场。但种种改革措施并未使企业真正活起来，我认为其原因就在于国有企业的产权制度改革滞后。当时我提出“社会主义市场体制下的企业应该是独立的产权主体”这一命题。此外，围绕构建社会主义主体产权这一立论，我先后出版了《产权新论》和《主体产权论》等著作，系统地阐述了“公有制主体产权论”。

我还主张社会主义政治经济学必须致力于民富国强，提出社会主义政治经济学的基本内容应是人民财富学。1992 年我主编的《社会主义经济学原论》一书把对“人民财富”的研究作为贯穿全书的一条红线。这一构架的新颖独特之处在于：把人民财富的最大增值、合理分配与优化使用作为社会主义政治经济学的基本内容；把人民财富上升为一种理论形态进行全方位的分析、归纳和科学概括。贫穷不是社会主义。社会主义的根本任务在于发展生产力，实现全体劳动者共同富裕。

1993 年，应时任四川省委书记谢世杰同志的邀请，我参加了四川省现代企业制度试点和国有企业改革“33条”等文件的调研起草工作。我主张国有企业改革要大力抓好关键性的少数，集中力量抓好一批骨干性国有大企业的“三改一加强”，切实做好“抓大”；对于小企业要采取联合、承包、租赁、股份合作、出售给职工等多种方式，放开盘活。要实行“扶优”，通过联合、兼并、破产等形式，促使那些低效、无效运行的资产向优势“龙头”企业集中，从而盘活资产存量。

20世纪90年代中期以来，我国经济运行势态发生了根本变化，经济发展已经告别了短缺运行，出现了供给过剩。我在2000年适时出版了专著《我国转轨期经济过剩运行研究》，对我国转轨期经济运行的周期性等问题进行了探讨，指出社会主义经济也存在着运行性需求不足或需求过旺的问题，但借助政府有效的宏观调控可以实现总量均衡和经济的稳定运行态势，并提出了经济过剩运行治理对策。

进入21世纪的前十年，我的研究精力主要聚焦在高科技时代下社会财富创造的新特征的理论思考上，对社会主义市场经济下社会财富的形式和结构、现代社会财富结构多样性和源泉多元化、当代高技术生产方式、市场机制促进现代财富生产的途径以及科技创新与经济发展方式转变等进行了大量的研究。2005年我出版了《现代财富论》一书，这本著作被学界同人谬誉为“立足于高科技时代的新《国富论》”。近年来，我的研究开始从经济学领域转向哲学领域，特别是自然哲学领域，《自然哲学笔记》一书就是这一新研究的成果。

同时，我还积极参加了一些国际学术交流活动。1984年，我赴美国考察，访问了美国10多所大学；1987年，赴澳大利亚和新西兰访问，并在澳大利亚的墨尔本大学、堪培拉大学和新西兰的怀卡托大学讲学；1988年，应邀到美国哈佛大学、西北大学、田纳西大学、玛丽埃塔学院及加拿大圣玛丽大学等院校讲学；1996年和1997年，赴德国高等财经学院访问。我在这些大学讲授中国经济体制改革问题，受到国外经济学家的好评。

改革开放40年多来，我一直致力于社会主义经济理论的研究，尤其是在社会主义条件下的商品经济、市场体制、公司产权和技术创新等方面思考较多。提出了一些自己的观点，形成了一套逻辑自洽的、对中国改革实践有一定解释力的比较严谨的政治经济学理论体系。2017年我获得吴玉章人文社会科学终身成就奖。

当前，中国特色社会主义进入了新时代，这是我国发展新的历史方位。当代中国正经历着我国历史上最为广泛而深刻的社会变革，也正在进行着人类历史上最为宏大而独特的实践创新。

这种前无古人的伟大实践，必将给理论创造、学术繁荣提供强大动力和广阔空间。作为一名“90后”(90多岁老人)，我也将站好自己的岗位，倾注个人全部智慧，为探求真理、为学术使命而继续发挥余力，有一分热、发一分光，述学立论、建言献策，担负起历史赋予的光荣使命。

第十章　二次创业时

名声大噪的西南财经大学

1985 年 11 月，四川财经学院正式更名为西南财经大学。终于，在经过数次校名变更后，西南财经大学这个最终的校名总算确定下来，并且一直沿用至今。

从光华大学成都分部到西南财经大学，这所高校的校名更迭史正如同它一路走来的历程般曲折而艰辛。校名的变更释放出一种美好的暗示：在时代的东风下，这所学校或许将要迎来建校以来最好的一个发展阶段。而就在那一年，刘诗白恰好当选为学校校长。有趣的是，他在任之时后来被西财人总结为学校历史上的二次创业期。

回顾校史，这所学校的一次创业期已经变得非常模糊而遥远。那是 1925 年，刘诗白才刚出生。1925 年 6 月 3 日，在“五卅”反帝爱国怒潮中，爱国师生从圣约翰大学脱离，拥戴张寿镛先生创办光华大学，校名取自“日月光华，旦复旦兮”（《卿云歌》），象征着复兴中华、反抗帝国主义宰割和奴役的革命精神。抗战爆发后，光华大学于1938年内迁成都，定名为光华大学成都分部，杜甫草堂迤西的这一片地方由此得名光华村。

1946年更名为成华大学。在刘诗白1950年进入成华大学后，这所具有悠久历史的学校后来又屡次发生变化。1952年至1953年全国院系调整中，以成华大学为基础组建四川财经学院，这是新中国成立之初全国高等院校分区布局中的四所财经学院之一。其隶属也多次变化，1952年10月由西南军政委员会领导，1954年1月划归四川省政府领导，1954年12月由中央政府高等教育部直管，1958年7月改由四川省政府主管。1961年四川财经学院合并更名为成都大学，“文化大革命”期间历尽沧桑，1978年恢复为四川财经学院。1980年划归中国人民银行主管，1985年更名为西南财经大学。2000年以独立建制划转教育部管理。

在几经易名的过程中，1985年至1991年，刘诗白担任西南财经大学的校长。在20世纪80年代前，高校领导大多是行政领导，改革开放后则与以往大有不同，高校领导必须是学者，且要求有教授职称。正是这一时期，刘诗白快速成长起来。他学问做得优秀，早早有了高级职称，恰逢提升选拔，便成为四川省财经院校历史上最年轻的副院长、院长，校长。

任校长期间，刘诗白带领全校一门心思求发展，大力开拓创新，推动教学质量提高，学术水平提升，学校声誉增进。用西南财经大学原校长王裕国的话来讲："他是打开校门的首位校长。"20世纪八九十年代，教育部将权力下放到各高校，老师想用什么教材就用什么，还可以自行编写教材，不予以统一，百花齐放，百家争鸣。西南财经大学便以刘诗白为首，编写了一批经典的经济学教材，如《马克思主义政治经济学》《社会主义市场经济理论》。这些教材除了供学生日常专业学习外，还作为研究生考试书目。

那时的西南财经大学基础设施落后，建设资金也有限，整体发展比较困难。复校后的第一批本科生于1982年毕业，一批年轻的教师也开始留校，住宿就在一栋老筒子楼里，一人一间，生火做饭都得在过道里，一到饭点，过道都是烟雾缭绕，火气熏天。在那时期，刘诗白想尽办法筹钱搞基础设施建设，并搭建年轻的师资队伍。到了20世纪90年代，一批硕士生、博士生开始留校了，在刘诗白的带领下，西南财经大学开始抓师资队伍建设，一方面他请来大批经济学家来校任兼职教授，开拓师生学术视野，推动青年教师快速成长，不断提高学术水平；另一方面，刘诗白还支持青年教师去国外进修，引进有潜力的青年教师，如今他们已经成为学科带头人。

事实上，从20世纪50年代起，四川财经学院与中央财经学院、上海财经学院、东北财经学院，合称为四大财院，名气蜚声国内外。到了1984年，四川财经学院首次申请经济学博士点，这在全国都是少数。

1985年，刘诗白名下便多了两位博士生，此后经济学科发展更为蓬勃。中国人民大学教授李义平也曾是刘诗白的学生，他至今对在刘诗白门下学习的情景记忆犹新。

指导第一届经济学博士研究生（1985 年）

“他会带着我们研读马克思的经典原著，特别是《资本论》，让学生有扎实的经济学功底。他还叮嘱同学们，搞经济学研究要有超前意识、实践意识和民族意识。”[①] 在李义平看来，刘诗白“既是经济学家又是教育学家，然而，教育学家比经济学家更稀缺”。可以说，既是经济学家又是教育学家的刘诗白，为扩大西南财经大学的学术影响力，推动西南财经大学的教学科研发展用心竭力、贡献半个世纪的力量。

创办《经济学家》

正值中国改革开放的重要发展时期，刘诗白萌生了一个想法：创办一本像英国《经济学家》那样具有影响力的刊物。他找到学生李建勇等人商议，说道：“我们拿到了一个综合性刊物的刊号，大家觉得要不

① 中国教育报 . 刘诗白：智者敢为天下 [EB/OL].http：//paper.jyb.cn/zgjyb/html/2017-11/23/content_489623.htm?div=-1.

1988 年数十位国内著名专家、教授在北京发起创立了《经济学家》杂志，刘诗白任主编

与《经济学家》编辑部成员合影（1998 年）。左起：赵磊、陈民选、谭晓梅、刘灿、邵昱、蒋少龙、刘家新

要？”众人一听，一致说：“要。”刘诗白接着说，有刊号还不行，还要看学校领导是否同意。

随即，学校领导开会讨论，有人不同意，提出西南财经大学已经有《财经科学》杂志了，没必要再办一个。李建勇就说，“恩格斯讲过，一个不从事理论思维的民族，是不可能站在世界优秀民族之林，站在前列的。”一个是基础理论的期刊，一个是综合性的期刊。《财经科学》是经济理论刊物，需要面向全国的刊物。

《经济学家》杂志的筹办前夕，为了办这本杂志，刘诗白动用全部力量号召全国 70 余位著名经济学家来当编委，编委包括陈岱孙、于光远、刘国光、陶大镛、宋涛、苏星、厉以宁、吴树青、卫兴华、胡代光、雍文远、袁恩桢、胡培兆、谷书堂、熊映梧、何炼成等学者专家。

1989年1月20日，《经济学家》杂志正式问世，刘诗白担任杂志主编，肖灼基担任副主编，并在北京召开创刊座谈会，来自北京50余位经济学家出席。

和宋涛教授（右）在峨眉山金顶合影（1990年）

《经济学家》为海内外经济学家探索中国改革开放之路提供了一个理论窗口，是开展学术讨论的重要阵地，后来逐渐发展成为国内市场经济体制建立与完善的一个重要思想库，在国内外产生了巨大影响。

与谷书堂教授（左）在乐山合影（1994年）

除此之外，在促进学术交流方面，《经济学家》做出了重要贡献。比如，很早以前，刘诗白就开始关注两岸经济贸易交流，有意推进两岸经济学术交流事宜，而当时两岸还未启动正常经贸交流。刘诗白认为，以学术交流开启和促进两岸合作是一件极为重要的事，于是，1994年9月11—17日，刘诗白与北京大学经济学院胡代光教授、台湾中山大学魏尊教授等两岸经济学界一批著名学者共

在成都与出席海峡两岸经济学家研讨会的博士生合影（1994 年）。左起：刘灿、宫少林、仰融、李义平、魏盛鸿（中国人民银行总行教育司长）、韩平（成都市人行行长）、刘诗白、朱胜良、马蔚华、王志刚、李建勇

同发起，由经济学家杂志社、北京大学外国经济学说研究中心和台北“亚洲与世界社”共同举办第一届两岸经济学家会议。此次会议是海峡两岸知名学者之间一次高层次的民间学术交流活动。

会议主题为两岸资深学者学术讨论会，除了邀请大陆不同派别的一流经济学者，还邀请到台湾学术界的一大半精英前来参加，其中包括号称“台湾经济学之父”的于崇贤。会上学者们讨论内容极为丰富，后来集结成一部《两岸经济学之前途》著作，此次会议举办相当成功。不过后来由于各种原因，两岸经济学家会议只举办了三届，第二届会议于 1995 年在海口举行，第三届会议则于 1997 年在无锡举办。

虽然只有三届，但对两岸经济合作来说却意义非凡。总体上讲，该会议取得三大成果，一是两岸学者对有关大陆深化改革开放、两岸开展经济合作等重大问题进行深入探讨；二是针对开展两岸经济交流合作、实现互利双赢提出了很多前瞻性建议；三是增进两岸学者友谊，推动学术访问，为今后促进两岸学术交往做出了积极贡献。

作为《经济学家》主编，刘诗白倾注一生心血，始终坚持马列主义，服务改革开放，这也成为《经济学家》的选稿标准之一。在早期他要亲自审阅每一篇稿件，并提出意见，直到2006年开始，刘诗白让丁任重全权接手，告诉他："稿子我不看了，全部交给你。"此时，刘诗白培养接班人之意已非常明显。不过丁任重坦承，在这30年里，出现重大理论争议时，他仍然经常去请教老师，因为老师对大方向把握得很准。

直至今日，《经济学家》始终追求理论创新，团结经济学家，发挥广大经济学者的力量，不断产出高水平的学术成果，为中国改革开放献上绵薄之力。

自创刊以后，《经济学家》获得不少殊荣。1990年获四川省新闻出版局颁发的期刊整体设计奖；1995年6月被评为四川省十佳社科期刊，同年12月荣获首届全国优秀社会科学期刊奖提名奖；1998年又被全国经刊联授予首届全国优秀经济期刊；1999年9月，被全国高等学校文科学报研会评为首届全国百强社科学报；2000年8月获四川省第二届优秀期刊奖；2001年，又再次荣获由中华人民共和国新闻出版总署颁发的"中国期刊方阵"的双效期刊，国务院还将其列为学位与研究生教育中文重要期刊，是西部地区唯一入选的刊物。

走向世界

刘诗白这一生始终投身于中国改革开放事业，除了在学术界有所建树，大学教育也是他倾注心血的毕生事业。尤其是在他任职西南财经大学

与日本东京大学小宫隆太郎教授（中）、冯肇伯教授（右）合影（1985 年，摄于成都西南财经大学寓所）

在新西兰维卡托进行学术访问（1987 年）

美国玛瑞塔学院做学术报告（1988 年）

校长期间，不辞辛劳、四处奔波，亲自率领地处中国西南腹地的西南财经大学走出国门，为学校教育对外开放开辟出一片新天地。

1985 年，刘诗白担任西南财经大学校长。此时正是国家在改革开放浪潮下进行教育对外开放的一个探索阶段。其中，派遣人员出国留学就是当时率先出台的政策之一。

1978 年 3 月 18 日，中共中央在北京人民大会堂召开全国科学技术大会。开幕式上，邓小平表示，“任何一个民族、一个国家，都需要学习别的民族、别的国家的长处，学习人家的先进科学技术。我们不仅因为今天科学技术落后，需要努力向外国学习，即使我们的科学技术赶上了世界先进水平，也还要学习人家的长处。”[①] 时隔三月，邓小平作出一系列出国留学工作的重要指示，“我赞成增大派遣留学生的数量，派出去主要学习自然科学”，“要成千上万地派，不是只派十个八个”。这就意味着，大规模派遣出国留学已成大势所趋。

在哈佛大学作学术报告（1988 年）

在此背景下，全国高校竞相掀起一股“出国留学热”。当时，西南财经大学在对外开放领域还是一片尚未开垦的处女地。这对刚上任校长的刘诗白来说，是一个千载难逢的机遇，同时也是一个非常艰难的挑战。

与诺贝尔经济学奖提名者杜森贝里教授合影（1988 年，摄于波士顿）

80 年代的西南财经大学在各方面都处于相对落后的水平，与国内一流学府清华、北大更是不可同日而语。丁任重回忆道：“那个时候学校没什么钱，校园

在美国田纳西州立大学与经济系学生座谈（1988 年）

① 邓小平．邓小平文选（第二卷）[M]．北京：人民出版社，1994.

会见诺贝尔经济学奖获得者弗里德曼教授及夫人（1993 年）

在洛杉矶南加州大学 MBA 研修班做学术讲演（1995 年）

在德国进行学术访问，摄于柏林马克思、恩格斯铜像前（1997 年 11 月）

破破烂烂，教师的住宿都挤在一栋简陋的筒子楼里，一人一间，后来留校的年轻教师连住房都没有，条件十分艰苦。”这个看上去“颤颤巍巍”的学校在对外交流领域更是一片空白。

即便在如此艰苦环境下，刘诗白仍然一心想着如何把青年教师送出去学习。于是，他毅然决定把工作重心放在两个方面，一方面把主要精力重点放在学校基建、师资队伍建设等硬件配套上；另一方面推动学校国际化进程，开辟对外交流与合作的友好关系。

任职校长期间，刘诗白积极参加各种国际学术交流活动。1984 年，他赶赴美国考察高等经济金融教育，期间他想起了曾经一位武大校友陈文蔚，是美国俄亥俄州玛瑞塔学院的终身教授，两人关系一直交好。

在德国法兰克福的德中经济讨论会上做学术报告（1997 年 11 月）

最终在两人共同努力推动下，西南财经大学与美国玛瑞塔学院建立起友好关系。刚开始西南财经大学一年会派 1 至 2 名教师过去学习，迈出学校对外交流的第一步。

随后几年，刘诗白一直忙于对外学术交流活动，没有停歇过。1987 年，他赴澳大利亚墨尔本大学、堪培拉大学和新西兰维卡托大学讲学，1988 年应邀到美国哈佛大学、西北大学、田纳西州立大学、丹佛州立大学、俄亥俄州立大学等学校讲授中国经济体制改革问题。

在此期间，刘诗白再次牵线搭桥，与德国柏林高等财经学院建立起友好关系。随着学校国际化水平不断提升，对外合作学校的水平也越来越高，西南财大开始每年送青年教师出国学习，名额也在不断增加。

丁任重就是第一批被送出去的年轻教授之一，当年与他同一批的还有吕火明、曹廷贵等 4 人，而且完全公费，这对经济条件困难的西南财大来说实属不易。此后，学校每年都会派几位年轻教授出国留学。

随着出国留学规模不断扩大，学校还专门组建了一个外事处，加强国际交流工作。1996 年学校首批招收 9 名留学生，此后规模逐年增长，到 2000 年累计培养来自美国、法国、德国、菲律宾、蒙古国、保加利亚等国留学生116名。

不仅如此，在刘诗白的率领下，西南财经大学不断加强与国外金融机构及金融教育机构的合作。1987年与澳大利亚联邦储蓄银行签署合作意向协议。1994年与英国保众保险公司签署培训保险会计师的教育交流协议，并于1995年9月联合成立全国第一个保险会计师培训中心，为我国保险机构培养了一批涉外保险高层次人才。

1995年，国际货币基金组织驻华首席代表司各特应邀到校研讨有关金融体系的现代化与经济增长问题。1995年世界四大保险公司之一的安盛国卫集团，与学校合作成立我国首家保险中介人培训中心。1996年起学校和德国柏林经济学院交换留学人员，次年开展MBA合作项目，并自1999年起双方合作每年分别在成都和柏林举办一次货币政策研讨会。

正是因为刘诗白拥有立足世界的坚定信念，带领西南财经大学对外交流从无到有，开拓师生学术视野，不断提升学术水平，支持青年教师出国留学，打造雄厚的师资力量，才使得西南财经大学在全国财经类大学中快人一步，走向世界舞台，为日后建设顶尖学府打下坚实的基础。

向朱镕基副总理“请”来的“211”

1994年正月初二，成都市民正沉浸在阖家团圆、走亲访友的欢乐氛围当中，大街上张灯结彩、笑声晏晏，满是祥和喜庆的景象。当天，在有着“四川国宾馆”之称的金牛宾馆深处，时任中共中央政治局常委、国务院副总理兼中国人民银行行长朱镕基接见了四川省财政系统及银行界的代表。为整顿通货膨胀、规范地方银行，趁着春节假期，上任尚不满一年的朱副总理特意赶往蓉城开展调研活动、举办座谈会议。

会上，四川省党政机关的领导干部及财政银行界代表济济一堂。这其中，几张来自西南财经大学的学术面孔格外引人注目。集体合照环节，他们被特别照顾，不需要出去排位置，且享有与朱副总理及省领导们一同前排落座的优待。“当时我们很震惊，因为连省人行行长都需要去排位置。”二十多年后，谈及往事，当事人之一的西南财经大学老领导甘本佑仍激动万分。

当天，时任西南财大党委书记王永锡、校长甘本佑与刘诗白同行。座谈会议结束后，经省委书记谢世杰引荐，刘诗白一行三人代表西南财经大学受到了朱副总理的接见。一番握手过后，刘诗白将自己在构建社会主义主体产权这一立论上的阶段性探索成果——1993 年正式出版的《产权新论》一书敬献给朱副总理。据甘本佑描述，在大致翻看过这本《产权新论》后，朱副总理备感欣喜，“对诗白老师高度赞扬，说这本书写得好”。

随着交谈的深入，当得知西南财经大学是中国人民银行的直属大学时，朱副总理颇感惊讶：“人民银行还有这么好的学校？我都不知道。”正当此时，刘诗白三人抓住时机，三言两语间向朱副总理表达了西南财经大学想要以独立建制进入“211 工程”院校的强烈愿望。围聚在他们四周的省委书记谢世杰、省长、副省长等人也纷纷在朱副总理面前为西南财经大学美言。“西南财经大学在四川省还是很有名气的”“帮省上做了很多事情，解决了很多问题”“还是省上经济建设的顾问”……

听罢，朱副总理对西南财经大学申请“211 工程”院校一事表示支持与关心：“这么好的学校当然应该进入‘211 工程’，中国人民银行来出钱，让教委批好了。”为保证万无一失，返回学校后，刘诗白三人匆忙将随行秘书记录下的与朱副总理之间的谈话落地，生成一份白纸黑字的纪要。随后，西南财经大学把这份文件同时发送给国家教育委员会（简称教委，教育部的前身）、中国人民银行总行教育司。

回京后，尽管公务繁忙冗杂，朱副总理却也一直记挂着这件事情。在中国人民银行总行召开的某次党组会议上，他就明确表示要竭力支持西南财大这样一所高校代表金融系统以总行名义进入“211 工程”。根据工程建设需要，教育司、财务司等相关部门还对其安排了高达 1.9805 亿元的专项“211 工程”资金投入。此外，四川省、成都市政府也在学校基本建设施工、征地款优惠等方面给予扶持。1997 年，中国人民银行和国家教育委员会批准西南财经大学“211 工程”立项，并联合向国家发展计划委员会发函立项。1998 年，国家发展计划委员会正式批复同意将西南财经大学列入“211 工程”“九五”期间重点建设的 61 所大学之一。至此，西南财大进入“211 工程”院校一事总算是尘埃落定。

其实，早在刘诗白等人受到朱副总理接见之前的很长一段时间里，西南财经大学申请“211 工程”院校的漫漫征程就已然启动。一直以来，由于偏居西南地区，尽管教研水平优秀，西南财经大学在全国教育界的声望却并不符合它本应该达到的程度。

天资不够，后天就须得付出更多努力。为突破地域局限，刘诗白任校长期间，学校领导班子开始有意识地带领西南财经大学走出西部，积极寻求各方力量帮助。1979 年前后，学校被划归中国人民银行主管。学校主动提出要到人民银行北京总行开办研究生班，吸纳一批工作骨干完成相关研究生课程。如此一来，随着“发展研究生保持本科生在相应数量”策略的具体实施，西南财大实现了三大飞跃性进步：一是教研经费增加。二是教学质量提升。三是培养了一批在总行说得上话的实干人物，成功在总行站稳脚跟。

其后，以名誉校长刘诗白为首的西南财经大学领导层又提前得知了国家要办“211 工程”院校的消息。根据刘诗白等人判断分析：这是个千载难逢的绝佳机会，西南财经大学必须想方设法挤进“211 工程”。“建设‘211 工程’肯定会发展各行各业的学校，而财大在当时总行办的学校里面排名第一，是总行的重点。当时我们觉得以这个优势，我们是能进入到‘211 工程’院校的。”

理想万分美好，现实却总是充满严峻。当年，为了争取到更多支持，党委书记王永锡、校长甘本佑经常带队往返于北京、成都两地。最后终于得到了总行教育司的支持，成功进入“211 工程”。事实证明，进入“211 工程”后，西南财经大学的确实现了世纪性腾飞，就此迎来学校发展历史上又一个春天。据庆祝学校 90 华诞的纪念性图书——《西财力量》记载：“学校‘211 工程’建设的主要内容包括：重点学科建设、公共服务体系建设和必要的基础设施建设三个方面。经过全校师生励精图强、通力合作、开拓进取，至2000年，‘211工程’一期建设项目圆满完成，学校教育事业全面进步，学校面貌发生了显著变化。一是以学科建设为核心，重点建设金融、工商管理、理论经济学3个项目，支持其学科发展、科学研究、人才培养、师资队伍、学术交流和设施建设，直接提升了学校以经济学、管理学为主的学科整体水平和综合实力……二是立项建设了金融科研实验中心等9个教学研究实验室，改变了财经类学科长期缺乏实验手段的状况，革新了传统的教学科研方式……三是实施基础设施和公共服务体系建设项目，完成了光华新区土地配套和教学实验综合楼（光华楼）等基础设施建设……”

进入“211工程”之后，2000年左右，西南财经大学再一次处于命运的十字路口。依据高校第二轮教育体制改革规定，所有部委均不能再办高校。各部委直属大学除部分划归教育部直属外，剩下的绝大部分实行属地化管理，交归地方。由于教育部资源有限，每个部委只能上交一所高校。彼时，中国人民银行下设12所直属大学，包括西南财经大学、陕西财经学院、湖南财经学院、中国金融学院以及一些中专学校。

为确保西南财大顺利入选教育部直属高校，年届七旬的刘诗白亲自带队奔赴北京，到中国教育部及中国人民银行拜访。最终，西南财经大学以独立建制划转教育部管理，成为教育部直属财经类大学。回顾前事，甘本佑不禁感叹：“没有进入‘211工程’，我们也不会有这样的发展。西南财经大学从一个不知名的小学校变成国家重点学校。有的大学从有名的省属大学变成一般大学。虽然当时它的学生人数很多，但学校名声却越办越不好。这在社会上形成了这样两个对比，他们办垮了，而财大办好了。”

一校之长，责任重于泰山，必为学校之长远发展、师生之成长福祉计深远。两次历史机遇，两段艰难困苦，刘诗白都带领着西财人一一抓牢了、挺过去了。

第六部分

新世纪

（2001年至今）

第十一章　春风化雨润无声

震惊学界的《现代财富论》

过去几十年，面对历史所赋予的多项职责，刘诗白尽心尽力，无不出色完成。四川财经学院副院长，西南财经大学校长，第七届全国人民代表大会代表，第八届全国政协委员、常委，四川省政协副主席，四川省社会科学联合会主席，四川省政府顾问，《经济学家》杂志主编，《资本论》研究会会长……迎上了改革开放的春风，在无垠的深海巨流间逐梦扬帆踏浪前行，几十年来，刘诗白似乎从来都处于一种星夜赶路的匆忙状态之中。

20 世纪初，逐渐淡出学校各教研行政事务和社政活动后，他试着让自己的生活慢下来。散步、看书看报、思考……于刘诗白，慢并不意味着停滞不前，而是一个积蓄新力量再次出发的过程。“老骥伏枥，志在千里。烈士暮年，壮心不已。”尽数卸去肩上的重担之后，他并没有像普通的老人般含饴弄孙、颐养天年。深感时间宝贵，刘诗白极其自律地安排着自己的生活，甚至还制定了“不旅游、不出国、不开会”的“三不原则”。

在北京出席全国政协第八届委员会会议（1993年3月）

在剩下的生命里，他想回归学术，以更多的时间、更饱满的精力投入到社会主义市场经济理论的研究探索之中。一个经济学家，最重要的东西不是花里胡哨的社会头衔，也不是重量级别的学术奖项，而是那些在时光的反复冲刷下依然闪烁着智慧光芒的学说与思想。金钱虚名不值一提，肉体生命短暂易逝，唯思想可以跨越时空，达到某种程度的永恒。或许，刘诗白晚年专心学术、笔耕不辍的意义就在这里了。

就在刘诗白静心思考的这段时间里，世界的经济格局也正发生着一些变化。2000 年，在克服了东南亚金融危机带来的种种不利影响之后，中国国民经济生产总值在全球排名上升一位，位居第六。同时，中国全面完成了“九五”计划的主要任务，GDP 增长 8.0 %，增速加快 0.9 个百分点。经济增长加快，综合实力增强，在践行改革开放的 20 多年里，中国经济的腾飞速度实在惊人，创造了一个东方大国的奋斗传奇。

2001 年，美国高盛公司首席经济师吉姆·奥尼尔首次提出了“金砖四国”这一概念，把俄罗斯、中国、巴西和印度统称为“金砖四国”。在经历了改革的艰难时期后，中国的改革事业逐渐步入正轨。

在经济高速增长的同时，刘诗白也隐隐洞察到这隐藏的问题。刘诗白又一次站在了历史的高度。终于，在 2005 年，正当耄耋之年的刘诗白以一部《现代财富论》再次震惊经济学界。

1776 年，英国古典政治经济学家亚当·斯密发表了影响深远的《国民财富的性质和原因的研究》，探讨了工场手工业时代采取商品价值形式的国民财富的生产和分配的规律，论证了劳动是财富的源泉；分工和交易，即市场经济可以极大地增加资本主义的国民财富。自此以后，财富的生产和分配问题成为政治经济学研究的永恒主题。

当今世界正处在一个立足于科技的生产全面发展的时代，需要经济学家广阔的历史与现实的视野，以抓住“财富”这一基本经济范畴为出发点，以“财富创造”这一人类基本的社会实践活动为主体，以科技创新为手段，全力推进我国人民财富丰裕化和分配的公正化，实现我国国强民富、中华民族伟大复兴的目标。

为此，对现代财富的性质、结构、源泉和加快财富创造的经济机制、规律，特别是发达市场经济和高科技经济条件下社会财富创造的新情况、新特点，从经济学、社会学角度进行全方位、深层次的理论思考与分析就十分必要。为此，刘诗白用了七年的时间完成并于 2005 年在三联书店出版了学术专著《现代财富论》。

经济学家黄范章称，这本书对什么是现代财富、什么是现代财富的源泉进行了系统的研究。中国社会科学院学部委员、孙冶方经济科学基金会荣誉理事长张卓元评价说：“当代人类社会的一个显著特点是以科学技术的迅猛发展为特征的一系列深刻的变化；与此同时，财富的形式、结构、形成也发生了与之相应的变化。当代经济学家必须回答当代财富的特征、性质和源泉。由三联书店出版的著名经济学家、西南财经大学名誉校长刘诗白教授的学术专著《现代财富论》就是对上述问题的深刻而生动的回答。”经济学家张文贤在2011年发表文章直言，尽管《现代财富论》出版于2005年，但是，今天读起来仍旧给我们常读常新的感觉。其理论创新和学术贡献远不是一篇短文能概括的。事实上，作者对科技创新、文化生产、服务劳动等新经济范畴都有精辟的论述和独到的见解。特别是马克思的劳动价值论在高科技时代的新特点、新趋势作了极其深刻的分析，得到了丰富和发展。①

著名文化学者章玉钧写了一篇读后感，题为“经济视野中的文化生产”，将刘诗白的《现代财富论》看作知识经济、发达市场经济时代的“国富论”，是我国马克思主义理论研究和建设工程的一项理论成果。

除此之外，《人民日报》《光明日报》《经济日报》等媒体分别以“探讨现代财富及其源泉的力作”“现代财富多样化的探讨”“着力完善科技创新体系”为题，对该书作出高度评价。

在这本学术专著中，刘诗白提出了几个具有划时代意义的观点：

（一）研究现代财富生产的由来

社会主义的根本任务是大力发展生产力，实现共同富裕。这就要求

① 西南财经大学经济学院 . 刘诗白从教 65 周年纪念文集 [M]. 成都：西南财经大学出版社，2011.

人们在社会主义建设中，坚持以经济建设为中心，聚精会神做好社会财富的生产，在推进经济丰裕化中相应地和逐步地实现共同富裕化。改革开放以来，我国经济持续地高速增长，国内生产总值由1978年的3624亿元人民币增加到2003年的11.67万亿元人民币，增长32.2倍，人均GDP达到了1000美元。我国在财富快速增长的基础上实现了由温饱到小康的历史性跨越。

中国共产党确立的全面建设小康社会的宏伟目标，要求经济更加发展、民主更加健全、科教更加进步、文化更加繁荣、社会更加和谐、人民生活更加殷实。实现上述要求的物质前提是生产力的提高和财富创造力的增强。中国特色社会主义建设要求人民财富丰裕化推进共同富裕化，实现全面小康要求我们寻找能充分地惠及十多亿人民的经济、社会发展模式。因此，当前我们需要基于对实践经验的总结，进行理论思考，寻找一种“以人为本”和科学发展的最佳的财富生产模式。这是一种立足于中国国情的社会主义的人民财富增长模式，这种模式表现在财富数量的增多，即人均GDP的增多；表现在财富质量的提高，即生产资料和消费品的科技含量及其功效的提高；表现在财富结构的优化，即物质产品、服务产品以及知识文化产品的合理配置和产品的丰富多彩；还表现在财富占有差别的缩小和共同富裕化上。

进入21世纪，我国面临着十分难得的发展的重要战略机遇期，在今后20年内我们需要也有条件争取实现更好的经济发展和更有效的财富创造。我国正在进行社会主义条件下的人民财富最大与最好增值方式的历史性的探索，这项实践探索要求我们对中国今后20年的经济发展进行理性思考和理论创新，认真研究和从理论上弄清立足于当代世界和当代中国、体现全面小康要求的经济发展方式和财富创造方式。为此，我们需要以马克思主义理论为指导，站在时代的高度，以广阔的历史的视野，对财富创造这一人类社会基本实践进行深入的经济学考察：一是深入研究现代社会财富的性质、结构、源泉和加快财富创造的经济机制和规律，特别是弄清当代发达市场经济和高科技经济条件下社会财富创造的新情况和新特点；二是深入研究当代世界财富分配的新特征和我国社会主义条件下实现财富共同占有与分配的具体形式。这是《现代财富论》一书中研究的主旨，《现代财富论》的第一卷正是对现代财富生产的特征及其生产机制的研究。

（二）对社会财富的形式和结构的分析

从当代生产实际出发，刘诗白分析了社会财富的两大类别——商品财富和非商品财富；阐述了现代财富结构的多样性，指出在发展社会主义生产中人们应该以广阔的眼界来看待财富，要确立全面的财富观，谋求多样财富形式的协调发展和互相促进。

现代财富包括商品财富与非商品财富两大类别。作为政治经济学范畴的财富，它的内涵是生产品拥有的能满足人的需要的有用性。财富一词，更准确地说是社会财富一词，其本质规定性是劳动生产物，即劳动财富。

财富在市场经济形态下主要表现为商品财富，但是不属于市场机制的产品性财富也是社会财富的组成部分。在当代发达市场经济中，商品生产成为社会生产的一般形式，商品财富成为占据社会财富统治地位的内容。但是，产品性财富，如基础教育产品、基础文化设施、社会福利、国防产品、生态环境基础设施等仍然是现代社会财富的构成要素。

市场经济中存在着商品性财富生产和产品性财富生产的互促，在资本主义制度下，上述两种财富的互促功能未能得到充分发挥。社会主义市场经济体制的确立，为商品性财富生产和产品性财富生产互促、互动创造了制度基础。搞好两种财富生产的互促、互动，将大大加强社会生产的财富创造力。

财富结构的多样性是刘诗白在《现代财富论》中提出的一个重要命题。财富的结构决定于生产力、社会生产的状况和产业结构。当代世界正处在一个社会生产全面发展的时代。

首先，物质生产在高技术基础上迅猛发展；其次，在国民总产值的比重中已成为最大产业的服务业由于信息技术的引进，获得新的发展势头；最后，高技术经济固有的科技创新机制，促进了科学知识产品的扩大再生产。同时，文化消费需求的快速增长推动了文化品、艺术品生产的发展，促使文化产业兴起；由物质生产、服务生产、知识和精神生产三大部门组成的三维产业结构成为现代产业结构的特征；物质产品、服务产品、知识和精神产品等三大类产品已成为现代社会财富的组成要素。就上述三大生产部门来说，它们自身又分化为多种多样的行业、亚行业；就该三大类别的产品来说，每一产品类别又分化为众多的种和更多的亚种、属性……提出财富结构多样性的命题，一是为了说明在社会分工规律和机制下，财富生产门类的多样化和社会财富具体形式的日益丰富多彩；二是为了指出在当代社会生产已经跨越了主要从事物质生产的时代，进入了三大生产部门并举，以服务生产、精神生产为主导以及服务产品和知识、文化产品成为社会财富的主导形式——书中称为软财富——的时代；三是为了指出当代经济发展中出现了物质生产、服务生产、知识生产三大部门的互相促动，特别是知识生产——科学生产和文化生产——对物质生产和服务生产起着强有力的促进作用，而物质生产和服务生产体现在物质生产部门和服务生产部门的技术进步和高技术经济的出现和发展中，也体现在当代文化产业的快速发展中。

社会主义条件下，在进行财富生产时，既要求社会财富量的增大，又要求财富质的提高，即产业升级和高科学含量产品的创造；还要讲求财富结构的优化，在发展物质生产部门的同时，大力发展服务生产部门和知识生产部门。为此，人们应该确立一种全面的财富观念，特别是整体的财富观念。也就是说，要统筹商品性财富和产品性财富二者的共同增长，谋求物质财富、服务财富和精神财富三者的结构协调和优化。

（三）对现代社会财富源泉的多样性的论述

在提出社会财富源泉多样性的命题时，刘诗白阐述了劳动是社会财富的始源，参与生产过程的工具和自然对象——从广义的土地（地表、地下）到被使用的宇宙——也是财富的源泉；结合人类社会发展中生产方式的演进，论述了劳动力、工具力、管理力、科学力等在财富生产中的作用；基于当代经济走向知识经济的大趋势，着重阐述了科学知识在现代财富创造中的重要作用。

亚当·斯密在《国民财富的性质和原因的研究》一书中，将财富形成归之于劳动，表现出资本主义上升时期资产阶级杰出政治经济学家在经济学分析中敏锐的眼界。马克思基于历史唯物主义的方法论，科学地阐明了劳动是社会财富的本源，是商品价值唯一的源泉。马克思通过对创造产品的劳动过程的分析，阐明了产品及其使用价值是人的劳动、生产工具、劳动对象、厂房、土地等多种参与生产过程的生产要素作用的结果，由此提出财富源泉多样性，劳动并不是它生产的使用价值即物质财富的唯一源泉。

马克思在《资本论》中详尽地分析了19世纪机器大工业中的劳动过程，论述了机器在提高劳动生产率中的重要作用，特别阐明了不断被应用和转化为更完善的机器和生产工艺的自然科学在创造使用（价值）财富中的重要作用。刘诗白将马克思分析使用（价值）财富生产的方法应用于当代，提出如下论述：简单的物质生产过程是包括劳动力、劳动工具、劳动对象在内的三维要素结构，就机器大工业生产方式来说，物质财富的创造力应该归之于劳动力、工具力、劳动对象力和科学力四要素。在现代发达市场经济和高技术经济的生产过程中，生产要素呈现多维化，除了劳动力、工具力、劳动对象力、科学力以外，管理力、环境力等也成为生产过程的有效因素并对产品使用价值和社会财富的形成发挥着重要作用，可见生产方式进步实现了社会财富新源泉的开发和富源的多样化。

他对人类社会经济发展、生产方式的演进总过程中使用价值财富源泉的被开发和利用的总趋势做出如下归纳："大体说来，由主要依靠人力，到主要依托于工具力，再到主要依托于科学力，体现了人类的财富生产力提高的历史轨迹。”在对人类利用工具力的理论分析中，刘诗白提出和依次考察了人类社会的使用价值财富生产的三种彼此递进的方式：一是用手工工具生产财富；二是用机器生产财富；三是用高技术生产财富。

20 世纪 70—80 年代的信息革命，拉开了用高技术生产使用财富的时代——依靠科学力的时代——的序幕，人类社会已经寻找到一种充分发挥高技术力——最先进的工具力——的新的劳动、生产方式，寻找到使用价值财富生产的最丰饶的和不竭的源泉。

（四）对自然财富在社会财富形成中功能的阐述

自然是财富的重要源泉之一，也是当代经济发展中具有稀缺性的十分珍贵的富源，如何科学有效地利用自然，使它真正成为人类世世代代利用不竭的富源，是当代经济发展中人类面对的和需要加以解决的重大课题。

刘诗白将自然财富确立为经济学范畴，提出了自然财富是社会财富生成的物质基础（物质源泉）这一命题，分析了自然财富在创造社会财富、提高劳动生产率、实现经济持续发展中的重要功能。

他提出自然财富边际有限性的命题，要求大力寻找和实行节约自然资源的经济模式——生产方式与消费方式——和发展模式，把经济高增长与自然资源节约、环境的维护和优化相结合，把扩大再生产与自然再生产和生态循环相结合，以维持人和自然的协调，实现可持续的发展。

自然财富包括：一是自然物质，如土地、河流、森林及其生产物和地下的矿藏；二是自然力，包括水力、风力、阳光、核能、宇宙能等；

三是生态、环境、气候等，它们是用来满足人的生产需要以及消费需要的自然对象和自然生产条件。

自然财富具有重要的经济、社会功能，具体如下：

首先，自然财富的丰饶有利于提高劳动生产率。自然财富首先表现为资源，它是生产工具和生活资料的来源，因而，自然财富的丰饶，即它的高存量和高质量，成为劳动生产力提高的积极动因。

其次，良好的自然生态体系是持续再生产的物质前提。自然财富的内涵，不仅仅指用来作为加工对象的自然资源，还包括由森林、草地、土壤、大气等多种自然物结构组成的生态体系。良好的生态体系是持续生产的自然基础，而实行劫掠和破坏自然的生产方式会造成自然生态恶化，使可供社会生产使用的自然物质与自然力存量缩小。在这种情况下，就会出现社会生产的萎缩，或者社会生产以进一步侵蚀和破坏自然生态条件而强行扩张，导致经济持续发展的自然基础遭受更大破坏。可见，保持良好的自然生态循环，是社会再生产和经济循环顺利进行的前提条件。

最后，自然生态是人类生活环境的重要因素。优良的自然生态环境是人保持身心健康，改善生活质量和获得生活安康的条件。在社会物质丰裕化进程中，良好的自然生态环境可以提升财富的生活享受效应。

刘诗白对自然财富存量的有限性的论题进行了阐述，认为从长期来看，人类可以加以利用的自然财富，不是取之不尽、用之不竭的。对于人类社会发展的一定阶段来说，在特定的生产力水平下，能实际参与财富生产的地球自然资源，总是表现为一个有限的存量。自然物会随着生产中的物质耗费而发生耗损和减少，财富生产与自然物存量耗损的矛盾，就是人类社会生产所固有的一般矛盾。如果人们能采取善待自然的生产方式和消费方式，就能在经济发展中保持人与自然的协调；如果人们实行浪费自然的非理性的生产与消费，就会出现人与自然的对抗。

世界工业化、现代化进程中出现的严重的资源、生态环境危机表明经济学的基本理论需要进一步发展，需要确立社会的即期可利用自然是一个有限存量的命题。[①] 要根据这一命题，培育和达成珍惜、爱护自然和节约自然资源的观念和共识，用它来指导人类的生产和消费，纠正和改变见惯不惊的浪费自然资源、破坏环境的人类非理性行为。

自然财富是一个有限存量的命题，是以现有生产力水平不变为前提的。生产力是最活跃的因素，随着社会生产力的提高、开发自然在广度和深度上的发展，可利用的自然财富量也就会相应扩大。基于此，刘诗白提出自然财富存量的界限或边界可扩展性的第二个论题。

在社会发展中，人们总是以开发劳动来扩大现实的自然财富；以科技进步来创造人工自然财富，如对原生自然物、环境进行加工、重构，由此形成更肥沃的土地，生产率更高的种子、种畜，更优良、宜人的生态环境——人工自然。合理的生产方式能在消耗自然中维护自然和改造、创新自然，形成人工自然增量。技术进步和生产方式的进步是创造人工自然的物质基础。

人类实行的浪费与破坏自然资源的非理性生产，不仅是物质生产力

---

① 西方经济学家为阐述经济可持续发展的必要性和紧迫性，提出了自然物质存量有限性的论点。但不少西方学者未看见人类变革社会生产方式、实现人与自然协调发展的前景，他们撰写的环境经济学论著中更多地宣示人类社会将因“物质极限”而走向末日。

水平低所导致，而且有其经济制度上的根源。人类社会生产与自然之间物质变换的严重失调，是一定的历史发展阶段的社会经济制度下的产物。后工业社会暴露得越发鲜明和愈演愈烈的世界性的资源、环境和生态“危机”，并不是完全由于生产技术的落后，也不是如西方环保经济学者戴利所说的由于热力学的能量守恒规律的作用，而是与资本主义私人财产垄断制度和缺乏调控力的、不完善的市场体制、机制密切相关。

在社会主义中国，通过对基本自然财富的私人占有制的废止，通过构建完善的社会主义市场体制，有效地发挥市场机制和政府调控的功能，大力发展先进文化，提倡和塑造节约自然的理性的生活消费方式，特别是努力探索和走出一条物质文明、精神文明、生态文明并举的新工业化、现代化道路，人们就可以逐步做到节约自然和创新自然相结合、低自然耗费和高经济增长相结合、社会财富创造的极大化与持续化相结合。一句话，实行一种理性的、社会与自然相协调的世世代代造福于人民的持续的扩大再生产，是社会主义经济发展的要求。

（五）对当代高技术生产方式的经济分析

《现代财富论》最重要的内容是对当代最新的财富生产方式——刘诗白称之为高科技生产方式或高科技经济——进行经济学的理论分析。他认为，高科技经济指的是以信息技术为代表的高技术日益被广泛使用成为新的物质技术基础，并引起生产方式、生产组织发生新变化的社会经济组织形式。

20世纪中叶以来，科学、技术研发在广度和深度上呈现出加快发展的势头。在当前经济发达国家，高科技经济处在向纵深、全面发展的时期，发展中国家也都致力于推动传统工业经济向高科技经济的攀升和追赶。中国正在进行一场和平的经济崛起。为了把握世界高技术经济发展带来的机遇，我们应该在新的工业化中大力发展高新技术，紧跟世界科技创新潮流，加快产业升级，发展壮大自身的高新技术产业，并将其作为桥头堡和制高点，带动工业化和促进现代化，走出一条起点高、增长快、质量好、消耗少、效益大、福利多的新型工业化道路。搞好高科技的发展，是中国经济实现跨越式发展的关键。

高科技经济的特征如下：

第一，以高技术为物质基础。

高技术源于新兴科学。20 世纪初期量子力学基础理论研究取得的进展，引发了 20 世纪 40 年代以来卓有成效的半导体物理学的研究。1947 年任职于贝尔实验室的肖克利发明半导体晶体管，这是 20 世纪最重要的技术发明之一。20 世纪中叶一连串有关信息的基础科学理论知识（包括数学），特别是应用技术知识的取得和发展，启动了 20 世纪最后 20 年的信息革命。美国是这一场信息革命的策源地和中心。1957 年仙童半导体公司的诺伊斯——后来的英特尔公司创始人之一——发明了将多个晶体管集成在一片芯片上的集成电路技术。1981 年 IBM 生产出第一台家用电脑，标志着计算技术革命大幕的拉开。此后，20 世纪八九十年代微处理器技术、显示技术（屏幕）、软件技术和网络技术等取得快速发展和不断创新。20 世纪 90 年代中期，以因特网为标志的网络技术以及移动通信技术发展尤为迅速。1995 年雅虎（Yahoo！）、亚马逊（Amazon）等互联网公司成立，带动了美国网络经济的大发展，1999年创立了几千家网络公司。在信息革命的大背景下，美国出现了从1991年3月至2001年3月历时10年的经济稳定增长。

高科技的另一特征是技术扩散迅速。20世纪80年代以来，计算机在美国迅速地进入各行各业，信息技术一下子成为通用技术，成为社会生产的物质、技术基础。这一最新的技术带来了生产方式、劳动方式、经营方法以及企业组织形式的变化，形成了一个生产多种多样信息产品的新兴信息产业；信息技术作为最强大的研发工具，促进了生物基因、纳米、宇宙航天等领域的科学研究和产品开发，推动了其他高科技产业的出现和发展。信息技术既是生产工具，又是生活手段。第一部家用电脑生产出来后不过20年，发达国家90%的家庭已经使用计算机和网络。而且，智能家用电器快速发展，家庭生活智能化已不再是科幻题材，而是现实生活的新趋势。

第二，不断创新的技术。

高技术经济的鲜明特征是：不仅技术高，而且，技术进步步伐加快，表现为不断创新的技术。

技术的不断创新性在信息技术的发展中表现得最为鲜明。英特尔公司1978年制造的8086家用电脑机芯片有29000个晶体管，经过80186、80286、80386到“奔一”至“奔四”的不断升级换代，当前小指甲大的“奔四”微处理器已有晶体管3000万个。英特尔创始人之一摩尔，提出了著名的微处理器技术的不断创新的规律，即芯片功能18个月翻一番。技术不断创新更鲜明地体现在手机上。20世纪90年代中期，手机开始大量进入市场，只经过五六年，原有第一代手机已成为古董，当前拥有多项功能的第三代手机正在日新月异地发展。技术的不断创新也体现在其他高科技产品中，近年来人们可以看到生物基因编码和克隆等生物技术的不断进步，令人鼓舞。技术创新使新产品不断地推向市场。美国 20 世纪 90 年代以来每年生产 5 万多个新产品，在 20 世纪 70 年代每年只生产数千种新产品。1990 年，产品开发周期平均为 35 个月，1995 年为 24 个月。高科技产品生命周期也大大缩短，一般为 2 年左右。

不断创新的技术，使高技术经济成为真正的“不断创新经济”，不断的技术创新和一轮又一轮重大的技术进步，有力地推动着经济和社会的发展，成为现代物质文明、精神文明持续发展的动因。

第三，高增长的企业。

高增长是高科技企业和产业的特征。信息产业的快速崛起和一批明星信息企业，如英特尔、微软、摩托罗拉、思科、爱立信、诺基亚等的高增长，是 20 世纪后 20 年中发达国家经济发展中最令人瞩目的新现象。20 世纪 90 年代，信息、网络业的一大批新兴公司年销售额保持 20%—50% 的高增长率，汽车、化工等传统产业望尘莫及。高增长使新兴公司 10—20 年间迅速壮大成为销售收入达数百亿美元的巨人。

互联网公司的大规模兴起，是 20 世纪 90 年代末 3 年内美国经济的一道耀眼的风景线。2000 年美国注册有 3000 多家网络公司，总就业人数达 250 万人。网络产业营业收入达 5240 亿美元，增长率达 62%，为美国经济增长率的 15 倍。高科技企业、投资公司及服务业产业集聚的高科技园的形成，对高科技经济的发展起了重要作用。位于美国加利福尼亚州的硅谷，这一在20世纪50年代由斯坦福大学教务长特曼教授创意建立的有7家公司的工业园，在20世纪80—90年代迅速发展，成为长60千米、有7000家电子公司、100多万人就业的高科技工业园。在硅谷处于极盛期的2000年，平均每日有一家新公司成立。高科技企业群落不仅促进了高科技企业产业的发展，而且成为拉动国民经济发展的增长极。

高技术经济这一新的生产方式和经济组织形式，正在迅速地和大规模地被应用于生产，有力地影响着当代的经济、社会和人们的生活。其功能有：

第一，生产工具革命。

高技术作为生产资料——生产工具+原材料+生态环境，它带来了劳动生产方式的革命，首先是工具革命。一是信息技术产生的人工智能机器——人们称之为机器人——拥有计算、选择、及时自动调控的功能。这种智能机的采用使传统的由人脑和人力直接操纵的生产转变为由智能机自控的生产，由此使机器运行和生产作业摆脱了人力的束缚，能够实现高速运转、高精确加工、高难度（深水、高温）作业、长时期持续运行。二是能进行微观与宏观的研发与生产。小至生物分子结构、原子结构的分析以及对其进行加工、重组，大至宇宙结构的研发和宇宙力的纳入生产和加以利用。三是能进行脑力所不能完成的数字的快速运算、无限大信息的加工和有效知识的选择与储存。四是能发掘深层的自然财富（自然无机物与有机物），创造出人工物质，重构和创新环境和生态，创造出不竭的经济资源。五是信息技术及其他高技术使机器设备具有高功率、小型化的性质，从而大大节约物质耗费。

第二，现代使用财富的创造。

高科技生产力集中体现在当代科技含量高的新产品中，如信息产品、生物药品与生物食品、新合成原材料等，这些高科技知识含量产品的创造意味着一种崭新的现代使用价值的形成。拥有高效用的使用财富能更充分满足现代人的物质生活需要与文化、精神需要。

第三，劳动生产率的提高。

体现在当代物质生产手段、新的生产工艺、新的企业组织和管理以及劳动力的智力素质之中的高技术，具有生产效率高、产品成本低的特征。高科技的使用实现了以劳动生产率提高为基础内涵的扩大再生产模式，它能在货币资本总量增长率较小的基础上，实现经济的较高增长率，从而减小高增长中的通货膨胀压力。

第四，刺激与扩大有效需求。

高科技含量产品，因其现代新的使用价值，能有效刺激和创造新的消费需求。

第五，企业组织的重构。

信息、网络技术产生了网上直接交易，引起了企业营销组织的重组，使营销组织“精干化”；实现了企业之间的迅速的信息流、商流和物流，由此推动了企业生产组织的重构，如将许多制造、研发、服务活动外包，零部件实行外购，而自己集中于优势生产环节和核心业务，于是原先集生产、研发、销售为一体的大而全的庞大企业，变成了由企业与合伙人、承包商、供应商组成的集合体，它意味着一种更加发达的厂际分工与协作形式的产生。信息、网络技术还引起了企业管理方式与管理组织重构，由传统的金字塔式的企业科层等级组织结构转变为扁平化结构，既节约企业组织及监督成本，又大大提高管理效率。

第六，信息技术与知识生产。

计算机也被广泛地应用于知识生产领域。如进行快速的数学运算，搜集、处理和筛选可用信息；进行打字、文件修改、编辑和打印，绘制图片和传播图像与声音。计算机的上述功能使它成为当代科学研究的强大工具。此外，计算机还能用于艺术创作，为青少年提供了丰富多彩的新型电子文化、艺术产品。信息和网络技术还创造了新型电子教学，引起了教学方法和教育体系的变革，促进了教育的发展。可见，电脑不仅是进行知识生产的强大工具，其还能推动产生新的知识生产方式，使社会知识生产能力增强，知识生产领域大大拓宽，知识产品生产规模大大扩大，从而成为现代社会知识、精神财富快速增长的重要工具。

第七，信息技术与宏观调控。

信息技术是进行宏观调控的工具。借助信息网络技术，经济管理和调控机构能够快捷掌握国民经济运行的各种势态，及时做出恰当的调控决策，以梳理、化解经济生活中的矛盾。

（六）对市场机制的促进技术进步功能的分析

技术进步是财富生产力不断提升的决定因素。我国新时期经济的发展需要立足于技术进步的基础之上，加快技术进步是我国经济工作的重中之重。而要切实有效地推进技术进步，就需要深入研究和在理论上弄清技术进步的经济规律。

刘诗白在一些论著中对技术进步的性质、源泉、经济动因、形式——技术渐进或发展和技术飞跃或发展——等问题进行了分析阐述。

他从历史的角度对人类早期社会千百年发展中细微的技术进步，到工业经济时代间歇性的技术进步，再到当代最快速的技术进步，进行了对比考察和研究。指出原始经济、农业经济时代在总体上是技术长期停滞不前的，尽管上古和中古时期的中国取得了较之西欧时间更早、数量更多的科技成果，但是这些科技成果未能及时地更新，更说不上快速地转化为现实经济中的技术进步。技术进步作为现实实践和实在范畴开始于工业革命和机器大生产时代。资本主义工业经济发展中，一方面出现了现代自然科学的兴起和发展，另一方面有大规模的自然科学知识以及应用技术知识不断地转化为生产中的物质技术，即经济中的技术进步。20世纪自然科学进步的步伐加快，科学知识更大规模地被合并于生产和现实经济中，20世纪末期的高科技经济发展中则出现了科学知识快速创新、快速转化（为生产力）和经济中技术的不断创新。

刘诗白特别强调地指出，现实经济中的技术进步，不只是一个技术本身的效率问题，也不只是掌握新技术知识的问题，从根本上说，它是一个经济体制问题。历史表明，立足于市场经济体制及其机制，将高效率的技术转化为主体净收益，从而驱动了近代和现代的技术进步。

市场经济条件下，其一，市场需求是技术进步的前提条件。为市场、为交换价值的生产，打破了自给自足经济中生产的局限性和物质技术的保守性，产生了市场需求拉动的生产扩张和原有物质技术有限生产能力的矛盾，这是市场经济体制下技术进步的经济动因。其二，在市场经济固有的盈利极大化的企业体制下，使用新技术成为提高盈利率的手段，从而使技术进步有了主体利益的驱动，而这种驱动是推动技术进步的最强大的、内生的力量。其三，市场经济固有的竞争和优胜劣汰机制，是促进技术进步的另一强有力的内生力量。其四，资本密集工业技术需要大量资金投入，市场经济的股份制企业组织和信用、金融体制，为厂商进行技术革新提供了金融支撑。刘诗白认为，当代市场经济的一整套制度安排，使效率更高的新技术产生出净收益，即超额利润，由此，启动了为追逐超额利润的资本投入和技术进步进程。资本主义工业化、现代化过程中机器工业技术进步的加速，正是在于上述市场体制下新技术产生净收益的经济机制的作用。

当代高科技经济中技术的不断创新，更是以发达的市场经济为制度基础，发达市场经济则包括：商品性知识生产体制；风险资本形成、运行体制；知识产权体制。此外，还包括培育智力劳动力的教育体制以及鼓励创新的文化体制，等等。正是发达的市场经济及其机制，驱动了当代科技的不断创新。

（七）对现代知识生产及其经济、社会功能的理论分析

高科技经济的特征是技术的不断创新，技术创新的源泉是科学的不断进步。刘诗白指出：“物质技术进步的源头是科学。如果单有促进技术进步的经济体制和机制，而缺少不断创新的科学知识，也不可能有现实经济中不断的技术创新。技术快速进步依托于科学知识的快速进步。”在《现代财富论》中，刘诗白将当代科学知识的快速进步，归之于以市场体

制为基础的现代知识生产的力量和效率，提出了现代知识生产的命题，并对知识生产的含义、性质及其经济、社会功能，特别是对商品性知识生产的性质与特点，包括知识商品的使用价值、知识商品价值、市值（市场价值）、知识垄断——科技（知识）垄断与文化（知识）垄断——与知识产品垄断价格等进行了经济学的分析。

他提出：一般含义的知识生产，是人们从事的创造知识产品——包括科学产品和文化产品——的活动，它存在于人类产生和人类智能成熟以来的任何时代。现代知识生产，是发达市场经济体制下的知识生产。一是是立足于现代物质技术基础上的精神生产，知识生产的性质、特征、规模、方向都要适应物质生产的要求。二是一部分知识生产立足于市场体制之上，成为商品性知识生产。三是众多的知识生产部门出现，形成了新兴的知识产业。四是发达的商品性知识生产与产品性生产并存和共同发展。

现代发达的商品性科技知识生产，表现在：一是企业自身进行的知识生产。大公司，特别是高科技企业都建立有实验设施完善的研发机构，进行科技研发成为企业生产活动的重要内容，开发的科技成果（专利权）的转让以及提供科技服务在企业销售额的增长中占有的比例越来越高。二是由专业性的科技研发公司来进行的知识生产。大量兴起的各种研发、设计、咨询公司，它们对企业，特别是中小企业提供新产品设计、新技术研发以及新技术操作、使用等服务。三是以合同形式委托大学及各种科研单位来进行的知识生产。四是由个人（包括大学生及其他科技爱好者）来进行的知识生产。当代发达的科技知识生产，是立足于市场经济体制基础之上并包含有产品性生产的大知识机器生产。除此之外，还存在发达的文化产品生产。

知识生产和知识产业——刘诗白称之为第四产业——的快速发展，引起了现代国民财富结构的变化，知识产品在总产品中所占比重日益增加，传统物质产品的比重下降。物质财富生产和知识财富生产并举与以知识生产促进物质生产，成为当代经济发展的大趋势，也是知识经济的特征。

现代知识生产是以部分知识生产活动商品化，即商品关系和市场机制被引进知识活动为鲜明特征。对这种知识生产活动商品化的现象和发展趋势，人们的看法是有分歧的。按照长期流行的传统认识，知识生产活动从属于商品交换以及价值规律，是市场经济消极的甚至是有破坏性作用的表现，是需要加以禁止的行为。但是立足于当代世界和我国社会主义市场经济的实践，从生产关系一定要适应生产力性质的经济规律的理论角度出发，进行冷静的观察和科学的分析后，人们会看到：如同商品关系引入物质生产和服务生产，带来了上述两大领域生产力的发展和财富的快速增长一样，商品关系和市场机制被恰当引入知识生产活动的领域，会激发主体知识、精神活动的积极性和创造性，从而促进知识产品生产力的提高。

第一，商品经济机制对知识生产的利益激励功能。

商品经济机制引入知识生产，首先是知识产品作为商品进行市场交换，知识生产劳动创造的知识产品价值转换为个人收入。商品经济的价值规律的作用，不仅使主体劳动在收入形式上得到实现，而且使生产者获得物质利益，知识生产因此有了经济利益的驱动。主体从物质利益上对生产的关心遵循了马克思主义的经济学原理，不仅适用于物质生产领域，也适用于知识、精神生产领域，特别是当代知识生产不再是由少数“知识贵族”去从事，而是由众多科学、文化劳动者共同参与，是千百万知识劳动者谋取生计的职业活动。现代知识生产的这种性质，更要求有经济利益的驱动。

许多科技知识生产活动具有高难度和高风险。首先，重大科学研发周期长，重大基本理论取得新突破往往需要很长的时间。其次，劳动强度大，为攻克某些理论与技术难题，研究工作者往往夜以继日地进行思考和实验。最后，科学活动风险性大。高科技研发成功率低，一些项目即使取得了科学成果，但在现实条件未具备时缺乏应用价值，从而也不可能获得恰当的交换价值。科学劳动的上述性质，要求有能对科学知识生产提供物质保障的经济机制，而市场经济体制下的知识产权化（专利权制度）和知识资本化即股权化等制度安排，既为高难度、高风险的科学生产提供了强经济激励，又能够给予充分的物质保障，从而激发科学创新劳动，特别是耗时费力的高级科学创新劳动的热情。

第二，商品关系促进知识劳动分工的功能。

科技知识商品化，有力地促进了科学知识生产的专业化分工，产生了当代多种性质、多门类、各有专攻的科学研发组织——事业单位和企业，形成了历史上前所未有的、分工和协作高度发达的当代科学知识大生产。亚当·斯密对商品交换推动知识活动的分工做出了展望，他说：“随着社会的进步，哲学或推想也像其他各种职业那样，成为某一特定阶级人民主要业务和专门工作。此外，这种业务和工作，也像其他职业那样，分成了许多部门，每个部门，又各成为一种哲学家的专业……各人擅长各人的特殊工作，不但增加全体的成就，而且大大增进科学的内容。"[①] 实践表明，当代分工高度发达的现代知识生产，以其分工、专业化生产和协作的"社会集体力"，成为当代科学知识快速进步的重要原因。

第三，企业化组织形式提高生产效率的功能。

商品化与生产主体的企业化是并行发展的。在发达市场经济中，企业是基本的市场主体，大企业是生产的骨干。商品经济被引入知识生产，不仅仅表现为知识生产者的市场主体化，还表现在以资本增值为目标，运用市场手段，组织智力劳动者进行知识生产的企业的产生。从事多种类别知识生产的数量众多的企业，组成了现代知识产业。由于现代公司企业具有资本积聚、规模效益和市场营销、资本运作等方面的优势，且在知识生产的某些领域，如进行重大自然科学课题研究需要有先进实验室和研究团队，从而需要大量投资，这就决定了知识生产大企业——如贝尔实验室以及现代高科技大公司——应运而生。在当代发达市场经济条件下，一批大企业借助资本市场和风险资本提供的金融资源，利用兼并、重组等手段，实现快速增长，成为知识产业中的骨干。这些骨干大企业将科技与劳动力相结合，拥有强大的知识原始创新力，也由于其高效的经营管理劳动，它们实现了一种高效率的、大规模的科学知识生产，具体表现在研发出的意义重大的科学成果上以及取得专利的数量上。上述情况表明，知识生产大企业拥有强大的知识生产力，成为具有重大意

① 亚当·斯密．国民财富的性质和原因的研究（上卷）[M], 北京：商务印书馆，1972.

义的知识创新的策源地。

第四，市场的资源配置功能。

市场性的科学活动是智力劳动者高度自主性的精神活动，个人特长和兴趣在研究方向、课题选择等方面起着重要作用；此外，当代科学活动由于参与者众多，从而带有分散性和自发性。为了有效地利用知识资源，生产出适应社会需要、质量高、效用大、多种多样的知识产品，需要有能促使科学活动与现实经济需要相耦合的经济机制。市场机制是一种促使生产与需求相对接的有效机制，在实行商品性科学生产体制下，市场机制的吸引力和强制力促使生产主体以市场为导向，进行适销对路的科学研发，实现科学活动与现实经济需要相对接。

如果说，计划体制下的科学活动及其成果往往与现实经济需要相脱节，那么，实践表明，市场体制下面向市场的科学活动，不仅提高了科学产品生产率，而且由于科学成果迎合企业现实的需要，大量地被采用于生产，从而切实有效地在国民经济广大领域中推进了技术进步。这也表明，商品关系和市场机制起着科学活动导向和资源合理配置的功能。

以上几个方面表明，商品关系和市场机制不仅适用于物质生产，而且适用于知识生产，包括科技知识生产和文化生产，完善的商品、市场机制拥有解放和发展知识生产力的功能。当然，商品和市场绝非万能，市场失灵在现代市场经济中有众多的表现。知识产品——无论是科学产品还是文化产品——是一种精神存在，是一种特殊商品，这一特殊商品在生产领域的市场失灵和负效应表现得十分明显。一是市场力量驱动的知识生产畸化，其表现是负效用产品或负财富创造，如危害公众身心健康以至于危害社会的伪劣“知识、文化品”，尚未经过充分合格检验就被推向市场的高科技药品、食品等，与人类伦理相违的克隆人以及反人道的毁灭武器的研发和创造，等等。二是知识垄断。知识产权制度对知识生产起激励作用，但也会产生知识垄断，阻碍知识的流通和有效使用，抑制了知识这一“社会一般生产力”功能的发挥。三是商品性知识生产的基本矛盾，即参与科学产品使用价值形成的社会化劳动和参与科学产品价值创造的直接生产劳动（以及有偿原知中体现的劳动）的矛盾，决定了商品性知识生产中固有的分配与财富占有不公平。知识生产中的上述矛盾，在发达资本主义国家表现得十分鲜明。刘诗白认为，知识生产中的市场失灵，并非要否定市场对知识生产的积极作用，恰恰相反，实行社会主义市场体制不仅仅要在广泛的物质生产与服务生产领域引入商品关系和市场机制，而且有必要在一定的知识生产领域——自然科学生产与文化生产领域——引进商品关系和利用市场作用。我们既要看到市场失灵，更要立足于兴利除弊，将市场的搞活与政府的规制、管理与调控相结合。当然，社会主义条件下，已有许多非商品性的、公益性的知识生产，需要政府发挥好规划、组织的功能。当前，在社会主义市场经济条件下，依靠体制创新，正确处理商品性市场机制中产生的矛盾和问题，将有效地发挥商品关系市场机制和提高知识财富生产力的功能。

（八）对现代文化生产的性质、机制以及如何构建社会主义文化生产体制的分析

在现代发达市场经济中，特别是在当前信息经济的发展中，文化越来越被合并于生产，成为一项新的生产要素和重要经济资源，文化的生产力功能更加突显。而且，经济发达国家出现了发达的文化生产，形成了生产文化、知识产品的文化产业。商品性文化生产成为当代社会大生产的一个新的组成部分，文化产品成为现代国民财富的重要内容。在当代，文化产品是一种珍贵的经济资源，大力创造和充分发掘文化资源，将它合并、嫁接于生产，能促进经济增长和财富增值。重视文化生产、努力发展文化产业、加强文化对经济的推动作用，已成为一些国家加快经济发展的成功经验。基于当代文化拥有的促进经济发展的重要作用，在我国全面建成小康社会的新时期，在大力发展社会主义文化事业的同时，加快文化产业发展的步伐，充分有效地发挥文化生产力的作用，以促进经济增长，是一项具有重要现实意义的发展方略。

第一，商品关系与市场机制促进文化活动转化为经济生产。

市场经济具有很强的生命力和渗透性，它不仅囊括了物质生产领域和服务生产领域，而且向文化、精神生产领域渗透、扩展，使一部分文化品成为商品，使作为单纯的精神活动的文化生产转化为经济财富生产——商品使用价值物和价值物的生产。在当代发达市场经济中，文化要素被大规模地合并于生产之中，实现了文化活动与经济生产的一体化以及文化、精神产品创造和经济产品创造的一体化。由此，文化不再与生产相疏远，而真正成了生产要素，成为国民财富增长的新源泉；文化生产也不再是单纯的精神活动，而成了经济生产的新形式和促进经济发展的重要杠杆。

在发达的市场经济中，文化品的生产已经和物质生产领域一样，主要采取企业化的经营形式。企业对文化品的生产组织，促进了文化品的生产适应于社会需求；商业营销手段扩大了文化品销路；大规模的产品生产降低了成本；文化、艺术品的专利制度和创作劳动报酬制度的改进，加强了文化、精神产品生产的物质激励。总之，把商品化、企业化机制引入到文化、精神生产领域，有力地促进了文化品的扩大再生产、企业的积累和文化产业的成长，特别是促使当代生产大众文化、娱乐产品（影视、新闻媒体、休闲文学和休闲艺术作品等）的大规模企业集团的出现。以物质生产部门、服务生产部门和以科学产业、文化产业组成的知识生产部门共同组成的三维产业结构，已经成为当代发达国家产业结构的特征；文化产业已成为现代国民经济的支柱产业，成为拉动现代经济增长的重要力量。在当代，快速增长的商品性文化生产，已经成为现代发达市场经济中表现出充沛活力和拥有巨大发展潜力的成分。

可见，经济市场化，仍不以人的意志为转移，渗透到文化品生产这一精神生产领域，并且逐渐改变千百年来深入人心的文化、艺术排斥市场交易的传统观念。市场经济所固有的自由职业从业者自谋生计的体制，特别是文化企业化经营的兴起，更是促进了文化生产的商品化，使文化生产越来越广大的领域从属于商品生产。

由于文化品属于社会意识形态，而社会意识形态总是要适应社会经济形态的性质，体现社会、政治结构的需要，因而文化精神生产从来不可能是智力人员的“自由的”生产。不仅人们新创的文学、艺术产品在性质上要受到特定社会历史形成和传承下来的文化观念的制约，而且文化、精神生产从来都要受到政府权力结构的影响，甚至要由国家参与组织生产，精神产品的效果与社会价值要由具有权威的部门来认定。即使是在摆脱了政府权力直接管制精神生产的资本主义“自由国家”，用来形成人的世界观、价值观、人生观的有关哲学、政治学以及道德的基本理论——它们是文化核心产品——也从来不是实行听凭人意的自由生产。政府要采取多种措施，形成有效的社会机制，以培育和维护适应于经济基础的主导思想、观念，并且将其向广大社会成员灌输。可见，在这一意识形态性质强的文化生产领域，不可能实行完全自由的商品生产。此外，在意识形态性质弱的文化生产领域，例如在大众文学、艺术创作以及大众文化娱乐、休闲品生产中，资本主义国家实行自由放任的商品生产，但是政府还要组织公共节日的文化、艺术活动，国家艺术馆、博物馆的民族文化珍藏品的展出要实行免费，因而是从属于公共物品生产机制的。可见，在文化生产实行市场经济体制条件下，也需要将一部分文化、精神生产以社会公共物品的形式来生产和分配，因而产品性文化品是文化财富的重要组成部分。

第二，文化品二重性——商品性与意识形态性。

与单纯作为使用价值物的一般物质商品不同，用来市场交换的文化商品，既具有一般商品的使用价值的性质，又具有社会意识形态的性质，是一个经济物品与社会意识的二重物。

多数文化品具有非实物、非固定的形态，表现为一种文化活动，但是文化活动，无论是戏剧演出，还是歌唱、演奏，都是有声、有色、有形的客观对象和具有实在的使用价值。这种实在的使用价值是文化工作者的精神劳动的结晶和表现形式，而且，正是这样的文化、精神产出的实在的使用价值，使其成为市场上的一种特殊的交换对象，成为交换价值的现实基础。文化企业通过对文化活动的有效组织，通过文化品的市场营销，能获得经济效益，形成企业积累，促进企业发展和经济增长。可见，尽管文化品属于精神生产物和采取非实物形态，但它是参与经济运行的经济产品，并且，一部分文化品从来就具有以实物为载体的表现形式，如绘画、雕塑等造型艺术。此外，随着物质生产力的发展和科技的进步，出现了文化精神产品的物质、实物载体化。印刷术的发明使思想、观念产品以印刷出版物的形式存在，当代影视、录音与录像技术使各种即期的、随生随灭的文艺演出活动以胶卷和光碟形式储存，成为可以长期使用的“耐用”消费品。可见，文化品作为人的精神活动的性质和采取的非固定化的文化“活动”形式，并不妨碍它能具有实实在在的使用价值。文化品是人类的文化、精神产物，属于社会意识的上层建筑，它是某种生产关系或经济、社会制度结构在人的思想、意识上的表现。任何一种精神产品，无论是文化、知识产品，还是艺术产品，总是要在其知识、艺术形式与结构中体现出特定的社会人固有的某种政治、社会观念，以及立足于上述观念的有关是与非、善与恶、美与丑的评判方式和爱与憎的情感方式。这些，人们通常称为作品的政治性、思想性，使用科学的表述是作品的意识形态性。

意识形态总是为社会经济基础服务的。在特定的社会形态下形成的特定的占支配地位的意识形态，通过发挥其在群众中塑造、形成特定的思想、观念模式和文化心态的社会功能，塑造出社会的人及其特定社会行为，起着维持经济、社会运行和巩固现存的经济基础的作用。作为意识形态的文化、精神产品所拥有的这种重要功能，决定了任何一种社会形态都要通过特定的社会机制，来形成与其经济、政治制度的要求相适应的文化生产。

因而，对于商品性文化生产来说，不仅仅要强调产品的经济性质和讲求产品的商业、经济价值，而且要重视产品的思想、意识性并将产品的社会效益（社会价值）放在首位。思想意识性是商品性文化品的核心品质与“灵魂”，但是这一商品之魂并不是离开其商品使用价值体而独立存在的，而是体现于文化性使用价值体之中。人们可以看见，反封建的人本主义精神体现在莎士比亚的《罗密欧与朱丽叶》《哈姆雷特》等名剧的引人入胜的故事设计、情节安排、人物说词等完美的戏剧形式之中；中国的红色文艺《长征组歌》则是把中国红军爬雪山、过草地的可歌可泣、坚韧不拔的革命精神体现在十分完美的歌词和歌曲之中。

第三，文化品提升产品使用价值的功能。

文化品具有可移植与可嫁接的性质，它的某些要素、结构和属性可以加以分解、重构，使其融于物质产品或服务产品之中，形成有文化含量的产品。

文化含量具有提升产品使用价值的功能。有文化含量的产品意味着某种文化要素和属性的渗入，进而整合于产品体之中，成为“在物质产品或服务产品上实现了的文化”。产品体结构中文化要素的渗入，使产品使用价值发生变化：它不仅具有原有物质产品或服务产品的属性，而且增添了文化产品满足人的精神需要的属性，成为一种能使消费者需要得到更充分满足的高品位使用价值。在发展物质生产和服务业中，重视和着力并入文化要素，进行文化的深度嫁接，能带来产品品质的提升，实现一种集物质财富、科技财富与精神财富于一体的更高级的现代文明财富的创造。

第四，文化生产的创造价值和获取经济效益功能。

在市场经济条件下，文化最重要的经济功能在于：文化生产能够创造价值和获得额外收益，通常称为创造经济效益。这是促进积累和经济增长的重要手段。

由于文化劳动具有高价值创造能力，加之以文化、精神产品垄断能获得额外收益，因此，文化生产越发达，国民总产品结构中文化品比重越大，特别是高级文化品越多，一国的国民生产总值也就越大。换一个说法，一国的文化劳动者队伍——其主体是直接从事文化创造的作家、艺术家、文化设计师等——在总劳动中的比重越大，特别是拥有庞大的、高素质的和富有创造性的文化精英团队，一国的国民生产总值也就越大。当代一些发达国家，正是由于商品性文化生产发达和文化自由职业者阶层庞大，才实现了年国民总产品的大规模创造。

第五，文化与生产相嫁接创造附加值的功能。

文化产品具有高市值，文化作为要素向生产领域渗入，嫁接出有文化含量的产品，能够大大提升产品的文化附加值，由此使生产者获取不菲的额外收益。这种利益机制促使文化资源与生产相嫁接，在深度和广度上扩展。当代文化、艺术要素广泛向物质生产、服务生产领域渗透的势头方兴未艾，文化日益成为提高经济效益的手段。

刘诗白分析和勾勒出现代市场经济中出现的一种文化与经济的互动：

一方面，在经济市场化深度发展的基础上，实现了更大范围的文化活动转化为经济生产，文化成为生产要素和新的经济资源，成为促进国民财富增长的新杠杆，这意味着文化获得了生产力的性质；另一方面，在物质生产、知识文化生产和服务生产三种生产互促、互动下，现代经济的快速增长为文化生产的进一步发展创造了物质基础和经济载体，由此促使文化生产与文化活动进一步兴旺发达。这种文化与经济的互促、互动是现代经济增长和社会发展的重要动因。而在社会主义条件下，借助一个政府规制和调控的、完善的市场体制，人们能构建起文化与经济相生相成、良性互动的社会经济机制。有效利用这一机制，既可以促进经济增长，又能够有效实现文化的优质发展和文化育人。刘诗白认为，在分析知识文化生产中的商品体制与市场机制的作用时，应该坚持唯物辩证法的两分法，既肯定商品关系与市场机制在促进知识、文化生产中的积极功能，又揭示和正视其在这一特殊商品生产领域中的市场失灵和市场负效应。

刘诗白在有关论著中提出了商品性文化生产的内在矛盾的命题，并以此为基础来分析商品性文化生产带来的各种矛盾。商品性文化产品，指的是市场体制下的文化商品，它具有艺术、社会价值与商品价值两个因素，二者的矛盾表现为在文化生产中一些创作者过分追求商业价值和脱离艺术、社会价值创造的非理性行为，如：粗制滥造，而不是艰苦创作、精益求精；追求数量，忽视质量；形式上标新立异，缺乏积极的思想内容；胡编乱侃，脱离生活实际等。其结果是文化庸品、劣品丛生。在推行文化全盘商品化和缺乏政府科学规制、有效管理以及先进思想指导的自由主义的市场性文化生产制度下，文化市场上会出现庸品排斥良品的趋势，一方面造成庸品的畅销和市场份额的畸形扩张，另一方面使良品的市场份额日益缩小。这种市场失灵现象带来文化的平庸化发展和腐朽文化的恶性膨胀，出现了文化产业繁荣发展中的文化衰败。上述情况在西方某些发达国家表现得十分鲜明。基于对文化全盘商品化和自由化的实践及其严重后果的考察，刘诗白指出："市场机制对文化生产来说，是一把双刃剑，它既是促进文化生产发展的有力杠杆，也有诱发文化艺术创作畸化的负效应。"

作为社会上层结构的文化，它的发展总是从属于社会发展的需要，特别是从属于经济发展的需要。因此，人们不能脱离社会经济发展的客观规律，孤立地谈论文化发展和论述文化应该怎么样发展。市场经济是生产力发展的不可超越的一种历史形式，部分文化生产的商品化是时代的大趋势。

第六，构建完善的社会主义文化生产体制和良性文化经济互动机制。

在我国进一步发展和完善社会主义市场经济、推进文化体制改革、促进文化产业发展的今天，提出商品性文化生产内在矛盾的论题，不是要提倡废弃文化生产的商品性，回归古代和中世纪田园式的文化自然生产和传统计划体制下僵化的文化生产，而是旨在推动商品性文化生产兴利除弊。其关键是，构建起能实现社会效益优先、经济效益与社会效益相结合的完善的文化体制。

搞好社会主义文化建设，要大力发展各类文化事业和文化产业。在当前经济转轨期，要大力发展商品性文化生产，积极而有效地推进文化产业的快速、健康发展，努力创造中国现代文化经济，构建一种良性的文化与经济互动机制。这就要求：

一是大力发展先进文化，支持有益文化，改造落后文化，抵制腐朽文化；打响主旋律，搞好多样化，实现中华文化园的百花齐放、万紫千红。

二是认识商品性文化产品的二重性，树立正确市场观念，按照产品的艺术、社会属性和商品属性的要求，自觉地在文化生产中坚持社会效益优先，把讲求产品艺术、社会价值和讲求商品价值相结合，努力创造艺术、社会质量高且经济效益好的文化产品和文化财富。

三是文化精神产品毕竟是具有意识形态性的特殊产品，文化生产者需要建立以优美的精神作品塑造人的观念，在文化艺术劳动中把创造高质量的文化、艺术产品作为自身崇高的社会职责和“艺术家的良心”的表现，自觉地将商品价值创造立足于艺术、社会价值的基石之上。为此，文化工作者要努力提高思想政治素质，加强品德修养，警惕文化经济中的“市场陷阱”。

四是文化企业要按照市场经济的规律，做好文化商品的生产与市场营销，特别要有效组织和激励优质品的生产，采取多种措施，切实扩大优质文化品的市场销路，大力形成优质品市场的主流地位，发挥优秀文化产品的提高群众思想文化素质、塑造优美情操的功能，由此培育广大消费群众积极、健康的文化心态和消费偏好，为文化优质品占据市场主流地位创造主观条件。

五是提倡文明的、健康的文娱生活方式，加强精神文明建设，培育和提高群众的审美能力，特别是加强青少年的审美教育，提高他们的文化修养，增强他们分辨美丑和自觉抵制精神垃圾的能力。

六是社会主义条件下，政府对文化生产应实行分类管理，对一般的文化生产，特别是大众化层次的文化艺术活动，充分利用商品市场机制将其搞活，加快文化产业的发展，培育重量级的文化产业集团，大力推动中国大众文化生产的发展，有效发挥文化的经济价值创造功能；对于高级的、特殊的文化艺术活动，如严肃的、高雅的艺术生产，以及中华文化遗产的发掘和抢救、少数民族优秀文化的发扬，则需大力发展和加强文化事业体制，因此，社会主义文化体制（包括产品性生产和商品性生产在内的大文化体制）是有利于文化生产全方位发展和繁荣的。

七是基于商品性文化生产中的市场失灵，要扩大和加强文化公共物品的生产，形成完善的文化公共物品生产体系，为此要加强包括国家歌剧院、图书馆、博物馆、文化馆等文化基础设施的建设，开展各种面向公众，特别是面向广大农民群众的文化活动和社区文化娱乐活动。要采取有效措施，加强公共影视媒体的发展并发挥其功能，大力扶持从事精品创造的文化事业单位的发展，并把组织能成为市场主流产品的精品生产，特别是不逊于和超越“古典古代”品质的和无愧于当前伟大时代的经典作品的创作，作为某些文化事业单位的中心任务。

八是强化政府在文化生产中的规制指导和推动的功能，构建切实有效的文化市场管理机制，努力创造、形成鼓励和培育优秀、健康文化，抵制腐朽文化的新闻舆论阵地和社会氛围，当前特别要认真注意防止媒体成为不良文化的催化剂和培养基。

九是确立文化兴国的观念，增大对文化的财政资金投入，鼓励社会资金投入文化生产。当前，政府要采取有效措施切实加强文化事业的发展，特别是面向农村的文化事业的发展。

总之，文化生产，特别是商品性文化生产，它的健康发展离不开制度的约束、政策的规制、政府的管理和思想的指导。如果说，在物质财富生产中，人们不能单纯依靠“看不见的手”，那么，为了求得文化财富最大最好的生产和增值，以服务于社会主义事业，在商品性文化、精神生产领域，应该实行政府主导的和有规制的文化商品生产模式。

实行“看不见的手”“看得见的手”和先进思想指导作用相结合，这样，我们就能够有效防止和减少市场负效应，形成生气勃勃、“活而不乱”、“管而不死”的市场性的文化生产。当前，精心构建和有效利用文化生产这一新杠杆，我国文化生产将由此获得新的动力，从而加快发展。这不仅仅能促进我国社会主义文化的发展和繁荣，而且，借助文化的生产力功能和文化与经济的互动，将有力地促进我国经济的发展和人民财富的积累。

（九）结合当代中国实际对马克思劳动价值理论的新探讨

在市场经济体制下，社会财富主要表现为商品，从而具有价值。价值由劳动者创造，是社会必要劳动的“物化”或“对象化”。当代发达国家已经形成以服务、知识产品为主导，由物质生产部门、服务生产部门和知识生产部门组成的现代产业结构，现代国民财富结构也已经以服务产品、知识产品为主要成分。面对当代经济的新情况，计划经济时代的政治经济学教材中流行的对马克思劳动价值论的传统理解，即认为只有固态化、实物化劳动才能创造价值的观念已经不能在理论上表现当代实际。如何将劳动创造价值原理应用于当代实际，阐明和揭示现代财富内在的价值性，要求经济学界深化对马克思劳动价值理论的认识，并且结合当代生产实际，对劳动创造价值的机制做出科学的阐述。

只有物质、实物化劳动创造价值的论点，并不是马克思的观点。马克思在阐述劳动价值理论时，提出了生产商品的抽象人类劳动物化为价值的重要论题，但是劳动“物化”概念的含义并不等同于劳动“物质形态化”“实体化”。马克思使用的“物化”概念的本质是“对象化”，劳动“物化”指的是商品生产中耗费的抽象人类劳动这一商品关系的“对象化”，即“体现”“依附”于某一“东西”或“对象”之中，从而使抽象人类劳动这一看不见、摸不着的生产关系或“社会规定性”“体现”于一个劳动生产“物”或“对象”之中，并表现为这一个“物”或“对象”所拥有的价值规定性。它既可以体现于物质实物形态的使用价值之中，也可以体现在多种多样非实物形态的使用价值之中。《资本论》第一章第一节有关商品和使用价值是一个“物”的语句中,“物”也就是“对象”或“东西”，是泛指一切生产物和交易对象。

刘诗白指出：把价值作为生产关系是马克思的劳动价值理论的精髓。亚当·斯密的劳动价值理论的局限性在于他将商品价值范畴限制在“固定化”“实物化”“耐久性”的产品和具体劳动形式中，未能把握到形成商品价值的劳动是“无差别的抽象人类劳动”，是一个社会生产关系的范畴，是“抽象化”“对象化”的劳动。马克思将商品、价值、生产劳动等范畴都作为特定的社会生产关系来把握。处在 19 世纪工业化和制造业大发展的"生产物质化"大潮下，马克思在分析商品和价值形成时也十分强调劳动的物质、实物性，但是作为辩证法大师的马克思把一般与特殊、抽象与具体的辩证法贯彻于商品价值这一经济学范畴内涵的分析之中，提出和阐述了广义的商品理论。马克思提出了特殊商品的范畴和把劳动能力作为特殊商品。他把金银、货币以及股票、债券等资本价值凭证称为"特种商品"[①]，此外，他将进入市场交换的服务也视为商品[②]。马克思实际上阐述了广义的产品观[③]、商品观和生产观[④]，由此对商品使用价值范畴含义做出了广义的解释。对物质产品来说，商品使用价值应该归结为商品体的现实物质属性，但是在考察商品使用价值时，马克思没有囿于物质固定化形态，他将某些人类劳动活动的功能视为使用价值。例如，他认为劳动力商品的使用价值是劳动的价值增值功能。马克思还将使用价值区分为"实物形式"和"运动形式"两类[⑤]，他在分析服务的使用价值时说："只要我花费收入是为了消费它的（劳动的）使用价值，不管这个使用价值是随着劳动能力本身活动的停止而消失，还是物化、固定在某个物中。"[⑥]马克思提到"唱歌的使用价值"，他明确提出："服务有一定的使用价值（想

① 马克思说"货币不仅是一般商品，而且也是特殊商品。"马克思，恩格斯．马克思恩格斯全集（第四十六卷上册）[M] 北京：人民出版社，1979.

② 马克思，恩格斯．马克思恩格斯全集（第二十六卷第一册）[M]. 北京：人民出版社，1972.

③ 马克思将活劳动称为"活劳动产品"。马克思，恩格斯．马克思恩格斯全集（第二十六卷第一册）[M]. 北京：人民出版社，1972.

④ 马克思，恩格斯．马克思恩格斯全集（第二十六卷第一册）[M]. 北京：人民出版社，1972.

⑤ 马克思提出和阐述了服务生产和"精神生产"命题。

⑥ 马克思，恩格斯．马克思恩格斯全集（第二十六卷第一册）[M]. 北京：人民出版社，1972.

象的和现实的）和一定的交换价值。”他指出，服务业劳动者提供的随生随灭的服务也是一种“直接使用价值”。[①] 马克思在1859年的《政治经济学批判》一书中指出，发达的分工“直接表现在使用价值的多种多样上，这些使用价值作为特殊商品彼此对立并包含着多种多样的劳动方式”[②]。显然，马克思将劳动者生产出来的满足各类社会需要的多品类商品体的属性，都作为使用价值。

可见，马克思提出和阐述了多样具体形式的商品生产劳动“物化”和“对象化”为价值的极其严谨、十分周全的劳动价值理论。这一理论既认定制造业中生产实物产品的劳动对象化为价值，也指出服务业中生产和提供非实物形态的服务劳动也形成价值；论述了劳动既可以在“有痕迹的”实物产品中对象化为价值，也可以在农业劳动生产的“无痕迹的”实物产品——如牛——中对象化为价值[③]；此外，运输业中的劳动只是使产品“发生位置变化”，但仍然对象化为价值。[④] 可见，马克思实际上阐述了多样性生产劳动抽象化、对象化为价值的广义的和全面的劳动价值理论，这一理论充分说明当代产业结构下，创造多种多样的使用财富的生产劳动都具有价值创造的功能。因而，在当代，马克思的劳动价值理

① 马克思，恩格斯. 马克思恩格斯全集（第二十六卷第一册）[M]. 北京：人民出版社，1972.

② 马克思，恩格斯. 马克思恩格斯全集（第二十六卷第一册）[M]. 北京：人民出版社，1972.

③ 马克思，恩格斯. 马克思恩格斯全集（第二十六卷第一册）[M]. 北京：人民出版社，1972.

④ 马克思指出，具体劳动在一些商品上“可能不留下任何痕迹”。从制造业商品来说，这个痕迹保留在原料所取得的外形上。而在农业等部门，例如小麦、公牛等产品所取得的形式，虽然也是人类劳动的产品，而且是一代一代传下来，一代一代补充的劳动的产品，但这一点在产品上是看不出来的。马克思，恩格斯. 马克思恩格斯全集（第二十六卷第一册）[M]. 北京：人民出版社，1972.

与李建勇博士（左）、汪道涵教授（右）合影（1995年，摄于上海）

论并未过时。

基于对马克思物化劳动创造价值的论题的理解，结合我国实际，刘诗白对社会主义市场经济制度下的劳动价值理论进行了新的探索。刘诗白提出：在我国社会主义市场经济制度下，众多的商品生产部门，无论是物质、实物产品生产部门，还是商业、金融及其他服务部门以及科学、文化产品生产部门，它们的广大从业和职能人员都参与了商品使用价值的形成和价值的创造。刘诗白认为，我国出现了新型的生产、劳动关系和价值创造与分配关系，这种经济关系是中国特色社会主义建设中出现的新事物。在坚持马克思主义的商品理论和劳动价值理论前提下，对我国社会主义社会中的新经济关系进行深入的理论分析和实事求是的阐明，将有助于揭示社会主义市场经济中劳动者利益关系的性质及其变动的规律，并为党和政府调节经济运行和生产、分配关系，正确处理社会主义社会人民内部的利益矛盾，构建社会主义和谐社会提供理论指导。

永远的西财校长

21世纪的西南财经大学更是开启了第三次创业，此时，已走过几十

汪道涵（左）在观看《刘诗白书法集》（2002年12月4日，摄于上海）

年沧桑的学府，期待能够代代相继，学科成就上开枝散叶。

刘诗白介绍说，“在这个阶段，西南财大的名誉和声望，由培养和影响的一大批中青年学者，继承传统、志高存远、开拓创新，他们是西南财大的脊梁。其中包括，曾康霖教授在金融学论的系统研究及创立金融经济学的显著成就，何泽荣教授在国际金融领域及涉外经济专业建设中做出的突出建树，赵国良教授在经济体制改革理论与实践的结合上所做出的特殊成效，蒋明新教授在工商管理学前沿理论及其博士生培养上的优异成绩，以及我在社会主义经济理论和为四川经济发展所做出的一些工作，都成为西南财大学科建设的可贵财富。”①

早在20世纪90年代，刘诗白大力主张年轻学者投身学术研究，当时，他从社会积极募集资金，募捐到的资金做了两件事，一是用于设立“刘诗白奖励基金”，当时仅面向校内，直到2000年以后才开始扩大到全国范围；二是与海峡两岸关系协会会长汪道涵组建一所民间学术机构——道白研究院，由汪道涵任名誉院长，刘诗白任院长，张卓元、赵人伟、袁恩桢、黄范章任副院长，对国家改革发展重大问题做科学研究，

① 杨献东. 与中国著名经济学家对话（第四辑）[M]. 北京：中国经济出版社，2003.

在国内学术界产生一定影响，后改名为新知研究院。

与黄范章教授（左）合影于杭州（1990年6月）

2001年9月11日，新知研究院第一届学术研讨会综述在上海召开，国内知名经济学家30余人前来参加，包括桂世镛、刘国光、张卓元、赵人伟、黄范章等人。会议主要围绕社会主义的劳动和劳动价值问题展开讨论。当时刘诗白提出一个观点，即商业劳动、服务劳动和高科技劳动具有价值创造的功能，引起大家共鸣。

张卓元在《刘诗白选集》序中提到，刘诗白成功构建起了一套对中国改革实践富有解释力的严谨理论体系，其研究成果和学术思想对中国社会主义市场经济体制的构建和完善起到了有益影响，同时也对中国社会主义经济学理论发展做出了杰出贡献。的确，在中国经济学界，能短时间把国内各门各派经济学家召集起来，刘诗白是第一人。当时国内经济学派之间泾渭分明，但刘诗白与世无争，待人真诚平和，跟各学派关系甚好，并无门派之见，实乃大家风范。这为刘诗白成功创办《经济学家》杂志打下坚实的基础。

1985年至1991年，刘诗白在担任西南财经大学校长期间，严谨治校、开拓创新，同时带领学校走向世界，为西南财经大学国际化做出了不可磨灭的贡献。卸任校长一职后，刘诗白出任学校终身名誉校长，他兴学立教，始终心系学校发展，为国家经济学领域培养出一批又一批的栋梁之材。他表示要将教育事业一直进行下去，在学生们的心中，刘诗白是“永远的西财校长”。

在著名的实力派经济学家，中国人民大学经济学教授、博士生导师李义平眼中，刘诗白 80 岁时，还一直充满活力，他称自己的老师学贯中西，功力深厚，研究并不拘泥于经济理论本身，而是用他所掌握的理论去研究中国的改革开放、经济发展的实际问题，并在研究实际问题、解决实际问题中发展经济理论，他认为，老师刘诗白的研究是和着时代节拍的研究。今天之所以建立社会主义市场经济体制，之所以能够享受社会主义市场经济体制带来的经济的蓬勃发展和社会繁荣，与老一辈经济学家的孜孜探索是分不开的，刘诗白教授在其中做出了杰出的贡献，是其中十分优秀的佼佼者。

李义平谈到学习刘诗白学术研究成果的体会时直言：我是刘诗白教授的学生，虽然毕业多年但一直和刘老师联系十分密切，经常会聆听刘老师的教诲，通过长期和刘老师接触的感觉，我感到刘老师的学术生涯或者研究有如下特点：(1) 刘老师一直走在时代的前列，研究的都是我们的社会、我们的时代必须面对、必须解决的实际问题，如 20 世纪 80 年代、90 年代他对社会主义商品经济、计划经济的认识，充分体现了一个经济学家的历史责任感。(2) 刘老师始终以马克思主义经济理论为指导，他学贯中西，有着深厚的理论功底。然而，他的研究并不拘泥于理论本身，而是用理论指导实践，并在实践中发展理论。(3) 刘老师学以致用，作为经济学家努力帮助政府解决实际经济问题，为四川的国有企业改革和区域经济的发展，提出了很多有成效、建设性的意见。（4）我始终认为大学应当走在时代的前列，刘诗白教授就是走在时代前面的典范。他不仅接受而且创造着前沿的知识信息，力图从深层次上回答人类社会，尤其是中国经济社会发展的重大问题。阅读他的《现代财富论》我们可以深切地感觉到这一点，感觉到这部学术著作的前瞻性和洞察力，作为一个年事已高的经济学家，这是十分宝贵的。①

在女儿刘莎眼里，卸任了校长的父亲也并没有闲下来，“他非常忙”，经常到处开大大小小的会议，有政府的，也有学术的。除此之外，还非常关心人才梯队培养，90 岁之前还一直讲课带博士。后来就静下心来在家专注做学问，希望早日把经济哲学笔记写完，不重要的会议能不参加基本不参加。如今 90 余岁高龄的刘诗白，仍未办理退休证，实则退而不休。

2011 年，86 岁高龄的刘诗白被评选为 2011 成都全球影响力人物之一，也是他从事教育事业和经济学研究的第 65 个年头。11 月 26 日，西南财经大学举办了一场隆重的“著名经济学家刘诗白从教 65 周年庆典”。庆典云集了诸多国内经济学界的著名学者、金融界工商界代表以及刘诗白的学生和西南财大校友等。庆典上，刘诗白谈了自己两点感受：作为一名人民教师奋斗终生非常光荣，深感自己当初选择成为一名教师是正确的；经济学研究非常重要，值得大力钻研。他说道，中国经济学家将更有可为，“我年事已高，但定当尽力，更希望看到更多年轻人”。

在这 65 年里，刘诗白带过 40 余位博士生，教过的硕士生和本科生

① 李义平．与时俱进、颇具历史责任的研究——学习刘诗白教授学术研究成果的体会．

与硕士生在一起(1984年)。后排左起：王立彦、丁任重、孙宝厚、谢平；下左：李国平

更是数不胜数。那会他仍然在带的博士生有三四个，姜海洋就是其中一位。眼看临近毕业，姜海洋把自己花了整整10个月完成的15万字毕业论文交给刘诗白审阅，原本打算老师把论文的摘要和目录看完即可。当论文反馈回来时，他惊讶地发现，老师不仅通看了整篇论文，而且对定义、用词、数字等不准的地方进行详尽的批改和标注，论文上布满了一道道红色的批注线，不少页面上都有折痕。姜海洋被老师严谨的治学态度深深感动。

作为西南财经大学名誉校长，刘诗白带领广大师生着力经济学基础学科建设，提倡科学研究，培养学术梯队，致力于以财经科学促进经济发展，师道楷模，业绩卓著，为西南财经大学第三次创业奠定了厚重的基础。他的学生袁文平对他评价道，诗白教授刻苦钻研、治学严谨、学术精湛，许多真知灼见推动政治经济学理论的发展，对全国特别是四川改革开放实践发挥积极作用，是实践“经世济民、孜孜以求”西财精神的楷模，是西财人学习的榜样。西南财经大学原校长王裕国教授更是感慨道，学术界有刘诗白，是中国儿女之幸；四川有刘诗白，是巴蜀儿女之幸；西财有刘诗白，是西财学子之幸。

大师铸成

2017 年 9 月 28 日，适逢孔子诞辰。这一天，刘诗白和新闻史学界泰斗方汉奇老先生共同获得了第六届吴玉章人文社会科学终身成就奖。[①]

“刘诗白先生是当代杰出的经济学家，长期致力于马克思主义政治经济学的理论探索，在社会主义产权理论、转型期经济运行机制、国有企业市场化改革、金融机制改革等方面进行了大量卓有成效的研究，是较早提出社会主义所有制多元性的学者之一和中国社会主义市场经济理论的先驱研究者。刘诗白先生还是卓越的教育家和学科带头人，他人品高尚，才学精深，杏坛执鞭七十载，对国家经济学学科建设和人才培养做出了重要贡献。从他那卷帙浩繁的著作里，可以触摸到有中国特色社会主义经济建设的起步、发展、繁荣的历史脉络。”奖项委员会写给刘诗白的颁奖词简洁而有力，寥寥数句就全方位勾勒出了一位在大时代的洪涛巨流间乘风破浪荣光满身的经济学大师形象。

这一奖项是吴玉章基金委员会在广泛征求各界意见的基础上经严格评审程序评选出的。在刘诗白之前，仅有张卓元、黄达、卫兴华、厉以宁四位国内经济学泰斗获此殊荣。此外，他还是首位斩获这一荣誉的川籍学者。对于刘诗白的获奖，经济学界同人们纷纷评价说：“实至名归，

① 吴玉章人文社会科学终身成就奖：该奖项以中国人民大学首任校长、著名革命家、教育家吴玉章的名字命名，是吴玉章基金委员会为表彰在人文科学、社会科学领域做出卓越贡献的学者设立的专门奖项。从 2012 年到 2018 年，该奖项共评选出十六位得奖者，每人奖金 100 万元。自 2012 年设立以来，奖项每年面向全国进行评选，是与国家自然科学奖、国家技术发明奖、国家技术进步奖齐名的中国人文社科领域最高奖项。

是真学者，也是好老师。”

当天，站在中国人民大学国学馆灯光闪耀的颁奖台上，92 岁的刘诗白鬓发如银、神采奕奕。领奖过程中，他的面部表情柔和安详。历经岁月打磨，这位老经济学家温润通透，整个人散发着古玉般的莹莹微光。领完奖，刘诗白缓步走到发言位，抬眼望去，各学科领域的精英人物及学界后辈们济济一堂。

那是一双患有轻微白内障的眼睛，浑浊苍老，然眸子深处却自有一种别样的动人神采。千帆过尽，回顾往事，刘诗白眼底浮现的尽是改革开放近四十年来的沧桑巨变：破冰起航、加速行驶、转弯变速、遇阻攻坚、乘风远航……过去几十年间，在这艘载着中华民族开往自由富足国度的世纪巨轮之上，他和经济学界的学者们始终上下求索，不辞辛劳地瞭望前路、规划航线、破冰除险、清扫迷障、呼号打气……

沉吟片刻，刘诗白不疾不徐地开始发言：“党的十一届三中全会以来，中国迈上了建设中国特色社会主义的道路，经济改革一马当先。我和许多同志跑工厂、跑农村，参加讨论会，提建议、写文章，为中国改革开放造势。我没有多少学术的成就，只是对社会主义市场经济基本理论进行了一些粗浅的探索。”

尽管手捧中国人文社科界的最高荣誉，但在发表获奖感言时，这位老学者还是不自觉地透露出骨子里深藏的谦逊实在。在他不长的发言中，提到自己的部分比较有限，更多流露出的还是对中国经济学前途命运的思考担忧：“中国特色社会主义市场经济体制模式解放了生产力，实现了经济三十多年高速增长，取得举世瞩目的成就。中国的经济学研究任重道远、大有可为。我们应该推出学术功底深厚、现实意义重大的大作和新作，要站得更高、看得更广，立足于中国实际，坚持马克思主义基本原理，充分汲取西方经济学积极成果，充分吸收中国古代优秀经济思想，彰显中国智慧。这是一项艰苦的学术创新工程，需要我们持之以恒付出努力。自己虽然年事已高，但仍要发挥余力，有一分热，发一分光。”

1985 年摄于书斋

语未落地，一片经久不息的掌声便在国学馆内轰然响起。在学界同人和后辈的祝福中，刘诗白点头致谢，随即神色平常地走下台去，坐回了自己的位置。即使在被鲜花奖杯拥簇着的高光时刻，他依旧不改自己低调平和的性子。

人的一生中，或多或少总会有那么些高光时刻。当被聚光灯锁定追逐着时，有人狂喜贪恋，兴高采烈得仿若加冕称王，有人来回躲闪，冷漠抗拒。如何回应这些高光时刻呢？刘诗白的选择是看见它却不看重它。光来，他欣然接受观察那光。光逝，他从容转身回归日常。

平平淡淡中最有真意。在不为光芒所笼罩的大多数时候，刘诗白或外出实地考察调研，或窝在家里的书斋内看书写文，抑或在三尺讲台上传播经济学真知。几十年如一日，他冷静智慧且富有激情地构造搭建着自己的经济学理论王国。

代代学界人

在书斋内与博士生合影（1986 年）。左起：傅红春、朱胜良、刘诗白、丁任重、李建勇

刘诗白极其重视学术科研质量。为推进中国特色、中国风格、中国气派的经济学建设，鼓励学术界产出更多经济学研究的精品力作，2012 年西南财经大学面向全国设立“刘诗白经济学奖”，该奖项与刘诗白奖励基金共同设立，主要奖励为经济学繁荣发展做出杰出贡献的成果和个人，诸如国内经济理论工作者和实际工作者发表的具有较高理论水平和学术价值，面向实际、对研究和解决重大现实问题有较强指导意义和应用价值并获得较好社会反响的经济学研究成果，涉及理论经济学、应用经济学的各个方面，该奖项在业内具有较大影响力。

2018 年，第四届刘诗白经济学奖[①]颁奖典礼暨《刘诗白选集》发布会在京召开。当天，93 岁高龄的他总共做了两件大事：总结已有的学术生涯，鼓励有为的学界新人。

① 刘诗白经济学奖：由西南财经大学和刘诗白奖励基金设立的经济学奖项，2012 年启动首届申报评审工作，每两年评审一次，旨在推动哲学社会科学的繁荣发展，推进中国特色经济学理论创新，推进中国特色、中国风格、中国气派的经济学研究，鼓励产出更多经济学研究的精品力作。该奖项设学术专著奖和学术论文（包括研究报告、调查报告）奖两类，其中，学术专著奖奖金每项 8 万元，学术论文奖奖金每项 4 万元。评奖成果对象包括：我国经济理论工作者和实际工作者发表的具有较高理论水平和学术价值，面向实际、对研究和解决重大现实问题有较强指导意义和应用价值并获得较好社会反响的经济学研究成果，范围涉及理论经济学、应用经济学的各个方面。

学术界著名经济学家群英荟萃，已有94岁高龄的卫兴华教授以及70岁左右的顾海良、洪银兴、逄锦聚等老一辈著名经济学家莅临现场，当天到场的还有几十名年轻一辈的经济学家，盛况空前，反映出“刘诗白经济学奖”代表了国内学术界一流水平，评选结果代表了国内经济学界最新成果，在国内经济学者们心中占有重要地位。

颁奖典礼当天，还举行了《刘诗白选集》发布会，该选集收录了刘诗白70多年的重要著述，凝练其一生的学术结晶，堪称学术界的一大幸事。刘诗白说：“以毕生所学回报社会，是我这辈子最高兴的事。”

选集发布会上，13卷17册近500万字的皇皇巨著让现场来宾无不惊叹。除11部经济学著述、200余篇学术论文、多篇讲话稿、会议发言和访谈外，《刘诗白选集》还特别收录了他过去从未公开发表的经济学手稿、哲学笔记以及多年来的书法作品。一位经济学家在时代激荡中风雨兼程的足迹，一个泱泱大国在苦难边缘惊醒奋起的跌宕历史，一位学者卓尔不群的学术追求和精神志趣……这是一部深沉厚重的总结之作，也是一部致敬改革开放40周年的献礼之作。对这部倾尽自己毕生心力的作品，出于回报社会这一一以贯之的治学追求，刘诗白分文未取。

发布会现场，他的众多学界好友及晚辈均到场，其中就包括国内“稳健改革派”代表人物——85岁的张卓元。相识于巨变前夜，在改革的深海大浪中相知渐深，横跨四十年，这两位经济学泰斗间的“改革”友谊堪称学界的一则美谈。改革开放四十年，一路阳光一路风雨，刘张二人在各自擅长的经济学领域内不断探索钻研，友谊随之历久弥坚。同为坚定不移的改革派，两人对某些经济问题的解读也颇为默契。

在张卓元看来，好友的经济学思想生动反映了改革开放四十年来中国社会主义市场经济的发展轨迹："特别是在改革开放以后，有很多观点在经济学界很有影响，他的研究紧密结合中国改革开放的实际，理论价值和实用价值都很高。从政治经济学的研究对象到研究方法，从社会主义初级阶段到社会主义所有制多元论，从宏观层面的体制转型到微观层面的国有企业改革，从科技创新到现代财富等的研究来看，他成功地构建起了一套对中国改革实践富有解释力的严谨理论体系。他的研究成果和学术思想对中国社会主义市场经济体制的构建和完善，起到了有益影响，也对中国社会主义经济学理论发展做出了突出贡献。"

"天时人事日相催，冬至阳生春又来"，在中国人的传统观念里，冬至是一年中最重要的节气之一。冬至过后，天地阳气生发，昼渐长夜渐短，春天也就不远了。在冬至重新出发，又在冬至总结归纳，冥冥中，刘诗白的学术生涯因为这个特殊节气的标记显得愈发圆满传奇。

北京大概是刘诗白的福地。1978 年，53 岁的他在这里解放思想接纳新知，开启了真正的经济学研究之旅。2017 年，92 岁的他旧地重游，在这里收获了人生中颇具分量的一个肯定。2018 年，93 岁的他又在这里总结学术生涯，献礼改革开放四十周年。几十年来，作为研究中国社会主义市场经济这一时代命题的先驱型学者，刘诗白一直在自己的专业领域内辛勤地默默耕耘着。他属牛，正如学界同人卫兴华评价的那样："他这头牛吃的草少，挤的奶多，著作是又多又好。"

晚年，每每谈及自己的学术历程，刘诗白总会特意强调 1978 这一关键性的时间节点。1978，那是打破迷局的一年，是革新思变的一年，是亿万中国人民携手大步迈向新世纪的一年。那一年，少部分人大胆触雷勇闯禁区，显示出了一种冲破束缚、蓬勃向上的生长力量，而当时的刘诗白恰好处于这场世纪变革的发源地——北京。

历史的安排有时不由得引人惊呼，他还记得，五六十年前，自己的父亲也正是在北京很幸运地赶上了民国时期那一连两场的著名变革。在北大，刘明扬整个人由内而外为之一新；回川后，他将毕生心力投入了自己最为信奉的救国事业——教育。

同父亲一样，刘诗白也将在日后由京返川，为地方教育事业贡献力量。而和父亲不同的是，由于国家经济转型中伴随生出的种种难题，他对社会事务的参与推动要来得更为广泛深入。

所有革新都是由点及面渐趋深入的。如同刘诗白日后亲身参与并发挥重要作用的经济改革那样，在 1978 年，那场改革的前奏——思想领域的解放也是一步步慢慢展开的。

大家谈刘诗白

谢平：德艺双馨　著述等身　桃李满天下——庆贺刘诗白教授从教 65 周年

1981 年，我以同等学力的身份参加了全国硕士学位入学考试，报考了四川财经学院（即现在的西南财经大学）。之前是知青的我，在温州造船厂工作，因对经济学颇感兴趣，自学了大学数学、英语、经济学等课程。报考前，我并不认识刘老师，只是在许涤新主编的那部《政治经济学辞典》中看到很多词条的作者是刘老师。在招生简章中，又看到了老师的大名，于是查阅老师的文章并认真拜读。由此，对老师的经济学造诣更加敬仰，于是乎欣然报名。经过认真复习，我顺利通过了笔试，因为温州与成都路途较远，老师并没有要求我去面试，而是看了我的报考资料后便直接录取了我，是刘老师将我引入了经济领域大门，是刘老师第一个发现和发掘了我的经济学潜力。

刘老师不但治学严谨、学识渊博，而且襟怀洒脱，对学生既严格又关怀备至。攻读硕士期间，刘老师给我以悉心指导，抽丝剥茧、细细点拨，让初涉经济学的我领略到了这门学科的博大精深。在老师的教导下，我系统地学习了古典经济学、马克思主义经济学和现代经济学。老师教导我要打好基础：一是要多读经典原著；二是要加强数学、英语这两门基础性学科的学习；三是要关注当下的改革动向和进展，并运用已有理论知识对之进行分析。有着“三把剑”在手，我提高了学习效率，少走了很多弯路，取得了很好的学习效果。

刘老师在社会主义调控体系改革等方面的很多具开创性的观点，给予了我诸多启发。在他的指导下，我的硕士论文选择了该主题，文章涉及计划经济与市场经济的争议，这在当时很有新意。老师认为在坚持计划调节生产的基本制度与基本方法的同时，也不能忽视市场调节的辅助作用。社会主义的计划调节的具体方式，必须与现实的社会主义经济的发展程度、性质、状况相适应，我国过去计划管理体制的一项缺陷就是追求单一的指令性计划，不重视或排斥指令性计划，这是“统得过多”“管得过死”的另一表现。总之，老师强调计划体制与市场机制的有机结合，并重视市场机制对我国经济的调节作用。

作为刘老师招收的第一批硕士研究生，我幸运地从老师的为人与治学中学到了许多受用终生的宝贵财富。老师引领我走进经济学研究的殿堂，为我以后从事经济和金融改革工作奠定了基础。如果不是老师的提携与点拨，也许今天的我会在温州从商，也就不会有机会参与20世纪90年代以来国家的众多金融体制改革工作，更不会有机会为之贡献自己的智慧与力量。

我参与的各项金融改革工作都受到老师思想的启发，尤其是老师关于银行企业化改革思想，对我影响尤为重大。老师在1985年提出了银行企业改革的思想，在《试论中国金融体制的改革》一文中指出："金融体制改革的中心课题是实行专业银行和其他金融机构的企业化"，而"银行的企业化是商品经济中银行的本性所决定的，它是把银行办成拥有旺盛活力的真正的社会主义银行的关键"。在这一领域中，老师显然走在了前面，第一个主张根据现代产权理论中资金所有权和使用权相分离的原则赋予基层银行以资金占有权，主张将法人产权机制引入商业银行，使之成为拥有独立法人财产的现代银行。这一观点在当时的学术界罕有论及，充分体现了一个经济学家的先锋和睿智。2003年以来，我参与了国有大型商业银行股份制改革，坚持国有银行改革的核心是完善公司治理机制、实现市场化运作，强调明确股东的权利和责任，强化信息披露要求和市场监督评价，等等。这些改革主张都受到了刘老师深刻思想的影响。

窃闻"天地阅览室，万物皆书本"，和蔼的刘老师就在我们身边，他是一部活书，是我们做人做事的楷模。刘老师严谨的治学态度、兼容并包的学术精神、高度的社会责任感和高尚的人格操守，为每一位学生做出了表率。老师已年届耄耋，在老师从教65周年之际，我由衷地祝愿刘

老师：健康长寿、学术之树常青。（原文有删减）

马蔚华：学问以穷究，师道之高品——写在刘诗白教授从教65周年之际

时光荏苒，转眼之间，我们迎来了刘诗白教授从教65周年的喜庆时刻。

先生是我国著名的理论经济学家，也是我十分敬重的老师。先生自1946年毕业于武汉大学后，一直致力于教书、育人、做学问。65年的辛勤耕耘、孜孜求索，呕心沥血、潜心研究，先生学术成就斐然、桃李遍布天下、声誉德高望重。诚如世者所言，学问之道在于见微知著、穷究事理，师之道则在于为师者人格的高尚和思想的深邃。

1. 与时俱进的学术研究

先生视学术如生命，倾力投身于我国社会主义经济理论特别是经济体制改革理论的研究，著作宏丰，如今耄耋之年仍笔耕不辍，不时有新的成果问世。先生研究领域广泛，主要涉及政治经济学的研究对象、社会主义所有制、价值规律与市场机制、社会主义商品经济、企业产权与股份制、经济转轨、国民经济管理、现代财富的源泉及其生产等诸多重大经济理论问题。

理论立足实际，不断创新和发展，强调根据新的实践进行理论创新，在发展中坚持马克思主义，是先生学术研究的鲜明特色。从“崭新的社会主义市场经济论”到“社会主义所有制三性论”，从“产权新论”到“主体产权论”，从“转型期经济过剩运行论”到“现代财富论”，从“论科技创新劳动”到“论服务劳动”，先生提出了不少具有时代气息的，在经济学界产生重大影响的、独创性的研究成果，特别是先生关于产权的独到见解被称为中国三大产权理论流派之一。

先生一贯主张，经济学是致用之学，经济理论研究要为经济建设和改革服务。为此他倾心改革献良策，提出的许多建议被政府决策部门所采纳。如先生 1985 年提出的银行企业化改革的设想，1988 年提出的加强央行独立执行货币政策权力、建立货币委员会的建议，1990 年提出的“缓解市场疲软十策”的意见，1993 年提出的国有企业改革 33 条的观点，1996 年提出的构建大成都经济圈的想法等，均在国内外引起强烈反响。

先生不是学究式的书斋学者，而是十分注重深入实际进行调查研究，从现实经济生活中寻找思维源泉和开展理论创新。20 世纪八九十年代，先生曾多次赴江浙、广东等地考察，对温州模式、苏南模式、广东模式进行总结和推广；近年来，先生虽年事已高，但仍不辞辛劳，几乎每年都要到上海浦东和深圳这些国内最具活力的经济特区开展实际调查工作，及时了解和把握我国市场经济最新发展动态，为学术研究和理论创新获取鲜活的实践素材。

先生与时俱进的学术研究结出了累累硕果，提出的观点见解大都经得起历史检验，并对实际工作发挥了积极影响。就本人所从事的金融工作而言，先生的诸多学术观点令人受益匪浅。例如：

——关于银行企业化改革和产权改革的观点。先生于 1985 年发表的《试论我国金融体制的改革》一文中明确提出，金融体制改革的中心课题是实行银行和其他金融机构的企业化，“在社会主义商品经济迅速发展和竞争日益发挥作用之下，银行如果没有自主经营的能动性、积极性和首创性，要能够适应商品经济发展的要求是不可思议的。”“银行的企业化是商品经济中的银行的本性所决定的，它是把银行办成拥有旺盛活力的真正的社会主义银行的关键。”而银行企业化改革的核心，是“使银行成为产权主体，构建新的产权制度，强化银行经营权的法人财产制度并由此建立现代金融企业制度”。在我国当时产权问题特别是金融产权问题一直是理论和实践禁区的情况下，先生提出银行企业化改革和产权改革这一理论命题，这不仅具有深厚的理论功底，更需要有很大的理论勇气。此后我国金融体制改革的实践，证明了先生这一理论创新的预见性。如作为我国第一家完全由企业法人持股的商业银行，招商银行就是银行企业化改革的产物；自成立以来，招行之所以发展得比较好、比较快，在市场上有一定的影响力，也主要得益于较早地按照现代金融企业制度的要求运作。2003 年以来，我国几大国有银行先后成功股改上市的事实更是证明，先生的探索是超前性的。

——关于服务劳动创造价值功能的论断。先生在 20 世纪 80 年代初就曾有关生产劳动、价值规律等问题写了不少学术论文；2001 年以来，先生又结合我国实际，对市场经济中的劳动价值论进行了新的探索。先生指出，在我国社会主义市场经济体制下，众多的商品生产部门，无论是物质、实物产品生产部门，还是商业、金融及其他服务部门以及科学、文化产品生产部门，它们的广大从业和职能人员都参与了商品使用价值的形成和价值的创造。2004 年，先生发表了具有广泛影响的《当代金融服务创造价值的功能》一文，文中明确提出，金融从业人员的劳动创造了金融产品，创造了金融商品的使用价值，金融从业人员付出的社会平均的必要劳动也“对象化”“体现”和“凝结”在金融商品之中形成了价值；银行从业人员的劳动耗费，只要是在社会必要的耗费的范围内，都应该加入形成金融产品的价值，银行利润不仅包含用贷企业转让给银行的剩余价值，也包括银行从业人员自身创造的剩余价值。在当前学术界仍有不少同志认为服务劳动不创造价值，以及社会各界对银行服务收费存在偏见和诟病的情况下，先生这种实事求是、旗帜鲜明的观点，不仅具有重大的学术价值，而且对推动我国银行业激励机制改革、中间业务发展、非利差收入占比提升乃至银行转型，都具有重大的指导意义。

——关于国际金融危机与过度金融化的阐释。先生对 2008 年 9 月爆发于美国的金融危机给予了高度关注并进行了深入研究。2010 年，先生在《求是》杂志上发表了《美国经济过度金融化与金融危机》一文，对这场席卷全球的金融危机爆发的缘由提出了深邃的见解。先生认为，此次爆发的美国金融危机，并非一项突发事件，它是资本主义周期性危机的新形式；金融垄断资本推动的经济过度金融化与虚拟化，特别是“有毒的”衍生金融产品的引进，使美国金融机构畸化和金融体系风险增大，并导致这场空前严重的金融危机的爆发；这场金融危机尽管是金融体系内在矛盾激化的直接产物，但其最深根子仍然是实体经济中不断扩张的生产能力与内生需求不足的矛盾。先生上述论断提供了一种审视这场危机的独特视角，对我们正确认识和处理实体经济与虚拟经济、金融创新与金融监管、生产供给与市场需求之间的关系，无疑具有深刻的理论指导价值。

2. 孜孜不倦的教书育人

先生不仅是著名的理论经济学家，同时也是忠诚的教育工作者和杰出的教育家。65年来，先生一直孜孜不倦地承担着各种教学任务，在人才培育上倾注了大量心血。早在20世纪70年代末、80年代初，先生就强调，“教学必须与科研相结合，教学上的出人才必须建立在科研出成果的基础上，而培养人才首先要建立一套高水平的教材”等思路。针对当时财经院校政治经济学教材总体缺乏新意和严密体系的现状，先生以创新的思维、坚韧的毅力、忘我的劳动组织编写了《〈资本论〉教程》（一、二、三卷）、《简明政治经济学小辞典》、《政治经济学》、《社会主义经济学原论》、《构建面向21世纪的中国经济学》等多部教材，并亲自担任主讲教师，授课对象有数千人，遍布全国各地，对八九十年代我国经济学特别是政治经济学知识的传播发挥了重要作用，为西南财大经济学科建设和人才培养做出了开创性的贡献。

先生诲人不倦，教学行政双肩挑。20世纪80年代先生虽然承担了大量学校行政工作和各种社会政治活动，但先生始终没有放松教学科研任务，对于学生的论文依然亲自指导和修改，堪称当代教授的楷模。随着我国研究生制度的实行，先生承担了更为重要和艰巨的教学任务，成为我国高等院校中最早招收政治经济学硕士生和博士生的为数不多的几名导师之一。1982年，先生开始招收自己的第一届政治经济学硕士生，1985年开始招收自己的第一届博士生。从那时起到现在，先生已经招收了26届的博士生。目前先生仍坚守在教学第一线，每年仍在招收和指导博士生。

先生从教65年，弟子可谓是“桃李遍天下，芬芳飘五洲”。先生培养的学生大多成为经济理论工作者和经济管理工作者，其中有很多人早已成长为各自工作岗位上的佼佼者和国家栋梁之材。每当目睹这一切，先生都无比地欣慰，感到这是对自身教学工作的最好回报。这就是身为我国老一代教育工作者的先生的内心世界。

我有幸与先生结缘，始于1988年本人调往中国人民银行工作之际。当时西南财大由央行主管，因工作关系我得以多次见到先生，当面向先生请教与探讨有关经济金融问题。1993年考取西南财大经济学院攻读经济学博士学位、正式成为先生的一名弟子后，当面聆听先生教诲的机会就更多了。回首就学财大的几年光阴，那是我人生中最为充实和珍贵的一段时光。我在学习、研究和工作中碰到的疑惑，总能奢侈地得到先生的悉心指导，并时时从先生那里获得最新的经济理论研究动态，师母柴咏教授慈母般的关爱也给我带来了缕缕家的温馨。在我遇到困难的时候，先生和师母总是给我温暖的鼓励、坚定的支持和智慧的指点。

自1999年调往深圳工作以来，我几乎每年都能够见到前来考察调研的先生。先生抵深后每次都会召集在粤工作的各位师兄弟畅叙，大家济济一堂，先生总会给我们讲授其关于我国经济体制改革的最新研究成果，发表对社会经济局势的看法，表达对大众民生的拳拳关爱，并一再叮咛我们要做好本职工作，在各自岗位上闪光发亮，为各自服务的单位和事业创品牌、树形象。他是一位智慧、宽容，具有强烈社会责任感的学者，始终保持着一位真正的经济学家经世济民的良心和理性。先生对学生的教诲和影响是终生的，我们将用一生的努力来珍惜这份厚爱。

3. 淡泊明志的人格情操

先生品性高洁，笃言慎行，淡泊名利，始终保持着谦逊、儒雅、宽仁，终成我国经济学一代宗师。宁静方致远，淡泊以明志，这两句古人之言最能反映先生的为人、为师、为学之道。

先生从教65载，不求闻达与显赫，唯念师德与人梯，全部的精力都放在培养学生、发展学科和研究学术上。在美丽的光华园路上，黄昏时我们经常可以见到这位老人清瘦而矍铄的身影，他似乎永远都处于一种自由自在的思想之旅中。先生是一个开放而豁达的智者，总是在不断吸收新的东西，总是在深究一些基本理念并不断开拓新的研究领域。同时，先生又是一个充满忧思的师尊，时刻铭记着从前辈师长承继下来的责任，并不时挂记着他的学生的学习、生活、论文进展以及工作情况。先生就像一条平静的小溪，虽没有瀑布的喧嚣，但顺缓之流中却蕴含着激情的涌动和思想的浪花，充满着厚积薄发的力量。

先生在致力于教书育人与科学研究的同时，还醉心于书法艺术，意气风行，以书写心，以墨展性。先生十一二岁时就开始学习颜柳欧苏、二王、魏碑等，临池多年，心领神会，妙手偶得，多有佳作。正如前贤所言，“写字者，写志也”。先生练字，其目的是修身养性，把自己培养成一个高尚的人。先生认为，“书能写心，可以舒心、静心、修心；从书法创作和书法欣赏中人们可以获得当代人最需要的精神上的享受和心灵的净化。”字如其人，先生的书法不拘古范，书随心画；尤其草书独具匠心，多姿多彩，是善于汲取、勇于创新之作。著名书法家马识途评价此为“飘逸俊秀，潇洒自如”。

先生高雅淡定品格的形成，与其不平凡的人生经历息息相关。先生出生于一个教育世家，父亲当时系成都法政专科学校校长，抗战时期曾担任四川省教育厅厅长，是一位崇尚民主的爱国知识分子，博览群书，才华出众；母亲则工于诗词歌赋，造诣颇高，与当时有名的女词人沈祖芬是好友。书香门第浓郁的文化熏陶，使得先生从小就热爱文学和社会科学。先生的学生时代，正值旧中国外受帝国主义列强掠夺、内遭新旧军阀和专制政府横征暴敛、人民群众处于水深火热灾难境地的时期。先生耳闻目睹侵略者的野蛮暴行和国民党政府的反动统治，并非闭门一心只读圣贤书，而是关心国家兴亡，饱读进步书籍，广交进步人士，参加进步学生运动；大学毕业后，先生更加积极地参加争取民主和迎接解放的革命活动，1946 年至 1949 年底，先生在成都的住所——奎星楼街 10 号一直是川西地下党和进步人士的秘密聚会点。

新中国成立后，先生虽历经多次政治运动，特别是“文化大革命”中被打成“反动学术权威”的折磨，但从未气馁，始终保持着铮铮风骨和“谁敢雪中试淡妆”的从容淡定。20 世纪 80 年代以来，先生承担了大量行政事务和各种社会政治活动，先后担任多种重要职务，但一直恪守着他所追求的教书、育人、做学问这些教师的本分和尊严，不遗余力地为之付出，为之耕耘。

“万古希逢，岂止三四五六；一人有庆，直至亿兆京垓。”在先生从教 65 周年的大喜之际，真诚地祝愿先生频添鹤算，期颐百岁，永葆学术青春！

尹庆双：名德厚学，守正创新——纪念刘诗白恩师从教 65 周年

没有比儒雅更能体现大学气质的了，没有比厚学更能体现大学气度的了。没有比传承更能体现大学气派的了，没有比创新更能体现大学气魄的了……学子奔学者而来，大学因大师而魂。

1981年初入川财政经系，我是自豪的，这种朴素的自豪感源自以陈豹隐、彭迪先、刘诗白老师为代表的川财众多学者的思想、智慧和风度；大学四年后，我是自信的，川财的教授们牵引我走进了神圣的科学殿堂，神圣赋予我自信；追随诗白老师攻读博士学位后，我拥有了自尊的心灵：越走近诗白老师越感到在浩瀚的经济科学面前自己的肤浅与狭窄；越靠近诗白老师越认识到对科学的敬畏；越走近诗白老师越感悟到对精神家园的追求。对诗白老师的敬畏，对经济科学的敬畏，赋予我自省、自重和自尊。

我是幸运的，走进了学者云集的川财；我是幸福的，成为诗白老师人格与思想的追随者。在恩师从教65周年之际，我谨以此表达我对恩师的敬仰，并与我的学生——恩师的徒孙们共勉。

1. 宅心仁厚的儒雅

其实，我是为逃避读师范和追随父辈的足迹而来到光华园的，但毕业后却成为一名教师，其中的缘由在于以诗白老师为代表的身边教授的仁厚与儒雅。记得入校不久在到系办公室的路上，远处迎面走来了穿着整洁的中山装、臂夹资料的一名学者，同伴告诉我，这就是刘诗白教授。诗白老师轻盈的步伐、微笑的神态、儒雅的气度。按80后、90后的话来说，当时就被诗白老师的气场所折服和怔住了，于是乎，后来我也就成了“诗白控”。诗白老师的思想是仁义的，没有尖刻的评论，只有理性的演绎；没有武断的结论，只有科学的逻辑。诗白老师的为人是厚道的，没有贬他褒己的张扬，只有严谨宽容的胸怀；没有急功近利的做派，只有从容谈定的追求。因为是在职攻读，工学矛盾使我迟迟未能完成博士论文，每次见老师总是有些心虚。但老师在耐心指导中总是告诫到，年轻人工作第一，把工作干好，把教学科研工作与博士论文结合好……这时候，我才真正认识到“仁者无敌”“厚德载物”“宽厚温煦”才是最具有威力的鞭策与激励。

2. 守正创新的传承

我们所处的时代是一个变化的时代，是英雄辈出的时代，同时也是留给后人诸多思考的时代。丰富多彩的改革实践和林林总总的流派，考验着每一位学者的情怀、责任和智慧。我们读大学时期，正是马克思主义经济学和西方经济学激烈交锋的时期，品质决定选择，仁厚决定道路。诗白老师横贯中西的渊博和独到的历史境界，始终坚持以马克思主义经济学为指导，充分吸收和借鉴西方经济学的优秀成果，立足当代实际，研究和构建中国经济学理论体系。从诗白老师的“马克思主义经济学除研究生产关系外，应深入研究生产力和上层建筑”（1961 年），“市场经济具有一般经济范畴”，“社会主义经济仍然具有市场经济性质”（1979 年），“社会主义所有制结构的多元性，所有制形式的多样性，公有制具体形式的多层次性”（1981 年），到《主体产权论》（1998 年），《论科技创新劳动》（2001 年），《现代财富论》（2005 年），《论当代技术创新》（2006 年），《市场经济与公共产品》（2007 年），《论中国的社会主义产权改革》（2009 年），《论过度金融化与美国的经济危机》（2010 年）……无不是守正创新的典范。

3. 厚道深处是绵延

2005 年 2 月，在老师 80 华诞之际，老师的杰作——洋洋四十余万字的学术专著《现代财富论》正式出版了。我国著名经济学家袁文平教授在书评中写道：它“是创造当代中国社会主义政治经济学的一次新尝试，

与国防经济学博士生合影（2005 年，摄于南京陆军指挥学院）

是对马克思主义劳动价值论创造性的继承和发展，更是对我国当前正在全面建设小康社会和构建和谐社会伟大实践提供了强有力的理论支撑”。一个80 多岁的老人，因他仁厚的慈爱、深厚的功底、宽厚的视野、浓厚的情感、醇厚的思想，为神圣的科学殿堂奉上了一份厚礼，为中青年理论工作者寄予了一份厚望，为中国改革开放献上一份厚意。

祝恩师思想之树常青。

凌胜银、姜海洋：倾心尽力，情牵国防——刘诗白教授与国防经济博士生培养纪实

2011 年 6 月 3 日，由西南财经大学、南京陆军指挥学院（简称“两校”）联合招收培养的 2008 级国防经济博士论文答辩会和 2009 级国防经济博士论文开题会，在南京陆军指挥学院隆重举行，答辩会和开题会顺利完成预定议程，获得圆满成功。2003 年到 2011 年，“两校”已经联合招收 12 名国防经济专业博士生，已有 4 名博士生完成学业，并授予经济学博士学位。

回顾“两校”联合培养国防经济博士生的历程，我们深深感到，国防经济专业的每一步发展都凝聚着刘诗白教授的心血和汗水，都倾注着一个有着 86 岁高龄的经济学家的爱国爱军情怀。从倡议到招生，从培养

到毕业，从每一个选题的确定到对每一篇博士论文的修改审阅，从答辩会上博士生们的精彩阐述到回答专家问题时的从容不迫、侃侃而谈，怎样的言辞都表达不尽我们对导师刘诗白教授的感激和尊重。

“两校”联合培养国防经济博士生突破了“近亲繁殖”的困境，“合成优势”十分明显。已经毕业的博士生凌胜银、赵晨、周涛、姜海洋发挥科研优势和业务特长，组织参加国防和军队重大课题研究 55 项，在权威期刊和核心期刊发表 276 篇论文和调研报告，在国防战略、战争动员、国民经济动员、非战争军事行动、军队核心军事能力建设、军队思想政治建设等领域已经取得一批创新性研究成果，受到军队领率机关、军事高等院校和军事科研部门的高度关注和重视。凌胜银已从副教授晋升为教授，并担任南京陆军指挥学院政治工作教研室主任；赵晨进入军事科学院博士后流动站，获得 2 项中国博士后科学特别资助基金；周涛被表彰为全军优秀参谋；姜海洋在全国 20 余家期刊发表文章 75 篇。

军地院校联合培养国防经济博士生顺应了世界新军事革命的发展趋势，是适应中国特色军事变革和科技强军战略的必然要求。进入 21 世纪，世界军事强国大力度全方位推进国防和军队改革，我国的国防和军队对合成型高层次军事人才需求急增。面对汹涌澎湃的新军事革命浪潮，我国国防和军队转型的制高点在哪里？关键在人才。刘诗白教授提出，按照“军民结合、校际合作、强强联合、联合培养”的模式，西南财经大学与军事院校联合设置和培养国防经济博士生的构想。

西南财经大学是教育部直属的国家重点大学，拥有理论经济学、应用经济学、工商管理、法学、管理科学与工程 5 个博士学位授予权一级学科，38个博士学位培养专业，并设有理论经济学、应用经济学、工商管理3个博士后流动站。作为综合性财经大学，西南财经大学的应用经济学领域，理应设置和培养国防经济博士生，但是西南财经大学是地方大学，客观上不具备独立设置和培养与军事学交叉的国防经济博士生。

基于刘诗白教授的构思，与西南财经大学进行校际合作，南京陆军指挥学院成为首选。这是因为，南京陆军指挥学院是（原）总参谋部直属中级合成指挥院校，担负全军指挥军官中级培训和研究生培养任务，而招收和培养国防经济硕士生从1995年就开始了，可以说，南京陆军指挥学院在培养指挥和技术合成型国防经济硕士生方面有丰富的实践经验。经总参领导推荐，再经“两校”全面对接，全力推动，全方位合作，决定从2003年秋季正式启动联合培养“高层次国防经济人才工程”。

2003年9月27日，“两校”在西南财经大学光华楼联合举行合作培养国防经济博士生协议签字仪式。四川省学位委员会办公室主任李义，南京陆军指挥学院院长陈勇少将、训练部副部长周师华大校，西南财经大学原党委书记兼校长王永锡教授、校长王裕国教授、副书记朱世宏教授、副校长刘灿教授和博士生导师刘诗白教授、杨洪江教授，西南财经大学经济学院、南京陆军指挥学院军队政工系和“两校”研究生部门的主要负责人，新华社、中央人民广播电台、四川电视台、《华西都市报》等媒体应邀出席。

王裕国校长和陈勇院长分别在《协议书》上签字并发表讲话。王校长指出，西南财经大学通过与军队院校联合培养军事指挥人才和学科带头人，为服务国防和军队建设开辟了新途径，为全校师生开展高层次国防教育提供了新师资，为应用经济学一级学科博士生培养拓宽了新领域，是建设综合型、开放型、创新型财经大学的新发展，军队联合培养模式符合党中央提出的军民融合式发展思想。陈勇院长指出，中国特色军事变革对我国的国防和军事教育发展提出了新要求，与西南财经大学合作办学，就是贯彻军委实施人才战略工程的实际行动，必将推动南京陆军指挥学院的改革和发展；同时也表明西南财经大学特有的国际视野、战略眼光、全局意识和对国防现代化建设的全力支持，它顺应了党的十六大提出的军队要实施科技强军战略，加强质量建设的新形势，这种军地联合培养模式必将为我国国防和军队建设做出新的贡献。

博士生招进来，向哪个方向发展？如何培养？刘诗白教授结合多年的执教经验，瞄准国防和军队对未来高层次经济人才的需求，提出“厚基础、宽视野、强能力”的培养目标。依据这个目标，“两校”教学、管理、科研部门通力协作，拟订联合招生计划和培养方案，按照公共基础课、专业基础课、专业方向课共设置15门必修课程，为成体系研究型培养国防经济博士生提供了遵循和方向。

2003年9月，第一批两名国防经济博士生按期入学，“两校”联合培养由此进入实际培养程序。

国防经济博士生招收的对象是军队现役干部，南京陆军指挥学院负责生源推荐和政审，入学考试则由西南财经大学纳入年度博士生招生计划，统一组织实施。入学考试由笔试、科研成果、面试三部分组成，按比例计入总分，由西南财经大学统一划定录取线，“两校”共同决定录取。2003年招收第一批博士生凌胜银、李德中，2004年第二批赵晨，2006年第三批周涛、谢毅，2008年第四批姜海洋，2009年第五批李思静、商建程，2010 年第六批汪雷，2011 年第七批陈旺。

国防经济博士生在读时间 3 年，最长 6 年。第一年在西南财经大学学习英语、西方经济学、国民经济学等 9 门基础课，第二年上半学期在南京陆军指挥学院学习军事学、战争动员学、国防经济理论等 6 门必修课。第二年下半学期和第三年为博士生论文开题、调研、撰写、预答辩、答辩时间。

国防经济博士生培养以科学研究为主，采取导师培养与集体培养相结合的方式进行。攻读博士学位期间必须修满 44 学分。其中，课程学习 28 至 32 学分；教学或社会实践 2 学分，组织参与教学、训练、演习、调研等军事活动；科研训练 4 学分，在军队权威期刊和核心期刊发表 5 篇论文；博士学位论文 10 学分，要求不少于 8 万字，并通过答辩。其目的是，通过对军事学、经济学、战争动员学课程的系统学习，广泛开展教学实践和科学研究活动，着重提高博士生的国防经济理论水平，培养独立分析和研究深层次学术问题的能力，取得创造性的理论实践成果。

博士生导师由军地著名经济学家和知名教授担任，实行军地“双导师”制。刘诗白教授是第一导师，担任导师的还有南京陆军指挥学院冯均义教授、杨洪江教授，张燕萍教授，理工大学宋方敏教授。同时成立由西南财经大学丁任重教授、刘方健教授、姜凌教授和南京陆军指挥学院副院长周师华少将等组成的博士生专家指导组，发挥集体智慧，提高博士生培养质量。为严把博士论文评阅关，“两校”建立了由国防大学、军事科学院、后勤指挥学院、南京政治学院、南京陆军指挥学院、西南财经大学等多所军地高等院校、资深教授组成的论文盲评专家库，随机抽取盲评专家，保证论文评阅质量。论文答辩委员按“军地互补”原则组成，南京大学洪银兴教授，四川大学杜肯堂教授、周春教授，西南财经大学赵德武教授、刘灿教授、丁任重教授、李萍教授、姜玉梅教授，南京航空航天大学李东教授，南京政治学院赵学清教授、杜人淮教授、谈万强教授，南京陆军指挥学院柴宇球教授（少将）、万福临教授都先后担任国防经济博士生论文答辩委员。

2006 年 12 月 9 日，第一批博士生凌胜银论文答辩会在西南财经大学圆融厅举行；2007 年 6 月 10 日，第二批博士生赵晨论文答辩会在南京陆军指挥学院学术报告厅举行：2010 年 6 月 11 日，第三批博士生周涛论文答辩会在西南财经大学光华楼举行；2011 年 6 月 3 日，第四批博士生姜海洋论文答辩会在南京陆军指挥学院训练部举行。答辩委员会专家由西南财经大学、南京陆军指挥学院和成都、南京两地军地高校联合组成，专家组的组成贯彻了刘诗白教授关于国防经济博士生导师组、盲评组、答辩委员会坚持高层次、权威性的思想，反响强烈。

从 2003 年到今天，经刘诗白教授主持和指导，“两校”联培的国防经济博士生就读和工作期间，组织参与了信息化战争与国防经济、世界新军事革命与中国国防战略、现代战争与现代后勤、科学发展观与中国特色军事变革等诸多课题的系统性研究。其间，刘诗白教授多次就国防的经济问题和经济的国防问题进行了阐述，形成了丰富的国防经济思想。主要体现在以下几个方面：

——国防和经济关系的思想。刘诗白教授认为，国防和经济相互依存：经济是国防与战争的基础，也是武器装备发展的基础；经济为国防和军事提供物质力量，影响国家的国防政策、战争形态、军事思想，决定着国防和军队发展的规模、速度；战争和国防受经济的制约。如果没有雄厚的经济实力，要想取得战争的最后胜利，是不可能的。

——国防科技思想。刘诗白教授认为，国防经济的发展和国防现代化的实现，必须依靠科学技术的进步。科学技术作为国防生产力和国防战斗力的要素，在现代军事活动中已经越来越显示出它的重要地位和作用。我国必须准确把握当今世界国防高技术的发展趋势，积极利用国防科学技术为国民经济服务。加快我国国防科技发展，以确定我国国防科技发展目标，是当前一项紧迫的任务。

——国防人口思想。刘诗白教授认为，国防归根结底是“人防”，人口是国防和军事活动的决定性因素，是产生“活力”的酵母，是主导国防和军事发展的能动性因素；国防人力资源，不仅是国家武装力量的基础，而且是军事潜力的要素，影响着国防建设和战争的进程、结局；现代国防和信息化战争对国防人力资源的数量、质量和分配等提出了更高要求：制定人口政策必须树立国防和军事观念。

——国防工业思想。刘诗白教授认为，国防工业是国防经济的重要支撑，战争是产生国防工业的前提，又是国防工业发展的动力；没有战争，就不会有国防工业的产生与发展；要实现国防现代化，必须发展国防工业；只有发展国防工业，才能从根本上解决武器装备的更新和发展。我国必须建立、完善和发展强大的国防工业，必须有独立的国防科研和军工生产体系，这是我国国家战略和国防战略的需要。

——国民经济动员思想。刘诗白教授认为，国民经济动员能力的强弱事关国家利益和战争胜负；国民经济动员是平时经济向战时经济转化的重要杠杆；经济动员具有威慑力量；国民经济动员具有非军事功能；和平时期必须高度重视国民经济动员的基础建设，提高国民经济动员信息化水平；等等。

姜海洋：我的导师——刘诗白

2008 年 9 月，西南财经大学录取的 221 个博士生从天南海北赶赴学校报到，我是其中一员，刚刚从“5·12”地震救火一线班师回营。在部队摸爬滚打 18 年之后，重回学生时代，心潮澎湃，激情满怀。

部队是执行特殊政治任务的武装集团，大学是追寻科学和真理的知识集团。我既在军队任职，又在大学学习，因此，我的成长经历和观察问题的方式与同学们有些不同——“双重”视角。既有理论层面的思考，也有实践层面的锻炼；既有军队的纪律意识，也有大学的思想自由；再加上职业的习惯，我曾经是连队的通信员，军分区的新闻干事，军区的动员参谋、警备区的作战参谋。因此，我勤于思考，善于观察，更注重细节，经意不经意地就把部队和大学进行对比研究，这种对比和思考的结果，使我的人生观、价值观、世界观得以重塑。我是不是太幸运？我坚信，我的导师——刘诗白先生高尚的道德观和严谨的治学精神，将深刻地影响和伴随我的一生：我也坚信，我的人生之路会更充实、更平坦、更值得期待。

从军之前，我修过路、挑过煤、种过地、忍冻挨饿。我深深地知道，我的一生，除了父母，影响最深关注最多，总给我以信心力量的就是我的首长和老师。父母赐予我生命，养育我长大。首长关心我的前程，从士兵成长为军官。老师则以特有的方式给我以启迪，教我如何做人，如何做事。每当想起与老师共度的时光，内心总是由衷地充满感激。师恩似海，情重如山。我的博士梦得以完成，离不开导师博大、厚重、无私的爱。这是我进入西南财经大学攻读博士学位最大的收获。

2008 年 12 月 24 日，西南财经大学光华楼东厅座无虚席，我的导师应邀出席“公管讲堂”第一讲——金融自由演化与美国金融危机，尹庆双院长主持，这是我第一次近距离聆听导师的学术讲座。当时，全球金融系统面临着自 1929 年以来的根本性系统重建，我国也正在积极应对因世界经济危机导致的国内经济转型。美国的次贷危机如何酿成全球性的深重危机？昔日翻云覆雨的华尔街何以脆弱不堪？“政府之手”和“市场之手”在这场危机中应当扮演什么角色？世界各国如何才能挽全球经济于既倒？这些问题对于一个整天只和战争打交道的军人来说，是很有冲击力和震撼力的。演讲结束，导师的学生——尹庆双院长、邢祖礼、周涛、江宗德和我，陪同送导师回家。站在导师的家门口，尹院长把一个信封送给导师：“导师，这是公共管理学院的文件，还有这次的讲课费。”我们看到，导师接过信封，把文件取出来，然后把那个信封递给尹院长：“这个你拿回去！”就在导师和我们告别转身的那一刻，我的脑海里突然浮现出我慈爱的父亲，导师 83 岁高龄的背影更高大更伟岸，它深深地刻进我的心里。

2009 年 1 月 19 日，中华民族的传统节日春节就要到了。我和我的妻子刘春、儿子姜河源一起到导师家拜年，我们带上牛奶、土鸡蛋和巧克力，当然还准备了一个部队的制式贺年卡，里面装着我们一家三口对导师的美好祝愿，也装着我们给导师拜年的一个红包。我 7 岁的儿子轻轻地敲开导师的家门，我们和导师、师母坐在一起，屋里开着空调，温暖流进我们心里。就在我们和导师、师母攀谈之间，四川大学经济学院的学生代表也来给导师、师母拜年了，一桶“金龙鱼”、一袋“阿泰哥”和一个周春教授赠送的贺年信封。2009年，周春教授、林凌教授和我的导师共同入选“建国60周年四川省杰出贡献经济学家”。寒暄之时，我看到，导师拿着那个贺年信封捏了又捏，这时，站在一旁的四川大学经济学院的女生态度诚恳地说话了：“刘校长，就是一张贺年片！”但导师还是不放心地拆开了，确认真的就是贺年片时，导师才把它放在茶几上，我看在眼里，记在心头。我当时就想，站在我们面前的导师，不就是他们那一个时代，那一代人的最好代表吗？也就是当时，我小时候童话般的两个梦想回来了——当一名军人，打击侵略者，保卫全中国；当一名老师，传道、授业、解惑。我的军官梦已经实现，我的老师梦呢？我仿佛又回到天真灿烂的童年，儿时刻画在脑海里的老师就在我的面前，我是多么的幸运啊。

在准备离开导师家的时候，我的儿子送上我们的贺年卡，“爷爷，祝您新年好！”导师接过贺年卡，把那个红包拿出来交给我。导师说：“不要把规矩兴坏了！”我和我的妻子无言以对，怎样的言辞都表达不尽我对导师的尊重和敬意。从那以后，我们每次去导师家，要么一个大花篮，要么一箱“特仑苏”，要么一袋“北大荒”，要么两瓶“阿芙AFU”。礼品很轻，导师却很开怀；也正因为礼品很轻，师生情谊却很深。基于对导师的崇敬和祝愿，我特地为导师制作了一张照片，其背景就是一根挂满露珠的青青竹竿，青翠欲滴，冰清玉洁，淡泊儒雅。

时光如水，静静地流淌。2011年不知不觉地就来到我们的面前，我的学生时代行将结束。在导师的悉心指导和培养下，按照我们共同研究确定的思路，我以 20 年的专业积淀，用了整整 10 个月的时间，完成了 15 万字的毕业论文。我丝毫不敢懈息，仔细地推敲、反复地修改、认真地校对，直到最终确认无误，我才决定把论文打印出来。在送给导师审阅之前，我又将论文纸从 A4 调整为 8K，这样整个字体放大了一倍，导师看起来会舒服一些，不伤眼睛。导师已经 86 岁高龄，我不愿导师太劳累，否则，我心不安。我原本打算，导师把论文的“摘要”和“目录”两部分看完就可以了，导师说要全部看完。当我把导师审阅的论文稿拿到手上的时候，我吃惊地发现，导师不仅通看了整个论文，而且对定义不准、用词不准、数字不准的地方还进行了详尽的修改和批注，面对那一道道红色的批注线和一处处折痕，我深切地感受到，它就是导师执教 65 周年的一个缩影，也是导师镌刻在校门前的“经世济民，孜孜以求”的最好注释，它凝聚着导师的心血和对学术的尊重，尤其是将论文引用的我国国民经济的数据，从 2009 年调整为 2010 年，这更增加了笔者构建的总供给和总需求模型的时效性，更具说服力。

宋代，岳飞有句名言 :“文官不爱财，武官不惜死，则天下太平 !”900 年前的这句话，言犹在耳，久久回荡。今天的中国，面对国际环境的重大变化，面对国内环境的巨大压力，我们的军队难道不应该深刻地警醒？我们的大学难道不应该深刻地反思？我们必须牢记历史，反思现实，面向未来，在重新恢复中华民族汉唐儒雅的同时，坚定地树立尚武精神 ；否则，我国或重新受到世界列强的侵略和伤害。

刘诗白自述：我的治学体会

自1946年我撰写了《论资本主义农业之发生》这篇毕业论文开始，我在经济学这个园地里笔耕已逾70载，公开发表了学术论文300多篇，出版了学术专著20多种。回顾数十载的治学之路，我有以下几点体会：

要确立共产主义的远大理想，始终忠诚于中国特色社会主义伟大事业，自觉做社会主义学术建设大军中的普通一兵。

进行学术研究要有强烈的时代感，坚持理论与实践相结合。一个马克思主义理论经济学家，要始终坚持把马克思主义一般原理与实践经验相结合，强调根据新的实践进行理论创新，在发展中坚持马克思主义。不做学究式的书斋学者，而是要从现实经济生活中寻找思维源泉，为发展和创新马克思主义经济理论竭尽绵力。尽管我垂垂老矣，但仍坚持为新时代中国特色社会主义伟大事业笔耕不辍。

学术研究需要谦逊，要有勇于自我否定的治学精神。在我70多年的学术生涯中，由于认知和时代背景等诸种因素的限制，我对某些问题的认识也并不是没有曲折的，对某些问题的最初思考也不像后来那样清晰和明确。宏观背景的变动也曾给我的某些论述打下烙印。但是我始终坚持不渝的信条是：理论必须通过实践检验与修正，思维必须创新。在理论探索中要敢于自我否定，在自我否定中自我修正、自我完善。

学无止境，创新至乐，这是我的人生信条。我主攻的是经济学，但为弄清20世纪末的高技术革命对当代经济社会发展的重要作用，2010年以来，我阅读了大量包括基因分子生物学、认知理论与脑科学、天文学、物理学等在内的自然科学书籍。我将最近7年来跨学科阅读的心得整理成《自然哲学笔记》一书，该书聚焦于宇宙的生成，生命体的产生和本性，人类的认知、情感、道德理念这三项论题，并立足于辩证唯物主义和现代自然科学新成果之上对其进行了理论思考。

主体产权论
刘诗白 著
产权新论
社会主义经济学原论
论家庭联产承包制
现代财富论
体制转型论
构建面向21世纪的中国经济学
社会主义商品生产若干问题研究
刘诗白选集
我国转轨期经济过剩运行研究
中国转型期有效需求不足及其治理研究

现代人才
LILUN JINGJIXUE
马克思主义政治经济学原理
MAKESI ZHUYI ZHENGZHI JINGJIXUE YUANLI
政治经济学
马克思主义政治经济学原理
社会主义经济理论探索
论社会主义所有制
SUOYOUZHI
社会主义所有制研究
国有经营性资产的经营方式和管理体制
论体制创新
刘诗白
LUN TIZHI CHUANGXIN
刘诗白
经济文选

刘诗白部分著作

第十二章　我还是个“90”后

“在书法上我还是一名小学生”

自少年时代起，刘诗白临池学书已近大半辈子。数十年挥毫泼墨间，当初那个在母亲提点下手执毛笔苦练横竖撇捺的少年转眼间就已成为一位笔力深厚、自成高格的苍苍老者。

刘诗白曾说 :“书能写心，可以舒心、静心、修心，以达到美的感受、精神上的享受和心灵的净化。”书法的世界黑白分明而又刚柔并济，行走探寻其间，他坚持不懈地书写着自己的艺术理想，也随心记录下点点滴滴的生命过往和心情日记。

从少年时代的家庭熏陶，到大学时期的文化修养课，再到晚年的专注专攻，刘诗白在书法上造诣颇深，四川省作家协会原主席、著名作家、书法家马识途称刘诗白的书法“飘逸俊秀，潇洒自如”，“是一个颇具功底自成一格的书法家”[①]。

刘诗白书法集

翻开刘诗白的书法集，一幅幅艺术作品骨力内透中不乏秀美飘逸，而其中点、线、印章的组合运用堪称是和谐灵动。

中国美术学院教授、西泠印社执行社长刘江评价刘诗白的书法，用了“洗心”“法书”“用印”三项启示，他撰文写道，再三翻赏诗白乡兄的书法作品集，得有有益的启示有三。

一曰：洗心。

作者在“杏花春雨江南”、白居易《问刘十九》、刘长卿的《弹琴》、王维诗“独在异乡为异客”等作品的左上端都钤有“洗心”印章。这表明作者以书寄情的目的，是在“洗心”，是在“杏花春雨江南”的清新美景中，在“泠泠七弦上，静听松风寒”的静寂氛围中，借助诗情与清幽意境，陶冶个人情操，洗去人世残邪思绪，使之进入清高的人生境界。

二曰：“法书”。

书法二字联在一起，可作名词解，故也有称佳作为“法书”的。“法书”二字，还可理解为书写要遵循一定的方法、途径与要领。诗白乡兄

① 马识途为《刘诗白书法集》作序。

练习书法（1991 年春节）

的书法作品从小受到家庭环境的熏陶，学习诗词等传统文化，并临写《兰亭序》《洛神赋》《爨龙颜》等魏晋碑帖。读大学时专攻经济学，书法是他业余的文化修养课之一，晚年则有较多时间寄情于此。他专攻行草，取法古贤，有苏、黄之意，旭、素之神，不为古法所拘，书随心画，线条婉丽，意态盎然，笔致生动，初步显现出作者个人风貌。

三曰 :“用印”。

誉诗白乡兄是学者之书，并非溢美、套话，且看他钤于作品引首或压角等处“闲章”并不闲，从形式看，是与姓名印等的色彩胡颖，从内容看，于作者或作品更具有积极表情抒意之功。[①]

作为同乡，刘江赏读刘诗白书法，记录点滴，给予如此高的评价。此外，从闲章一处就可看出，刘诗白的书法足可见其志。如刻有“蜀菊傲霜”字样的闲章[②]。

① 刘诗白 . 刘诗白书法集 [M]. 北京：文物出版社，2008.

② 闲章：在印学上，除姓名、字号用章外的其余印章都统称为“闲章”。它由秦汉时期刻有吉祥文字的印章演变而来，宋元以后风气颇盛。到了近代，闲章便发展成为中国书画艺术不可或缺的部分。“闲章”一般包括“引首章”“压角章”“吉语章”“警言章”“收藏章”“鉴赏章”“纪年肖形章”以及“斋、堂、馆、阁居室章”，等等。闲章的内容十分广泛，除刻吉语外，还常刻有书画家自拟或摘录的诗词、格言警句、自戒之词、牢骚趣话等，是书画家学识修养及人生艺术态度的一种无声展现。

“闲章不闲”，在欣赏书画作品时，行家和爱好者往往先从印章入手。“写字者，写志也”，有时候，一枚小小的闲章可能比字画本身更能彰显作者的志向情趣。

刘诗白、赵东亚、尹康茹、尹文昭、王世位书画展开幕式（2000 年）

徐悲鸿曾有枚“一尘不染”的闲章，一代国画大师高洁出尘的精神追求不言自明。齐白石出身木匠大器晚成，常以“墨戏”“不成画”“门外人”“浮名过实”等闲章入画，以告诫自己莫要膨胀、虚心从艺。“十年动乱”时期，古文字学家康殷被关进牛棚，但他潜心向学艺海行舟，穷四十年之功终成《印典》这部四册巨著。或许,“惜寸阴”“虚心强骨”“少壮功夫老更成”等闲章中便蕴含着他对特殊岁月的深情回望。

对于这枚“蜀菊傲霜”的闲章，刘江如此品鉴道 :“初读，以为借秋冬景色诗以抒情寄性也。多见几件作品，方知深一层意思 : 诗白兄，蜀人也，寄情秋菊之人生态度，有如菊花经得起人世间秋风、秋雨与严霜等的吹打煎熬，把自己锻炼成坚强不屈、报国为民、为社会送香的‘蜀菊’。”当人生处在低谷逆境之时，刘诗白本人亦用所言所行诠释着坚韧不拔、傲霜而开的“蜀菊”精神。

书法一生，字如其人。“学者书家珠玑合璧，皆成名流大器 ; 钢笔

书法亦思维（2005 年）

毛笔双管齐下，同写锦绣人生。”[①]2007 年 10 月 16 日，凝结了刘诗白一生心血的书法作品在四川省诗书画院展出，作品近 80 幅，包括条幅、横幅、中堂、扇面等，得到了启功、马识途等书界大家的一致赞誉和好评。

刘诗白的书法是外柔内刚、蕴力深藏的。人如其字，他这人如春水一般，温暖柔和却又能消融坚冰、穿透顽石，如芦苇一般，纤细柔弱却也韧性十足，经熬得住疾风劲雨。

以书写心，以墨展性。如同在刘诗白教授书法展开幕辞中，四川省政协原主席聂荣贵评价，刘诗白教授是“学问人生”和“书法人生”，呕心沥血辛勤耕耘，著作等身，桃李遍天下，并不忘用精妙的艺术作品滋养心灵，熏育后学，其德高望重

① 刘诗白教授书法展隆重举行省市老领导谢世杰等出席并剪彩聂荣贵致开幕辞 [N]. 西南财大报，2007-11-27.

的品性和德艺双馨的风范值得每一个人景仰和学习。

德国柏林高等经济学院库尔克教授在欣赏书法作品（1997 年，摄于柏林）

还是个杂学家

同别的经济学家不同，刘诗白还是个杂学家。哲学、文学、书法、生物学……只要兴趣所至，他都乐于下苦功夫研究一番。

“文学的情怀、哲学的方法和经济的目标，是我学术体系的三块基石，尤其是哲学教会我，要坚持辩证地看待问题，要坚持全面的、系统的、相对的、多样的、变化的观点。”刘诗白回忆道。

在古希腊语里，“哲学”意为“爱智慧”。通过深入哲学的广阔世界，刘诗白不断学习着用全面、发展变化、相对等智慧观点来看待万事万物，并将其源源不断地渗入到自己的经济学思考中去。

或许正是因为这个缘故，在他的经济学生涯中，基本没有提出过不被高层认可的改革措施或是不符合规律及实践的经济学观点。“我的所有观点，都是兼顾了党的主张、人民的呼声，并符合经济学基本原理。我不偏向任何一方，即不唯上、不唯书、不唯外，更不唯下，坚持从实践中来，同时又高于实践，对实践有指导价值；坚持借鉴前人和国外经济学成果，但不盲目照搬；坚持党和政府制定的重大原则，但不生搬硬造。”

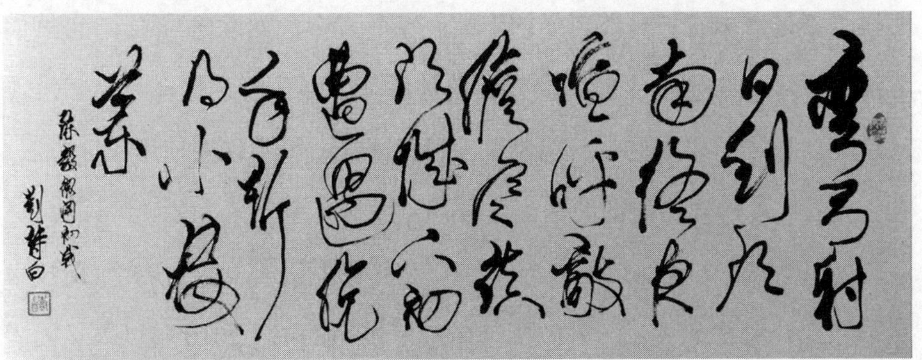

刘诗白书法作品

兼顾各 方利益、尊重实践及经济学规律，刘诗白稳健的改革观点屡屡成为中国 经济体制改革的现实。

尽管稳健，但刘诗白的改革步子却不小，且从来是大步而自信的。“改革过程中，有质疑、有争论，很正常。一方面是因为人们对原有事物理解不全面；另一方面是人们不知道还有更好的。全面论证、解释、引入新观 点，平息争论，就是学者的责任所在。面对压力和质疑，我的态度很鲜明。

第一，这些观点有群众基础，是民心所盼；第二，这些观点得到党委政府认可，是党的主张；第三，符合经济学一般规律，有理论基础。”稳健而大胆，在刘诗白改革思想中也深藏着哲学的智慧。

由于强大的哲学功底，在晚年出版的《刘诗白选集》中，老先生还特意将自己晚年的研究成果——十几万字的哲学笔记一并收入其中。

这本书名为《自然哲学笔记》，收录在《刘诗白选集》的第十一卷中，这本书是刘诗白 7 年跨学科阅读写作的笔记和从笔记中整理而成的学习心得，算是一本有关自然哲学的作品。在前言中，刘诗白写道："自然世界深层领域，特别是生命以及人的精神活动，存在着许许多多自然辩证法运动新形式，要对这些新现象做出科学阐释，就不仅要使用实证方法，还需要有高度的唯物辩证的理论思维。"

20 世纪 90 年代中后期刘诗白写作《现代财富论》时，研究了新技术革命和现代财富的关系，开始阅读新技术革命的书，2010 年以来又读了一批如《时间简史》《物种起源》等自然科学的书籍，2012 年起，刘诗白将研究重心放到了自然哲学领域上。[①]

四川省自然辩证法研究会名誉理事长、四川大学胡良贵教授评价这本书时称道："《自然哲学笔记》一书开卷之篇为'读恩格斯有关自然哲学论文的笔记'，在这一章中，刘诗白教授既完整、准确地坚持马克思主义自然辩证法的创始人——恩格斯关于自然辩证法的一般原理、关于辩证唯物主义自然观的基本观点；又结合现代科学技术的进展（如人造卫星、暗物质、黑洞等），加以与时俱进的生动、具体的阐发。尤其是，他还立足于现代科学技术发展的最新成就，创造性地提出了广泛关联物体的'多极联动、运行方式'等众多新观点、新思想。"

"这部著作极强的创新性，首先体现在无论是对恩格斯自然辩证法论文笔记摘要与札记的解读，还是书中着力反映的对大自然和生命体的运行机制和规律进行的一些哲学的思考和描述，都是立足于现代科学技术

① 四川在线．揭秘：经济学专著《刘诗白选集》为啥收录哲学笔记 [EB/OL]. https：//sichuan.scol.com.cn/ggxw/201812/56767274.html.

发展的最新成果而进行的。其次，提出了一系列很有创意的新概念、新范畴。例如，为了从哲学理论上阐明宇宙的生成，提出始源体和演化体这一对概念。再次，体现在他追随恩格斯在自然辩证法的开创性研究中，提出了不少关于生命起源、天体演化等方面的科学假说或猜想。”

“《自然哲学笔记》宽广的学术视野主要体现在论域的广阔上。此书涉及的现代科学技术门类十分广阔，既论及基础科学、技术科学、工程技术的众多分支，如物理学、化学、地质学、气象科学、生物学、信息科技、系统科学、天文学、工程机械、空间科学、航天技术，等等；又触及人文社会科学的不少领域，如哲学史、经济学、政治学、法学、伦理学、中国古典诗词歌赋和其他文学作品，粗略估计，当有数十种之多。甚至在相关领域的一些专家都少有提及的地方，刘教授在书中也有所触及，如基本粒子物理学中的一个较为生僻的观点，即上夸克和下夸克‘这两种普通的夸克以及奇夸克可以组合形成暗物质“马克罗斯”’。刘教授知识面之广博，令人钦佩。”

“其次，此书学术视野的宽广，还反映在论及对象之广度上，书中论及对象的时空跨度从至大无外的‘宇宙’‘前宇宙’‘大宇宙’，到至小无内的微观粒子。他既论及了广袤无垠、复杂多样的自然界，还触及了人类社会中的种种社会现象，既涉及经济基础，又提到上层建筑，甚至自然界中‘最美的花朵’——思维着的精神！”[①]

可以说，从经济学到哲学，从理论到认知系统的研究，刘诗白始终

---

① 胡良贵．一部高水平的自然辩证法学术著作 [N]. 四川日报，2019-01-04.

走在时代前沿，在这本《自然哲学笔记》中，他再次提出了“始源体和演化体”“前宇宙物质体”“生命池”“原体再生性”，以及“广泛关联物体的‘多级联动运行方式’”等一系列新的概念、新的观点。如同他的学生四川师范大学原党委书记丁任重所说，这本书在认知科学领域提出了一整套有关脑象形成的十分独特的阐述等，为当前我国发展自然辩证法的理论研究提供了有益的参考。[①]

◎ 附录

中国三大产权流派代表人物之一——刘诗白[②]

杨献东

问：刘诗白教授，能在西南财大50周年校庆之际拜访您，感到非常荣幸，此时，您作为学校的重要奠基人之一，一定有许多感慨，能否请您介绍一下西南财大这50年的历程和现状？

答：今天，我亲身见证了学校50周年庆典的盛世荣光，但更难忘半个世纪的艰辛与欢愉。新中国成立之初，高教部贯彻国家关于对“政法、财经各院系采取适当集中、大力整合、加强和改造师资，为今后发展创造条件”的方针，将重庆大学、华西大学、贵川大学等综合大学的经济、管理类系科和成华大学、重庆财经学院等17所院校、系科，以成华大学

① 丁任重 . 思考的结晶：从经济学到哲学——《刘诗白选集》读后 [N]. 光明日报，2019-4-13.

② 毛增余 . 与中国著名经济学家对话（第四辑）. 北京：中国经济出版社，2003.

为校址，于1952年10月11日，迎着新中国经济文化建设的朝阳，合并组建成立四川财经学院，地址就在诗圣故居杜甫草堂西侧的“光华村”，学校开始了第一次创业。由于各前身院校悠久的历史沿革和丰富厚重的办学理念，所以在光华校园融合而成为一种新的大学信念与力量。“严谨、勤俭、求实、开拓”的优良校风影响至今。成立伊始，川财便成为当时师资力量强、办学规模较大的全国4所综合性财经院校之一，名师荟萃。有马克思《资本论》最早的中文翻译者和早期传播者陈豹隐，经济学家李孝同、彭迪先，经济史学家汤象龙，金融学家梅远谋、温嗣芳，会计学家杨佑之，统计学家刘心铨、高成庄，财政学家许廷星，工商管理学家吴世经，工业技术专家杨声，农业经济学家王叔云，人口学家刘洪康等。他们精心培育学生，关爱激励青年教师，为我国的经济管理科学和高等财经教育事业付出了毕生的心血，他们的学术思想、治学精神、人品情操、执教经验已成为西南财大人最为宝贵的精神财富。

1961年，学院更名为成都大学，“文化大革命”期间被迫停办。1978年四川财经学院恢复，步入建校史上的第二次创业阶段。改革开放，春满神州。高等财经教育获得了空前快速的大发展，学校迈进发展的黄金时期。1980年学校交由中国人民银行为主管理。1985年更名为西南财经大学，1995年起进入国家“211工程”重点建设，2000年以独立建制划转教育部管理。

现在进入新世纪，面对新的社会经济形势和高等教育的深刻变革，为贯彻好科教兴国的方针，西南财大实施了更艰巨、更辉煌的第三次创业。已走过50年历程的学府，师生代代相继。如今，曾康霖教授在金融学论的系统研究及创立金融经济学的显著成就，何泽荣教授在国际金融领域及涉外经济专业建设中做出的突出建树，赵国良教授在经济体制改革理论与实践的结合上所做出的特殊成效，蒋明新教授在工商管理学前沿理论及其博士生培养上的优异成绩，以及我在社会主义经济理论和为四川经济发展所做出的一些工作，都已经成为西南财大学科建设的可贵财富，显著地提升了学校的名誉和声望，由我们培养和影响的一大批中青年学者，继承传统、志存高远、开拓创新，已成为今日西南财大的脊梁。

半个世纪来，西南财大共为国家培养了11万名层次经济管理人才，有优秀的银行家、工商企业家、经济学者和党政领导，为国家的经济、金融和经济管理科学的发展做出了杰出贡献。学校还聘请了200多名兼职教授来校讲学，成效显著，且与几十个海外大学、金融、学术机构建立了密切的合作，加强了国际教育与学术交流。

西南财大始终立于我国高等财经教育的潮头，是西部地区唯一进入国家“211工程”的财经类院校。金融学科，在全国高校重点学科申报评审中名列第一。政治经济学是全国财经类院校中该专业唯一的重点学科，西部地区首家拥有应用经济学一级学科博士授予权的高校，西部地区首家设立经济学科博士后流动站。是全国财经院校中唯一的大学生文化素质教育基地，全国首批注册会计师CPA培养基地，拥有西部地区经济、金融类文献资源最丰富的图书馆。有全国高校金融学科唯一的教育部重点研究基地——中国金融研究中心。

总之，经历了50年风雨沧桑的西南财大，就是新中国高等财经教育从起步、坎坷到兴盛的历史缩影。多年来，广大师生员工熔铸成了一种具有强烈感召力的奋斗精神——深切关怀祖国未来和民族命运，热忱关爱经济、管理学科的发展，高度关切四川和学校自身的进步与振兴，从而凝聚成了“励精图强，团结拼搏，朝气蓬勃，争创一流”的炽热而隽永的西南财大信念。“经世济民、孜孜以求”，是半个世纪锤炼而成的大学精神。

问：刘老，听说您的父母都是杰出的知识分子，所以您从小就受到浓郁的文化熏陶，请回忆一下您青少年时候受教育的情况。

答：1925 年，我出生在重庆一个教育世家，父亲曾任成都法政专科学校校长，在抗战时期担任过四川省教育厅厅长。他是一位崇尚民主的爱国知识分子，热衷于社科文化研究，博览群书，从中国的诸子百家，到西方的启蒙学者，甚至马克思和列宁的著作，均有涉猎。而母亲则工于诗词歌赋，其造诣不俗，与当时有名的女词人沈祖芬是好友。书香门第浓郁的文化熏陶，使我从小就热爱文学和社会科学。我的学生时代，正值旧中国外受帝国主义列强掠夺，内遭新旧军阀和专制政府横征暴敛，人民群众处于水深火热灾难境地的时期。1937 年，日本侵略军大举进攻上海，“八一三”事变爆发，我一家从上海逃亡到重庆。一路上，我耳闻目睹侵略者的野蛮暴行，在我幼小的心灵中萌生出救国兴邦的最初愿望。在重庆读中学时，大后方风起云涌的抗日救亡运动和国统区无产阶级革命文化的传播，对我影响极大。我从高尔基、托尔斯泰等俄国作家著作中了解到十月革命的历史；鲁迅的《呐喊》《彷徨》，郭沫若的《女神》《星空》，以及茅盾、夏衍等革命作家的大批文艺作品，我爱不释手；《母亲》

《战争与和平》等译作更是我科学民主思想产生的启蒙读物。

问：刘教授，据我了解，像许多著名学者一样，您在新中国成立后的50年里，也经历了酸、甜、苦、辣各种滋味的时期。能具体回忆一下吗?

答：新中国成立后，1951年全国高校进行院系调整，我由四川大学调到成华大学讲授政治经济学、外国经济史、当代资产阶级经济学说等课程。1958年以前我主要研究当代资本主义经济和社会主义经济问题。1958年以后，研究重心则主要集中于社会主义经济理论问题，如论证人民公社必须发展商品生产，重视价值规律；发展农村家庭副业；社会主义经济效果等问题。这些最初的探索，为我日后研究社会主义经济理论和体制改革奠定了基础。

在“文化大革命”中，我被打成“反动学术权威”，多年来从事教学科研的讲稿、笔记，花费了许多心血写成的近20万字的《当代资本主义经济危机》书稿及书籍被洗劫一空。

恰如马克思所说：“在科学的入口处，正像在地狱的入口处一样。”新中国成立以来至改革开放以前的30年间，我国社会主义革命和建设历经坎坷，政治斗争风风雨雨，十年浩劫狂潮急浪，使理论研究成为政策的解说和注释。更为可怕的是，在传统体制下形成的“唯书”“唯上”不良学风阴魂不散，凡事先问姓“社”姓“资”，缺乏科学研究所需的求实创新精神。对此，即使是刻苦钻研、呕心沥血甘坐“冷板凳”的科学研究工作者也难有作为。我尽管自嘲“在50年代就写了不少这样的只能放在抽屉内由老鼠的牙齿去批判的作品”，但我的不少作品，包括“文化大革命”前的一些作品，应该说还是有积极的意义的。

如早在50年代，我就倡导拓宽政治经济学研究范围，我在《论马克思列宁主义政治经济学的对象》一文中提出，研究对象与研究范围是两个不同的范畴，研究范围总是大于对象范围。我在肯定社会生产关系是政治经济学的基本研究对象的同时，论述了政治经济学的研究范围中应该包括生产力和上层建筑的某些方面，而不能像传统研究方法那样只研究生产关系的本质特征。此后，我进一步指出，社会主义政治经济学要把研究的范围拓宽，把生产力发展运动的规律和经济运行机制纳入其研究范围，要对社会主义经济运行中的具体经济问题进行深入研究和总结，以指导经济活动的实践，而不能把政治经济学的任务和内容只限于几条抽象的“规律”。这篇发表在《经济研究》上的文章，在当时即引起了国内外理论界的关注。

又如1962年我在《江汉学刊》上发表的《关于社会主义经济效果》一文，从理论上较完整地阐述了讲求经济效果的重要意义。由于我是当时学术论坛上的活跃分子，曾被邀请参加了1964年全国哲学社会科学学部扩大会议，成为与会经济学家中最年轻的代表。在这次会议上，来自西南的我得以与孙冶方、王亚南等经济学先辈同组讨论，深受他们的启发。

科学的入口处就是地狱的入口处。可以说，正是因为有一批不怕下“地狱”，板凳甘坐十年冷的经济学家，在改革以来思想解放的大背景下，中国才出现了“百花齐放、百家争鸣”的思想大活跃、学术大繁荣的生气勃勃的大好局面。

1978年我被借调到中国社会科学院经济研究所工作两年，参加许涤新主编的我国第一部《政治经济学辞典》的编写工作。此后还参加了《中国大百科全书》经济学卷、《<资本论>辞典》等的编写工作。党的十一届三中全会奏响了思想大解放的号角，我国迎来了经济体制改革和经济理论创新的新时代。80年代我承担了大量学校行政工作和社会政治活动，但是我一直坚持从事科学研究。由于亲身经历过50年代中期以来，特别是“文化大革命”的曲折，对历史的冷静思考使我深信中国社会主义的振兴，关键在于搞好改革开放。作为一个经济理论工作者来说，最为重要的则是按照小平同志所提出的“解放思想，实事求是”，结合中国的实际和国情，进行理论探索和创新。近20年来，我一直致力于社会主义经济理论研究，其中包括对政治经济学的研究对象、所有制及社会主义商品经济、价值规律与市场机制、家庭联产承包经济、向市场体制转轨、搞活国有大中型企业、股份制与产权等重大经济理论问题的研究。在上述领域的理论经济研究中我提出了不少在经济学界较有影响的、独创性的见解。

我还积极参加国际学术交流活动。1984年，我赴美国考察，访问了美国10多所大学；1987年赴澳大利亚和新西兰访问，并在澳大利亚的墨尔本大学、堪培拉大学和新西兰的维卡托大学讲学；1988年应邀到美国哈佛大学、西北大学、田纳西大学、玛里塔学院及加拿大圣玛利学院等校讲学；1996年和1997年赴德国高等财经学院访问。我在这些大学讲授中国经济体制改革问题，受到国外经济学家的好评。

问：您一贯主张，经济学是致用之学。经济理论研究要以马克思主义为

指导，立足实际，有所创新，有助于实践，这些是你进行学术研究的宗旨。刚才您提到研究对象与研究范围是两个不同的范畴，要拓宽社会主义政治经济学的研究范围。请介绍一下您提倡的政治经济学要拓宽研究范围的内涵。

答：关于政治经济学的研究对象和研究范围，国内外经济学界长期存在争论，我对这个问题的见解引起了经济理论界的重视。

早在50年代，我就倡导拓宽政治经济学研究对象。我的基本观点是：为了适应生产力和社会主义经济建设事业发展的需要，政治经济学必须拓宽研究范围，并提出研究对象与研究范围是两个不同的范畴。[①] 我认为，科学的对象是科学所要探究其规律的客观存在的特定领域；由于客观事物质的区别，决定了各个学科的对象的区别性。但是，客观事物之间所具有的相互联系、相互制约的性质，决定了科学的研究过程不仅要探索属于其对象的特定领域的规律性，而且还要对某些不属于其对象范围，但与研究对象有密切联系的事物加以考察。因此，研究范围总是大于对象范围。根据以上逻辑推论，我在肯定社会生产关系是政治经济学的基本研究对象的同时，论述了政治经济学的研究范围中应该包括生产力和上层建筑的某些方面，而不能像传统研究方法那样只研究生产关系的本质特征。这个观点，在当时即深受国内外理论界的关注。

我认为，联系生产力来研究生产关系，政治经济学的基本方法，社会主义政治学要把研究的范围拓宽，把生产力发展运动的规律和经济运行机制纳入其研究范围，从而更好地服务于社会主义经济建设这一中心目标。

① 刘诗白．社会主义政治经济学与经济运行机制的研究 [J]. 经济科学 ,1986（2）.

为此，就必须深刻地分析社会主义再生产过程中生产、分配、交换、消费诸环节的运动，要对社会主义经济运行中的具体经济问题进行深入研究和总结，以指导经济活动的实践，而不能把政治经济学的任务和内容只限于几条抽象的“规律”。

社会主义经济运行机制包括宏观、微观和中观的经济运行机制。宏观的经济运行机制是从国民经济总体上来研究社会再生产和各种经济活动；微观的经济运行机制是从企业的角度来研究生产、分配、交换等经济活动；中观的经济运行机制是从一个城市、一个部门的角度来研究活动。我曾说过：“由于社会主义国民经济活动的延续与演变是在上述整体活动与局部活动的相互作用中体现的，因而对社会主义经济运行机制的研究，就是要揭示共同形成国民经济活动的各个不同种类与不同层次的经济活动之间的内在联系和它们之间的数量。”[①] 我认为，要研究经济运行必然涉及具体的经济数量关系，如需求量、供给量、货币发行量、投资量、工资量，等等。只有通过数量分析，才能阐明经济活动与经济过程之间量的关系，使人们可以从复杂的经济现象中分离出若干独立变量，找出各种变量之间的相互依存关系，区分出内生变量和外生变量，制定各种经济方程式，建立起各种数学模型，从而利用它们来进行经济预测，制订经济计划。我主张有效的宏观调控必须建立在对经济过程精确的数量分析与计量的基础之上，否则就难以避免决策失误和“瞎指挥”。[②]80

① 刘诗白．社会主义政治经济学与经济运行机制的研究 [J]. 经济科学，1986（2）.

② 刘诗白．经济科学必须加强数量分析 [J]. 社会科学研究，1985（6）.

年代中国启动了市场取向的改革，国民经济运行过热和通胀多次出现，深入研究经济运行的客观规律，进行有效的宏观调控越发重要。我认为：“如果人们对于在特定社会主义经济体制下展开的各种各样的经济活动的运行机制缺乏研究，对于各种经济要素之间的经济锁链关系缺乏数量上的分析，那么，人们将因为心中无数而不能预先发现他们所选择和从事的某种经济、发展战略的发展、演变和在国民经济的其他的各个领域（如交换、分配等）所要带来的反响。人们也将难以在经济发生带病运转时，及时做出正确的诊断和采取敏捷与果敢的对策；人们将会难以有效地控制和驾驭它按自身固有的规律向前运转的、极为复杂的社会主义经济大机器，甚至会在这架机器发生故障和运转失控时，表现出行动缓慢或者手忙脚乱。”[①]

基于政治经济学必须拓宽研究范围的认识，我认为，社会主义政治经济学的基本内容应是人民财富学。90年代初期，我在人民出版社出版由我主编的《社会主义经济学原论》一书中，实际上把对“人民财富”的研究作为贯穿全书的一条主线。这一构架的新颖独特之处在于：把人民财富的最大增值、合理分配与优化使用作为社会主义政治经济学的基本内容；把人民财富上升为一种理论形态进行全方位的分析、归纳和科学概括。简言之，必须以富国裕民为要旨。

问：您作为较早的所有制多元化改革的倡导者，主要在哪些著作中说明

① 刘诗白．政治经济学需要数量分析 [J]. 求索，1986（3）．

了您的观点？

答：我国长期实行单一公有制体制，对社会主义所有制的多元性，过去一直是我国理论研究的“禁区”，我在《社会主义所有制研究》和《论社会主义所有制》等专著中进行了社会主义所有制的多维分析和理论探讨。

为了探索国有经济放开搞活的途径，1979年我在《经济研究》发表的《试论经济改革与社会主义全民所有制的完善》中提出了“不完全或不成熟的全民所有制”这样一个命题。这种所有制的特点可以概括为：生产资料的全民占有关系与产品的企业局部占有关系，企业活动不仅体现全民利益，而且体现部分企业局部利益；企业劳动者不是完全从统一的社会基金中取得收入，还要从归企业占有与支配的企业基金中取得一部分补充收入。这篇文章中对现有社会主义全民所有制不完全性的论证，旨在从理论上阐明把统收统支、吃国家大锅饭的国营企业改造为实行自负盈亏的市场主体的必然性和合理性。因为，自负盈亏不仅可以通过企业对国家上缴税金使企业成果归全民占有，而且可以通过企业独立支配自有资金，实现企业和职工的局部利益，并使企业自行发展。

1981年，在成都召开的首次全国所有制理论讨论会上，我提出了社会主义社会所有制结构的多元性、所有制形式的多样性、公有制具体形式的多层次性的“三性”观点。“三性”观点是针对长期以来流行的社会主义“纯公有制论”“单一公有制”，以及“全民所有制＝国营企业”的观点而提出的。我认为，作为主体合格的社会主义公有制与其他各种社会主义所有制形式将长期并存；其具体形式，除全民和集体外，还有“全民＋集体”“全民＋集体＋个体”“集体＋集体”等多种联合所有制形式。公有制是多层次性的，如全民所有制在经营形式上，将会出现国有国营、国有企业经营、国有集体租赁、国有个体租赁等；在资金结构与分配结构上，将出现吸收部分职工资金和实行按股分红，还可以吸收集体资金、社会个人资金以及向其他企业投资等按股分红形式。1981年5月的《论社会主义商品经济与社会主义所有制具体形式的多样化》一文的重点就是论证社会主义公有制实现形式的多样性。

1985年，上海人民出版社出版了我的专著《社会主义所有制研究》。该书根据马克思主义关于所有制的一般理论和经典作家关于社会主义所有制的理论，结合我国改革实际，对社会主义公有制的内涵，重新进行了理论论证。

我的上述认识并非仅仅来源于理论推导，更多的是基于对改革实践的思考。始于1979年的四川省国营工业企业扩大企业自主权改革试点，给我以有益的启示，即构建社会主义经济新体制的微观经济基础，必须在全民所有制组织结构与模式的改革上下功夫。以公有制为主体，多种所有制经济共同发展，是我国社会主义初级阶段的一项基本经济制度。党的十五大更是明确提出，要全面认识公有制经济的含义，公有制实现形式可以而且应当多样化。而我的这些观点，在全国经济理论界较早地提出来，此后改革实践证明我的这些理论探索是正确的。

问：您对社会主义商品经济和市场经济的探索也有较早的预见性。请回顾一下您的观点。

答：对于构建科学的社会主义市场经济理论，不少学者为此经过长期而艰难的努力。我作为我国较早提出并论证社会主义经济具有商品性的学者之一，坚持用“所有制论”来论证社会主义经济的商品属性，并由此提出大力发展社会主义商品经济、高度重视市场经济机制的作用，以及提倡使用社会主义市场经济体制的概念。

早在20世纪50年代末期，我就曾经著文论证过人民公社必须发展生产，重视价值规律的作用，但真正较系统地研究社会主义商品经济理论，则是在粉碎“四人帮”以后。1979年以来我发表了一系列文章，如《论发展社会主义商品经济与利用市场》《论社会主义计划管理与利用市场机制》等。1983年又出版了专著《社会主义商品生产若干问题研究》。在我看来，社会主义现阶段不完全的社会公有制和全民所有制企业之间的利益差别性，是决定社会主义经济商品性的内在条件和根据。因而，社会主义要大力发展商品经济，尤其对中国这样一个未经历完全的资本主义商品经济化，从而在许多领域还带有自给自足性质的国家来说，更是如此。社会主义发展商品经济，一方面带有补课的性质，即通过它去完成资本主义商品经济化所理应完成的推动社会分工与生产社会化的使命；另一方面，它又是进一步推动社会主义社会化大生产向前发展所必需的。

在20世纪80年代初，我就致力于论证市场机制在搞活经济中的重要作用。社会主义经济既然是商品经济，那么市场机制就是社会主义经济的内在的调节机制。或者说，发展商品经济的关键是发挥市场机制的作用。这就要求计划调节必须充分反映价值规律，必须立足于市场机制的基础之上。这种市场机制作为资源配置的基本手段的经济形式，实际上就是今天已经写入党的文献的市场经济。早在1979年4月，在无锡召开的全国价值规律作用讨论会上，我曾经提出“社会主义经济仍然带有市场经济性质，是崭新的社会主义的市场经济”。我认为：“社会主义经济中，无论是个人副业经济、集体所有制经济，还是全民所有制消费品生产等领域的经济活动，都具有市场经济的性质。这些领域的生产不仅离不开市场交换，而且不同程度上要从属于市场上价值规律的调节”[①]。当然，囿于客观与主观条件，大多数场合我仍然使用的是有计划商品经济这一概念。但是，我提出的“崭新的社会主义市场经济”观点还是较超前的，我国市场化改革的实践，证明了我这一论点的预见性。

问：您对企业股份制改革的探索也研究得较早。请阐述一下您早期研究的思路。

答：80 年代以来，我国企业沿着所有权与经营权分离的思路进行了一系列改革。扩权、利改税、租赁、承包……但国有企业并未真正搞好搞活。究其根源，在于传统的产品经济模式，导致企业产权不明。干了几十年还不知“家底”有多少，人人负责实际上人人都不负责，何谈搞活企业？股份制本是现代企业的组织形式，尽管在 20 世纪 80 年代初期，部分企业已经悄悄地在进行改制试点，但在我国理论界，对此却一直讳莫如深。

一批中国经济学家较早从理论上阐述社会主义股份制。在 80 年代中

① 刘诗白 . 论社会主义计划管理与利用市场机制 [M]. 社会主义经济中计划与市场关系 . 上册 . 北京中国社会科学出版社，1980.

期，我就论述了股份制出现具有必然性。在《试论社会主义股份制》[①]一文中论述了社会主义股份制存在的原因，认为在社会主义商品经济体制下，作为独立商品生产者与经营者的企业，其资金的形式将日益采取自主的资金联合形式，而实现资金的自主联合，股份制就是一种具有较高灵活性和较强吸收力的经济形式。股份制体现了一种利益共享、风险共担的联合投资关系，能够高效率地把社会上分散的、闲置的资金组合和凝聚起来，以适应现代化大生产的需要，因而是现代市场经济条件下有较强生命力的一种企业组织形式。

我认为，社会主义条件下股份制的出现，将对传统的社会主义所有制具体形式产生重大影响。股份制不仅是一种新的企业组织形式，而且也是一种新的财产组织形式。国有企业的股份化，是微观经济基础的重大变革，它使原有的单一国家所有制或单一的集体所有制转化为“一企三制”，从而产生交错的和联合的所有制形态。这实际上是把集体所有制要素引入传统的全民所有制企业之中；与此同时，把私人个体占有要素引入公有制企业之中。这样，企业的所有制不再是单一的，而成为多元的结构。这种多元的所有制把国家、企业和个人的利益有机地结合起来，它是社会主义公有制的进一步完善和发展。

针对社会上一些人对股份制的错误认识我明确提出，“当前实行股份制是前进而不是倒退”。我认为，包括股份制在内的企业改革，是可贵的群众性实践，表明了改革的深化，不存在倒退的问题。股份制在一些试

① 此文载《经济研究》1986（1）。

点的国有企业已经取得成效，表明这一企业组织形式和财产形式的有效性。至于原来实行的单一的全国所有制模式，现在改制实行股份制，这不是倒退，而是适应社会主义商品经济发展的需要而在企业组织形式上进行的创新。我当时就认为："股份制企业产权制度的实质，在于财产权的两分，它使所有权放弃直接支配权，却不削弱化益权，使经营者享有出资人财产的支配权，但却不侵蚀所有权。股份制企业产权制度，是现代发达商品经济的一项具有重要意义和深远影响的体制创新，它是经济主体为适应社会化大生产和市场经济运行所产生而实现的一次财产责、权关系的调整。"①

问：您对80年代末期经济紧缩负效应的成因、特征和治理方法颇有研究。请谈谈大体内容。

答：如何认识对宏观经济实行紧缩中出现的种种负效应和应该如何缓解与调节这些负效应，是1988年我国实行治理整顿以来的现实向人们提出的重大课题。那时对于市场疲软与资金短缺，人们认识不一。有的同志说，这是“双紧”的恶果，以为宏观的紧缩政策错了；有的同志说，本来就应该实行“软着陆”，而无须实行“双紧”；不少基层的同志则为市场疲软、产品积压、生产滑坡而忧心忡忡，总觉得形势“一团糟”，对如何进一步治理整顿缺少信心，消极悲观。

我认为，市场疲软和资金短缺的出现，并不是治理整顿的“双紧”

① 刘诗白．再论社会主义股份制[J]．改革，1988（3）．

方针不对头。从根本上说，它是我国现行不完善经济体制和不完善经济机制下，实行较严格的宏观经济紧缩政策难以避免的现象。我国的治理整顿要通过解决国民经济中存在的总量失衡与结构失调两大问题，达到从根本上克服经济过热，需求过旺，控制通货膨胀，实现国民经济持续、稳定、协调发展。为此，首先必须解决总量失衡，要实行以抑制总需求为直接目的的“双紧”政策。由于多年来我国经济不均衡要素大量积累，造成了严重的通货膨胀。加之我国人口多，收入低，人们习惯于价格固定，又缺乏收入补偿和就业保障机制，对涨价承受力低，因而必须采取有效手段来抑制总需求膨胀，把物价涨势刹住，这不仅是一个迫切的经济问题，而且是一个政治问题。因而实行“双紧”政策，采用紧缩投资、信贷、货币、财政、进口多管齐下，就是客观必然的。

以实行严格的宏观政策肇始的治理整顿，标志着我国经济进入了紧缩、调整时期。从 1988 年 9 月开始，到 1989 年底，可以说是治理整顿的第一阶段，其主要特征是实行较为全面的宏观紧缩，其主要任务是抑制社会总需求的过猛增长。这一经济紧缩过程表现为：

（1）资金供应减少，一部分企业和一定经济领域流动资金不足，但不是金融信贷危机；

（2）社会总需求增长放慢，市场购销活动由旺转平、转疲，一些产品滞销，但不是全面的市场萧条；

（3）对一部分企业实行关停并转，但不是企业大破产；

（4）待业人员增多，但不是大量失业；

（5）局部领域经济活动降温，经济增长放慢，但不是社会总体再生产的中断。

以上五点表明，这是一个国家掌握的、有计划的、有步骤的经济紧缩与经济调整，它与资本主义经济中，在自发性的市场机制作用下，以爆发性的危机形式，通过经济大崩溃和社会大动荡而实行的调整有根本的不同。

社会主义的经济紧缩过程，特别是它的肇始阶段，以抑制社会总需求的过度增长为主要任务，以实行减少投资量和信贷供应量，控制消费基金的增长，以及控制紧缺原材料的计划供应与市场供应，紧缩进口等多方面和互相配套的紧缩政策措施为特征。而上述政策在发挥它的紧缩需求功能，收到把物价涨势控制住的积极成效的同时，又难以避免会引起市场购销活动的某些衰减，使资金供应感到不足，特别是经济收紧的“紧急制动”，难免要打乱过去的过热运转型的经济机制，造成暂时的“机制紊乱”，由此加剧局部领域经济活动的“衰减”，使企业停产或半停产范围扩大。可见，宏观紧缩总是正效应与负效应同时存在，如果没有任何负效应，意味着过度膨胀着的总需求尚未被抑制住，也就谈不上有正效应。

另外近几年来金融宏观调控的反思是由于我国当前尚不完善的体制与具有资金膨胀惯性的经济机制。在实行紧缩信贷中应该注意以下几点：

（1）切实掌握好信贷紧缩的“力度”，不要发生紧缩过度，以至出现“紧急制动”下，由于资金缺乏而出现的经济“休克”，即总体再生产运行的难以为继。

（2）金融宏观紧缩应着重于压缩投资的增长，而对于维护日常再生产的流动资金的供应，则应予以保证。

（3）金融宏观紧缩的初始阶段，在流动资金供应上实行从紧，要求讲求信贷紧缩方法。切实贯彻有压有保，做到充分保证效益好的企业和重点企业的资金需要，只是对那些效益差的、长线的、不符合产业政策要求的企业的资金供应进行限制。

（4）金融宏观紧缩，应该适应再生产活动的节奏，在资金供应上该紧则紧，该松则松，防止与再生产活动要求相违反的松紧失序。

（5）在金融宏观紧缩中要做到及时调节，密切观察和针对紧缩中出现的新问题，及时采取有效对策进行调节，包括银根紧缩力度的调节，做到紧中有松，大紧小松，紧松适度。

总之，深入研究宏观紧缩期的经济机制，探索和采取恰当稳健的金融宏观紧缩措施，以充分地发挥紧缩的效应，尽量减少负效应，这是保证治理整顿顺利发展的根本条件。

问：您对产权制度的研究也较为深刻，被誉为“中国三大产权流派之一”。您对国有企业产权制度改革怎么看?

答：80 年代中期以来我在一系列论文中，对过去理论所认为“离经叛道”的产权问题，进行了不懈的探索。在该问题上有人称我为中国三大产权流派之一。

我认为，传统国有制企业模式是计划经济的产物。在传统计划体制下，国有企业由政府分钱、分物来维持其运行，尽管企业缺乏活力和效率，但总体上仍然维持着一种高投入、低产出、慢节奏的运转。改革开放以来，引入了市场机制，采取了扩权让利等多种措施，力图把企业推向市场，但种种改革措施，并未使企业真正活起来，其原因就在于国有企业的产权制度改革的滞后。

市场经济是自发的市场机制成为主要调节者和在资源配置中起基础性作用的经济。这一市场体制成为主要调节器的经济，要求微观组织是以盈利极大化为目标，实行自主经营、自负盈亏、自我发展，自我约束的市场主体和拥有自行支配的经营财产的产权主体，即是一个真正的企业。企业行为特征是围绕着市场转，是真正的市场主体，但企业要成为市场主体，它必须是产权主体，即必须拥有财产所有权或支配权，并且享有“产益”和承担“产责”。而我国传统的国家所有制企业，其产权模式与市场经济是不能兼容的。缺乏法人财产机制，企业没有真正面向市场所必需的责、权、利，当然就不可能真正自负盈亏和拥有市场主体的行为特征。因此，构建市场机制，必须着眼于改革公有制的实现形式，重点是进行产权制度的改革，即按照两权分离的原则，探索和构建确保国家所有权，强化企业经营权的法人财产制度并由此建立现代企业制度。而构建起一种能有效地实现国家所有权和保证企业经营权的新产权制度，必须深化企业改革，把单一国有产权制度改造为多元产权制度；把高度集中的国有国营的产权制度，改造为两权相分离的产权制度；把模糊不清的产权关系改造为明晰化的产权关系。构建新的产权制度，是搞活我国国有企业的突破口。

值得一提的是，构建和明晰企业产权不等于实行企业所有制。前者是指形成作为法人的企业对国有资产的实际占有和支配，而后者表现为一种财产的终极所有权。构建起企业产权或法人产权并不意味着企业的国有资产性质的改变，国家仍然将通过利润和税金上缴的形式实现所有者权益。所以，企业拥有法人产权并不等于实行所有权企业化和放弃社会主义国家所有制。

上述有关国有企业产权改革的论述，在我1986年以来发表的一系列论文中就已经提出了，如《经济研究》1988年第3期、第9期《社会主义商品生产与企业产权》《论产权构建》;《经济学家》1989年第1期《论产权自主转让》;《人民日报》1989年2月3日《兼并是企业产权转让的一种重要形式》；等等。1993年出版的《产权新论》和1998年的《主体产权论》，是我关于产权制度研究有较大理论创新的两本学术专著。在我国，很长时期产权问题一直是个理论禁区，直到1995年理论界仍有人认为产权改革就是私有化。这种错误的认识，延误了我国国有企业的改革。所以，我的产权研究理论，并不是赶时髦、标新立异，而是改革的需要。

问：您被称为“立足实践，服务改革”的经济学家，在金融体制改革和国企改革方面也有较多的高见。请较详细地阐述一下。

答：我一贯主张理论研究要为经济建设和改革服务。我的许多对策建议也屡屡为政府决策部门所采纳。在1988年全国人大七届一次会议上我与蒋一苇等43名人大代表曾联合提出提案，建议加强中央银行独立执行货币政策权力，建立货币委员会。当初这一提案曾引起强烈反响，它不仅开拓了金融体制改革的思路，而且有利于强化和改善宏观调控。1995年，《中华人民共和国中国人民银行法》中有关成立货币政策委员会的条款，采纳了当时提案的建议。1988年，为了平抑物价上涨，中央实行治理整顿，这在当时是必要的。但全面紧缩带来负效应，1989 年春出现市场销售疲软，9 月以后更出现严重的生产滑坡。情况的变化，需要调整紧缩力度，实行适当的政策。1990 年我在全国七届人大三次会议上提出“缓解市场疲软十策”的建议，引起了各方高度重视。这十策是：①用活资金来启动市场带动市场；②强化商业功能以疏通市场；③用开发新产品来开拓市场；④用价格机制来促进销售；⑤用消费来激励市场；⑥减少对一些商品的不必要限制以活跃销售；⑦限制不必要进口，提倡国货以扩大销售；⑧优化产业结构和提高经济效益；⑨采取有效措施清理“三角债”；⑩用好投资来启动市场。这些政策建议引起了较好反响，《人民日报》全文刊登了这篇发言。

金融体制改革是我国经济体制改革的重要组成部分。我早在 1985 年就提出“银行企业化是金融体制改革的方向”①，提出“应给银行以资金占用权”。这些观点，不仅符合我国金融体制改革的基本方向，而且具有超前性。我的思路是：我国的银行在很大程度上具有行政组织的性质，即是国家分配资金的行政机构，而非责、权、利相结合的具有相对独立的经济实体。也就是说，我国银行还不是“真正的银行”。在这种银行体制下，信贷活动不是按经济规律而往往是按长官意志办事，它造成资金使用上的“大锅饭”，不仅经济效益低，而且造成呆账和社会资金的大量损失，使我国本来就很紧张的资金供应更为短缺。我国银行的这种性质，是由原高度集中的财政分配型体制所决定的。我国市场取向的改革决定

① 刘诗白．试论我国金融体制改革 [J]. 财经科学，1985（5）.

了我国银行的国家行政机构的性质必须改变。过去在旧的金融体制下，银行还缺乏自身的经济利益，不利于银行改进经营管理，调动银行职工的积极性。同时银行没有经营自主权，不利于也不可能加速资金周转，完善经营和提高效益。所以，银行企业化改革是由商品经济中银行的本性所决定的。只有银行企业化，才能根治我国金融体制缺乏活力和资金分配上吃大锅饭的诸多弊端。

根据现代产权理论中资金所有权与经营权相分离的原则，我还提出将基层银行的全民所有资金归银行占用，形成由基层银行长期支配使用的留用资金。这一论点实际上是将法人产权机制引入商业银行，将它作为银行独立进行企业化经营的条件。此外，我还提出发展和充分利用各种信用形式，如租赁信用、消费信用等多种银行信用形式；发展商业信用和利用股票、证券等信用形式。实践表明，直接融资是聚集和利用社会资金的有效形式，借助这种形式能促进生产资金的聚集和融通以及提高资金利用效果，缓解发展经济与资金不足的矛盾。近年来我国证券市场的发展，就最能说明问题。

此外，我还提出发展多样性的金融机构，即以全民所有制的国家银行为主体，适当发展集体所有制的信用社和其他金融机构，以及侨资、外资银行，同时也允许个人之间信用的存在。这些1985年所做出的理论分析和设想，已为今天金融体制改革的进程所证实。

国有企业改革是我国体制改革的中心环节，我的经济学研究也集中于国有企业改革。在《有关国有企业深化改革的若干问题》一文中指出，国有企业改革要有新思路，要跳出就企业谈企业改革的旧的思维方式，采取从国有经济整体着眼，以国有经济结构的优化为目标，来考虑和规划企业改革。希望把每一家国有企业都搞活，这不仅在实践中做不到，而且这种愿望也不科学，这是由于实行向社会主义市场经济体制转轨，需要对国有经济结构进行调整。

我认为，国有经济的产业、行业结构的调整，要通过当前国有企业的改革来进行。人们应该根据国家的产业政策，国有企业的性质和现状，按照分类指导的原则，对不同企业实行不同改革对策。我提出，要大力抓好关键性的少数，集中力量抓好一批骨干性国有大企业的“三改一加强”，切实搞好“抓大”：对于小企业要采取联合、承包、租赁、股份合作、出售给职工等多种方式，放开搞活。要实行“扶优”，通过联合、兼并、破产等形式，促使那些低效、无效运行的资产，向优势“龙头”企业集中，从而盘活资产存量。也就是说，要采取有保有合的政策，有兴有灭的方式，对企业实行战略性的调整，从总体上来搞活国有企业，并且达到国有经济结构调整和优化的目标。

我还较早地提出，国有企业改革要实现重点突破、要进行深层次的产权改革，国有企业产权要多样化，并参加了四川省现代企业制度试点及1993年国有企业33条等文件的起草工作。我的这些理论和实践与改革的进程是吻合的。党的十五大明确提出，加快推进国有企业改革，要着眼于搞好整个国有经济，抓好大的、放活小的、对国有企业实施战略性改组。

我认为，必须从战略上调整国有经济布局，坚持有进有退，有所为有所不为。无论是退是进，在国有经济布局的战略调整中，都应该借助资本市场，通过资产重组的方式来完成。搞好搞活国有大中型企业，一是靠制度创新，其核心是产权问题，要以公司制为目标建立现代企业制度；二是企业组织结构优化；三是技术进步；四是加强管理。一句话，要形成一个好机制，有一个好产品，有一个好领导。我认为体制是先决条件，体制决定机制，机制决定活力。有了制度做保证，再有好的领导班子，选准产品，企业自然也就活了。

问：据说您对近几年经济运行的周期性和扩大内需等方面也有精辟的见解。能否展开谈一谈？

答：我国经济自1992年以来出现了一轮高增长，引发双位数通胀，政府实行了加强宏观调控和适度紧缩，1996年物价降下来。1997年以来开始了适度松动，在松动不断加大力度中，实际经济运行却表现出继续收缩的缠绵而顽强的“惯性”力量。1997年以来增长放慢，1997年10月以来物价一路下滑。1998年以来，采取了力度不小的刺激投资需求的措施，增加了1000亿财政支出用于基础设施投资，支撑了固定资产投资的增长，但全社会固定资产投资1季度增长率仅9%，全年达到15%的增长率，远低于过去一般的固定资产增长率；在消费不振和出口急剧下滑——全年增长0.5%——的情况下维持了国内生产总值7.8%的增长。

但在加大公共投资条件下，社会投资却继续不振，而且，随着公共投资支出的到位，1999年4月以来，又出现了全社会固定资产投资率的下降，这种情况表现出政府公共投资未能撬起和启动内生的社会投资。此外，1998年以来，消费品市场进一步全面疲软，零售物价和消费物价仍然持续下走，而且出现了1999年1—5月的储蓄狂增，反映出80年代以来的公共投资中 40% 转化为消费的传统机制失灵。

上述社会投资与居民消费需求持续不振，有启动经济的政策措施到位和松动力度到位方面的问题，但是我们认为，经济启动的艰难在本质上体现了宏观经济运行势态的变化，即出现了有效需求不足和经济过剩运行。

关于扩大内需、促进回升、实现经济稳定增长方面，主要的工作应体现在以下几个方面：

第一，大力启动投资需求。

我国宏观经济还处在复苏阶段，随着内需的逐步启动，市场将由疲转旺，价格将回升，增长将加快并逐步过渡到健康增长阶段。我国最佳的增长模式应该是低通胀和适度高增长，而当前的紧迫任务是有效扩大内需，促进健康回升。

在货币政策刺激投资与消费的效果疲软的条件下，应该把扩张性的财政政策作为反周期的主要杠杆，首先是作为撬动社会投资的杠杆。社会投资——企业和居民的投资——的重振和保持强劲的拉动力，是经济走出低谷、健康回升的主要条件。当前的主要矛盾是在市场制约、预期利润率下降、风险增大条件下的社会投资力度不足，应该借助政府公共投资来维持投资拉动力，支撑市场需求，防止生产滑坡。

基于我国新时期经济运行中机制性的需求不足的大背景，和内生的企业投资和居民投资难以启动的现状，有必要保持一定时期内有力度的和持续有效的公共投资支出，来维持对增长的投资拉动，防止公共投资一波结束，出现投资断层带来的负效应。

需要进一步指出的是，政府的公共投资应该是作为撬起、带动社会投资的杠杆。在市场经济中投资主要是社会投资，投资活动是由作为市场主体的企业以及居民来进行，这种自主进行的社会投资需求形成经济体系持续性的内生的需求。在经济过冷阶段，作为反萧条措施的依靠财政资金的政府公共投资则是一种非经常的外生的需求。国民经济的健康运行。必须立足于经济体系的内生的需求——投资需求与消费需求之上。1993 年以前经济运行主要是内生需求过旺，而 1997 年以后的复苏阶段则是表现为内生需求不足，首先是内生的投资需求不足。不仅国有企业的投资不振，在市场制约下集体企业的投资在近年也大大下降。由于市场及各种制度制约，个体私营企业的投资也停滞不前，因而，当务之急是启动内生的投资需求。需要看到，扩张性财政政策和大规模公共投资是难以长期持续的，而且更重要的是，它不能取代社会投资，它的目的在于启动社会投资需求。只有社会投资重振、恢复活力和实现强劲增长，才能实现经济健康回升，并使经济运行进入稳定增长阶段。

在当前，国有企业的投资不振除了市场制约之外，关键在于企业缺乏活力和缺乏资本金。在当前，应该把对刺激社会投资和深化国有经济、国有企业的改组相结合，着力于启动有效投资。为此要抓有后劲的重点企业的投资，既增强投资拉动又形成有效供给，并且通过企业效益提高，在职工收入持续增加的基础上启动城市消费支出。

第二，实行启动投资需求和启动消费需求相结合。

我国内需不足，另一重要原因是消费需求增长乏力。20 世纪 90 年代以来，特别是近年来出现了城市居民收入增长放慢。

我们认为，不能把当前的消费需求不振和消费品市场疲软只看作是

“紧缩的惯性”，而应看到它的出现的更深刻的原因，即90年代以来逐步趋于明显的有效需求不足，后者是转轨过程中的矛盾的集中表现，可称之为转轨期综合征。

由于我国经济处在转轨期的复杂矛盾中。启动消费拉动内生投资、治理经济过剩运行需要时间。由于经济健康增长首先要恢复内生投资需求，投资的启动又快于消费的启动，我国经济中有效需求不足问题的根本缓解将经历一个过程，不可能一蹴而就。当前消费需求增长滞后是转轨期的“综合征”，是转轨期诸多矛盾的集中表现，其根本治理需要经历一个阶段。因而，我们认为，重振消费需求，既要治标，即采取多种刺激即期消费的政策措施，更要治本，即在增强微观主体活力基础上提高基本消费群体的收入；既要着眼于促使8万亿居民储蓄更多地转化为即期消费，更要着眼于形成一大批生气勃勃的微观主体，后者能创造适销对路的有效供给，又能不断提高职工的收入。如果我国城乡越来越多的微观主体通过深化改革，转换机制，走上调整结构、加强技术进步、改变增长方式、提高效益、增大职工收入的发展轨道，再加上有关制度——如社会保障体制的完善的配合——那么转轨期的消费需求增长滞后就能从根本上得到治理。而在内生投资需求崛起相配合下，我国就会形成旺盛的有效需求，我国经济以8%左右的幅度持续、稳定的增长就有了保证。

问：前两年，您曾发表过长篇文章，论述20世纪90年代后期中国经济转轨与有效需求不足及其治理办法。请问这些内容分别包括哪几个方面？

答：如果说，需求快速增长，甚至有时出现过度扩张，是我国80年代改革初始阶段经济运行中的突出现象，那么，需求的不足则是90年代改革深化阶段中出现的新情况。

90年代中期经济运行中需求不足表现得日益明显：

（1）市场疲软，供给大于需求；

（2）物价持续负增长和低位运行；

（3）商品库存增大和生产能力过剩；

（4）市场疲软成为全方位的。

以上情况表明，1997年以来我国经济发展中面对着一种新的经济运行势态，人们习惯使用的“买方市场”概念已经不能确切表述这种情况。应该说，这是一种明显的需求不足和相对过剩，出现了一种经济过剩运行势态，需求不足和经济过剩已成为当前经济生活中的主要矛盾。

科学地分析需求不足的成因，对于我们采取正确政策，治理通缩是十分重要的。分析和认识需求不足的成因，要从实际出发，采取科学的方法，切忌片面性。需求不足主要是内需不足，后者是经济中的深层次矛盾所导致。

在这里我们要对以下两种观点加以评述：

（1）需求不足是出口下降造成的。

有些人将需求不足归之于东亚金融危机的冲击，这是需求不足的“外铄论”。1997年东亚金融危机和此后世界经济的动荡，带来的我国出口下降，是影响内需不足的重要国际因素。我国90年代出口年增幅在15%—20%左右，1998年、1999年两年出口大幅度下降，1998年出口增长0.5%，下降10多个百分点，1999年1—6月出口负增长7.5%。但是出口影响我国 GDP 增长仅为 1—1.5 个百分点，而近年来 GDP 增幅已较 1993 年下降了 5-6 个百分点。而且，市场疲软早在 1997 年初就已经表现出来。此外，当前不只是与出口有关的企业和生产的销售困难，而是全面的市场疲软，体现了内需不足，可见，将需求不足成因归之于外需是难以成立的。

（2）需求不足是 1993—1996 年的紧缩造成的。

有一种观点认为当前需求不足是由于紧缩“过了头”，“松动不及时”，这是需求不足的“紧缩过度论”。1993—1996 年的宏观调控，实行适度从紧，货币、信贷规模紧缩力度不轻，它把 1992 年、1993 年的狂热的需求扩张势头抑制住；同时，1993—1997 年国民经济仍然保持平均 9% 的高增幅，实践表明这一轮软着陆是成功的。当然，任何事物都具有两面性，紧缩也存在负效应，特别是对于机制未能转换的转轨期经济，急剧的货币、信贷与财政的紧缩带来企业流动资金不足，债务链剧增，使经济循环发生阻滞，从而形成一种机制性的需求抑制惯性。具体地说，作为投资和消费需求的源头的企业，特别是国有企业，在紧缩形势下，特别是在债务链引起的资金流通阻滞下，陷于营运困难，从而导致始发于企业的需求——投资和消费的弱化。

软着陆基本实现后的 1997 年，货币、信贷松动不及时，力度不够，也在一定程度上加强了这种需求抑制的惯性力量。在经济仍然高增长背景下，需求弱化的惯性就会带来严峻的负效应，加剧经济过剩和启动经济的难度。90 年代是改革开放深入发展的时期，尽管经济发展中出现过热和经历紧缩、减速，但也是经济持续年均 9% 左右的高增长时期，是国家综合经济实力迅速增强的时期，但是为什么在经济生活中会出现城乡居民收入增长滞后这一新现象？而且由于相对于GDP和生产能力快速增长，基本消费群体收入增长滞后已经给经济生活带来了十分严重的负效应，成为当前制约经济健康运行的重大障碍。这一新问题备受社会各方面关注，人们有各种议论，一些人对这一现象感到迷惑不解，还有人怀疑它是改革带来的“恶果”，一些人满足于肤浅的表象解释，如认为是宏观紧缩所造成，一些人则不求甚解。

我们应该用辩证唯物主义和历史唯物主义的观点来分析社会主义改革的进程，要对我国改革开放历史进程及转轨期的矛盾进行冷静的经济学的分析和总结。基于此，我认为应该提出转轨经济中需求不足，特别是消费需求不足的命题。我在《论经济的过剩运行及其治理》一文中业已指出：“我国消费需求增长的放慢和滞后，是我国改革过程中出现的值得重视的新问题，它既表明了市场经济中消费需求增长和变动的不均衡，更主要的，它是转型期经济机制不健全和经济运行中各种矛盾交织的结果，也是不发达国家工业化过程中的各种矛盾与困难的表现。”①

可以说，90年代出现的需求不足现象是我国改革深化阶段多种矛盾交织的结果，是一种“体制综合征”。

问：请您具体谈谈转轨经济的内在矛盾与消费需求不足。

答：当前我国有效需求不足的根子，在于消费需求不足。在提高消费品的有效需求的基础上，振兴和扩大投资需求，是当前缓解有效需求

① 刘诗白．论经济过剩运行[J]. 宏观经济研究，1999（4）．

不足的根本之途。这里需要在理论上进一步明确的是：现实的消费需求，其最大界限是主体的可支配收入的总和，但是市场经济条件下，主体可支配收入的总和并不全部转化为现实的购买力和形成现实的需求。现实的、即期的消费，才构成社会的对消费品的有效需求。有效需求是一个年度有支付能力的需求中的实现部分，它通常小于有支付能力的购买力。也就是说，一部分消费需求，在储蓄形式下转化为潜在的或被推迟的需求。我国目前处在经济还不发达、群众收入水平还较低的阶段，在实行市场体制下，人们的即期消费要受到许多因素的制约，重视储蓄，节制消费，成为多数居民的心态，而高储蓄率——40%左右——成为我国经济运行的特征。

储蓄偏好和消费抑制，是和改革开放初期消费品生产不足和供给匮乏阶段相适应的。人们应该记得，20世纪80年代初由于消费品普遍紧缺和供应不足，棉、粮、油和其他消费品还保持着凭票供应，因而，居民收入的更多转化为储蓄，这是一种强制储蓄，它并不带来消费品有效需求的不足。由于在计划体制下，政府通过银行信贷安排，直接使储蓄转化为投资，因而也不存在投资需求不足的问题。但是市场经济必须以需求为动力，要以消费需求的增长拉动投资增长，从而实现总量均衡和结构均衡。在20世纪90年代，我国经济告别了短缺运行，消费品供给量急剧增长，并逐步出现供给过剩；加之以预算约束硬化的改革使投资需求——以自负盈亏的企业为主体——也要由消费需求来拉动。因而，保证消费品的有效需求不断增长，就成为90年代中期以来经济过剩势态下的客观要求。

问：那么，应如何治理需求不足和加快体制转轨呢？

答：我们把90年代中期经济运行中需求不足归结为体制转轨、增长方式转换中众多矛盾的积累和交织的表现，可以称之为转轨深入发展期矛盾综合征。基于制度分析而确立的以上的认识，可以为我们确立起治理需求不足的清晰思路和更完备的方法。

（1）把扩大内需放到发展战略高度，同时，千方百计扩大外需。既然我国的需求不足，主要成因是内因，是内需不足，因而从根本上解决需求不足，就要扩大国内需求。虽然加强外贸工作，扩大出口，仍然是必要的和十分紧迫的任务，但是也必须看到像我国这样的拥有12亿人口的、处在发展中的大国，拉动经济快速增长主要应依靠国内需求。

我国当前出现的市场全面疲软和生产能力的过剩，表明了内需不足的严重危害和扩大内需的迫切必要性。另外，1997年东亚金融危机以来，国际经济的动荡和不确定性增大也表明，在走向21世纪的经济全球化的新时期，强化国内需求对经济的拉动力的重要性。我国有必要实行重振内需的长期战略，只要我们能做到有效启动，不断保持国内需求的旺盛和持续充分的经济增长，我国将会进入一轮工业、农业和各行各业稳定高增长的时期，我国民族经济因有国内需求为支柱将会得到更好的发展和振兴。

（2）实行和搞好扩充需求总量的宏观政策。在经济走出低谷，但国内有效需求不足，经济缺乏拉动力，增长减速、下滑时期，需要实行扩张性的宏观政策，有效地刺激投资和消费需求，使经济在政府"打气"中走向复苏。凯恩斯阐明和提出的上述反周期的政策措施，也可以加以采用，但要使其与我国的具体实际相结合。政府的公共投资的根本目的是刺激和撬动社会投资，是用来启动经济复苏的“催化器”。实践表明当前的宏观政策：

应该继续实行积极的财政政策并加大其力度。

应该把扩张性的财政政策的着力点放在撬动、刺激社会投资上，特别是要刺激、调动各类企业和居民的投资的积极性，以振兴和加强来自企业的始发的需求。尽管政府公共投资拉动还需要持续一段时间，但是依靠政府财力的公共投资不可能长期持续。我国经济的健康复苏和走向高涨，必须依靠经济自身的活力，即依靠社会投资（企业、单位、居民和外商）和社会消费的增长。

应该把刺激消费作为扩张性的财政政策的一项重要内容。我国当前内需不足与经济难以启动的症结，在于消费需求不振。消费需求增长的明显滞后，导致普遍的市场疲软，造成生产萎缩，企业缺乏投资积极性。可见，启动社会投资的前提是振兴消费。

要把扩张性的财政政策和适度扩张的货币政策相结合，即“适度双松”。基于当前出现通货紧缩的势态，货币政策应争取有大的作为，要采取多种措施，适度增大基础货币供给量和扩大信贷，并使货币政策与财政政策密切配合，有效发挥刺激投资和消费的效应。

实行扩张性的宏观政策，既要着眼于当前扩大内需的迫切需要，又要着眼于中长期经济稳定增长的要求。

(3) 大力搞好国有企业的改革，在搞活“源头”上振兴有效需求。为了增加有效需求，有的人主张主要应在财政特别是货币政策的扩张上下功夫，主张通过扩大货币量供给，用通胀来快速刺激投资和消费需求。

这种“货币扩张救治论”是基于下述认识：我国当前的通货紧缩和需求不足主要是种货币现象，是1993年以来实行紧缩性的宏观政策造成的，因而，只要大胆实行货币与财政政策“双松动”。需求不足就能得到治理。我们对这种论点不敢苟同。

我们认为，通货紧缩取决于货币供应不足的弗里德曼理论，也许适合西方发达的市场经济国家，但是却不符合中国的现实和国情。而且，单纯以货币扩张和膨胀来扩大需求，可能引发泡沫经济和“虚假”需求，特别是在我国转型期的盲目生产和重复建设机制下，通货过度扩张更会强化“虚假”需求，最终导致经济热胀和促使供给畸化。

当前的需求不足是转轨期体制和机制性矛盾导致的相对需求不足，它在根本上是体制病的表现，而不是货币供应不足所造成。基于上述认识，需求不足的根本治理在于改革体制，完善机制。

（4）加快体制转轨，依靠市场调节机制和有效的政府宏观调控，大力调整结构，争取实现长期的总量、结构均衡。进入21世纪的中国经济，在市场体制下实现持续的低通胀、适度高增长的运行的根本之途，在于加快推进以国有企业改革为中心环节的全面的体制改革，加快向市场体制的转轨，更早地在我国形成健全的市场调节与有效的政府调控共同作用下的新的经济运行机制。

问：您在2002年9月14日《人民日报》上发表了《创新：政治经济学研究的时代使命》一文后，据说引起不小反响。请谈谈大体内容。

答：创新是马克思学术思维的基本品格。马克思从不满足和停留于前人的思想，而是立足于不断变化的现实，通过独立思考，不断进行理论创新。1867年出版的《资本论》第一卷，实现了政治经济学发展史上的革命，使政治经济学真正成为科学，成为工人阶级和一切进步人类认识世界和改造世界的理论武器。今天，我们的政治经济学研究尤需大力弘扬马克思的创新精神。

首先要以创新精神来研究当代资本主义。

经济理论总是适应社会经济的发展而不断发展的，马克思主义经济学也不例外。《资本论》出版已经135年，世界资本主义经济的基本制度结构、生产和分配的基本规律以及基本矛盾没有变，马克思主义经济学仍然闪耀着真理的光辉，仍然是唯一能科学地分析当代资本主义经济深层矛盾和发展规律的理论武器。但也应看到，世界资本主义经济处在不断发展变化之中，20世纪以来，资本主义国家生产的物质技术基础的快速创新，带动了生产方式的进步、企业组织形式和产业结构的变化以及经济运行方式和政府职能的变化。特别是20世纪末出现的信息革命和科技创新的大潮，推动了经济的高科技化，催生了知识经济。这些变化使当代资本主义的劳动、分配关系以及产权结构都有了某些新的变化，如当前的精神产品生产商品化等，都是19世纪资本主义不曾有的新情况和新现象。我们不应该把这些变化仅仅归结为资本主义生产关系有了更丰富的具体实现形式，而应该看到其社会生产关系出现了局部调整和某些更新，并因此而释放出新的生产力。

马克思当时不可能分析100多年以后的当代发达资本主义形态。因此，把马克思主义经济学的基本理论应用于当代资本主义的新实际，进行创造性的研究，进一步丰富和发展马克思主义经济学说，是十分必要的。

其次要在理论创新中发展社会主义政治经济学。

社会主义市场经济是一个崭新事物，是20世纪70年代末以来中国共产党进行的理论创新和体制创新结出的硕果。在党的基本理论指引下，学术界有关社会主义市场经济的性质、社会主义市场经济体制结构、公有制实现形式的多样性、国有企业产权制度改革和公司化改造、按劳分配与按生产要素分配相结合等系列重大理论和实际问题的讨论，活跃了学术思想，破除了传统观念，形成了新的经济命题和论断。实践表明，经济理论创新对我国经济体制改革的推进起到了重要的促进作用。

当前，我国进入了崭新的发展阶段，面临着加快改革、建立和完善社会主义市场经济体制的迫切任务，需要进一步加强对社会主义市场经济理论的研究，对我国新时期改革和发展中的重大理论和实际问题做出科学回答。社会主义市场经济理论，作为社会主义政治经济学的主要内容，应该在提高理论与实际相结合的紧密性、理论阐述的深刻性、反映现实的准确性，以及理论结构的完整性上下功夫，在深入分析和总结我国社会主义市场经济的实践经验的基础上推出质量更高、更具说服力的社会主义政治经济学学术论著。

我们已经具备创造社会主义政治经济学理论精品的现实条件。①我们面对着一个有血有肉的社会主义市场经济体制的基本框架，有了进行观察、对比和理论分析的丰富的实践资料；经济体制创新的成功实践，也成为人们对各种经济理论观点进行取舍和评判的现实基础。②20多年来的经济理论创新，形成了许多公认的成果，为进一步把理论研究引向深层领域打下了基础。③多门类应用经济学与部门经济学研究的发展，西方经济学研究的加强及其方法的引进，为政治经济学研究范围的拓宽和方法的完善，提供了丰富的资料。

进行社会主义政治经济学创新，需要全面总结实践经验，把丰富多彩的具体实践上升为理论；需要进行大量的调查研究，掌握实际状况，进行多方位观察、对比，进行细致的理论分析和表述；需要对不断发展变化着的世界经济实践进行研究；需要汲取西方经济学的积极成果……这一切都需要人们付出艰苦的劳动，进行长期的学术积累，而不可能一蹴而就。因此，经济学工作者应树立学术雄心，潜心致志，不懈耕耘，力争多出精品，切戒心态浮躁和急功近利。

问：最近几年来，对于要不要建立中国经济学，怎样建立中国经济学，国内学术界存在许多不同看法，也有不少争议。请问您是怎样看待这个重要而又博大的问题的？

答：这是一个很大的问题，也是一个很重要的问题。我想从以下三个方面来回答这一问题：

第一方面是中国经济学产生的条件和内涵。

（1）创建中国经济学是中国改革、开放新时代的需要。

经济理论总是在一定条件下，适应时代的需要而形成。18世纪英国的资产阶级革命产生了以斯密和李嘉图为代表的英国古典经济学。此后的200多年，为适应欧美资本主义发展变化，经济学也不断发展变化，出现了众多的流派。这一长期流行和发展演变于发达资本主义国家的经济理论，我们通称为西方经济学。

19世纪30年代以来，美国和西欧工人运动推动马克思主义经济学的产生，恩格斯称之为“科学的、独立的德国经济学”，它在20世纪表现为列宁、斯大林的政治经济学以及其他国家的马克思主义经济学流派。

中国共产党强调把马克思主义和中国实际相结合。20世纪40年代毛泽东在延安就倡导实行马克思主义中国化，在50年代中期中国的社会主义建设中，也提倡从本国国情出发，走出一条自己的道路。但是由于社会主义的理论准备薄弱，具有自身特色的、开创性的社会主义实践和理论探索未获成功，致使中国在社会主义经济建设上仍然摆不脱苏联计划体制的模式，在经济理论上则仍然师承和束缚于斯大林的《苏联社会主义经济问题》和苏联的《政治经济学教科书》。

中国真正的独立的经济学研究肇始于1978年的改革开放。在小平同志建设中国特色社会主义理论的指导下，中国把社会主义市场体制作为经济改革的目标模式，走上了一条建设社会主义的崭新道路。中国不再师承苏东理论，因为中国面对如此众多的建立社会主义市场体制的新问题，是根本不可能从传统的政治经济学理论中求得解答的。中国也不照搬西方，因为建立有中国特色的社会主义，要着眼于解决把市场体制与社会主义制度有机结合，这是西方经济学很少涉及和不可能加以阐明的新课题。因此，改革开放要求人们必须解放思想，立足实际，针对新情况、新问题进行创造性的思维，得出新答案，形成新原理。另一方面，改革开放又呼唤经济理论的创新。中国经济学的产生，正是顺应了时代的潮流。

（2）中国经济学的内涵。

中国经济学，其核心和主干是理论经济学或政治经济学，因为政治经济学旨在揭示社会经济活动的本质联系，是分析和揭示社会多样经济活动、多层次经济关系的理论基础。因而，建立中国经济学，首先要着眼于政治经济学的革新，谋求在构建社会主义市场经济的新的历史条件下，重新审视和科学阐述经济学的基本原理，写出更好更适用的政治经济学专著。80 年代以来，虽然我国新编出了一批政治经济学教科书，但是情况远远不能令人满意。就拿社会主义部分来说，多数教材存在的缺陷是：对社会主义市场经济进行浮光掠影式的描述，大多像是政策的浅释。对于向社会主义制度转换的历史规律，对中国社会主义市场经济的制度特征，如所有制性质和实现形式、收入分配性质和机制，市场体制的基本框架及其运行机制等，尚未能在科学抽象的高度上予以阐明。

体制转轨的进程及其规律的分析和阐述更是薄弱环节。如对体制转轨进程的启动点，中心环节（不同阶段又有变化），重点突破与全面推进的方式，难点如何攻克、阻力如何克服；宏观环境（如通胀）、自然生态环境、国际环境变动下改革如何相适应；改革中渐进与激进的关系，改革力度的加强与适时调节等问题，人们还来不及进行总结和从理论上加以阐明。主体理论内容的缺乏和薄弱，成为当前新编政治经济学社会主义部分的“胎记”。

现实的经济体制在进行根本性的转变，因此政治经济学社会主义部分的逻辑起点、基本线索、理论结构和体系，理所当然应该有重大调整和重构。这是新教材编写应予以解决的，但实际上确又是十分困难的问题。

经济学基础理论及其教材建设大大滞后于改革开放的进程，这就要求人们大力进行经济基本理论的研究，特别是社会主义市场经济基本理论的研究。这一研究将成为中国经济学的主要内容。

所以，如同社会主义政治经济学的构建不能照抄马克思原著和师承苏东理论一样，中国政治经济学理论的构建也不能照抄西方本本。因而，中国社会主义经济理论和政治经济学理论的发展，都要求进一步总结实践经验，进行经济理论的创新。

当前研讨如何形成和发展中国的政治经济学这一问题，首先要从时代的经济特征出发。走向21世纪的世界，尽管东亚金融危机及其严重影响给世界经济发展蒙上阴影，但是世界科技进步不会停顿，迈向知识经济的步伐还要加快。为适应生产力的发展，在世界各国——尽管情况不一、程度不同——都出现了一个社会经济调整的潮流。我们处在一个经济大变革的时代，需要从理论上阐明世界经济发展的前景。迄今业已形成的政治经济学理论是否已经对这些新情况、新问题进行了深入的研究，现成的经济理论是否已经足以对新的经济发展做出圆满的阐明？显然，答案应该是否定的。实践走在理论前面，无论是马克思主义政治经济学还是西方经济学都面对着更深入、更有说服力地阐明新时代经济发展的趋势和规律的任务，都需要进行理论的发展和创新。中国的政治经济学的理论创新，是时代的要求。

如何进行政治经济学的改革和发展，在这里需要重述一下政治经济学学科的性质。政治经济学是一门理论经济学，是揭示社会生产关系即经济制度结构以及经济活动——包括生产、交换、分配、消费——的组织结构、运行方式的基本规律的一门学科。这门学科是人们用以自觉完善经济活动的组织、调整和变革生产关系、提高经济运行质量、解放和发展生产力，由此来提高社会福利，满足人的物质与精神需要，促使人得到全面发展的学科。这门学科是多种具体部门经济学的理论基础。

基于上述定义，政治经济学就是要揭示社会经济关系与社会经济活动的基本规律，形成学科基本理论、基本范畴和基本方法，由此构建起一个逻辑严谨的理论体系。由于它是以阐明学科基本理论和基本方法为特征，使它不同于其他具体的部门经济学，而显示出理论经济学的特点。

基于政治经济学以社会生产关系、社会经济活动为研究对象和范围，那么，这门学科需要：首先研究生产关系，揭示社会经济制度的性质和结构形成的依据及发展变化的规律，对生产关系的研究是马克思主义经济学的一项根本任务。走向21世纪的世界，在新科学技术转化为生产力进而催化和加速国民财富增长的条件下，解决分配不公（包括国家间的贫富差别）成为更加迫切的问题，因此，对生产关系的研究仍然是政治经济学的重大任务。然后研究经济活动的组织结构，包括生产、交换、分配、消费的组织形式或经济体制，如自然经济、简单交换经济、发达的商品经济，即市场经济，等等。这不仅仅需要汲取西方市场经济理论的积极要素，而且要在马克思主义经济学的理论基础上，改造现代市场经济理论，从而形成崭新的社会主义市场经济理论。

需要指出，邓小平的社会主义市场经济理论拥有极其丰富的思想内涵，是马克思主义经济学的新发展，也是当前进一步研讨、发展和形成中国经济学的理论基础。

中国经济学的构建和形成，其性质已经不只是一般的理论联系实际，“拿马克思经济学之矢，射中国社会主义经济之的”，而且是要大力进行理论创新；不仅仅要发展马克思主义经济学，而且要研究、借鉴和改造西方经济学理论，以丰富马克思主义经济学。我们应该从中国改革的伟大历史转变出发，从经济学大发展的高度出发，来认识中国经济学的内涵以及它的现实任务和理论使命。

中国经济学是社会主义中国实行改革开放这一伟大历史性的制度创新的产物。正在形成中的中国经济学是：以马克思主义和邓小平理论为指导，以中国改革开放和建设社会主义的实践为泉源，科学地反映和深入揭示当代中国社会主义建设的规律，批判地汲取西方经济学的积极要素和继承中国历史上的经济学优秀遗产，这样具有中国的理论特色、风格与气派的新经济学，是马克思主义经济学的新发展。

第二方面是中国经济学要学以致用。

经济科学是对社会生产和各种经济活动的内在联系的理论阐明，它通过一系列经济学范畴，对支配人类经济活动的多种多样的规律（基本规律和非基本规律）和规律体系予以科学分析和理论阐明。具体地说，它把某一经济活动与现象归结为：这是什么？为什么这样？从而把十分复杂的社会经济活动，归结为简要的要素：生产、交换、分配与消费；并揭示要素的内在结构和各个要素之间的因果关系，从而使表现得杂乱无章的经济生活呈现出逻辑的联系性和有序性。可见，经济学首先是一门理论经济学，它对社会物质生产和多样经济活动予以理论的说明。

科学不只是要说明世界，而且要指导人们去改变、发展和完善世界。

对于作为社会科学的经济学来讲，它的指导实践、服务于社会经济生活的“致用功能”更是十分明显的。政治经济学在西欧，从中世纪到19世纪，一直被视为是“使国家致富”的研究。20世纪30年代以来，发达资本主义国家实行“有调控的市场经济”，当代西方经济学更是强化了它的应用的功能。而马克思主义经济学更是公开宣称：它要服务于批判旧世界、创造新世界的目标，从而更加强调它的致用功能。尽管不是所有的经济学流派都强调重视致用，西方经济学发展中就曾经不断有脱离实际，甚至钻牛角尖的倾向。当代世界各国的实践表明，经济生活矛盾越多，就越是需要有经济理论的指导。这一严峻的现实，使多数经济学家在经济学的致用性上大体有了共识。可以说，当今世界人们对经济学进行社会评价的标准，越发偏重它的指导社会改造、经济改革和经济发展的实践效果。因此，经济学不仅对某一经济现象要深刻全面地说明：它是什么？为什么这样？而且还应说明：人们应该进一步怎么做？如果理论脱离实际，片面追求形式的“完美性”，逻辑推导即使有如数学样的精确性，“体系的全面而系统”，“博大而精深”，却不能说明经济生活中的重大现实问题，这种缺乏实践功能的理论无疑是十分苍白的。

当前，我国正处在改革开放、建设中国特色社会主义的新时期，更需要构建一门理论与实践密切结合，具有强实践功能的经济学。这就需要从理论上说明并解决好：什么是市场经济？什么是社会主义市场经济和怎样来建设社会主义市场经济？发扬学以致用的务实精神，更加自觉地使经济学研究聚焦于改革开放和经济发展的实际问题，是进一步发展经济理论的需要，也应该是中国经济学的重要特征。

第三方面是拓宽经济学的研究范围。

经济学以经济领域为研究对象，政治经济学要研究生产，包括生产的目的、内在要素、社会条件，即生产一般，以及特定条件下生产要素的性质、特定活动动机、具体的经济组织、运行方式和社会制度条件。由于政治经济学的致用性质，在近代资本主义产生以来的不同的历史时期，为了适应不同的阶级、阶层、集团的现实利益，政治经济学在研究对象和范围、理论的侧重点和研究方法上，呈现出许多差别，表现为多种流派。

重农主义、重商主义侧重于国民经济的某些方面的分析，还未形成十分系统和完整的经济学。对资本主义经济进行全方位研究的是亚当·斯密，他开创了从生产、交换、分配、消费等环节来进行国民经济的研究，并将政策也纳入政治经济学的研究领域。19世纪的奥地利主观效用学派将研究集中于人类主观心理决定的社会需求这一狭小领域。当代西方经济学的主要研究领域是市场经济的运行。20世纪30年代凯恩斯经济学产生后，政治经济学引入了宏观经济运行和政府的调控行为作为其研究侧重点。当代资本主义面对加强政府的宏观调控，调节收入分配关系，完善微观组织及行为，优化自然经济环境和加强资源利用等一系列新问题，使西方经济学研究范围进一步拓宽。但是对基本制度——资本主义所有制——研究的薄弱，成为西方主流经济学的鲜明特征。马克思主义经济学全面分析了资本主义商品经济的运行机制，它的所有制结构，微观组织的特征，宏观经济运行的条件；但马克思主义经济学却是以生产关系，即制度分析为重点，着眼于揭示资本主义生产关系的产生、形成、发展和为更高的社会主义、共产主义生产关系替代的规律。列宁进一步发展了对生产关系的研究，并且明确地把政治经济学定义为研究生产的社会制度。这种把研究对象定位于生产关系，其时代背景是20世纪初叶以来资本主义矛盾空前激化的世界经济与政治形势，它适应于当时无产阶级进行社会主义革命的现实需要。第二次世界大战以来，多数社会主义国家长期流行的传统的政治经济学，其蓝本是斯大林《苏联社会主义经济问题》以及苏联编写的《政治经济学教科书》。这种传统理论把研究对象限制在生产关系范围内，排斥对生产力和经济运行的深入研究。在这种思路下，政治经济学的主要内容是五大经济规律的抽象阐述，着眼于论述社会主义制度的优越性，远离了经济运行的现实问题和矛盾，实际上把研究对象锁定于生产关系这一十分狭窄的领域，使社会主义经济理论内容十分空洞，越来越不反映实际，更不解决实际问题。这样的经济学研究，既不能得到他人和社会的重视，又使研究者沮丧，从而经济学的日益衰谢是不可避免的。因此，我认为，努力拓宽经济学的研究范围，对生产关系、生产组织、运行方式、主体行为、环境势态等方面进行研究和构建起有机结合的新理论体系，就应该是中国经济学发展的方向。

问：刘老，听说在2002年9月19日落幕的四川省社科联第5次代表大会上，您以77岁高龄，再次当选省社科联主席，这充分说明了各界对您的敬重和信任。对此，您有何感想?

答：这次大会的召开，充分体现了省委对社科界的高度重视，这应当成为每一位社科工作者前进的动力，尤其是更激励着我策马加鞭，再踏征程。

面对西部大开发和四川新跨越的机遇和挑战，我省社科工作是任重而道远。虽然5年来的一组组数据显示，我省社科界以8000多部专著和5000余篇论文为全省经济发展提出了可行的对策和建议，所承担的国家社科基金课题也达154项，列全国前茅，但我们应该更清楚认识到自己工作的不足与应走的道路，要打造西部的学术高地，要发挥社科学术研究的实效，要形成社科界的团队优势。

哲学社会科学的繁荣发展，实际意味着能够为两个文明建设提供有力的理论支撑和智力支持。四川跨越式发展和建成西部文化强省的奋斗目标，就是要充分发挥社会科学的“组织功能”，把自然科学和社会科学相结合，真正体现出现实生产力的作用。应把“构建西部学术高地”和“培养一支优秀的中青年社科队伍”提上议事日程。四川有一个好的学术研究氛围，文化事业、研究机构、人才队伍建设也形成一定规模，关键是如何在新的条件下让各个学科理论上台阶，让学术研究、实践研究都上台阶。今后5年四川的社科工作，就是要让理论学术研究努力站到西部的最前沿，建成学术成果策源地，以充分展示出其重要性，真正做到为实践服务的目标，这应成为我们各界人士心中的崇高责任。为此，要重视培养年轻的学术骨干队伍，要加大社科界的梯队建设，要充分动员研究工作者到社会实践中去，给予信任，锻炼其水平。

至于我个人，1946年从武汉大学经济系毕业后，在四川省从事社科研究已有50多个年头，日积月累，笔耕不辍，“莫嫌老圃秋容淡”，学术研究始终是自己奋力以赴的终身事业。

| 刘诗白自述：终生做一名人民教师，无比光荣[①] |

今天的大会，令我心情激动。我要感谢今天来参加这次会议的，特别是远道而来的尊敬的来宾和同志们，感谢同志们在会上的发言，还要感谢财大为我举行这样隆重的大会。我是教育与学术战线上的普通一兵，同志们对我的褒奖不敢当，我只有再说一声：谢谢。

我想说的一点感受是：在新中国教育越来越重要，老师更加受到尊重，终生作为一名人民教师实在是非常光荣的事。

我1946年毕业于武汉大学经济系，当时在就业上也有众多选择，但我选择了做老师和从事学术研究，应彭迪先老师之邀，1946年8月到四川大学经济系当助教。新中国成立，1951年10月初来到四川财经学院前身——成华大学，在光华村60年，加上川大5年，前后从事教学工作65年。我是财大的一名老兵。教学之路是艰苦的，还经历了多次政治风雨，但1978年至今30多年来，在党的科教兴国方针下，财大走上了我不曾梦想过的快速发展、壮大、升级之路，现在每年有5600多名学生毕业，西财人走向全国，成为财经战线的一支重要力量和创造中华辉煌的生力军。看到西财人成长，成为卓有成就的经济学家、企业家、银行家、教授，政府各级领导、国防干部以及各种岗位上的默默奉献者，这是作为老师的最大的心愿，我也深感当年选择教学岗位、选择教师职业没有错。

我想说的第二点是：马克思主义经济学的研究，越来越重要，值得

① 本文为刘诗白在刘诗白教授从教65周年庆典上讲话。

经济学研究工作者大力投入，深入钻研。我在13—14岁读初中时候，就接触了革命思潮，阅读过陈望道翻译的《共产党宣言》，还有《家庭、私有制和国家的起源》等译著，我看过陈启修译的《资本论》(第一卷)。1938年我在重庆精益中学读初二，得到三联书店出版的郭大力、王亚南译的《资本论》(第一卷)，这是一本大方的软包装封面的书，其中对商品、货币、资本、剩余价值的逻辑严整、鞭辟入里的分析，使我着迷。为弄清书上阐述的“商品拜物教”范畴，我费尽脑筋。当时大学的主流经济学是马歇尔经济学，如像马寅初、赵兰平等编的经济学教材，马克思主义经济学是被当局禁止的。武汉大学允许我的老师彭迪先这样的左派教授讲授《经济学说史》是很不容易的。那时校长是王星拱，教务长是朱光潜，都是著名学者、教育家，学校倡导学术自由。当时中国处在抗日战争这一场空前大灾难中，大学生都怀忧国忧民之心，苦苦探究近百年来中国遭受到列强压迫侵略、国难深重，人民处于水深火热之中的根源：在学习中要求透过经济现象、经济运行，深入到社会经济基本制度中去找原因。马歇尔的《经济学原理》等著作，排斥对生产关系的研究，不能提供剖析中国经济性质和中国走向何处去的方法，这也是我很早就接受马克思主义经济学和长期从事马克思主义经济学研究的原因。

学好与发展好马克思主义，要持开放的态度，博取人类文明成果。当前中国正在从事改革开放、构建社会主义市场经济的伟大事业。经济实践中需要放手利用市场和有效的政府引导和调控。我们的年轻一代经济学家需要研究通晓市场经济的宏观和微观经济的规律，西方经济学家需要研究通晓市场经济的宏观和微观经济的规律，西方经济学中包含着这些规律的描述，当然，它未必是科学的阐述。我们应该以广阔眼界，博大胸怀，深入研究汲取现代经济学的积极成果，特别是调控市场运行的方法，将其去粗取精、去伪存真地纳入中国经济学体系，但不能照搬西方经济学。特别是当前世界处在大动荡、大变革、大调整之中，资本主义国家正处在持续的、深重的金融、经济危机之中，曾经引发美国经济无序扩张的过度金融化的美式金融体系，成了直接引发2008年以来世界金融、经济危机大灾祸的祸首，要真正弄清美国经济危机的性质、深层原因，以及21世纪大国资本主义发展大趋势，不能只是看到华尔街金融资本家的贪婪，还要联系到许多深层次领域，如美国的1%与99%问题和政府的经济政策，也就是说：要深入研究“当代金融垄断资本主义”的性质和过度金融化体制的矛盾，要弄清这一时代的深层理论大课题，西方主流理论已经无能为力，而只有依靠马克思主义经济学的指引。

我们正在建设崭新的中国特色的社会主义。面对着现代化转型中的众多矛盾和许多迫切问题。有了前30年实践的经验与教训，在新时期我们需要，也能够更好、更科学地推进改革开放和发展，因为我们需要进一步构建起能正确指引实践的马克思主义的社会主义经济学。经济学家要大力推进理论创新，要立足中国实践，在理论上进行提炼，形成反映社会主义市场经济现实的基本范畴、重大原理。构建起完整的理论体系。写出几本高质量的、具有充分说服力的中国特色社会主义经济学，这是一项重要的文化、理论建设工作，需要群策群力，不是靠少数人，我们应动员更多学人来参与，不是照搬书本的，而是立足当代实践的；不是封闭的，而是博取中外各家所长的，是善于汲取西方经济学积极成果的；

是富有中国特色、中国风格、中国气派的社会主义经济理论，这是高校政治经济学专业长期的任务。重要财经高校应承担起科学的经济学理论建设和创新基地的使命。

大变革、大调整的世界，是孕育着理论大创新时代，经济学面临创新大潮，在党的十七届六中全会决议的指引和激励下，中国的经济学家大有可为，我年事已高，精力有限，还将尽余力，我满怀信心寄希望于年青的同志们和同学们在中国经济学的创建中取得成就。

刘诗白年表

● 1925 年

5 月，出生于四川省万县（今重庆市万州区）的一个书香之家；儿时的刘诗白随家人从万县来到成都上小学

● 1933 年

随全家前往上海，并就读于上海九中小学

● 1936 年

小学毕业，转入上海国光中学读至初中第一期

● 1937 年

转入上海工部局育才中学读至初中第二期

8 月 9 日，八一三事变前五天，随全家坐上卢作孚运营的民生公司船只，由上海返回家乡万县。不久后，刘诗白在《万县日报》上发表了一首呼吁全民参加抗战的诗歌，这是他第一次公开发表的作品

9 月—1938 年 2 月，转入四川万县县立中学并在此读至初中第三期

● 1938 年

转入重庆市精益中学，在此完成初中第四、第五、第六学期及高中一、二学期的学业。同年，由郭大力、王亚南翻译的《资本论》第一卷在重庆出版，刘诗白有幸成为第一批读者

● 1940 年

9月，随全家搬至成都，并转入成都私立成城高级中学（高中第三期）

● 1942 年

高中毕业，并考入国立武汉大学经济系

● 1943 年

加入由中共南方局组织的武大进步学生组织——“文谈社”，并担任该社主席

● 1946 年

大学毕业，经老师彭迪先推荐到国立四川大学经济学系担任助教一职，进校后参加地下党领导的进步团体“文学笔会”

7 月 11 日、15 日，民主人士闻一多、李公朴先后在昆明遭国民党特务开枪暗杀，随后刘诗白在《新民报》（吴敬琏母亲所办报纸）上发文纪念。据刘诗白回忆，文中有这样的一首小诗：篝火胡鸣频夜惊，西南妖雾几时清。那堪中原征战急，忍见诗翁血染尘

● 1947 年

翻译完成英国马克思主义经济学家多布的《资本主义发展之研究》一书，多布曾亲自为之作序。同年，与柴咏结婚

● 1948 年

4 月，王陵基调任四川省政府主席兼四川省保安司令、四川省军管区司令，并对川大进步学生狠下毒手，一手制造了“四九”惨案，成都发生刺伤四川大学进步学生游训天的事件。随后，刘诗白参加了革命群众反对成都军阀王陵基镇压学生运动的示威游行

● 1949 年

年初，在成都发起组织“成都市职业青年联谊会”，并亲自起草“职联”宗旨：拥护中国共产党，实行新民主主义，迎接解放军进城

收到了三联书店负责人杜守素寄来的书稿清样，但由于新中国成立前夕局势紧张，三联书店临时迁到广州，该书的出版计划一再搁置，最终未能出版面世

5月，与妻子柴咏经吴汉家介绍宣誓加入中国民主同盟

1946—1949年底，把自己的家——奎星楼街10号院作为川西地下党和进步人士的秘密聚会点，掩护地下革命工作

● 1951年

9月16日，女儿刘灿出生

10月，全国高校进行院系调整，调入成华大学讲授“政治经济学”“外国经济史”“当代资产阶级经济学说”等课程

● 1961年

10月28日，《论马克思列宁政治经济学的对象》在《经济研究》第10期发表，文章提出政治经济学不能只强调生产关系而回避对生产力的讨论，该观点引起了国内外学术界的关注

● 1961—1962年

先后发表《关于农村人民公社社员家庭副业性质问题的探索》《关于社会主义基本经济规律的一点意见》《关于简单再生产和扩大再生产的几个问题的探讨》等文，提出了人民公社必须发展商品、重视价值规律、发展农村家庭副业等观点，这在当时的大背景下是难能可贵的

● 1962年

被提升为副教授

6月30日，《江汉学报》发表了刘诗白的《关于社会主义经济效果两个理论问题的初步探讨》，该文论证了讲求经济效果的重要意义，为社会

主义经济效益理论体系的开篇之作

● 1963 年

被推选为四川省学术界代表，出席了全国哲学社会科学代表大会，是当时最年轻的代表之一

● 1964 年

在成都大学组织下到内江农村参加“四清”运动

● 1966 年

5 月 16 日，“文化大革命”爆发。“文革”期间被打为“反动学术权威”，多年教研工作的讲稿、笔记和日记、诗稿、珍贵藏书及近二十万字的《当代资本主义经济危机》书稿均被洗劫一空

● 1970—1972 年

和妻子柴咏下放仁寿，接受“劳动锻炼”

● 1978—1979 年

被调入中国社会科学院经济研究所工作，参与许涤新主编的我国第一部《政治经济学辞典》编审工作，之后又参加《中国大百科全书》经济卷、《<资本论>辞典》等的编写工作

● 1979 年

四川财经学院恢复农业经济专业，新设金融专业

2 月，在《社会科学研究》上发表了《论发展社会主义商品经济与利用市场》一文，从社会主义发展阶段入手论证了发展社会主义商品经济的必然性

4 月，在无锡召开的全国价值规律作用会议上提出社会主义经济仍然具有市场经济的性质

5月，撰文提出社会主义市场经济的概念（本人回忆，未找到对应的文章）

9月，在《论发展社会主义商品经济与利用市场》中首次将社会主义经济属性规定为社会主义商品经济，并提出中国经济体制改革方向和中心课题是充分利用市场

在《经济研究》上发表《试论经济改革与社会主义全民所有制的完善》，文中提出了“不完全或不成熟的全民所有制”的观点

刘诗白任四川财经学院政治经济系主任

● 1981年

5月，中国社科院经济所全国所有制理论讨论会在成都召开，刘诗白提出了社会主义社会所有制结构多元性、社会主义社会所有制形式多样性、公有制具体形式多层次性的“三性观点”，引起很大社会反响

● 1982年

2月，以民主党派成员身份加入中国共产党

● 1983年

《社会主义商品生产若干问题研究》出版

● 1984年

四川财经学院政治经济学专业获得博士学位授予权，刘诗白被国务院学位委员会批准为政治经济学博士研究生导师。主编的《资本论》教程（第二卷）出版，《社会主义商品生产若干问题研究》获得四川省哲学社会科学优秀成果一等奖。同年，赴美考察高等教育，访问10多所著名大学

● 1985年

《社会主义所有制研究》出版。同年，在《社会科学战线》上发表的

《论社会主义所有制具体形式的多样性》中的观点对此后二十年中国所有制形势发展做出了非常准确的理论预言

招收博士生 2 人；针对我国金融体制缺乏活力和资金分配吃大锅饭的诸多弊端，在《试论我国金融体制改革》一文中提出“银行企业化是金融体制改革的方向，”提出“应给银行以资金占用权”

1985 年 2 月—1990 年 11 月，担任西南财经大学校长

● 1986 年

主编的《简明政治经济学小辞典》出版，开始进行国有企业产权改革的学术研究

所著的《社会主义所有制研究》获得四川省哲学社会科学优秀成果一等奖

承担国家“七五”规划重点项目《社会主义经济学原理》，对改革开放条件下的社会主义经济运行及调控机制进行深入的理论分析，并率先提出人民财富及其最大增值的理念

“社会主义产权理论研究”等 6 项课题列入国家社科基金“八五”重点项目

● 1987 年

主编的《资本论》教程（第三卷）、《〈资本论〉难句解》第一集和第二集、《社会主义经济理论探索》出版

访问澳大利亚、新西兰，并在墨尔本大学、堪培拉大学以及新西兰的维卡托大学讲学

● 1988 年

在《经济研究》上发表《论产权建构》，提出政企分开、明确企业产

权、给企业放权等观点

《论社会主义所有制》《社会主义经济理论新探》出版

应邀到美国哈佛大学、西北大学、田纳西大学、玛里塔学院及加拿大圣玛利学院等校讲学

被列入美国传记研究所编的《国际名人录》(1988年第二版)、英国剑桥国际传记中心编的《国际领袖人物录》(1988年版)、《澳洲、亚洲、远东名人录》(1988年第1版)、《马奎斯世界名人录》(Marquis Who`s Who1988版)

当选为第七届全国人大代表，并在同年春举行的人大七届一次全会中与著名经济学家蒋一苇、厉以宁、陶大镛、胡代光等42名代表联名向大会提交了《人大常委会应设立金融政策委员会，加强金融宏观调控并监督货币发行》的专项提案，提出了建立货币委员会、加强央行独立执行货币政策权力等建议

● 1989年

1月，提议并由中国经济学界80余位著名专家共同发起的大型经济理论刊物《经济学家》创刊，与《财经科学》和西南财经大学出版社成为学校标志性学术阵地，获得行业多项表彰

主编的《资本论》教程(第一卷)、《政治经济学》教科书出版，被评为当年全国教育系统劳动模范

● 1990年

参与主编的《评当代西方学者对马克思＜资本论＞的研究》一书出版

4月10日，针对国内市场疲软的现象，在《人民日报》上发表《全面梳理，多方启动——缓解市场疲软十策》

11月，被聘为西南财经大学名誉校长

● 1991年

针对四川省经济发展过程中存在的资金投入分散、基本建设摊子铺得过大的问题，向中共四川省委提出在经济建设中应抓住重点，不搞平摊，加快中心地带发展带动全川经济的战略设想，这一建议被采纳，形成了四川经济"一条线"发展战略，这条线就是现在的"成德绵乐"一线

● 1992年

1—5月，在国内对改革开放提出疑问的大背景下，连发《广东归来谈改革开放》《对广东经验的几点看法》《三论广东经验》，论证社会主义商品经济和利用市场机制的必要性和重要意义，为改革开放鼓与呼

主编的《社会主义经济学原论》出版，该书把"人民财富"的研究作为贯穿全书的一条红线，书中提出了构建"人民财富学"的理念

7月，提出构建现代企业制度应在确保国家所有权的基础上强化企业经营权的法人财产制度，被称为"三大产权流派之一"

中国《资本论》研究会第六次学术讨论会上，提交《社会主义市场经济之我见》一文，发表社会主义市场经济以其抓住和突出了新的商品经济体制和运行的本质特征，可以作为经济体制改革的首选的观点

在西南财经大学光华校区会见了诺贝尔经济学奖获得者米尔顿·弗里德曼

● 1993年

被推选为全国政协委员、常委、四川省政协副主席，直到1997年

在"加快大西南出海通道建设速度"研讨会上提出，四川应充分利用长江航道的优势，进一步拓宽北口，修建宝成铁路复线的同时，要致

力于扩大南口，修筑内昆线，实行大通道发展与区域经济发展有机结合的发展战略

参与“四川省现代企业制度”试点及中共四川省委国有企业改革（以产权制度为中心）“33条”等重要文件的指定工作。省委、省政府根据建议在22户大中型企业中开展试点，效果明显

陪同四川省委书记谢世杰先后到四川德阳、绵阳等地的几十家国有大中型企业进行考察，了解到旧有产权机制束缚了企业深化改革，在深入调查基础上形成了《产权新论》一书，该书系统回顾了1986年到1993年间对我国产权制度重大理论与实践问题所进行的14个专题研究

5月，与前来拜访的新上任的中共四川省委书记谢世杰就如何进一步推动四川的经济发展、深化改革等理论与实践问题进行了深入而广泛的讨论，该新闻在蜀地被传为佳话

● 1994年

2月，与王永锡、甘本佑作为西南财经大学代表在成都受到朱镕基总理接见，朱镕基总理对西南财经大学进入“211工程”建设表示支持和关心

主编的《国有经营性资产的经营方式与管理体制》出版

《产权新论》获得四川省哲学社会科学优秀成果一等奖

● 1995年

《论体制创新》出版

西南财经大学在社会资金的支持下设立“刘诗白奖励基金”，奖励经济学领域的突出科研成果

3月18日，《中华人民共和国中国人民银行法》通过实施，其中一些决策采纳了刘诗白金融体制改革的思路

● 1996年

在全国政协八届四次全会上，就加强民主监督提出了“拓宽监督渠道”“在适当范围内，对某些事件增强透明度”等具体建议，当时在场的总书记江泽民认真听后表态：“这些都可以考虑。”

《刘诗白选集》出版

赴德国高等财经学院访问

在《经济研究》上发表《有关国有企业深化改革的若干问题》，文中提出了国有企业改革要“抓大”“放小”“扶优”的观点

重庆直辖前，受四川省委之托带队调研，提出大成都经济圈的经济发展战略，被省委、省政府采纳

● 1997年

根据重庆划为直辖市后四川的形势提出四川的战略重点应是“一圈、两线、五区”即构建大成都经济圈，大力发展和建设广元—成都—乐山，成都—内江—泸州两大快速经济增长带，建立各具特色的攀西、川南、川中、川东北、川西北五大经济区。这一提议，受到省委、省政府高度重视

担任四川省社会科学界联合会主席、四川省经济体制改革的顾问及多个全国性学术研究会会长等社会职务

● 1998年

《主体产权论》出版，弥补了我国社会主义产权经济学的空白

● 1999年

《刘诗白文集》（八卷本）出版

被评为武汉大学第二届杰出校友

会见诺贝尔经济学奖获得者罗伯特·福格尔教授

（1980—1999 年，刘诗白先后多次到广东、浙江等地开展调研工作，对苏南模式、温州模式、广东模式进行考察，为学术研究和理论创新积累素材）

● 2000 年

《我国转轨期经济过剩运行研究》出版

● 2001 年

主编的《构建面向 21 世纪的中国经济学》出版

先后在《经济学家》上发表《论科技创新劳动》《论服务劳动》等有关研究劳动价值论的文章

● 2002 年

《刘诗白书法集》Ⅰ出版

● 2003 年

会见前来西南财经大学讲学、有“欧元之父”之称的世界著名经济学家、诺贝尔经济学奖获得者蒙代尔

● 2004 年

主编的《中国转型期有效需求不足及其治理研究》出版

● 2005 年

《现代财富论》出版，该书获得四川省哲学社会科学优秀成果一等奖

● 2007 年

《刘诗白书法集》Ⅱ出版

成功举办个人书法展

● 2008年

《体制转型论》出版

被推选为四川省改革开放三十年十大风云人物

● 2009年

被推选为“影响新中国60年经济建设的100位经济学家”

● 2010年

《刘诗白经济文选》出版

● 2011年

11月27日，西南财大举行“著名经济学家刘诗白从教65周年庆典”

● 2017年

获得“四川省社会科学杰出贡献专家”荣誉称号

3月27日，四川省社会科学界联合会第七次代表大会上，当选为四川省社科联名誉主席

9月28日，和方汉奇共同获得第六届吴玉章人文社会科学终身成就奖

● 2018年

《刘诗白选集》（13卷）出版

● 2020年

《刘诗白学术自传》出版

《经世济民：刘诗白》出版

*1990年11月至今，刘诗白担任西南财经大学名誉校长

*2010—2018年12月，刘诗白大量研读自然科学专著，在此基础上进行哲学研究与哲学笔记写作工作

后记和致谢

敲下这段文字的时候，成都已经进入一个新的夏天，考拉看看图书馆背后的枇杷树上重新挂上了星星点点的橙黄枇杷，而中国大地上的人们送走“新冠”，重出街头，真的是值得庆祝，而我们终于也可以长长舒一口气，随着疫情的尾声一起，这部作品后期的创作终于完成、终于可以交付出版了。

这部作品是“考拉看看·杰出学人书系”的第一部，它开始于四年前。当时内容创作与运作机构“考拉看看”的内容委员会决定，用这个书系来记录一批杰出学人的生平和学术研究，而诗白校长被确定为第一个要记录和采访的对象。此后，我们参与到这个项目的具体实施当中。

这是一次漫长的创作，前后历时四年时间；这也是一次参与人员众多的创作，我们和考拉看看团队多位同事密切协作。今天回头来看，采访期间的波折，创作期间的痛苦，都已经一扫而空，我们也由衷感到高兴，因为对于考拉看看来说这是一件前所未有的事情，我们过去四年工作的每一个细节、每一次核实，每一天的工作进展，都是作为系统而全面记录这位经济学家的“首次”工作，这充满挑战，新鲜且意义重大，我们乐在其中。

如今技术发展迅速，信息更迭很快，但是我们看到，当今中国对历史的记录并未同频，不少领域，尤其是对大师们的口述历史和研究再挖掘不够，甚至亟待抢救性记录。记录是为了传承，要传承首先需要记录。希望我们这些小小的努力，是有价值的。

当然，我们希望日后有更多的人和团队能和我们一样，愿意对杰出学人以及更多群体展开记录，我们也期待，日后有人可以做得更好，这条路上的人越来越多。

罗曼·罗兰说过，写作是一条认识自己，认识真理的路。

正是因为这次写作，我们走近诗白校长，我们知晓了更多中国经济蓬勃发展背后的理论探索，看到更多鲜为人知的改革故事。

时间如白驹过隙，四年在不知不觉中过去，回到这部作品的起点，在采访、研究和写作的过程中，我们得到了众多人的大力协助和关照。

再次感谢诗白校长，是他给我们这个机会，得以去完成这个记录；这本书是我们创作的，更是他本人创作的，或者说，他才是这本书的真正作者，我们只是用文字尽量去记录了这一切。

这本书从写作到出版，我们和他多次沟通，后来他授权女儿刘莎专门负责此事，所以我们也要特别感谢刘莎女士。这部作品的采访、资料准备、内容核实，她都参与其中。

感谢诗白校长的家人、朋友和弟子们接受我们的采访，感谢李建勇先生、朱胜良先生、丁任重先生……给了我们极大的帮助。

这次的创作漫长而又充满挑战，还需要感谢很多人，这里我们没有一一列出每一个给予我们帮助的人的名字，但是我们一直心存感激。

我们要感谢考拉看看的所有同事，特别感谢参与本项目的成员:康成、马玥、李开云、姚茂敦、熊玥伽、邓晓凤、孙晓雪、徐丽、许洪焱、曾思瑜、李莎、陈兰、张奕、景行，这本书没有这个团队共同的努力，在我们手中肯定不能完成。

这本书的出版颇费周折，特别要感谢何志勇先生、黄立新先生、何朝霞女士、张东升先生还有四川人民出版社诸位领导和编辑们的支持与帮助。

因水平有限，本书谬误在所难免，期盼各位方家、读者提出宝贵意见，可以通过电子信箱 24973558@qq.com 直接赐教。

刘方健　张小军

2020 年 5 月 6 日

成都考拉看看图书馆

《经世济民：刘诗白》

著者 刘方健 张小军

策划 考拉看看

读者服务

4000213677 028-84525271

《经世济民：刘诗白》是一部波澜壮阔的人物记录作品，聚焦中国著名经济学家刘诗白。

刘诗白出身书香门第，一生致力经济学研究，一直走在马克思主义政治经济学的理论探索前沿。他主要关注资本论、政治经济学基本理论、社会主义市场经济、社会主义所有制、产权理论与国有企业产权制度改革、宏观经济运行、现代财富与科技创新等重大问题。尤其是对社会主义市场经济体制建设的必然性的理论探索、对社会主义所有制的多维分析、对社会主义主体产权的理论分析以及有关现代财富与科技创新的理论探索有独到的见解。

本书首度披露这位经济学家的跌宕人生和他在中国经济高速发展关键时点的理论探索，详述刘诗白的生平经历，全面展示他的学术研究历程和成果。

读懂刘诗白，读懂中国经济发展之道。

著者

刘方健

教授，曾任西南财经大学经济学院执行院长。著有《简明中国经济史教程》《四川近代经济史》《中国现代化史》《中国经济思想史专题研究》《中外经济思想史比较研究》等。

张小军

成都文学院签约作家，内容创作与运作机构“考拉看看”首席顾问和重大选题作家。常年从事创意策划和人物传记、企业史研究写作。著有褚时健经营哲学系列及传记等多部广具影响力的作品。联系方式：24973558@qq.com

创作助理｜邓晓凤

曾任职于“考拉看看”，关注深度内容的研究与创作。

《经世济民：刘诗白》

内容工作组其他成员：

康　成　马　玥　李开云　姚茂敦

熊玥伽　徐　丽　许洪焱　曾思瑜

李　莎　陈　兰　张　奕

策划团队

考拉看看 Koalacan

是由资深媒体人、作家、内容研究者和品牌运作者联合组建的内容机构，致力于领先的深度内容创作与运作，专业从事内容创作、内容挖掘、内容衍生品运作和品牌文化力打造。

A content institution jointly established by media experts, writers, content researchers and brand operators, committed to creation and operation of leading-edge and in-depth contents, specializing in content creation, content mining, content derivatives operation and cultural branding.

书服家 Forbooks

是一个专业的内容出版团队，致力于优质内容的发现和高品质出版，并通过多种出版形式，向更多人分享值得出版和分享的知识，以书和内容为媒，帮助更多人和机构发生联系。

A professional content publishing team committed to the discovery and publication of high-quality contents, sharing worthwhile ideas with people through multiple forms of publication, and thus acting as a bridge between people and institutions.

写作｜研究｜出版｜推广｜ IP 孵化

Writing Research Publishing Promotion IP incubation

电话 TEL400-021-3677　　Koalacan.com

特邀编创：考拉看看

装帧设计：云何视觉　汪智昊

全程支持：书服家

考拉看看 微信二维码

书服家 微信二维码

考拉看看·杰出学人书系

《经世济民：刘诗白》

《笃信致远：曾康霖》

本书系

更多作品

即将出版

声　明

本书在写作过程中使用的部分文字和图片资料，在此向这些图文资料的版权所有人表示诚挚的谢意。

由于本书所用部分图文涉及范围广，并且年代久远，无法一一与这部分图文的版权所有者取得联系，请相关版权所有者看到后，与考拉看看创意中心联系，以便敬付稿酬。

来信请邮寄到：

成都市成华区二环路东一段 29 号电焊机大厦考拉看看图书馆

邮编：610016

电话：400-021-3677